사도 바울과 그리스도인의 삶
THE APOSTLE PAUL AND THE CHRISTIAN LIFE

사도 바울과 그리스도인의 삶
바울에 관한 새 관점의 윤리적, 선교적 함의

The Apostle Paul and the Christian Life
Ethical and Missional Implications of the New Perspective

스캇 맥나이트, 조지프 모디카 편집

옮긴이
최현만

Copyright © 2016 by Scot McKnight and Joseph B. Modica
Originally published in English under the title
The Apostle Paul and the Christian Life by Baker Academic
A division of Baker Publishing Group
P.O. Box 6287, Grand Rapids, MI 49516, U. S. A.
All right reserved.

Used and translated by the permission of Baker Publishing Group
through rMaeng2, Seoul, Republic of Korea.

This Korean edition
copyright © 2018 by Ecclesia Books, Gyeonggi-do, Republic of Korea.

이 한국어판의 저작권은 알맹2 에이전시를 통하여
Baker Publishing Group과 독점계약을 한 에클레시아북스에 있습니다.
신저작권법에 의하여 한국 내에서 보호 받는 저작물이므로
무단전재와 무단복제를 금합니다.

스캇 맥나이트(Scot McKnight)는 이 책을
제임스 던(James D. G. Dunn)에게 헌정한다.
던은 더럼대학의 라이트풋명예교수이자
브리티시아카데미의 연구원으로
성령을 가르치고 성령 안에 거하는 분이다.

조지프 모디카(Joseph B. Modica)는 이 책을
윌리엄 크로킷(William V. Crockett)에게 헌정한다.
크로킷은 뉴욕주 나이액 소재
얼라이언스신학대학원의 신약학 명예교수로
삶과 학문으로 가르침을 다하고 있다.

μιμηταί μου γίνεσθε καθὼς κἀγὼ Χριστοῦ. (고전 11:1)

목 차

감사의 말 | 9
서문 | 11

1장 갈라디아서의 관점에서 본 그리스도인의 삶 | 17
    제임스 던

2장 에베소서에 나타난 그리스도인의 삶과 새 관점 | 45
    린 코힉

3장 믿음, 행위, 예배: 바울의 신학적 조망 안에서 토라 준수 | 91
    브루스 롱네커

4장 새 관점과 그리스도인의 삶: 오직 성령으로 | 131
    패트릭 미첼

5장 그리스도 안에서 성령을 통해 하나님의 새 창조 백성에 참여하기 | 183
    티머시 곰비스

6장 새 관점과 그리스도인의 삶: 교회적 삶 | 221
    스캇 맥나이트

7장 조화로운 선율: 웨슬리의 성결 신학이 새 관점의 바울을 만나다 | 267
    타라 베스 리치

8장 바울과 선교적 해석학 | 309
    톰 라이트

참고 문헌 | 333
기고자 명단 | 335
주제 색인 | 339
인명 색인 | 345
성경 및 고대 문헌 색인 | 349

감사의 말

이 기획을 지원한 베이커 아카데믹(Baker Academic)의 책임 편집자인 밥 호색(Bob Hosack)과 교열을 맡아 준 라이언 데이비스(Ryan Davis), 그리고 기획 편집자인 팀 웨스트(Tim West)에게 감사의 마음을 전한다. 이 세 분의 편집자가 있었기에 본서의 수준이 한층 높아질 수 있었다.

본서에 참여한 집필진은 21세기라는 상황에서 헌신하며 예수를 따르는 이들에게 꼭 필요한 작업이지만 다소 벅찬 이 작업, 즉 사도 바울이 생각했을 그리스도인의 삶이 어떤 모습이었을지 상상해보는 작업을 탁월하게 수행해주었다. 그들이 보여준 전문가로서의 실력과 기한을 맞춰 준 성실함, 그리고 우정에 고마움을 전한다.

이 책을 우리의 스승에게(스캇 맥나이트는 제임스 던에게, 조지프 모디카는 윌리엄 크로킷에게) 헌정한다. 그들은 사도 바울에 대해 많은 것을 가르쳐 주셨고, 그리스도인답게 산다는 것이 무엇인지 본보기를 보여주셨다.

서문

스캇 맥나이트(Scot McKnight), 조지프 모디카(Joseph B. Modica)

미국 프로야구 역사상 최고의 병살 수비 트리오 중 하나는 팅커(Tinker)에서 에버스(Evers)를 거쳐 찬스(Chance)로 이어지는 내야진이다.[1] 이 세 선수는 시카고 컵스(Chicago Cubs)에서 뛰는 동안 네 차례 리그 우승을 이끌었다.[2] 그들은 내야의 윤활유였고 여러모로 팀 전체의 화합도 주도했다. 이 책의 공동 편집자 중 한 명(그의 이니셜은 'SMcK'다)을 비롯해 많은 사람이 잘 알다시피, 컵스는 다시 월드시리즈로 올라가는 순간을 오랜 시간 인내하며 기다리고 있다(이 책이 출간된 2016년, 시카고 컵스는 월드시리즈 우승을 차지했다— 역주).

이런 훌륭한 단짝들에게는 그들 나름의 리듬과 순서가 있기 마련이다.

---

1) 이 트리오는 Franklin Pierce Adams가 1910년에 지은 시 "Baseball's Sad Lexicon"에 영원히 남아 있다. 이 세 선수는 1946년에 명예의 전당에 함께 헌액되었다.
2) 1906년부터 1910년까지.

바울에 관한 새 관점(New perspective on Paul, NPP)의 기원과 영향을 잠깐 확인해 보면,³⁾ 스텐달(Stendahl)에서 샌더스(Sanders)를 거쳐 던(Dunn)에게 이어지는 가상의 병살 수비가 연상된다. 외견상 이 세 학자는 마치 한팀처럼 부지런히 협력 작업을 한 것 같다. 앞 수비수의 영향이 다음 수비수에게 알려지지 않았을지도 모르지만 말이다. 당연히 '새로운' 운동에는 늘 여러 가지 요인이 기여하기 마련이지만, 여기서는 이른바 NPP 병살 트리오인 이 세 사람의 공헌만 아주 간단하게 살펴보자.

[xii] 영향력 있는 논문 "사도 바울과 서구의 내성적 양심"(The Apostle Paul and the Introspective Conscience of the West)"⁴⁾을 쓴 크리스터 스텐달(Krister Stendahl)은 여러 가지 면에서 땅볼 타구를 잘 처리해 병살 수비를 시작하는 솜씨 좋은 유격수 같다. 스텐달은 개신교의 종교개혁자 마르틴 루터(Martin Luther)의 신학 렌즈(즉, 죄책감에 눌린 양심)를 통해 사도 바울을 해석하는 태도를 경고한다. NPP가 바울 해석에 던진 빛에 대해 망누스 제티홀(Magnus Zetterholm)이 올바로 관찰했듯이, "바울이 처했던 곤경은 루터가 씨름했던 문제(자비로우신 하나님을 어떻게 발견할 것인가?)가 아니다. 정확히 이야기하면, 바울의 주된 관심사는 유대인과 비(非)유대인의 관계였다."⁵⁾

---

3) 바울에 관한 새 관점을 소개하는 기본적인 입문서로 Kent L. Yinger, *The New Perspective on Paul: An Introduction* (Eugene, OR: Cascade, 2011), Michael B. Thompson, *The New Perspective on Paul*, rev. ed. (Cambridge, UK: Grove, 2010)이 있다. 또한 Mark Mattison이 만든 웹사이트 www.thepaulpage.com에 아주 풍부한 자료가 있다.

4) K. Stendahl, "The Apostle Paul and the Introspective Conscience of the West," *Harvard Theological Review* 56 (1963): 199-215를 보라. 그의 *Paul among Jews and Gentiles and Other Essays* (Philadelphia: Fortress, 1976), 78-96에 재인쇄되어 있다.

5) Magnus Zetterholm, *Approaches to Paul: A Student's Guide to Recent Scholarship* (Minneapolis: Fortress, 2009), 98을 보라. Zetterholm의 책은 사도 바울에 관한 역사적 접근법에 관심이 있는 모든 사람에게 필독서다.

샌더스(E. P. Sanders)의 획기적인 책『바울과 팔레스타인 유대교』(Paul and Palestinian Judaism)를 평가할 때 이 책이 진지한 신약 해석자의 필독서라는 말을 빼놓을 수는 없을 것이다. 샌더스의 작업은 1세기 유대교(들)를 구성했던 내용을 현대 독자들을 위해 그 맥락을 옮기고 재해석하는 것이었다. 아마도 샌더스의 공헌 중 가장 오래 지속될 내용은, 유대교가 인간의 노력에 기반을 둔 행위 중심 종교가 아니라, '하나님의 선택'과 '이미 언약에 참여한 사람에게 기대되었던 순종'에 기반을 둔 종교였다는 이해일 것이다. 이 이해가 바울 해석과 관련하여 지닌 함의가 잠재되어 있는 곳은 유대교 재평가 부분이다. 유대교가 "언약적 신율주의"(covenantal nomism)라는 샌더스의 고전적 정의는, 모든 사람이 그 개념에 무릎 꿇은 것은 아니지만 한 세대의 신약 학자들에게는 유대교의 새로운 정의가 되었다.[6] 그의 공헌은 토머스 쿤(Thomas Kuhn)의 개념을 빌리자면 거대한 패러다임 전환이었다. 샌더스는 스텐달이 건넨 공을 받아 2루를 밟고 병살을 마무리하기 위해 몸을 돌려 1루수에게 공을 던졌다.[7]

이제 제임스 던(James D. G. Dunn)의 차례다. 지미(Jimmy)란 애칭으로 불리는 그가 1루수다. 던은 1982년 "바울에 관한 새 관점"(The New Perspective on Paul)이란 제목의 획기적인 강연으로 병살 수비를 마무리했다.[8] 던은 언약적 신율주의에 관한 샌더스의 일반적인 논지에 동의하면서, 샌더

---

6) "언약적 신율주의는 하나님의 계획 속에서 사람의 위치는 언약에 기초해서 확립되며 언약은 그에 대한 인간의 적절한 반응으로서 언약 계명에 순종할 것을 요구하는 동시에 범죄에 대한 속죄의 수단을 제공한다는 관점이다"(Sanders, *Paul and Palestinian Judaism* [Philadelphia: Fortress, 1977], 75) = (바울과 팔레스타인 유대교, 박규태 역, 알맹ⓔ, 2017).

7) 2부("바울")를 보면 Sanders는 Stendahl의 공헌을 인식하고 있다(ibid., 435-38).

8) James D. G. Dunn, "The New Perspective on Paul," *Bulletin of the John Rylands University Library of Manchester* 65 (1983): 95-122를 보라. 또한, 재인쇄된 Dunn, *The New Perspective on Paul* (Grand Rapids: Eerdmans, 2008), 99-120을 보라.

스의 바울 해석 방법과 관련된 구체적인 해석 언어를 구축했다.

[xiii] 던의 언어에 따르면 "율법의 행위"는 "이름표"(badges) 혹은 "경계 표지"(boundary markers)다.[9] 던은 바울이 유대인과 유대교를 비판하면서 반대했던 요소가 "율법의 행위"에 내포된 이런 측면이었다고 본다. 그는 "율법의 행위"를 인간이 구원을 얻기 위해 하나님의 호의를 획득하려는 시도로 보지 않는다. 대신 이 표현을 바울과 거짓 교사들 사이의 논쟁이라는 맥락에서 해석한다. 거짓 교사들은 이방인이 완전하게 하나님께 받아들여져 "하나님의 이스라엘"의 온전한 구성원이 되고 싶다면 "율법의 행위"를 수용해야 한다고 생각했다. 돌이켜보면 샌더스는 그의 책에서 사도 바울을 논의하는 데는 많은 지면을 할애하지 않았다(팔레스타인 유대교에 훨씬 더 많은 지면을 할애했다). 샌더스의 관찰을 활용해 사도 바울의 편지를 해석하는 작업을 떠맡은 사람은 실제로 던이었다.

물론 우리는 1루수가 때때로 바뀐다는 사실도 알고 있다. 특별히 라이트(N. T. Wright)는 방대한 연구를 통해 NPP에 나름의 색깔을 입혔고, 그 내용을 스스로 바울에 관한 '신선한' 관점이라 불렀다. 그래도 샌더스에게서 시작된 공을 아웃으로 마무리한 공헌은 던에게 돌리는 것이 마땅하다.

우리가 이 책에서 대답하려는 질문은 "사도 바울은 그리스도인의 삶을 어떻게 이해했는가?"이다. 우리는 바울에 관한 새 관점식 해석이 (그 관점이 오늘날 어떻게 이해되고 있든) 그리스도인의 삶을 이해하는 데 많은 도움이 된다고 믿는다. 그래서 새 관점 학자들이 쓴 논문을 이렇게 모았다. 굉장히 운 좋게도 이 모음집에는 (야구 비유를 또 쓰면) 두 명의 주전 선수도 포함되어 있으니, 바로 던과 라이트 교수다.

우리는 옛 관점의 공헌 역시 알고 있으며 높게 평가한다. 하지만 사도

---

9) Dunn은 바울이 갈라디아서에서 반대했던 "율법의 행위"를 일차적으로 할례로 해석한다. 하지만 다른 서신에서는 음식법(정결과 부정)과 안식일 준수를 포함하기도 한다.

바울에 관한 특정한 옛 관점식 접근이 그리스도인의 삶에 대한 이해에 어떤 빛을 던져주는지에 관한 설명을 아직은 접하지 못했다. 바울에 관한 옛 관점식 해석은 단지 개인 구원과만 관련된 함의에 '발목 잡히거나', 바울 사상 전체를 종종 구원 서정(*ordo salutis*)이라 불리는 틀로 추적하는 우를 범한다(물론 개인 구원도 중요하다). 반면에 바울에 관한 새 관점식 해석은 사도 바울이 그리스도인을 어떻게 이해했는지 알려고 노력하는 사람에게 신선하고 풍부한 접근법을 제시하는 것 같다.[10)]

본서와 새 관점이 지닌 전체적인 장점을 소개하자면, **교회론**(교회에서의 삶, 맥나이트와 곰비스[Gombis]), **성령론**(성령 안에서의 삶, 미첼[Mitchel]), **선교론**(세계 안에서 선교하는 삶, 라이트), **기독론**(그리스도 안에서의 삶, 던), **구원론**("구원 받은" 삶, 코힉[Cohick]), **도덕성**(윤리적 삶, 롱네커[Longenecker]), 그리고 **성화**(거룩한 삶, 리치[Leach]) 등 풍부한 측면을 강조한다는 것이다.

[xiv]

---

10) 상상할 수 있겠지만, 이미 확립된 이 대립 상태를 넘어서려고 시도하면서 바울에 관한 새 관점을 깎아내리는 (혹은 수정하려는) 사람도 있다. Francis Watson의 *Paul, Judaism, and the Gentiles: Beyond the New Perspective*, rev. ed. (Grand Rapids: Eerdmans, 2007)을 보라. Watson은 옛 관점과 새 관점이 너무 자기 입장만 고수하고 있으며, 자신의 제안이 **"퇴보가 아닌 전진"**의 계기가 될 것이라고 주장한다. Douglas Campbell 등은 새 관점과 반대로 묵시적 접근을 옹호한다. Campbell 등이 내세우는 바울에 관한 다양하고 혁신적인 접근을 이 서론에서 다룰 수는 없다. 이러한 접근들은 사도 바울을 어떻게 읽고 해석하는 것이 최선인지를 둘러싼 현재의 논의에서 귀담아들어야 할 내용이다. 그런데 이 접근들은 바울서신 전체를 읽고 이해하는 데 도움이 될 총체적인 비전을 제시하고 있는가? 그렇다면 바울서신 **전체**를 읽고 이해하기 위한 **최선의** 프리즘은 무엇인가?

갈라디아서의 관점에서 본 그리스도인의 삶

제임스 던(James D. G. Dunn)

갈라디아서는 바울이 이해한 혹은 의도한 그리스도인의 삶을 기술하려는 학자들의 특별한 관심을 받는 서신이다.[1] 왜냐하면, 갈라디아서가 이 주

---

1) 이어지는 내용에서는 다른 참고 문헌을 언급하지 않겠다(이 갈라디아서 미니 주석도 나름대로 완벽을 요구하지만, 참고 문헌까지 언급하면 지면의 한계를 넘어설 것이기 때문이다). 물론 이 논문은 갈라디아서와 관련된 나의 주요 연구를 광범위하게 참고했다(*The Epistle to the Galatians*, Black's New Testament Commentary [London: Black, 1993; Grand Rapids: Baker Academic, 2011], *The Theology of Paul's Letter to the Galatians* [Cambridge: Cambridge University Press, 1993], 그리고 *Christianity in the Making*, vol. 2, *Beginning from Jerusalem* [Grand Rapids: Eerdmans, 2009], 720-46). 당연히 이 책들은 주해를 둘러싼 논란을 비중있게 다루었다. 그리고 내 논문집인 *Jesus, Paul and the Law: Studies in Mark and Galatians* (London: SPCK; Louisville: Westminster John Knox, 1990)도 언급해야 겠다. 이 책에는 "The Incident at Antioch (Gal. 2:11-18)," "The New Perspective on Paul," "The Theology of Galatians"과 같은 논문이 수록되어 있다. 나는 내 갈라디아서 주석에서

제와 관련된 핵심 질문인 "무엇이 어떤 사람을 그리스도인으로 만드는가, 바울에게 그리스도인이 된다는 것의 핵심 특징은 무엇인가"에 초점을 맞추기 때문이다.[2] 그뿐 아니라 바울이 자신의 회심을 분명하게 이야기하는 것도 바울 서신에서 오직 갈라디아서뿐이다(갈 1:13-17). 우리는 먼저 바울이 이 편지에 부여하려 했던 권위의 엄중함을 살펴볼 것이다. 그런 후에 바울 자신이 그리스도인이 된 경위를 설명한 내용을 확인하고, 이어서 '그리스도인'에 걸맞은 사람으로 여겨지는 데 근본적인 요소로 간주한 내용을 그가 정의하고 변호하기 위해 어떻게 싸웠는지 살펴볼 것이다.

바울이 갈라디아서에서 그리스도인의 삶을 이야기할 때 두드러지는 두 단어가 있는데, 바로 "믿음"(피스티스, *pistis*)과 "성령"(프뉴마, *pneuma*)이다. 피스티스는 22번 등장하는데, 신약의 다른 대부분의 서신보다 더 높은 비중으로 활용되었다.[3] 프뉴마는 갈라디아서 3-5장에 더 집중적으로 등장한다. 이 역시 다른 대부분의 바울서신보다 빈도가 높지만, 로마서 8장, 고린도전서 12장과 14장만큼은 아니다. 이 기초적인 통계만으로도 '그리스도를 믿음'과 '성령의 은사'가 그리스도인의 삶에 대한 바울의 이해에서 핵심이라는 사실을 드러내는 데 충분할 것이다. 그리고 실제 본문을 자세히 들여다보면 곧 이런 인상이 옳았다는 것이 드러난다.

평소와 다른 서문

바울은 자신을 "사도 된 바울"로 소개하는 통상적인 양식으로 갈라디아

제시한 그리스어 번역을 사용했다.
2) 바울은 그의 서신에서 **그리스도인**이란 표현을 한번도 사용하지 않았다. 하지만 단언컨대 이 표현은 바울의 사역 이전에 이미 안디옥에서 통용되었고, 안디옥은 바로 바울이 복음 전파 사역을 시작한 곳이다(행 11:25-26, 13:2-3). 신약에서 '그리스도인'이란 표현은 단 세 번 사용된다(행 11:26, 26:28, 벧전 4:16).
3) 더 높은 빈도로 사용된 곳은 디모데전서뿐이다(19회).

서를 시작한다.⁴⁾ 그렇지만 주목할 만한 부분이 있으니, 편지의 수신자(갈 1:2b)를 언급하기 전에 추가한 설명이다. 다른 편지에서는 처음에 나오는 자기소개를 "그리스도 예수의 사도" 등으로 부연 설명한다.⁵⁾ 하지만 갈라디아서에서는 하고 싶은 말을 자제하지 못하고, 그의 사도권이 "사람에게서 온 것이 아니라, 오직 예수 그리스도와 하나님 아버지를 통해서 온 것"이라고 알리고 만다. 바울이 편지의 도입부를 정중하게 기록하는 일반적인 관습을 이런 식으로 무너뜨렸다는 사실은 매우 놀랍다.⁶⁾

이 지점에서 바울의 세심함이 따로 설명이 필요 없을 정도로 눈에 띈다. 바울은 자신의 사도권이 문제가 되고 있다고 느꼈던 것이 확실하다. 그가 갈라디아의 교인들에게 해명을 요구하기로 했을 때, 그는 자신의 위치와 권위를 명확히 해야 했다. 또한, 바울은 이어지는 편지 내용에 충분한 무게가 실리기를 바랐으며, 이를 위해 자신의 사도적 권위를 새롭게 주장하는 방식으로 서두를 집필했다는 사실이 곧 분명해진다.

바울이 통상적인 '은혜와 평강' 축도(1:3)에 이어 추가한 내용도 그의 통상적인 편지 도입부와는 거리가 있다. 그 내용은 정형화된 문구로서 "그리스도께서 이 악한 세대에서 우리를 구출하시려고 우리 죄를 위해 자신을 주셨다"라는 것이다(1:4). 바울이 보통 사용하는 더 전형적인 편지 도입부에 익숙한 독자라면 이 내용에 함축된 의미를 간파할 것이다. 말하자면, 그가 이제 꾸짖으려는 갈라디아 교회 안의 행동과 경향들이, 복음을 통해 그들이 떠나온 "악한 세대"의 전형적인 모습을 떠올리게 한다는 것이다.

[3]

---

4) 참고. 롬 1:1, 고전 1:1, 고후 1:1. 또한 엡 1:1, 골 1:1, 딤전 1:1, 딤후 1:1, 딛 1:1. 데살로니가전후서와 빌립보서는 예외적인 경우다. 바울이 사도로서 그가 받은 위임과 권위를 강조해야 할 필요성을 아마도 처음으로 느낀 것이 갈라디아서인 듯하다.
5) 고전 1:1, 고후 1:1. 또한 엡 1:1, 골 1:1, 목회서신들.
6) 가장 상세하게 기술된 자기소개인 롬 1:1-7에도, 갈 1:1에서 볼 수 있는 자기 변호, 자신의 위치에 대한 주장은 전혀 나타나지 않는다.

하지만 가장 눈에 띄는 내용은 따로 있다. 이어지는 내용에서 바울은 보통의 예의 바른 관습에서 아주 동떨어진 충격적인 모습을 보인다. 바울의 다른 편지를 보면 알 수 있듯이, 일반적인 관습을 따르자면 편지 서두의 인사는 수신자를 위한 감사와 기도의 말로 이어져야 한다. 이를테면, 아마도 바울이 최초로 쓴 편지였을 데살로니가전서를 보자(1:2-3): "우리가 너희 모두로 인해 늘 하나님께 감사하면서 기도할 때 너희를 언급하고 너희 믿음의 행위를 끊임없이 기억한다"(저자의 사역).[7] 하지만 갈라디아서의 바울은 그렇게 고상할 여유가 없다. 갈라디아 교회에 관해 들은 이야기들 때문에 하나님께 감사할 내용이 전혀 없다. 물론 참지 못하는 모습도 어느 정도 있었지만, 그래도 지금까지는 감정을 잘 억누른 편이었다. 하지만 이제 더는 참지 못하고 정말 하고 싶었던 말을 갑자기 내뱉고 만다.

너희가 (그리스도의) 은혜로 너희를 부르신 분에게서 이렇게 속히 등을 돌리고 다른 복음으로 향하다니 깜짝 놀랐다. 그 복음도 너희를 교란시켜 그리스도의 복음을 다른 것으로 변질시키려는 자들이 있다는 점을 제외하면 다른 복음은 아니다. 하지만 우리라도 혹은 하늘에서 온 천사라도 우리가 너희에게 전한 복음과 배치되는 복음을 전하면 저주를 받을 것이다! 우리가 전에 말했듯이 내가 지금 다시 말한다. 만일 누구든지 너희가 받은 것과 배치되는 내용을 전하는 자가 있다면, 그는 저주를 받을 것이다! 내가 지금 사람이나 하나님 중 누구를 설득하려고 애쓰고 있느냐? 내가 사람을 기쁘게 하려고 애쓰고 있느냐? 내가 아직도 사람을 기쁘게 하려고 애쓰고 있다면, 그리스도의 종이 아닐 것이다. (갈 1:6-10)

쟁점은 명확하다. 바울이 통상적인 서신 집필 관습에서 벗어난 이유 역

---

7) 참조. 롬 1:8-10, 고전 1:4-7, 빌 1:3-11, 골 1:3-6, 살후 1:3-4, 몬 4-7.

시 명확하다. 바울이 갈라디아에 설립한 공동체/회중을 찾아온 사람들이 있었다. 바울의 관점에서 그들은 갈라디아 교인들이 바울에게 처음 들었던 것과는 **다른** 복음을 전하고 있었다. 편지가 진행되면 분명해지겠지만, 이들의 목적은 갈라디아의 신자들에게 할례를 받게 하는 것이었다(5:2–6). 일반적인 편지의 사교적인 특징을 완전히 빼앗아버린 이 서두의 맹렬한 꾸짖음은 바울의 서신들에서도 예외적인 사례다.[8] 바울서신에서 이처럼 강렬한 적대감이 가장 비슷한 수준으로 나타나는 다른 곳도 이 편지의 후반부다. 거기서 바울은 갈라디아의 회심자들에게 할례를 받아야 한다고 주장하는 자들이 "스스로 거세해 버리기"를 바란다(5:12)![9]

[4]

바울의 관점에서 여기에 걸려 있던 문제는 예수 그리스도를 믿는 이 새로운 믿음, 예수 그리스도를 향한 이 새로운 헌신의 의미가 과연 이방인 신자들이 유대교로 개종해야 한다는 것인지였다. 예수 그리스도를 믿는 것이 단순히 유대인이 되기 위한 첫 단계에 불과하단 말인가? 바울의 답변은 명백히 '아니다'였다. 바울의 격분을 일으켰던 것은, 그리스도를 향한 갈라디아 교인들의 믿음/헌신은 완전한 개종자가 되기 위한 첫 단계에 불과하다는 침입자들의 주장이었다. 바울은 그에 대한 반응으로, 다른 곳에서는 찾아볼 수 없을 정도로 심하게 격노하면서, 그리스도의 복음에 대한 신자의 반응은 '피스튜에인 에이스 크리스톤'(*pisteuein eis Christon*)으로 충분하다고 주장한다. 그 이상의 것을 이 믿음과 동등하게 근본적인 요소로 요구한다면, 그것은 이 믿음의 근본적인 성격과 역할을 약화하고 부인하는 셈이다. 편지가 전개되면 이런 내용 모두가 분명해질 것이다.

---

8) 특별히 눈에 띄는 것은 8-9절에 저주 형식("그는 저주를 받을 것이다!")이 반복된다는 점으로, 이는 바울의 감정이 얼마나 강렬한지 보여준다.
9) 고후 10-13장에서 소위 유대화주의자들을 향해 바울이 보이는 반대도 강력하지만(참조. 특히 고후 11:12-15), 갈라디아서만큼 노골적인 곳은 없다.

바울의 회심

갈라디아의 회심자들 내부에서 바울의 복음을 위협하는 이런 사태가 벌어졌을 때, 바울이 본능적으로 보인 첫 반응은 갈라디아 교인들에게 바울 자신의 증언을 일깨우는 것 혹은 전하는 것이었다. 그렇게 하면서 바울은 또한 새로운 그 운동의 중심부 및 주요 권위자들과 자신의 관계를 둘러싼 그릇된 소문을 교정한다(갈 1:13-17).

바울은 그가 지금 반박하려는 관점을 과거의 자신도 강력하게 옹호했다는 사실을 지적한다(혹은 일깨운다). 바울의 과거 삶은 '유대교에' 속했다.[10] 지금은 반대하는 관점과 정책에 과거에는 열심을 냈다. 지금은 성심을 다해 섬기는 예수의 제자들을 과거에는 잔혹하게 핍박했다(1:13-14). 그러한 열심에서 회심한 것은 하나님께서 "그의 아들을 내 속에 나타내셨을" 때[11] 일어난 신적인 은혜의 행위였다. 이 사건은 일차적으로 바울에게 그가 핍박하던 예수를 전하라는, 그것도 이방인에게 전하라는 위임으로 다가왔다(1:15-16). 바울이 과거 핍박자로서 그의 역할에 의구심이나 염려를 가졌다는 암시가 바울의 글 속에는 전혀 없기 때문에,[12] 그가 회심했을 때 그에게 중요했던 사안들과 관련된 (완전한) 뒤바뀜과 탈바꿈이 어떤 수준으로 일어났을지 가늠하기는 쉽지 않다.[13]

[5]   바울은 회심 후에 다메섹과 아라비아(의미심장한 사실이다)에서 삼 년

---

10) 바울이 **유대교**란 용어를 사용하는 곳이 오직 갈라디아서뿐이라는 사실은 흥미롭고, 또한 의미심장하다. 그런데 그가 여기서 가리키는 '유대교'는 열심 있는 바리새파의 열정적인 유대교다. 바울은 여전히 자신을 유대인으로 생각한다(갈 2:15).
11) 이 사건은 굉장히 개인적인 만남으로 일어났다. 바울이 다른 곳에서 언급한 내용은 사도행전의 설명과 더 일치한다(고전 9:1, 15:8).
12) 참고, 빌. 3:5-6: "율법으로는 바리새인이요. 열심으로는 교회를 박해하던 자요, 율법의 의로는 흠이 없는 자라."
13) 여기서 인격의 탈바꿈도 이야기해야 할까? 갈 5:12와 고후 11:12-15를 보면 바울의 인격이 변한 것 같지는 않다!

의 시간을 보냈다. 이 사실은 그가 자신의 가치관과 목적을 오랫동안 속속들이 재고했음을 시사한다. 바울이 예루살렘 권위자들에게 인정을 받던 그 누구와도 상의한 적이 없으며 그 삼 년 동안 예루살렘으로 돌아간 일도 없다는 사실은 틀림없이 중요하다(1:16-17). 바울은 삼 년 후에 예루살렘에 갔을 때도 게바와 겨우 보름만 함께 머물렀다(그 외에는 예루살렘의 지도자 가운데 야고보만 만났다. 1:18-19)고 주장한다. 이 사실은 바울이 게바와 예루살렘 사도들에게 의존하는 종속된 존재라고 주장하고 싶어 하는 자들이 있었음을 암시한다.[14] 바울이 여기에 엄숙한 맹세("유념하라, 내가 하나님 앞에서 너희에게 쓰는 것은 거짓말이 아니다", 1:20)를 덧붙인다는 점은, 바울에게는 그의 복음이 하나님께서 주신 것이며 (당연히 예수와 가장 가까웠던 제자들을 포함하는) 예루살렘 지도부에 의존하지 않는다는 사실이 그의 사도권과 관련하여 이론의 여지가 없는 기정사실이었음을 가리키는 (혹은 확정하는) 것이 틀림없다.

바울은 이어서 예수 그리스도께 직접 위임받은 제자로서 자신의 전력을 이야기한다. 이 이야기에서 우리는 바울이 이 편지를 쓰면서 가장 중요하게 여겼던 내용을 엿볼 수 있다. 바울은 단기간의 예루살렘 방문을 마친 후 십사 년 동안은 예루살렘을 다시 찾지 않았다.[15] 그동안 바울은 수리아와 길리기아에서 전도하며 약간의 성공을 거두었고 유대 교회의 따뜻한

---

14) 이 부분이 바로, 바울 자신의 권위가 예루살렘 지도부가 아닌 그리스도에게 직접 받은 것이라는 주장의 강도를 사도행전의 저자(누가)가 약화시키는 분명한 지점 가운데 하나다. 그런 특징은 다시 한번 예루살렘 회의에 관한 내용에도 드러난다(참고. 갈 2:1-10과 행 15:6-21). 누가는 바울이 베드로, 야고보 등과 같은 의견이었지만 그들에게 의존했던 것으로 제시하고 싶었던 것이 분명하다. 하지만 그들 사이의 관계에 대한 바울의 설명은 그와 배치된다.

15) "십사 년"에 1:18의 삼 년을 포함해야 하는지 혹은 삼 년을 따로 추가해야 하는지(총 십칠 년)는 갈라디아서가 제기하는 연대기 문제 중 하나지만, 결코 만족스러운 해답을 찾지 못했다.

인정도 받았다(1:21-24). 그는 십사 년이 지난 후에야 하나님의 계시를 따라 바나바와 함께 예루살렘으로 올라갔고(2:1-2), 할례를 받지 않은 (이방인) 동료(디도)가 할례를 받아야 한다고 주장하는 일부 유대인 신자에 맞서 저항했다(2:3-6). 기둥 같은 사도들(야고보, 게바, 요한)의 뒷받침도 합법적인 (무할례) 이방인 선교를 인정했다는 점에서 특별히 중요하다. 물론 그들은 할례자들 사이에서 같은 선교를 계속해서 추진해 나갔다(2:7-10).[16]

[6] 이러한 화합이 무너진 것은 "안디옥 사건" 때문이었다(2:11-14). 이전에는 이방인 신자와 함께 한 식탁에서 식사했던 베드로와 다른 유대인 신자들이, 짐작건대 "야고보에게서 온 어떤 이들"의 주장 때문에 이방인과의 식탁 교제를 피하고 자신들을 이방인과 "분리했다". "할례의 사람들을 두려워했던" 것이다(2:11-12). 바울이 "심지어 바나바도 그들의 외식에 유혹되었다"(2:13)라는 말을 덧붙일 때는(바나바는 바울의 가까운 친구요, 1차 선교여행을 함께한 동료였다. 2:9), 그의 음성에서 흐느낌이 느껴진다. 복음이 이런 행태를 요구한다는 것에, 말하자면 유대인 신자들이 이방인 신자들과의 식탁 교제를 삼가야 한다는 것에 바울은 동의할 수 없었다. 그래서 그는 이 사안을 두고 공개적으로 게바/베드로에게 맞서 그를 꾸짖는다.[17] 그런 정책과 실천은 복음과 일치하는 것도, 복음을 따라 똑바로 걷는 것도 **아니라고** 바울은 주장한다. 복음은 이방인 신자들에게 "유대인이 될 것"을 강요하지 **않는다**(2:14). 그리스도에 참여하는 것 그리고 그리스도를 믿

---

16) 야고보가 사도로 간주되었는지(참고. 1:19)와 예루살렘의 "기둥들"이 바울을 사도로 간주했는지(2:8)는 모호하다. 이는 바울이 강한 감정에 사로잡힌 채 집필한 나머지 내용을 세심하게 기술하지 않았기 때문인 듯하다. 비슷하게 바울은 2:9의 "나"/"우리" 대조에서도 자신이 위임받은 사실만을 너무 강조해서, 바나바의 위임 상태가 모호하게 남겨진다.

17) 게바(1:18; 2:9, 11, 14)와 베드로(2:7-8)를 바꾸어가며 사용한다는 사실은 매우 흥미롭다. 아마도 게바의 경우는 바울이 그를 예루살렘에 속한 사람으로 여길 때, 베드로의 경우는 동료 선교사로 여길 때 사용한 것 같다.

는 자들의 교회에 참여하는 것은 오직 믿음으로 말미암는다는 진리를 갈라디아의 신자들이 훨씬 더 확실하게 들을 필요가 있다는 사실을 바울이 깨닫게 된 것이, (바울 자신의 원칙과 가치관의 완전한 탈바꿈을 경험한 이후에 일어난, 그리고 예루살렘의 의견 일치 이후에 일어난) 바로 이 사건 때문이었다.

갈라디아서에서 "믿음"의 중요성

우리는 안디옥 사건에 감사해야 한다. 왜냐하면, 복음, 즉 바울이 '기쁜 소식'이라고 이해한 내용의 가장 명쾌하고 단호한 진술 중 하나를 (그의 편지에) 기록하도록 원인을 제공한 것이 바로 안디옥의 충돌로 보이기 때문이다.

> 우리는 본래 유대인이지 "이방인 죄인"이 아니어서, 아무도 율법의 행위로는 의롭게 되지 못하며 오직 예수 그리스도를 믿음을 통해서만 의롭게 되는 줄을 안다. 그래서 우리는 그리스도 예수를 믿었다. 그것은 우리가 율법의 행위가 아닌 그리스도를 믿음으로 의롭게 되기 위한 것이니, 이는 율법의 행위로는 어떤 육체도 의롭게 되지 못할 것이기 때문이다. (갈 2:15-16)

내가 "이방인 죄인"에 따옴표를 붙인 것은, 유대인 신자 중 일부가 이방인 신자에게서 자신을 분리한 행동에 대한 이유로 제시한 내용을 바울이 이 표현에 반영하고 (혹은 인용하고) 있다는 내 추론 때문이다. 이방인은 야훼가 이스라엘과 맺은 언약 밖에 있던 외인이었다. 그러니 아무리 이방인 신자라 해도 어찌 유대인이 이방인과 같은 식탁에 앉아 함께 음식을 먹으며 교제할 수 있단 말인가?

[7] 바울의 반응은 두 가지다. 첫째, 그들의 행동은 복음을 규정하는 핵심적인 특징, 즉 복음이 복음에 반응하는 사람에게 요구하는 것은 예수 그리스도를 믿는 믿음이라는 특징을 무너뜨린다. 둘째, 이 근본적인 요구에 어떤 것이라도 추가하는 행태는 그 근본적인 특징을 훼손하고 파괴하는 처사다. 믿음에 덧붙여서 믿음의 필수 표현으로 "율법의 행위"를 요구하는 것은 믿음이 담당하는 근본적인 역할을 파괴하는 것이다. "율법의 행위"는 믿음에 추가해야 할 필수 사항도, 믿음의 필수 표현도 아니다. "율법의 행위"가 없다고 해서 믿음이 진정한 믿음으로 간주될 수 없는 것이 아니란 이야기다. 바울은 "율법의 행위"란 표현으로 갈라디아서 2장 전반부에 기술한 두 번의 갈등(할례와 음식법)을 염두에 두었던 것이 틀림없다.[18] 예루살렘 지도부는 할례와 관련해서는 이 점을 수용했다(2:1-10). 하지만 이스라엘이 야훼와 체결한 언약의 또 다른 독특한 특징(이스라엘의 음식법)에 계속해서 충성하라는 압력을 안디옥에서 받았을 때 베드로와 다른 유대인 신자들이 보인 반응은 사실상 그리스도를 믿는 믿음만으로는 부적합하다고, 불충분하다고 말하고 있었다.

야훼와 맺은 언약에 속한 구성원의 역할을 담당하기 위해서는 이 언약 관계가 오직 이스라엘만을 대상으로 한다는 사실을 인식해야 했다. 오직 유대인만이 하나님의 백성이었다. 따라서 이스라엘이 받아들였고 또한 이스라엘을 구분 지었던 음식법은 그 관계에 없어서는 안 될 요소였다. 따라서 이 관계의 혜택을 입고자 하는 사람이라면 이 규칙도 받아들여야 했다.

여기가 바로 바울이 선을 긋는 지점이다. 하나님의 백성 이스라엘의 구성원이 되는 것은 복음의 일차적인 관심사가 아니다. 오히려 복음의 일차

---

[18] 아마도 그는 머릿속에서는 "율법의 행위"에 "특별한 날과 달과 절기와 해"(4:10)도 포함시켰을 것이다. 하지만 근접 문맥인 2:16에서 언급하는 것은 할례(2:1-10)와 음식법(2:11-14)이다.

적인 관심사는 그리스도를 통해 하나님과 관계를 맺는 것, 말하자면 그리스도의 구성원이 되는 것이다. 하나님 앞에서 의롭게 되기 위해 유일하게 요구되는 것은 그리스도를 믿는 믿음이다. 그 이상의 것을 요구한다면, 복음이 확증하는 이 중심 내용을 훼손하는 것이다. 이제 곧 바울이 보여주겠지만, 믿음은 여러 가지 방식으로 표현될 수 있고, 그중 일부는 "행위"로 간주될 수도 있다. 이와 관련된 분명하고 기본적인 사례로 세례를 들 수 있겠다(3:27). 하지만 ("세례"나 "사랑에 영감을 받은 행위"라도, 5:6) 특정 "행위"를 믿음과 동등한 중요성이 있는 것으로 본다면, 그것은 하나님께 자신을 맡기고 헌신하는 것(믿음)이 지닌 근본적인 역할과 중요성을 깎아내리는 처사일 것이다. 믿음은 그것을 제외한 다른 모든 것의 원천이다. 바울에게는 이 사실이 너무나 중요했기에, 그는 이 최초의 진술(2:16)에서 반복해서 이 점을 강조한다: "율법의 행위가 아니라 … 그리스도를 믿음을 통해서만 … 율법의 행위가 아닌 그리스도를 믿음으로".[19]

복음이 수용되고 온전한 힘을 발휘하는 것은 믿음을 통해서라는 이러한 강조점이 바로 바울이 3장에서 수차례의 반복을 통해 충분히 주입하려는 내용이다:

[8]

3장 2절: "믿음을 가지고 들음으로[*ex akoēs pisteōs*]"

3장 5절: "믿음을 가지고 들음으로[*ex akoēs pisteōs*]"

3장 6절: "아브라함이 하나님을 믿었기에[*episteusen*], 그것을 그에게

---

19) 불행히도, 피스티스 크리스투(*pistis Christou*)를 "그리스도의 신실함"으로 번역해야 한다고 주장하는 사람들이 이 사실을 흐릿하게 만들어왔고, 그 결과 바울의 주된 논지, 바울이 반복을 통해 강조하려 했던 그 핵심이 사라져버렸다. "율법의 행위로는 … 못하며 오직 예수 그리스도를 믿음을 통해서만 … 그래서 우리는 그리스도 예수를 믿었다. 그것은 우리가 율법의 행위가 아닌, 그리스도를 믿음으로 의롭게 되기 위함이다."

의로 여기셨다"

3장 7절: "믿음의 사람들[*hoi ek pisteōs*]"

3장 8절: "하나님이 이방인을 믿음으로[*ek pisteōs*] 의롭다 하실 것"

3장 9절: "믿음의 사람들[*hoi ek pisteōs*]"

3장 11절: "믿음으로[*ek pisteōs*] 의인은 살 것이다"(참고. 합 2:4)

3장 12절: "율법은 믿음에서[*ek pisteōs*] 온 것이 아니다"

3장 14절: "우리가 믿음을 통해[*dia tēs pisteōs*] 성령을 받도록"

3장 22절: "이는 그 약속이, 믿는[*pisteuousin*] 자들에게 예수 그리스도를 믿음으로[*ek pisteōs*] 주어지도록"

3장 23절: "이 믿음[*pistin*]이 오기 전 우리는 율법 아래 매인 상태였고, 와야 할 믿음[*pistin*]이 계시될 때까지 갇혀 있었다"

3장 24절: "우리가 믿음으로[*ek pisteōs*] 의롭게 되도록"

3장 25절: "그러나 믿음[*pisteōs*]이 왔고, 우리는 더 이상 후견인 아래 있지 않다."

3장 26절: "너희가 모두 이 믿음을 통해[*dia tēs pisteōs*], 그리스도 예수 안에서, 하나님의 아들이 되었으니"

여기서 "믿음의 사람들"[*hoi ek pisteōs*]은 아브라함이 믿었던 것처럼 (3:6–9) "믿는" 사람들을 가리키는 것이 너무나 분명하다. 그래서 나는 바울의 논의 모든 지점에서 피스티스(*pistis*)를 그리스도의 "믿음(신실함)"으로 이해해야 한다는 대안적 관점이 주해자들 사이에서 매우 많은 관심을 끌고 있다는 사실에 큰 당혹감을 느낀다. 하지만 내가 보기에는, 여기서 바울이 복음을 받아들임에는 "오직 믿음"(*ek/dia pisteōs*)만이 관련된다고 주장하는 이유가 "믿음 더하기 행위"에 대한 반발이라는 것이 상당히 명백하다. 바울은 안디옥에서 베드로와 다른 유대인 신자들이 이방인 신자들에게 요구했던 것을 "믿음 더하기 행위"로 이해했다. 바울은 그가 갈라디아의 회심자들을 위협하고 있던 실체로 보았던 이 문제 때문에, 이 편지가 이토록 오싹한 내용일 수밖에 없게 한 그 이유 때문에, 자신의 견해를 밝혀야 했고, 그 입장을 특히 3장에서 재차 반복한 것이다. 그러므로 바울이 2:16에서 자신의 입장을 그토록 강력하게 내세우며 3:22에서처럼 그토록 자주 반복한다는 사실은 전혀 놀랍지 않다. 훌륭한 문장가인 바울이 2:16과 3:22에서처럼 자기주장을 쓸데없이 반복할 리 없다고 생각하는 사람이 있다면, 그 사람은 이 편지를 냉정한 논문으로 처리하는 덫에 빠진 꼴이다. 이 편지에서 바울은 노한 감정을 이기지 못하고 "오직 믿음으로"라는 그의 입장을 갈라디아 교인들의 마음에 똑똑히 새기려고 같은 말을 여러 번 반복하기로 한 것이다.

[9]

내세우는 주장이 강력하다고 해서 자신이 밝히고자 하는 핵심 논지를 흐리거나 약화하는 우를 범해서는 안 될 것이다. 계속해서 바울은 그 약속의 대상이자 수혜자인 "아브라함의 씨"가 일차적으로 그리스도라는 사실을 다소 복잡하게 논증한다(3:15-16). 따라서 그리스도와 연관된 사람, 그리스도에게 속한 사람, 따라서 "그리스도 안에" 있는 사람은 아브라함의 자손이며 같은 약속을 따른 상속자다(3:28-29). 아브라함과 맺은 약속보다 한참 후인 430년 뒤에 온 율법이 원래 약속의 조건을 변경시키지 못한다(3:17-18). 율법의 역할은 "그리스도를 믿음"을 미리 가리키던 "후견인"(*paidagōgos*)이었다. 하지만 이제 "믿음"이 왔기 때문에, 더는 후견인에게 그런 역할을 요구하지 않는다(3:23-25). "그리스도를 믿음"이 가져오는, 그리스도를 통해 오는 하나님과의 직접적인 관계와 관련해서는, 하나님의 목적에서 제한된 역할만을 가진 계명들을 그 관계의 조건으로 삼거나 그런 계명들로 그 관계를 제한해서는 안 된다. 구체적으로 할례, 식탁 교제, 거룩한 날들과 관련된 율법(4:10)은 그처럼 제한된 역할을 가질 뿐이기에,

그런 계명들이 복음의 기본적인 요구인 "믿음"과 동등한 중요성을 지닌 것으로 간주해서는 안 된다. 물론 믿음도 여러 가지 모습으로 구현되어야 하겠지만, "그리스도 예수 안에서는 할례도 무할례도 아무것도 아니며, 오직 사랑을 통해 실질적으로 작동하는 믿음뿐이다"(5:6).

많은 사람에게 이 결론이 혼란을 일으킬 수 있겠다. 분명 "그리스도를 믿음"은 다양한 방식으로, 특정한 실천으로 표현될 것이다. 바울도 그렇다고 말한다. **사랑**이, 이웃을 사랑함이 모든 것을 말해준다. 서로를 섬기는 사랑을 보면 알 수 있다(5:13-14). 하지만 이 사랑의 책무가 특정한 의식적 행위에 초점을 맞출 수는 없는 노릇이며, 그래서도 안 된다. 그렇게 되면 그 특정 행위가 사랑의 표현이라는 의미에 그치지 않고 사랑과 동등한 중요성을 가지게 될 수도 있다. 그리스도가 보여 주신 사랑, 그 조건 없고 제한 없는 사랑은 하나의 본보기다. 그런 사랑을 특정한 방식으로만 표현하라고 요구한다면, 특정한 종교적 형태로 표현하는 경우에만 인정받을 수 있다고 몰아간다면, 그것은 그런 표현들을 믿음과 동등한 수준의 근본적 요소로 만드는 처사다. 결과적으로 믿음의 근본적 역할이 훼손될 것이다. 그리스도를 통해 하나님께 헌신하는 그 능동적 믿음은 흐릿해지고 격하 당하며 왜곡될 것이며, 그리스도를 통해 신자들을 하나님께 묶는 일차적인 유대라는 그 특징은 시야에서 사라지고 말 것이다. 바울은 그런 사태가 갈라디아 교회에서 벌어지는 중이라고 염려한다.

따라서 "그리스도를 믿음"은, 그리스도를 통해 하나님과의 관계를 수립하고 유지하는 데 본질적인 요소다. 회심자는 이 믿음을 세례를 통해 표현할 것인데, 물로 세례를 받는다는 것은 그리스도 안으로 세례 된다는 것의 외적인 표현이다(3:27).[20] 그렇지만 세례를 믿음의 표현이 아닌 믿음에

---

20) 바울에게 "성령 안으로, 그리스도 안으로 세례 됨"은 단순히 "물로 세례 된다", "교회로 세례 된다"와 동의어일 뿐이라는 입장을 쉽게 받아들여서는 안 된다. 주목해야

추가로 요구되는 "행위"로 이해한다면, 이 편지에서 바울이 내비치는 주 [10]
된 우려에 역행하는 꼴이다. 따라서 갈라디아서에서 세례에 관한 유일한
언급이 "그리스도 안으로 세례 됨"(개역개정의 '그리스도와 합하기 위하여 세
례를 받음'- 역주)이라는 사실은 놀랍지 않다. 이 구절은 세례를 통해 표현
되는바 그리스도를 향한 헌신의 즉각성과 직접성을 가리키는 것이지, 단
순히 교회로 가입하는 의식으로서 세례를 지시하는 것이 아니다. 가입 의
식으로서의 세례는 믿음에 추가로 요구되는 또 다른 "행위"로 쉽게 변질
될 가능성이 있다. 믿음, 즉 세례에서 표현되고 "사랑을 통해 역사하는" 믿
음, 하지만 그리스도와 의롭게 된 관계가 수립되고 유지되는 유일한 수단
이요 매개체이기도 한 그 믿음의 유일한 최우선성을 분명히 하는 것이 갈
라디아서를 집필할 때 바울의 주된 관심사였다. 이 사실이 결코 잊히거나
격하되어서는 안 된다. "그리스도인"으로서 그리스도인의 삶은 처음부터
마지막까지 믿음, 즉 "그리스도를 믿음"의 삶이다. 그것이 바로 갈라디아
서의 일차적인 메시지다.

믿음의 우선성에 대응하는 요소로서 성령의 선물

갈라디아서에서 바울이 믿음(오직 믿음이라고 말하는 것이 적절하겠다)을
강조한다는 것은 매우 분명하다. 그렇지만 같은 편지에서 성령의 선물도
그만큼 중요하게 부각한다는 사실 역시 눈에 띈다.[21] 실제로 논의의 주요
부분에서는 믿음이 성령보다 상대적으로 덜 나타난다는 사실을 고려하면,
해석의 역사상 (물론 이해할 만한 이유가 있었지만) 갈라디아서에서 '이신

할 사실이 있는데, 바울이 근본적인 요소로 인식했던 것은 "성령/그리스도 안으로 세
례 됨"이었으며(롬 6:3, 고전 12:13, 갈 3:27) "물/교회로 세례 됨"에는 상대적으로 관
심이 적었다(고전 1:13-17).
21) *Pistis*: 22번, *pneuma*: 18번.

칭의'의 중요성에 훨씬 더 큰 강조가 주어졌다는 사실은 다소간 놀랍다.[22] 그렇지만 갈라디아 교인들에게는 그들이 성령을 받았다는 사실이 더 중요했던 것이 분명하고, 바울도 그들이 그러한 중요성을 인식하고 있음을 알고 있었던 것이 틀림없다. 이 사실은 바울이 논의를 전개하는 중요한 지점에서 성령의 선물로 눈길을 돌리는 방식을 보면 알 수 있는데, 5장에서 이 점을 반복해서 강조한다.

> 이 어리석은 갈라디아 사람들아! 예수 그리스도께서 십자가에 못 박히신 것이 너희 눈앞에 생생하게 나타났는데, 누가 너희를 홀렸단 말이냐? 내가 너희에게서 확인하고 싶은 게 딱 하나 있다. 너희가 성령을 받은 것이 율법의 행위로냐 믿음으로 들어서냐? 너희가 이렇게 어리석단 말이냐? 성령으로 시작했다가 이제는 육체로 마칠 셈이냐? 너희의 그 많은 경험이 모두 허사냐? 정말로 그렇단 말이냐? 그래서 다시 묻는다. 너희에게 성령을 주시고 너희 가운데서 기적을 행하시는 분의 일이 율법의 행위에서냐 믿음으로 들어서냐? (갈 3:1-5)

[11]   바울은 정말 하고 싶은 논의를 해야 하는 시점에서는 마음을 다소 진정시킬 수 있었기에 안디옥에서 베드로에게 했던 말을 더 효과적으로 전달할 수 있었다(2:15–21).[23] 하지만 3장에서 바울은 1:6-9에서 표현했던 강한 감정을 재개한다: "이 어리석은 갈라디아 사람들아!"(3:1) 여기서 초점은

---

22) *Dikaios* - 3:11(합 2:4); *dikaiosunē* - 2:21; 3:6, 21; 5:5; *dikaioō* - 2:16(3번), 17; 3:8, 11, 24; 5:4.

23) 바울 자신은 예루살렘에서 벌어진 비슷한 상황에서 성공적으로 응수했다(2:5-10). 하지만 안디옥에서 베드로가 바울의 꾸짖음(2:11-14)에 만족스러운 답변을 제시했는지는 알려주지 않는다. 이 사실은, 안디옥에서 바울의 대응이 성공적이지 못하고 유대인 신자들의 지지를 받지 **못했음**을 암시한다(3:14).

갈라디아 교인들의 경험 속에서 바울의 복음이 그들에게 미친 영향, 그들 가운데서 거둔 성공이다. 여기서 바울은 그의 주장을 칭의의 관점에서 전개하지 않고, 지금 여기서 그들이 하나님과 맺고 있는 긍정적인 관계의 증거인 성령의 선물을 토대로 전개한다.

이 사실은 교회 역사에서 상당한 논란이 되었던 문제를 알려준다. 즉 갈라디아 교인들에게 성령의 선물은 그들이 경험한 어떤 실제였다는 것이다. 그들이나 바울은 다음과 같은 주장을 굳이 할 필요가 없었다: "너희가 믿었고, 너희가 세례를 받았다. 따라서 너희는 성령을 받은 것이다. 너희가 무언가를 경험했는지와 무관하게 말이다." 그들의 성령 경험은 바울과 그들이 곧장 언급할 수 있는 현실이었다. 그 경험의 실체가 무엇인지, 이를테면 (행 10:44-48처럼) 그들이 성령을 받은 증거로 방언을 했는지 등에 대해서는 확실히 알 수 없다. 5:22-23에 나오는 성령의 열매에 적어도 일부 감정과 관련된 요소가 있는 것은 사실이나, 바울은 무어라 확실하게 말하지 않는다. 그렇지만 3:1-5를 통해 우리는 바울이 "너희가 성령을 어떻게 받았느냐?"라고 질문을 던졌을 때, 바울은 그들이 그 질문을 이해할 것이며 그들의 경험과 관련지어 이 질문에 답변할 것으로 분명히 기대했음을 알 수 있다. 바울이 같은 질문을 그들의 기적 경험(3:5)과 연결할 수 있었다는 사실도 같은 함의를 갖는다.

그렇다면 성령의 변혁적 능력은 믿음, 오직 믿음에 대한 하나님의 반응이며, 이 사실은 바울에게 그리스도인이 되는 사건에서 믿음이 인간 편의 역할이라면 성령의 선물은 그에 상응하는 하나님 편의 역할이라는 의미였다. 그리고 바울이 이 편지의 나머지에서 분명하게 밝히듯이, 이것은 단순히 그리스도인이 되는 것뿐 아니라 그리스도인으로 사는 것에도 적용되는 이야기다. 바울 복음의 핵심에서 "오직 성령으로"는 "오직 믿음으로"에 비견할 수 있는 중요성을 갖는다. 따라서 성령과 믿음 각각의 작용이 상대의 우선성을 약화하거나 흐릿하게 하는 일이 결코 일어나서는 안 된다.

마찬가지로 충격적인 내용은, 이신칭의의 결정적인 모델은 아브라함이라는 자신의 논의를 요약하는 바울의 방식이다(3:6-14). 아브라함에게 주어진 복에는 이방인도 참여할 것인데(3:8-9), 이 약속은 율법과 모순되지도 않으며, 율법 때문에 조건부가 된 것도 아니다. 왜냐하면, 그리스도께서 그의 죽음으로 율법의 저주로부터의 구속, 즉 율법의 요구에 미치지 못해 율법의 저주 아래 있던 모든 사람을 위한 구속을 가져오셔서, "그리스도 예수 안에서 아브라함의 복이 이방인에게 미치고, 또한 우리가 믿음을 통해 성령의 약속을 받게 하셨기"(3:14) 때문이다. 다시 한번 아브라함이 제시한 모델은 단순히 혹은 간단히 이신칭의의 모델인 정도가 아니라, 성령의 선물을 받음에 관한 모델이다.[24] 다시 한번 우리는 이것이 바울이 갈라디아 지방에 성공적으로 전했던 복음의 주요한 특징이었다고 추론해야 한다. 말하자면, 이 복음은 믿는 사람에게 주어지는 성령으로 요약될 수 있다. 후대의 교회 역사는 기독교 복음을 그런 식으로 요약하기를 꺼리는 경향이 있지만, 바울이라면 그랬을까? "성령의 나타내심"(고전 12:7) 때문에 고린도 교회에 문제가 일어났던 것은 분명하지만(고전 14장), 그런데도 바울은 성령이 그리스도의 몸이 호흡하는 생생한 숨이라고 주장한다(고전 12:13).

바울은 논의의 다음 단계에서(갈 3:15-4:7), "아브라함의 아들/씨/자녀"[25]와 "하나님의 아들"[26]이라는 쌍둥이 주제를 활용한다. 이 논의에는 약간 무리가 있지만 그래도 효과적이다. 아브라함에게 하신 약속이 그의

---

24) 유감스럽게도 종교개혁자들은 이 중 첫 번째 측면만을 취해 집중했다. 반면 두 번째 측면은 너무 혼란만 부추기는 것으로 드러났다.
25) 아들들(*huioi*) - 3:7, 27; 씨(*sperma*) - 3:16, 29; 자녀들(*tekna*) - 4:28, 31.
26) 갈 3:26; 4:6, 7.

"씨"(단수)에게 주어진 것이므로, 일차적인 언급 대상은 한 사람, 그리스도이다(3:16). 그 결과는 "그리스도 안에" 있는 사람도 아브라함의 씨로 여겨질 수 있다는 것이다.[27] 왜냐하면 "너희가 그리스도의 것이면, 곧 아브라함의 자손이요 약속을 따른 상속자"이기 때문이다(3:29). 실제로 그리스도의 사역은 정확히 그 목적을 바라보고 있었다: "우리를 하나님의 아들로 입양되게 하려고"(4:5).

> 너희가 아들이므로,[28] 하나님이 그 아들의 성령을 우리 마음에 보내셔서 "아빠! 아버지!"라 부르게 하셨다. 결과적으로 너희가 더는 종이 아니고 아들이다. 만약 너희가 아들이면, 하나님을 통한 상속자다. (갈 4:6-7)

여기서 다시 한번 3:14에서와 마찬가지로 성령의 선물이 논의의 정점에 등장한다. 아브라함을 통해 맺은 약속이 성취되었다는 증거, 갈라디아 교인들이 정말로 "하나님의 아들"이라는 증거가 다름 아닌 성령의 선물이다. 이렇게 3:14처럼 여기서도 성령의 선물이 화룡점정이라는 사실은, 복음이 인간의 삶에 영향을 미치는 방식에 관한 바울의 이해에서 성령의 선물이 얼마나 중요한지를 보여준다. 주목해야 할 사실은, 3:4처럼 여기서도 바울이 성령 받음을 하나의 경험으로 생각한다는 것이다. 성령이 삶으로 들어와 삶 속에서 역사한다는 표현이 (사도행전에 자주 나오듯이) 방언을 [13]

---

27) 갈. 3:14, 26, 28.
28) 바로 보기에는 호테 데 에스테 휘오이(*hote de este huioi*)의 더 정확한 번역인 "너희가 아들들이므로"(because you are sons)는 자녀로서 입양됨과 성령의 수여라는 하나님의 두 행위가 시간상 구분된다는 암시를 줄 수도 있다. 자녀됨이 있고, 차후에 결과적으로 성령의 수여가 일어난다는 식이다. 하지만 바울의 관점은 아들됨과 성령이 동일한 관계의 양면이라는 것이다. 말하자면 아들 됨을 구성하고 일으키는 것이 바로 성령의 선물이다. 그렇게 주어진 성령으로 인해 "아빠, 아버지"라 외친다는 사실에 이런 측면이 표현되어 있다.

염두에 둔 것인지는 언급되지 않는다. 여기서(4:6) 그 경험은 "아빠! 아버지!"라고 외치는 강렬한 충동이다(혹은 그 충동을 포함한다).[29] 말하자면 적어도, 예수 자신이 느꼈던 아들 됨을 신자들 안에서 다시 만들어낸다.[30] 그리고 바울은 이 편지의 나머지에서, 갈라디아의 신자들 안에 성령이 임재한다는 더 많은 증거와 그들을 통한 성령의 행위를 이야기할 것이다. 그들에게는 이미 하나님의 성령을 통한 그분과의 친밀한 관계를 보여주는 증거들이 있었고, 따라서 갈라디아 교인들도 율법이 제시한 특정한 요구사항("율법의 행위")을 받아들여야 한다고 주장하며 그들을 동요시켰던 거짓 교사들의 선동은 무시할 수 있고 또한 거부되어야 한다.

논의의 다음 단계(4:8–5:1)에서 흥미로운 점은 다시 한번 성령이 논의의 절정에서 언급된다(4:29)는 사실이다. 그것은 3:14이 3:1-14의 절정이었고 4:6이 3:15-4:7 논의의 절정에서 핵심부였던 것과 비슷하다. 3:15-18과 마찬가지로 4:21-31의 논의도 다소 무리한 감이 있는데,[31] 이 부분은 아브라함에게서 나온 서로 다른 후손의 계보(창 15:16, 21:2)에 관한 알레고리다(4:24). 사라에게서 나온 계보는 약속과 자유의 계보이지만 하갈에게서 나온 계보는 육체와 종살이의 계보다.[32] 이 두 계보의 대조는 "육체를 따라 난"과 "성령을 따라 난"이란 표현으로 요약되는데, 바울은 이 대조를 당시 상황에 적용한다("이제도 그러하도다", 4:29). 바울에게 중요한 요소는 이 "종/자유"의 대립 명제가 그의 특징적인 대립 명제인 "육체/영"에 깔끔하게 들어맞는다는 사실이다. 아브라함을 통한 약속의 계보를 자연적인 후손의 계보("육체를 따라")로 생각한다면, 그것은 약속의 "자연적이지 않다는 특

---

29) 로마서 8:15처럼 동사 크라제인(*krazein*), "외치다"는 고요한 경건 행위로서 자녀들이 속삭이는 소리가 아니라, 느낌이든 성량이든 어느 정도의 강도가 동반된 외침이다.
30) 아바(*Abba*) - 막 14:36; 롬 8:15; 갈 4:6.
31) 이 흐름이 가장 분명한 곳은 25절이다: "이 하갈은 아라비아에 있는 시내 산이다."
32) "약속" - 4:23, 28; "자유한" - 4:22, 23, 26, 30; "육체" - 4:23, 29; "종" - 4:22, 23, 30, 31.

징"(사라의 오랜 불임, 4:27)을 제대로 이해하지 못한 것이다. 그 약속은 성령의 초자연적 사역에 달려 있고 성령의 사역과 연결된 것("성령을 따라")으로 이해하는 것이 더 정확하다.

바울이 동료 유대인과의 갈등에서 이런 식으로 형세를 역전시키는 모습은 굉장히 극적이다. 바울의 주장은 사라/이삭 이야기에 관한 더 명백해 보이는 해석을 향한 반격이었다. 사라를 통한 아브라함 후손의 계보를 특징짓는 것은 약속과 자유로서(4:23), 이 약속은 나중에 주어진 율법보다 먼저 온 약속이요, 율법과 독립적인 약속이며(3:15-18), 성령을 따라 난 자들 안에서 성취된다(4:29). 대조적으로 아브라함의 자연적인 후손 혹은 육체적인 후손은 하갈, 즉 종을 통한 아브라함의 자손으로 규정되는 것이 더 적절하다. 율법은 약속과 대립되는 명제가 되었다. 약속이 율법과 별개로는 성취될 수 없다고 주장하는 사람들이 이해해야 했던 것이 바로 이 사실이다. [14]

바울은 그의 좌절감을 그다지 억누르지 않고 조금 힘을 주어 자기주장을 내세운다.

4장 11절: "내가 너희를 위하여 수고한 것이 허사가 될까 두렵다."
4장 19절: "내 자녀들아, 그리스도가 너희 안에 형성될 때까지 내가 다시 한번 해산의 고통을 겪는다."
4장 30절: "그러나 성경이 뭐라고 말하느냐? '여종과 그 아들을 내쫓아라. 여종의 아들이 자유로운 여자의 아들과 더불어 유업을 얻지 못할 것이다.'"

바울의 분노가 폭발하는 것은 다음 단락이다(5:1-6).

그리스도께서 우리를 자유롭게 하신 것은 자유를 위해서다. 그러니 굳건하게 서서, 다시는 종의 멍에를 메지 말라. 보라! 나 바울이 너희에게 말한다. 너희가 만일 할례를 받으면, 그리스도가 너희에게 아무 유익이 없을 것이다. 내가 할례를 받는 각 사람에게 다시 증언한다. 그런 사람은 율법 전체를 행할 의무를 진 것이다. 율법으로 의롭다 함을 얻으려는 너희는 그리스도에게서 끊어지고 은혜에서 떨어졌다. 왜냐하면, 우리는 성령을 통해, 믿음으로부터, 의의 소망을 간절히 기다리기 때문이다. 그리스도 예수 안에서는 할례도 무할례도 아무것도 아니며, 사랑을 통해 실질적으로 작용하는 믿음뿐이다.

이 본문은 바울이 그가 "어지럽게 하는 자들"(5:12)이라 지칭한 자들이 자행했던 짓이 무엇인지 처음으로 분명하게 언급하는 지점이다. 그들은 만약 갈라디아 교인들이 정말로 아브라함의 유업에 참여하고자 한다면 반드시 할례를 받아야 한다고, 말하자면 완전한 개종자가 되어야 한다고 주장했다. 바울의 관점에서 그 방안은 사실상 그리스도와 율법을 날카롭게 대립시키는 것과 다름없었다.

그것은 2:16의 요점과 같다. 즉 "그리스도를 믿음" 외에 다른 요소를 그와 동등한 본질적인 내용으로 추가한다면, 실제로는 믿음이 유일한 본질이라는 특징을 훼손하고 거부하는 것이며, 결국 오직 믿음 위에만 오는 은혜, 오직 믿음을 통해서만 오는 은혜에서 그들을 잘라내는 것이다.

여기서 다시 한번 바울에게는 성령의 선물이 그 은혜의 매개체다. 성령은 그러한 믿음에 하나님께서 당연한 귀결로 주시는 선물이다. 할례 문제는 이 기본적인 사실, 즉 하나님과의 모든 관계의 핵심에는 이 "믿음 성령 결합체"가 자리 잡고 있다는 사실에 혼란을 초래할 뿐이다. 물론 이 관계는 태도와 행동으로 드러난다. 곧 "사랑을 통해 실질적으로 작용하는 믿음". 그렇지만 사랑의 특정 표현을 핵심적인 "믿음 성령 결합체"와 동등한 중요성을 지닌 근본적인 요소로 간주한다면, 그것 역시 이 결합체의 근본적인 중심성을 부인하고 훼손하는 처사다.

바울에게는 아주 중요했던 이 핵심적인 측면을 우리는 너무 쉽게 잊을 수 있다. 어떤 경건의 행위들은 이 "믿음 성령 결합체"의 표현인 것이 너무나 명백하고, 그래서 쉽게 그와 동등한 수준의 근본적인 요소로 간주되곤 한다. 그 결과 실질적으로 복음 자체의 핵심인 "믿음 성령 결합체"만큼의 중요성을 갖게 되기도 한다. 그런 사례들은 쉽게 나열할 수 있다. [15]

- "있으면 좋은 것"(베네 에세, bene esse)과 "필수적인 것"(에세, esse) 사이의 혼동이 교회 생활의 일부 형태에서 일어날 수 있다.
- 제자도 혹은 생활 양식의 특정 형태.
- 부차적인 신념(아디아포라, adiaphora)이 본질적인 요소로 승격되는 경우.

바울의 견해로는 "어지럽게 하는 자들"이 갈라디아에서 바로 그런 짓을 하고 있었다. 그들은 아브라함의 약속을 이어받은 상속자라면 아브라함처럼 할례를 받아야 한다고 주장함으로써, 아브라함에게 주어진 약속에서 가장 중요한 측면, 즉 "믿는 자들에게 주어지는 하나님의 성령"을 흐리고 훼손했으며 거기에서 멀어지고 말았다. 진짜 그리스도인이 되기 위해서는 자신이 제자라는 사실을 특정 방식으로, 특정 교회 생활로, 특정 생활 양식으로 표현해야 한다고 주장하는 사람이 있다. 그들은 바울이 이 갈라디아서에서 적잖이 강력하게 주장하는 근본적인 측면을 심각하게 오해한 것이다. 갈라디아서에 따르면 사랑을 통해 역사하는 "믿음과 성령"을 제외하고 그리스도인이 되는 길은 없다. 바울이 다른 곳에서 사용하는 이

미지로 표현하자면, 성령은 믿는 사람의 것으로 여겨질 의(5:5)의 첫 입금액이요 보증금이다.[33]

바울은 믿는 사람에게 주어지는 성령의 선물을 매우 중요하게 여겼고, 이 사실은 같은 장의 다음 부분에서 강조된다.

> 내가 너희에게 말한다. 성령을 따라 걸어라. 그러면 육체의 욕망을 충족시키지 않을 것이다. 왜냐하면, 육체의 욕망은 성령을 거스르고, 성령은 육체를 거스르기 때문이다. 이 둘은 서로를 거스르기에, 너희가 하고자 하는 것을 하지 못하게 막을 것이다. 하지만 만일 너희가 성령의 인도를 받는다면, 율법 아래 있지 않다. 그리고 육체의 일은 명백하다. … 그러나 성령의 열매는 사랑과 기쁨과 평화와 인내와 친절함과 선함과 믿음과 온유와 절제다. 이와 같은 것을 거스를 법이 없다. 그리고 그리스도 예수에게 속한 사람은 육체를 그 정욕 및 탐심과 함께 십자가에 못 박았다.
> (갈 5:16-19, 22-24)

바울에게 성령을 따라 걷는 것(5:16)은 율법을 따라 걷는 것과 확연히 달랐다. 의식상의 규칙으로 정해지는 제자도와는 다른 것이었다. 따라서 사람에게 요구되었던 율법("행위"의 법)은 육체의 욕망을 제어하는 면에서 실제로는 덜 효과적이었다. 물론 율법이 실제로 금지하는 내용은 옳지만 말이다(5:19-21). 성령의 인도를 받는다는 것은 율법의 속박을 벗어던진다는 의미로 보일 수 있지만, 오직 그러한 행위가 성령의 삶에 필수적인 한 해서만 그렇다. 성령의 삶은 율법의 행위가 아니라, "사랑과 기쁨과 평화와 인내와 친절함과 선함과 믿음과 온유와 절제"로 드러난다(5:22-23). 이 "성령의 열매"를 할례의 법 및 식탁 교제를 통제했던 법에 복종하는 것과

---

[33] *parchē*("첫 열매") - 롬 8:23, *arrabōn*("보증금, 서약") - 고후 1:22; 5:5; 엡 1:13-14.

혼동하지 말라. 그것은 하나님께서 믿는 사람의 삶 속에서 그분의 성령을 통해 일하시는 방식을 오해한 것이다. 육체의 정욕과 욕망을 다스리는 것은 율법이 아닌 성령이다. 갈라디아 교회에 등장한 소위 유대화주의자들에 대한 바울의 저항에서 핵심 내용이 바로 이것이다. 즉 율법의 행위는 성령의 선물과 비교하면 육체의 일을 제한하고 다스리는 데 효과가 부족하다. 따라서 성령의 선물을 율법의 행위와 연결하거나 묶는다면, 그것은 성령의 선물에 반대하고 성령의 선물을 제한하는 처사이지 성령의 인도를 받는 삶을 돕는 조치가 아니다. 여기서 바울에게 그리스도인의 삶을 규정하는 독특한 요소는 성령의 선물이지 율법의 행위가 아니다.

이런 이야기들은 다시 한번, "성령을 따라 걷는 행위"와 "성령의 인도를 받는 행위"는 본질상 교회와 예배의 질서 유지에 위협이 된다고 생각하는 사람들에게 혼란스러운 내용일 것이다. 그리고 바울이 갈라디아서를 집필한 장소가 과도한 성령의 자유가 이미 분명하게 나타났던 고린도 지역이라면(고전 12-14장), 이런 결론은 더욱더 충격적일 것이다. 그렇지 않다면 우리는 고린도서에 등장하는 성령에 관한 바울의 단호한 충고들을, 그가 거의 제한 없이 성령 경험에 의존하는 것으로 간주하게 된 고린도의 현상들에 맞서 바울 편에서 보인 반응으로 이해하면 될 일이다. 하지만 고린도전서의 관련 장들을 세심하게 읽어보면, 바울이 갈라디아서에 했던 성령에 관한 이전의 충고를 폐기했다기보다는 조건부로 인정한 것을 알 수 있다. 바울 선교의 주요 무대인 에게해에서 조금 떨어진 갈라디아 지방에 보낸 편지가 보존되었다는 사실은, 넓은 영역에 퍼져 있던 바울의 교회들 가운데서 이 편지의 적절성과 중요성이 결코 의심받지 않았음을 보여주는 듯하다. 성령의 사도라는 바울의 평판은 의문시되지도, 깎이지도 않고 유지되었다.

실제로 바울은 이 편지를 마무리하는 단계에 들어가서도 비슷한 강도로 성령에 계속해서 집중한다. 바울은 감정을 좀 더 억누른 채 성령을 간단히 요약해서 언급하는 것으로 이전의 권고를 간추린다. "만일 우리가 성령으로 산다면, 또한 성령을 따르자"(5:25). 성령의 선물이 그리스도인이 되는 것에 근본적인 요소이듯이, 그리스도인의 삶도 성령을 따르는 것으로 요약할 수 있다. 그렇다면 성령의 선물은 제자도의 시작만을 표시할 뿐이며 이후의 제자도는 율법과 전통의 다양한 제약들로 규정되어야 한다는 관점은 틀렸다. 바울에게 성령의 선물은 율법의 속박을 굳이 받지 않더라도 자만이나 도발, 질투로 표현되지 않는다(5:26). 오히려 성령의 선물은 서로에게 관심을 가지고, 자신도 유혹에 취약할 수 있음을 인식하며, 타인의 짐을 기꺼이 지는 모습으로 표현될 것이다(6:1-2). 그래서 바울은 율법을 따르는 조항일지는 모르나 "그리스도의 율법"에 반하는 규칙과 실천, 전통 같은 것으로 성령의 삶을 제약하지 않을 것이라는 의지를 표명함과 더불어 성령에 대한 확신도 천명한다.[34] 바울은 갈라디아 교인을 향한 권면을 이렇게 "성령으로 사는 삶"과 "성령을 따름"이라는 표현으로 요약할 수 있었다. 그런데 이 권면이 후대의 수많은 사람에게는 너무 낯설고 심지어는 위험한 이야기로 들린다는 현실은 비극이다.

[17]

마지막 축도(6:18)를 제외하면 바울이 성령을 (이중으로) 언급하는 다른 본문이 하나 남는데, 그 본문에서 바울은 앞서 호소했던 내용을 요약하고 다시 힘주어 이야기한다. "자기의 육체를 위해 심는 사람은 육체로부터 썩어질 것을 거두고, 성령을 위해 심는 사람은 성령으로부터 영생을 거둘 것이다"(6:8). 이 말로 바울은 그리스도인이 되는 과정에서 가장 중요한 측면

---

34) 주목할 만한 사실은, 바울이 이 편지의 앞부분에서 성령과 율법을 굉장히 날카롭게 대립시켰음에도 "그리스도의 율법"이란 표현을 서슴없이 사용한다는 점이다. 아마도 바울은 5:14에 요약된 예수 전승을 염두에 두었던 것 같다. 예수가 "온 율법"을 "너 자신처럼 네 이웃을 사랑하라"는 한 계명에 요약했다는 사실은 바울도 그리스도의 율법을 성령의 두드러진 열매와 동일시할 수 있었다(5:14, 22)는 의미다.

은 그와 그들이 성령을 받았다는 사실임을 확언한다. 그들이 이기적인 욕심에 지배당하던 과거의 삶을 떠나 완전히 다른 삶을 살게 한 요인은 다름 아닌 성령이 그들의 삶으로 들어왔다는 사실이다. 영원한 생명을 상속받게 될 것을 보증하는 것도 그들의 삶 속에 나타나는 성령의 사역이다. 그 외의 모든 것은 부차적이다. 복음이 선사한 이 핵심적인 약속에서 벗어나거나 이 약속을 헷갈리게 만드는 것은 모두 복음을 타락시키고 혼란케 할 뿐이다. 그리스도인의 삶이 성령을 받는 것으로 시작한다면, 또한 그 삶은 성령에 일치하여 살아져야 한다.

결론

따라서 갈라디아서가 묘사하고 주장하는 그리스도인의 삶은 바울 자신이 믿음에 이르게 된 과정만큼이나 바울 특유의 모습을 띤다. 그리스도인의 삶에 관한 바울의 이해를 독특하게 규정했던 요인은 그가 부활하신 그리스도와 맺는 직접적인 관계, 그리고 그분이 그에게 직접 주신 사명이라는 측면이었다. 그 직접적인 관계에서 수많은 좋은 것(성령의 열매)이 응당 흘러나오겠지만, 그 가운데서 특정 "행위"를 성령의 본질적인 증표로 규정하거나 의식상의 특정 조항을 성령을 소유하기 위한 필수 요건으로 규정하려는 행태는, 바울의 복음과 신학 중심에 있는 본질인 "믿음 성령 결합체"를 그르치고 변질시킬 것이다. 명백한 사실이 하나 있으니, 우리가 바울의 신학과 복음 핵심에 자리 잡고 있는 이 근본적인 "믿음 성령 결합체"를 인식하지 못한다면, 바울의 신학과 복음을 이해하지 못한 것이며 또한 이해하지 못할 것이라는 사실이다. 이와 동등하게 중요한 내용이 있다. 그것은 바울이 이 편지에서 굉장히 강력하게 주장한 내용으로, 하나님과 인간의 관계에서 근본이 되는 이 토대를 흐리거나 훼손하려는 흐름, 또는 이 토대에서 우리를 멀어지게 하는 요구사항을 추가하려는 흐름이 있다면, [18]

우리는 그런 흐름을 복음의 파괴로 규정하고 모든 힘을 다해 저항해야 한다는 것이다. 우리가 바울을 정말로 존중한다면, 화가 난 바울이 갈라디아서 1:6-9에서 맹렬한 비난을 쏟아낼 때 틀림없이 의도했을 수준으로 우리도 그 비난을 심각하게 받아들여야 한다.

에베소서에 나타난 그리스도인의 삶과 새 관점

린 코힉(Lynn H. Cohick)

"와서 나를 따르라." 이 말씀은 부르심이다. 이 부르심의 말씀은 예수께서 그분의 첫 제자들에게 부과하신 임무로서, 시대를 막론하고 모든 신자의 마음을 울린다. 이 말씀은 또한 구원으로의 부르심이요, 예수의 거룩한 삶을 본받아 살라는 도전이기도 하다. 이방인의 사도 바울은 예수를 따르라는 이 부르심에 순종했고, 예수가 살았던 것과 같은 삶을 살라는 위임을 지키려고 노력했다. 바울은 그의 교회를 향해서도 이 새로운 삶을 본받아 살아야 한다고 기록했다.

그런데 첫눈에는 굉장히 간단해 보이는 이 내용, 즉 올바른 신앙('그리스도를 믿음'으로 구원을 얻는다는 신념)과 거룩한 삶 사이의 관계가 복잡해질 수도 있다. 대중적인 가르침을 보면, '오직 믿음'이란 요소를 하나님과 신자 사이에 올바른 관계의 중심점으로 유지하려는 고상한 목적 때문에, 가끔은, 그리고 종종 뜻하지 않게, 거룩한 삶의 필요성을 평가절하 하는 일이 벌어진다. 이렇게 '믿음'과 '행위'를 분리하는 이유 중 하나는, 인간의 열심은 곧 인간의 노력이며, 이는 곧 인간의 자랑과 다름이 없다는 우려 때문이다. 성경(구약과 신약 둘 다)은 분명히 자랑을 경고한다. 문제는 기독교의 성경 해석이다. 그 해석은 '교만한 인간'의 **원형**을 상정하고 그 이미지를 실제 1세기의 유대인에게 부과했다.[1] 그리고 해석의 다음 단계에서는, 바울이 복음을 제시할 때 인간의 자랑과 노력을 부추기는 이 교만한 유대인과 유대교에 대비해서 그의 신앙을 설명했다고 본다.

하지만 신학자들이 예수와 사도 시대의 유대교를 재검토한 결과, 1세기의 많은 유대인은 그들이 하나님의 선택된 백성의 일원이라는 사실에 감사했으며 그 감사에서 우러나와 거룩한 삶을 추구했을 가능성이 있음을 보여 주었다. 제2성전 유대교에 관한 이러한 설명은 소위 바울에 관한 새 관점(앞으로는 '새 관점'으로 지칭하겠다)에서 발전되었고, 그리스도의 주장과 그리스도에 관한 주장을 이런 관점에서 이해하려는 흐름을 받아들인 신약학자들에게 많은 영향을 끼쳤다. 제2성전 유대교를 역사적으로 재구성하는 작업은 나름의 전문 영역이다. 하지만 바울이 그의 복음을 제시할 때 그 당시 유대교와 비교, 대조하는 방식으로 했기 때문에, 새 관점은 바울의 주장을 이해하는 작업에서도, 그리고 하나님의 구속 사역에 관한 바울의 가정과 전제를 재구성하는 작업에서도 중요한 역할을 담당하

---

1) Francis Watson, *Paul, Judaism, and the Gentiles: Beyond the New Perspective*, rev. and exp. ed. (Grand Rapids: Eerdmans, 2007), 124는 영향력 있는 바울 해석자인 Ernst Käsemann에 대해, 그는 바울이 "율법의 행위"라는 표현으로 유대인의 삶의 양식을 명시했다는 점은 인정했지만 그 표현이 Watson 자신이 "포괄적인 종교적 인간"(generic *homo religiosus*)으로 부른 추상적 개념을 가리키는 것으로 믿었다고 언급한다. Watson은 그런 해석에 저항하면서 바울은 단순히 "유대 민족의 독특한 삶의 방식"만을 의도했던 것이라고 주장한다.

게 되었다.

이 논문은 새 관점의 렌즈를 통해 에베소서를 살펴보되, 제자도를 염두에 두고 살펴볼 것이다. 바울이 에베소서에서 복음의 신비와 그리스도를 통한 만유의 구속을 전하면서 사용하는 원대한 언어를 보고 있으면 하늘로 올려지는 기분이 들 정도다. 후대 찬송가의 표현대로 "예수께서 모두 갚으셨다." 바울이 성가대원이었다면 아마도 이 가사를 가장 크게 불렀을 것이다. 그리고 이 위대한 찬양의 다음 가사도 이어서 불렀을 것이다. "내가 그분께 진 모든 빚을."[2] 우리가 죄에 진 빚이 상환되었다. 이로써 우리는 해방되어 그리스도에게 또한 그의 백성인 교회에 빚진 자가 된다. 죄를 빚으로 보는 이 이미지는 나중에 더 자세하게 다룰 것이다. 그때 나는 그동안 교회에서 자주 무시되어 왔던 내용을 새 관점이 부각했다는 점에 주목할 것인데, 그것은 바울의 복음 메시지가 공동체와 탈바꿈에 관해 이야기한다는 것이다. 복음은 그리스도 안에서 죄가 용서되었다는 기쁜 소식과 더불어 성령의 역사를 통해 하나님 앞에 거룩한 새 백성이 창조되었다는 기쁜 소식을 전한다. 달리 말해, 죄 용서는 그 자체가 목적이 아니라 그리스도 및 그의 몸(교회)과 더불어 사는 새로운 삶으로 나아가는 관문이며, 그 삶은 성령을 통해 세워지고 유지된다.

바울 학계에서 새 관점의 위상   [21]

기원후 1세기 유대 세계에 관한 최근의 연구가 가능했던 것은 상당 부분

---

2) 1865년에 Elvina Hall이 가사를 쓰고 John T. Grape가 곡을 붙인 "이 세상 험하고"(Jesus Paid It All, 찬송가 197장 - 역주). 후렴의 가사 전체는 다음과 같다: "Jesus paid it all, / All to Him I owe; / Sin had left a crimson stain, / He washed it white as snow"(한국 찬송가 가사는 "주의 은혜로 / 대속하셔서 / 피와 같이 붉은 죄 / 눈같이 희겠네"이다 - 역주).

사해사본의 발굴 및 최근 고고학의 발견 때문이다.[3] 덧붙여, 신학자들은 20세기 서구 기독교 내부에 존재했던 반(反)셈족주의(그리고 반유대주의)를 향한 신랄한 비판을 마음에 새기고 있었다.[4] 새 관점은 일차적으로 페르시아 후기에서 헬레니즘 시기에 이르는 유대교를 설명하는 이론이다. 이 시기의 유대교는 에스라와 느헤미야 시대의 성전 재건에서 출발했으며, 헬레니즘 시대와 로마제국 초기에 융성했다가, 랍비 유대교의 출현으로 마무리되었다. 새 관점은 이 시기 유대교의 특징적인 관심사가 헬레니즘의 도전에 맞서 율법을 옹호하려는 것이었으며, 따라서 유대교만의 독특한 구체적 실천사항, 이를테면 할례, 음식법, 안식일 등을 유지하려는 관심이 증가했다고 주장한다.[5] 이를 사회적 정체성의 관점에서 표현할 수도 있겠다. 말하자면, 유대인은 자신의 정체성을 하나님 백성의 일원으로 규정했고, 하나님께서 자기 백성에게 주신 가르침을 신실하게 시행함으로써 그 정체성을 삶으로 구현했다. 그리고 이 진술에 다음과 같이 신학적 뉘앙스를 부여할 수 있겠다. "유대인들은 그가 하나님의 율법에 신실하다는 것을 근거로 구원을 **얻었던** 것이 아니다. 오히려 이 순종은 하나님의 선택 혹은 하나님의 부르심에 대한 인간 편의 적절한 반응을 대변한다."[6]

---

3) James D. G. Dunn, *The New Perspective on Paul*, rev. ed. (Grand Rapids: Eerdmans, 2008), 4-16 = (바울에 관한 새 관점, 최현만 역, 에클레시아북스, 2012)은 1QS 11.11-15에 나오는 찬송이 은혜를 강조한다는 사실과 4QMMT에 나오는 "율법의 행위"란 표현 때문에 그가 제2성전 유대교의 특성과 바울 신학을 더 깊게 연구하게 되었다고 술회한다.

4) Gavin I. Langmuir, *Towards a Definition of Antisemitism* (Berkeley: University of California Press, 1990), 그리고 David Nirenberg, *Anti-Judaism: The Western Tradition* (New York: W. W. Norton, 2013).

5) Watson, *Paul, Judaism, and the Gentiles*, 20-21은 "율법의 행위"가 경계 표지를 가리키는 것이 아니라, 대강 이야기해서 이방인 공동체의 삶의 방식과 대비되는 유대적인 삶의 방식을 가리키는 것이라고 주장한다.

6) 고대 세계는 사태를 이런 식으로("세속적/사회적" 대 "종교적") 구분하지 않았겠지만,

새 관점이 말하는 유대인의 정체성

유대인은 자신이 태어날 때부터 하나님 가족의 일원이며 따라서 하나님께서 아브라함의 후손에게 정하신 요구사항을 져야 할 특별한 의무가 있다고 보았다. 이 시대의 문헌을 보면, 하나님께서 이스라엘을 선택하셨다는 사실을 논하면서 누가 선택받은 의로운 자의 일원이 될지 토론을 벌이는 유대인의 모습을 확인할 수 있다. 그런데 모든 유대인이 동의하는 내용이 있었으니, 이스라엘은 하나님의 조치를 통해 열방과 구분된 민족이었다는 사실이다.[7]

예를 들면, 에녹1서(*1 Enoch*)는 하나님께서 선택하신 아브라함과 그의 후손 내부에서도 따로 선택된 더 작은 집단을 구분한다. 후자에 해당하는 신실한 자들은 저자와 동시대의 사람들로 "영원한 의의 나무"로 불린다(*1 En*. 93:10). 또한, 기원후 1세기 말에 기록된 모세 유언서(*Testament of Moses*)는 하나님께서 자기 백성을 위해 세상을 창조하셨지만(*T. Mos*. 1:12) 그 사실을 비밀에 부치셨다고 설명한다. 바울도 그리스도의 비밀을 이야기하는데, 그 비밀이란 이제 이방인이 그리스도를 통해 하나님 가족의 온전한 일원이 될 수 있다는 것이다(엡 3:6). 주전 180년에 기록된 벤 시라의 지혜서(Wisdom of Ben Sira)는 이스라엘의 선택이 창조 전에 이루어졌다고 상정하지만(Sir. 24:1-12), 성경 본문은 이스라엘 선택의 기원이 아브라함을 부르심과 출애굽 같은 역사적 사건에 있다고 이야기하는 경향이 있다(출 19:3-8; 신 7:6-8을 보라).[8] 벤 시라의 주장은 에베소서 1:4-5에서 바울이 선

[22]

현재의 논의를 명확히 하는 데는 도움이 된다.
7) Matthias Henze, "The Chosenness of Israel in the Apocrypha and Pseudepigrapha," in *The Call of Abraham: Essays on the Election of Israel in Honor of Jon D. Levenson*, ed. Gary A. Anderson and Joel S. Kaminsky (Notre Dame, IN: University of Notre Dame Press, 2013), 171.
8) Greg Schmidt Goering, "Divine Sovereignty and the Election of Israel in the Wisdom

언하는 내용과 유사해 보이는데, 거기서 바울은 하나님께서 세상의 설립 전에 자기 백성(이 경우는 그리스도의 몸인 교회)을 택하셨다고 말한다.[9] 이 간단한 사례들을 통해 우리는 바울의 내러티브가 유대교 내부에서 진행되었던 폭넓은 대화들과 잘 어울린다는 사실을 알 수 있다. 물론 바울은 이제 모든 것을 그리스도의 십자가 사역이라는 렌즈를 통해 새롭게 이해했지만 말이다.

요약하자면, 새 관점은 제2성전 유대교가 "행위를 따른 의"를 제시하지도 않았고 구원을 "획득하라"라고 장려하는 입장을 내세우지도 않았다고 주장한다. 오히려 제2성전 유대교가 토대로 삼았던 것은 하나님의 선택이었고, 특별히 할례와 안식일 준수, 음식법 같은 핵심 의식을 통해 표현되었던 민족적 정체성의 중요성을 강조했다. 이 의식들은 한 분이신 참 하나님께서 주신 율법을 지킴으로써 그분을 따르며 예루살렘에 있는 그분의 성전에서 예배를 드리는 하나님의 백성으로 유대인을 구별하는 역할을 했다.

셰이 코언(Shaye Cohen)은 이 주제를 더 자세하게 조사하면서 제2성전 유대교에서 유대인의 정체성을 판단하는 기준이 (가) 종교적, 문화적, 정치적 소속, 그리고 (나) 민족과 지리였다고 주장한다.[10] (나) 항목은 유대인의 출생 시 상태를 의미하는데, 유대 지방 출신의 유대인 부모에게서 태어나야지 유대인이다. (가) 항목은 율법을 표현하고 율법에 순종하는 유

---

of Ben Sira," in *The Call of Abraham: Essays on the Election of Israel in Honor of Jon D. Levenson*, ed. Gary A. Anderson and Joel S. Kaminsky (Notre Dame, IN: University of Notre Dame, 2013), 165-66.

9) Henze, "Chosenness of Israel," 179은 "모세의 진술에 내포되어 있던 의미가 눈에 확 들어온다. 이스라엘 선택이 실제로는 창조보다 **선행한다**는 것이다"라고 언급한다. 그는 195 n37에서 엡 1:4과의 유사성들을 덧붙인다.

10) Shaye J. D. Cohen, *The Beginnings of Jewishness: Boundaries, Varieties, Uncertainties* (Berkeley: University of California Press, 1999), 70-92.

대인의 방식과 관련된 개인의 선택을 가리킨다. (가) 항목과 관련된 범주는 기원전 2세기 후반에 발전되었는데, 이 개념은 유대교 종파들(바리새인, 사두개인, 에세네파, 열심당)을 설명하거나 세례 요한 같은 카리스마적 인물이 인기를 끌었던 이유를 설명하는 데 도움이 된다. 모든 유대인은 자신이 유대 민족이라는 정체성을 가지고 있었으며, 많은 유대인은 이 정체성을 더 세부적인 종교적 혹은 문화적 정체성을 통해 표출하려 했다.

바울은 이런 상황을 고린도후서 11:22와 빌립보서 3:4-6에서 잘 표현하고 있는데, 자신이 유대인으로 태어났으며 유대교 안에서도 바리새파의 방식을 따랐다고 언급한다. 이러한 정체성 형성 과정은 분명히 오늘날 그리스도인의 정체성이 형성되는 전형적인 분위기와는 다르다. "2세대 그리스도인 같은 것은 존재하지 않는다"는 말 속에 이런 차이가 잘 드러나 있다. 그렇지만 바울의 편지 안에 기술된 유대인은 하나님 백성의 일원이라는 태생적 정체성, 민족적 정체성을 특정한 세부적인 종교적, 문화적 방식으로 살아내려고 노력했다. [23]

그리스 로마 세계에서의 정체성

이런 점에서 유대인은, 전통에 충실할 것과 집단 정체성을 강조한 주변의 다른 민족 집단을 닮았다. 예를 들면, 플라톤 사상을 재검토하고 상당한 부흥을 일으켰던 다양한 집단인 중기 플라톤주의자들(Middle Platonists)이 있는데, 이들은 보편주의 및 불변의 진리와의 관련성 안에서 민족과 민족성을 성찰했다. 이 그리스 로마 철학자들은 각 민족 집단이 조상의 윤리를 따른다는 사실의 중요성을 숙고했다. 그들 사이에 폭넓게 존재했던 확신이 있었는데, 태초로부터 다양한 신이 세상의 각 지역을 지배해 왔으며, 이 신적 권위자를 기쁘게 하는 관습과 전통이 각 지역에 거주하는 민족 집단에게 주어졌다는 것이다. 조상의 관습에서 벗어나는 행위는 지혜와 미덕의 결핍을 드러낼 뿐이다.[11] 2세기의 기독교 적대자였던 켈수스(Celsus)가 기독교를 비난하기 위해 활용했던 것이 바로 이런 주장이다(Origen, *Against Celsus* 5.25).

3세기 초의 기독교 학자인 에뎃사의 바다이산(Bardaisan of Edessa)이 쓴 한 논문에는 인간 문화에 별(혹은 운명)이 미치는 영향을 논의하는 부분이 있다. 코언은 이 논문의 주장을 다음과 같이 요약한다. "점성술 상의 징조는 우리에게 아무런 힘을 미치지 못한다. 그 분명한 증거는, 다양한 민족의 구성원이 그들이 태어날 때 점성술의 징조나 별이 무엇이었는지와 상관 없이 자기 민족의 관습을 따른다는 사실이다."[12] 바다이산은 수많은 종교 집단의 관습을 알고 있었다. 예를 들면, 일부 힌두교인은 고기를 먹지만 다른 힌두교인은 채식주의자라는 사실을 언급한다. 바다이산은 이러한 차이가 특정한 별이 한 지역을 지배한다는 관념이 틀렸음을 입증하는 증거라고 주장한다. 한 별이 한 지역을 지배한다면, 그 지역의 거주자들이 모두 비슷한 관습을 따를 것이기 때문이다. 또한, 그는 일부 민족은 그들의 거주 지역과 관계 없이 같은 관습을 실천하며, 이 사실은 각 지역을 다스리는 권세를 가진 별이 따로 있다는 개념이 틀렸음을 입증한다고 말한다. 바다이산은 그 증거로 유대인을 거명하면서, 유대인은 아들이 태어나면 그날 하늘에 뜬 별의 모양과 상관 없이 8일째에 할례를 시행한다고 언급한다. 또한, 유대인은 거주 지역과 상관 없이 우상을 숭배하지 않는다. 게다가, 그들은 안식일이라는 특이한 관습을 지킨다. 바다이산은 이 목록을 나열하면서 유대인에 대한 어떤 반감도 드러내지 않고, 그저 다양한 다

---

11) Philippa Lois Townsend, "Another Race? Ethnicity, Universalism, and the Emergence of Christianity" (PhD diss., Princeton University, 2009), 93-100.

12) Shaye J. D. Cohen, "Jewish Observance of the Sabbath in Bardaisan's *Book of the Laws of Countries*," *Near Eastern Languages and Civilizations*, Harvard University, preprint (2013): 2, http://nrs.harvard.edu/urn-3:HUL.InstRepos:10861157.

른 지역에서 살면서도 독특한 문화적, 종교적 관습을 실천했던 한 민족을 담담히 기술할 뿐이다.[13]

2세기 중반 기독교 변증가인 순교자 유스티누스(Justin Martyr)는 기독교가 추종자들에게 조상의 관습을 떠나라고 부추긴다는 비난에 맞선다. 실제로 그런 측면이 있다면, 당시 많은 이교도에게 눈총을 받을 문제였다. 순교자 유스티누스는 오랜 관습이나 신의 불변성을 가치 있게 여기는 이방인의 태도에 이의를 제기하지 않았고, 오히려 아담과 노아의 경우 그들에게 율법이 없었음에도 하나님께서 그들을 기뻐하셨다는 사실을 강조한다. 하나님께서 아브라함과 할례 조항을, 모세와 율법을 확립하신 것은 오직 후대의 일이었다(*Dialogue with Trypho* 19). 따라서 교회는 한 분이신 참 하나님을 따랐던 사람들이 지켰던 최초의 관습으로 "복귀하는 것"이며, 반면 유대교의 관습은 특정한 이유로 주어졌던 부가적인 규정으로 이해할 수 있다(*Dial.* 23).[14] 내가 2세기와 3세기에 관한 이 간략한 역사 수업을 통해 말하고 싶은 바는, 유대인과 이방인에 관한 바울의 논의가 바울만 집착했던 유별난 주제도 아니었고, 단지 유대교 내부만의 논의도 아니었으며, 심지어 새 관점의 발명품도 아니고, 오히려 당시 사람들이 공동체를 해석하고 고대 도시 내부에서의 정체성이라는 개념과 씨름하는 친숙한 방식이었다는 것이다.

에베소서에 나타난 유대인과 이방인

에베소서를 자세히 읽어보면, 바울이 서로 다른 두 집단, 즉 "우리" 유

---

13) Ibid., 5. Cohen(9-10)은 알렉산드리아의 필로(*De providentia* 1.84) 역시 인간이 각자의 별점에 종속된다는 주장에 반대하여 인간의 윤리적 책임을 옹호했으며 유대인은 자신의 출생 시간이나 장소와 무관하게 할례, 안식일, 음식법 같은 조상의 관습을 자발적으로 따른다는 점을 강조했다는 사실에 주목한다.
14) Townsend, "Another Race?," 133-34.

대인과 "너희" 이방인이라는 두 집단을 의식한 채 말한다는 사실을 알 수 있다(엡 2:11-14). 유대인과 이방인이 그리스도에게 도달하게 된 경로는 서로 겹치는 측면도 있겠지만 여러 가지 측면에서 다르다. 바울은 그리스도 안에서 이제 하나가 된 이 두 집단 모두에게 하나님께 영광을 돌리는 삶을 살라고 촉구한다. 독자들은 "우리"와 "너희", "그리스도 안에서 하나"라는 표현들 사이에 존재하는 세심한 긴장을 마음에 새겨야 한다. 여기에는 몇 가지 이유가 있다. 첫째, 바울이 "인류"라 불리는 단일 실체 안에 유대인과 이방인을 함께 포함하긴 하지만, 그는 당시의 유대인과 유대교가 하나님께서 아브라함과 모세, 선지자들에게 주신 계시를 소유하기 때문에 이교보다 우월하다고 이해했다(롬 9:1-5). 바울 자신도 유대인으로, 유대인의 메시아인 예수를 따르는 유대인이었다.

이런 내용으로 보건대, 바울이 유대교는 편협하고 민족 중심적이며 이방인/교회는 관념 면에서 보편적이고 문화 면에서 중립적이라고 판단했다고 상상해서는 안 된다. 내가 이런 염려를 내비치는 이유는, 캐럴라인 존슨 하지(Caroline Johnson Hodge)가 바울에 대한 흔한 해석이라고 요약한 내용을 염두에 두고 있기 때문이다. "보통 유다이오이(*Ioudaioi*, 유대인들)는 불필요한 관습에 몰두하는 사람들로 규정된다. 그래서 자신 있게 바울은 영적으로 성숙한 이방인(바울은 이들을 '강한' 자라 지칭하며 자신과 동일시한다, 롬 15:1)을 열등한 유대인(여전히 그들 민족의 관습에 매여있고, 그래서 '약한 자'다)과 대조되게끔 나란히 제시한다."[15] 바울이 그의 이방인 추종자들을 강하게 신뢰했다는 암시를 풍기는 이런 해석에 존슨 하지가 이의를 제기한 것은 현명했다. 하지만 그녀는 그리스도 안에서 창조된 새 공동체에 대한 바울의 이해가 지닌 신학적 무게를 제대로 다루지 못했

---

15) Caroline Johnson Hodge, *If Sons, Then Heirs: A Study of Kinship and Ethnicity in the Letters of Paul* (Oxford: Oxford University Press, 2007), 47.

고, 그 결과 "강한 자"와 "약한 자"가 지닌 신학적, 종말론적 의의를 제거하고 말았다. 바울은 유대교의 관습이 그리스도의 몸에 속한 **이방인에게는** 불필요하며, 따라서 더 넓은 관계에서 거룩함을 추구할 때도 불필요하다고 보았다. 그렇지만 바울은 로마서의 바로 앞부분에서 고기를 먹는 사람도, 채소를 먹는 사람도 그들의 관점을 다른 사람에게 강제할 권한은 없다고 분명하게 이야기했다(롬 14:3-4, 10, 13, 22). 마찬가지로 어떤 날(안식일)을 특별하게 구별하는 사람이 그 날에 쉬라는 요구를 그리스도의 몸 전체에 강제해서는 안 된다. 안식일에 일을 하지 않거나 고기를 먹지 않는 사람에게 "약한 자"라는 이름을 붙인 것은, 바울이 현 시대와 인간 실존의 나약함을 지칭할 때 일반적으로 이 표현을 사용했다는 사실을 반영한 것일 가능성이 아주 크다. 바울의 날카로운 비판이 향하는 대상은 "강한 자들"이다. 그들은 사랑으로 행하는 데 실패했으며, 따라서 그들의 오만으로 인해 그들이 차지하고 있다고 상상했던 우월한 자리를 무효화하고 말았다. 하지만 존슨 하지는 로마서 14:1-15:9에서 바울이 "강한 자들"을 비판한 내용을 충분하게 고려하지 않았고, 바울이 고린도 교회의 "강한 자들"을 편들기 거부했다는 사실도 언급하지 않았다(고전 9:19-22). 하지만 바울의 논의에 반-유대적 평가를 몰래 집어넣은 후대의 해석자들에게 경종을 울렸다는 면은 옳다.

신자/비신자의 이분법으로도 (더 낫지는 않아도) 설명이 잘 되는데 바울의 메시지를 설명하기 위해 굳이 유대인/이방인 범주를 동원할 필요는 없다는 주장도 가능하다. 하지만 바울의 언어를 보편화, 일원화하면 여러 가지 문제가 발생한다. 첫째, 분명히 해야 할 사실인데, 바울이 신자/비신자 범주를 활용하려 했다면 고린도전서 14:22-25에서처럼 얼마든지 동원할 수 있었다. 하지만 바울은 그렇게 하지 않는다. 에베소서 2:11-12에서 바울이 어떻게 말하는지 들어보라. "기억하라. 너희가 전에는 태어날 때부터 이방인이요, '무할례자'라 불렸으며 … 그리스도와 분리되어 있었던 자들로, 이스라엘 시민권을 가지지 못했고 약속의 언약들에 대하여는 외인이었으며 세상에서 소망도 없고 하나님도 없는 자들이었다."[16] "우리"에는 약속과 언약 안에서 이스라엘의 시민으로 태어난 바울 같은 유대인이 포함된다. "너희"는 복음, 즉 약속된 이스라엘의 메시아가 마침내 오셨다는 좋은 소식에 긍정적으로 반응한 이방인이다. 이 내용에 대해서는 나중에 더 자세히 다룰 것이다.

[26]   둘째, 유대인과 이방인 언어를 심리적인 의미로 해석해 이 표현을 "신자"/"비신자"라는 마음의 상태로 처리하려는 흐름이 있는데, 이 흐름은 추상화의 길로 접어들기 마련이다. 그렇게 되면 성경을 오로지 혹은 일차적으로 명제로 이해하는 방향, 유다이오스(*Ioudaios*)나 유대인을 하나의 유형으로 이해하는 방향으로 흐를 수 있다. 이러한 해석학상의 움직임은 교회가 반유대적 수사를 부추김에 따라 예상치 못한, 때로는 재앙스러운 결과를 낳았다. 존슨 하지가 지적했듯이, 여기서 아이러니는 신자/비신자의 이분법이 1세기의 유대인 다수가 나사렛 예수가 메시아라는 주장을 거부했다는 (추상적 사실이 아닌) 역사적 사실에 크게 의존한다는 점이다.[17] 그렇다면 역사적 실제가 변형되어 추상적 유형의 역할을 하는 것이다. 말하자면, "유대인"이 인류를 감염시킨 자랑과 오만을 대변하는 존재가 되었다. NPP가 보여준 것은, 1세기 유대인이 일반적인 인류와 비교해 더 오만한 사람들이 아니었으며 따라서 "겸손한" 그리스도인의 반면교사가 될 수도 없다는 사실이다.

새 관점이 우상숭배자/이방인과 구분지어 유대인의 민족성을 규정했던 특정 관습과 제2성전 유대교에 초점을 맞추었다면, 우리는 또한 당시

---

16) 본 논문에서 성경 인용의 출처는 NIV다.
17) Johnson Hodge, *If Sons, Then Heirs*, 44.

의 이방인에게도 문화적 인습이 있었다는 사실을 인식해야 한다. 사회학의 견지에서 보면, 유대인과 이방인은 모두 그들 조상의 관습을 가지고 그리스도인 신앙 공동체로 들어왔다. 유대인에게만 전통이 있었고 이방인은 문화적 백지상태였던 것이 아니라는 이야기다. 더 나아가, 이방인은 바울이 그들에게 복음을 전해주어 새롭게 탄생할 순간만을 기다리던 배아 상태의 그리스도인이 아니었다. 오히려 그들은 타 에쓰네(*ta ethnē*), 즉 그리스인과 로마인, 이집트인과 시리아인 등이 뒤섞인 집단이었다.[18] 그들 조상의 전통에도 특정 예배 관습이 포함되어 있었고, 그들의 모국어와 전통적 식단은 그들을 다른 민족과 분리하는 데 일조했다. 달리 말해, 고대 세계에서 **이방인은** 단일 집단도 아니었고 이방인 원시-그리스도인(proto-Christians)도 아니었다. 따라서 사회학의 관점에서 보면, 유대인과 이방인은 각각 나름의 문화와 유산, 민족성을 소유하고 있었다. 그렇지만 신학의 관점에서 보면, 복음은 이방인의 우상숭배는 정죄하고, 유대교의 토라 준수는 유대 민족만의 관습으로 제한한다. 토라는 그리스도인 신자 공동체에 속한 이방인이 공유해야 할 관습이 아니다. 복음은 세례와 성만찬이라는 나름의 종교의식을 확립했으며, 공동체 전체가 이 의식을 실천해야 한다고 주장한다.

여기서 핵심 질문이 제기된다. "유대교의 음식 관습은 종교적인 문제였는가, 민족적인 문제였는가?" 내 생각으로 정답은 "둘 다"이다. 이방인에게는 토라와 유사한 규율도 없었고, 유대인만의 독특한 안식일이나 음식법과 비슷한 관습도 없었다. 그렇다고 해서 이방인에게 종교적 감수성이 없었다는 의미는 아니다. 이 사실은 유대인과 다른 이방인의 그러한 종

---

18) Ibid., 47. Johnson Hodge는 세 집단을 나열하는데, 그녀가 가르치는 College of the Holy Cross의 학생들이 성경에 나오는 이방인들을 그리스도인으로, 그들 자신과 많이 닮은 존재로 이해하는 경향이 있다고 언급한다.

교적 감수성을 "우상숭배"라는 범주에 몰아넣고 격렬하게 비판할 수 있었음을 의미한다. 하지만 토라는 성격이 달랐다. (예수와 바울을 포함하는) 유대인은 토라가 하나님의 계시를 드러낸다고 믿었다. 음식법, 안식일, 할례 같은 민족적 관습도 종교적인 명령이었고, 따라서 복음 메시지에 의거하여 사회적, 신학적으로 재검토되어야 했다. 나는 바울이 (의식적, 문화적) 율법 조항 준수를 **신학적** 관점에서 재조명했고, 그 결과 이제는 율법을 하나님의 백성에게 주어진 보편적인 의무로 보지 않고, 유대교 유산의 문화적 표출을 대변하는 **사회적** 범주로 이동시켰다고 제안하는 바다. 유대인 신자들은 계속해서 그들의 유산을 지켜나가겠지만, 같은 그리스도인 공동체에 속한 이방인 신자들도 유대교의 문화적 관습을 받아들여야 한다고 주장해서는 안 된다.

에베소서에 나타난 하나님의 구원 이야기

에베소서에서 하나님의 구속 이야기는 예수의 사역이 아닌, 유사 이전의 과거인 창조에서 시작한다. 창세 전에 아버지 하나님은, 믿는 자들이 하나님의 아들/자녀로 입양되고 성령으로 인 쳐질 것을, 아들이신 그리스도 안에서 그리고 그를 통해서 정하셨다. 그런데 이 아름답고 신비한 이야기 안에서 무언가 일이 그르쳐졌고, 하나님은 우주를 화해시켜야 했다. 이것이 바울의 전제다. 하나님의 화해 계획에는 이스라엘을 부르시고 그들과 언약을 맺고 하나님의 율법을 그들에게 수여하신 것과 더불어 죄 용서도 포함되었다. 이 계시로 인해 두 개의 집단이 창조되었다. 하나는 하나님의 백성인 유대인이고, 다른 하나는 하나님의 백성이 아닌 이방인이다. 이방인은 "어둠"이며(엡 5:8), 유대인은 이방인을 인도할 하나님의 빛을 소유하고 있었다.

그런데 하나님의 계획은 여기서 끝이 아니었다. 우주를 화해시키려는 그분의 궁극적인 계획 속에서 우리는 아버지가 보내신 아들 예수를 본다. 그리스도의 성육신, 그분의 사역, 그리고 그분의 죽음, 이 모든 것을 통해 우주의 화해가 이루어졌다. 그리스도의 죽음과 부활은 인류의 죄 용서를 담보한다. 그렇지만 이 역사적 사건들은 과거에만 효력을 발휘했던 것이 아니라, 바울의 현재에도 계속해서 효력을 발휘한다. 그리스도의 부활은 그분의 승천과 연계되며, 그리스도가 하나님 아버지 우편에 앉아 계신 지금 신자들도 그분의 승천을 부분적으로 향유하며, 이는 종말에 완전히 실현될 것이다. 게다가 그리스도의 승천이 어떤 의미에서는 신자의 영적 실제이기도 하다. 왜냐하면, 그 혹은 그녀가 모든 성도와 더불어 그리스도와 함께 하늘에 앉았기 때문이다. 에베소서는 교회가 지닌 온갖 풍성함을 찬양한다. 마찬가지로 이 서신은 우리 구원의 모습도 보여준다. 말하자면, 우리 구원은 삼위일체 하나님의 마음에서 탄생해서, 그리스도의 십자가와 부활에서 시행되었고, 성령에 의해 활력을 얻는 하나님 백성의 삶 속에서 구현되는 현재의 실제이다.

새 관점으로 에베소서 읽기 [28]

새 관점의 통찰을 가지고 에베소서를 읽으면 이 믿음의 공동체를 더 깊이 탐구할 수 있다. 에베소서는 바울이 교회에 던진 도전의 핵심 측면을 특히 (1) 교회 내부에서 인종 간, 민족 간의 화해, (2) 지역 교회와 또한 보편 교회의 신자들 가운데서의 공동체적 정체성, (3) 하나님 백성의 일원에 걸맞은 개인적인 거룩함, 이 세 가지 관점에서 강조한다.

유대인과 이방인: 그리스도 안에서 하나 됨

그리스도 안에서 화해된 유대인과 이방인에 관한 이야기로 시작하는 것을 의아하게 생각하는 사람이 있을 수 있겠다. 믿는 자의 정체성의 근원지인 보편 교회에 관한 이야기로, 아니면 적어도 지역 교회에 관한 이야기로 시작해야 하는 것 아닌가? 하지만 내 판단에 새 관점의 가장 강력한 통찰은 이방인 문제에 스포트라이트를 비추었다는 것이다. 베드로나 바울 같은 1세기 유대인에게는, 하나님께서 그분의 **거룩한** 성령을 그리스도를 믿는 이방인에게도 부으셨다는 사실이 거룩함 및 공동체와 관련된 기존의 모든 범주를 무너뜨리는 의미로 다가왔을 것이다. 새 관점이 올바로 강조했듯이, (지역 교회든 보편 교회든) 믿음의 공동체, 즉 에클레시아(*ekklēsia*)에 관한 신념을 형성시킨 동인은 "이방인 문제"였다. 유대인 신자로 이루어졌던 막 태어난 교회는 "이방인 상황" 때문에 하나님의 거룩한 백성에 관한 이해를 조정할 수밖에 없었다. 이런 상황이 명백하게 나타난 곳이 하나님 경외자(God-fearer)인 고넬료의 회심을 보여주는 사도행전 10장이다. 나는 이전까지는 성령이 이방인을 채우는 모습을 그릴 수 없었던 베드로의 상상력에 "전환"을 촉발한 계기가 이 사건이라고 본다(행 10:34). 바울에게도 마찬가지로 중요한 내용이 있었는데, 그리스도 안에서 모인 그 공동체가 십자가에서 그리스도가 하신 사역을 가시화한다는 것이다. 그리스도의 부활한 몸이 그리스도가 죽음에 승리하셨음을 확증하며 따라서 신자들에게 그들도 승리할 것임을 보증하듯이(고전 15:49-53), 이방인을 이 공동체의 온전한 구성원으로 받아들이는 하나님 백성의 모습은 모든 신자를 새롭게 하는 십자가의 권세를 보여주는 분명한 증거가 된다.

한 사람의 죄가 용서받는 것이 이 공식의 절반이라면, 나머지 절반은 그 사람의 새로운 자아(自我)다. 새 자아는 그리스도 안에서 새롭게 되고 성령으로 인 쳐진 자아로서 추상적인 이야기가 아니라, 지금 여기서 눈으로 확인할 수 있는 실제다. 어떤 사람이 그리스도 안에서 새롭게 되었다고 선언해 놓고는 그 실제를 눈으로 볼 수 있게 드러내지 못한다면, 그 선언은 설득력이 없다. 비슷한 의미에서, 하나님의 거룩한 공동체가 유대인 공동체를 규정하던 관습을 통해서가 아니라, 성령에 힘입어 믿음을 통해서 거룩함을 드러낸다면, 이 공동체는 인류 앞에, 그리고 우주의 영적인 권세들 앞에, 하나님의 신비한 능력과 지혜를 증명하는 것이다.

바울은 이러한 복음의 새로운 실제를 에베소서에서 몇 가지로 드러낸다. 첫째, 2:11-18에서 직접 언급하는 내용으로, 유대인과 이방인이 그리스도의 몸 안에서 하나가 되었다는 것이다. 둘째, 3:6에서 선언하는 내용인데, 이방인이 **이방인인 채로** 하나님의 가족에 편입되었다는 사실은 하나의 신비로서, 하나님께서 그분의 지혜와 사랑을 드러내신 특별한 조치였다. 셋째, 에베소서 전체에서 바울의 언어와 주장에는 "우리 유대인"과 "너희 이방인" 범주가 내포되어 있다. 바울은 세상을 바라보는 이러한 도식을 이어받았지만, 그리스도의 몸 안에 반영되는 믿는 자들의 새로운 실제를 설명하기 위해 이 도식을 수정했다.

[29]

유대인과 이방인: 그리스도 안에서 하나가 된 둘(엡 2:14)

바울은 에베소서 2:14에서 놀라운 진술을 한다. "그분 자신이 우리의 평화시다. 그분은 두 집단을 하나로 만드셨다." 그리고 이어지는 절에 또다시 놀라운 진술이 등장한다. "그분[그리스도]의 목적은 자신 안에서 이 둘로 새 인류[*anthrōpos*]를 창조하시고 그럼으로써 평화를 이루시려는 것이었다." 16절은 다음과 같이 덧붙인다. "또한, 이 한 몸 안에서 십자가를 통해 이 둘을 모두 하나님과 화해시키시려는 것이었다." 그리스도 안에서 유대인과 이방인이 연합함으로써 하나님의 구속 목표가 성취된다. 바울은 이 편지의 앞부분에서 이미 그리스도 안에서 만물이 하나가 된다는 약속을 묘사하면서 이 놀라운 실제를 암시했다. 즉 에베소서 1:5-11에서 하나님께서 믿는 자들에게 유업을 주셨으며, 아들로 **입양**되는 과정을 통해 인류가 구속될 것을 예정하셨다고 선언했다.[19] 이 유업에는 연합을 통해 그리스도 안에 참여하는 것이 포함되는데, 이 연합은 그리스도가 만물에 가져오신 그 연합이다.

모든 비유가 마찬가지겠지만, 독자는 저자와 청자가 공유했고 해당 비유에 힘과 의미를 부여했을 관련 배경과 전제들을 확인해야 한다. 그리스 로마 세계에서 입양은 적어도 엘리트 계층에서는 흔한 일이었다. **가장**(가족을 통솔하는 남성)은 상속인(보통 젊은 남성)을 입양해서 가문을 다음 세대로 잇고 가족의 재산을 자질 있는 상속인이 이어받게 했다.

히브리 성경에도 상속에 관한 관심이 나타나지만, 그리스 로마 세계와는 다른 양상이며 그 중심에는 아들 신분이 있었다. 더 넓게 앗시리아와 바벨로니아를 포괄하는 메소포타미아 문명에서의 입양은 상속인을 확보할 목적과 나이든 성인을 보호하고 돌볼 목적, 나아가 가업을 맡길 목적으로 진행되었다.[20] 이스라엘 사람들도 이런 법적 관습을 알고 있었고 심지어 공유했을 것이라는 주장도 전적으로 가능하긴 하지만, 성경 본문의 일차적인 관심은 하나님께서 부계의 후손을 통해 이스라엘을 돌보신다는 사실을 표현하는 것이었다. 이스라엘 사람들의 관심은 부계의 후손을 잇는 것이었다. 말하자면, 각 아버지에게는 지파의 정체성을 이어받을, 생물학

---

19) 바울이 사용하는 용어 **입양**은 남성을 입양하는 것만을 가리킨다. 여성을 입양하는 것을 가리키는 데는 별개의 용어 *thygatrothesia*가 쓰인다(때로는 *teknothesia*가 사용된다). 따라서 바울의 은유는 입양될 때 남자가 획득하는 세습 재산과 혜택에 의존한다. 바울은 하나님의 가족 안의 여성 신자들에게도 이와 동일한 혜택이 확장된다고 생각했을 것이라고 자연스럽게 추론할 수 있지만, 그런 생각도 일단은 바울 당대에 아들에게 부여 되었던 특권에 기반을 두고 이해한 후의 다음 조치로. Erin Heim, "Light through a Prism: New Avenues of Inquiry for the Pauline *Huiothesia* Metaphors" (PhD diss., University of Otago, Dunedin, New Zealand, 2014), 18-19를 보라.

20) 앗시리아와 바벨로니아의 고대 입양 풍습에 관한 논의로는 Elizabeth C. Stone and David I. Owen, *Adoption in Old Babylonian Nippur and the Archive of Mannummešu-liṣṣur* (Winona Lake, IN: Eisenbrauns, 1991), 1-33를 보라.

적으로 이어진 아들이 있어야 했다.21) 수혼법의 역할이 그런 것이었는데, 두 형제가 함께 사는데 그중 한 명이 아들 없이 죽으면 나머지 한 명이 과부가 된 부인과 결혼해야 한다. 이 결혼을 통해 낳은 상속자는 고인이 된 남자의 상속자로 간주한다(신 25:5-10).

아들 신분 개념은 아브라함을 부르신 사건 주변을 둘러싸고 있다. 창세기 12:1-3에서 하나님은 아브라함을 하나님께 바쳐진 한 민족의 조상으로 선택하셨다. 이 시점부터 이스라엘의 이야기는 **출생** 때부터 하나님의 가족으로 받아들여지는 한 백성의 이야기가 된다.22) 하나님은 족장들에게 그들의 핏줄을 따른 상속자를 주시는 것으로 그분의 약속을 성취하신다. 따라서 족장들이 입양 풍습을 알았다 해도(아브라함이 엘리에셀을 상속자로 입양한 사례가 그 증거가 될 것이다. 창 15:1-3), 그들에게는 하나님께서 아브라함에게서 난 씨를 태어나게 하셔서 그분의 약속을 성취하실 것이라는 소망이 있었다. 또한, 하나님은 다윗을 그분의 아들로 규정하셨고, 다윗의 가계를 통해 메시아가 올 것이라고 말씀하셨다(삼하 7:12-16).

흥미롭게도 제2성전 유대교 문헌을 보면, 바로의 딸에게 양육을 받았던 모세의 상황(Philo, *On the Life of Moses* 1.19; Josephus, *Jewish Antiquities* 2.232)이나 아브라함이 롯을 아들로 받아들인 사례(*Jubilees* 47:5)가 입양 언어로 기술된다. 이 사실은 유대인이 그들 조상의 역사와 그리스 로마 세계의 입양 풍습이 유사하다고 보았음을 암시한다. 모세의 경우, 이스라엘 민

---

21) "입양"에 해당하는 용어(의미론적 범주)가 칠십인역에는 등장하지 않지만, 창세기 15:1-3에서 가상적인 자식 신분의 사례를 확인할 수 있다. 거기서 아브라함은 자신의 집에서 태어난 종을 자신의 상속자로 부른다.
22) Heim, "Light through a Prism"은 아들 신분에 대한 구약의 이해 및 그 은유와 바울의 **입양** 언어 사이의 관계에 관한 현대 학계의 주장을 논의한다. 그녀는 아들 신분이 바울의 사고를 이해하는 데 모종의 역할을 할 수는 있지만 바울을 이해함에 있어서는 당시의 그리스 로마 배경에서 입양이 가졌던 전통적 의미를 우선해야 한다고 주장한다(108-26을 보라).

족의 일원이라는 그의 정체성은 성경 이야기의 전개에서 핵심 요소였다. 필로(Philo)는 이런 관심사를 간직하고 있어서, 모세가 친모의 젖을 먹었다는 사실에 주목한다. 필로는 모세가 이집트의 문화와 지식보다 이스라엘 동족과 조상을 훨씬 더 가치 있게 여겼다는 사실에도 주목한다(*On the Life of Moses* 1.32). 물론 그가 양부모의 돌봄을 고맙게 여겼지만 말이다.

바울이 에베소서 1:5에서 사용한 입양 은유는 바울이 하나님 가족의 구성원이 되는 과정을 재고했다는 사실을 암시하는 신호다. 이제 그리스도 안에서 아버지 하나님은 이방인과 **유대인** 양쪽 모두를 그리스도를 믿는 믿음을 통해서 입양하신다.[23] 바울은 믿는 자는 **모두** 구원을 상속한다는 사실을 강조함으로써, 상속권을 타고난 권리나 부계가 아닌 입양 사실과 연결한다. 가족 이미지(입양, 상속)는 그리스도 안에서 유대인과 이방인이 다 같이 누리는 안전한 구원을 확립할 뿐만 아니라, 새 신자들이 "선천적" 가족이 아닌 타인이었던 자들과 공동 상속자가 되었다는 새로운 상태를 이해하도록 돕는 역할을 한다. 케빈 밴후저(Kevin Vanhoozer)는 이 주제를 다른 각도에서 바라보면서, 입양 언어가 바울의 "그리스도 안에" 언어를 탐구하는 데도 도움이 된다고 주장한다. 왜냐하면, 입양 언어가 "언약 구성원 자격에 관한 질문(즉, 누가 하나님의 가족에 속하는가)과 하나님 앞에서 법적인 상태(즉, 상속 권리) **둘 다**와 관련된 내용"이기 때문이다."[24]

---

23) *pistis Christou*는 "그리스도를 믿음"(목적격 속격)과 "그리스도의 신실함"(주격 속격) 두 가지 의미를 모두 가질 수 있다. 현재 논의와 관련해서는, 이 어구에 두 가지 의미 모두가 담긴 것으로 이해할 수 있겠다. 왜냐하면, 하나님의 구속 계획의 중심은 그리스도의 사역이고, 신자들은 그분의 사역에 믿음으로 응답하기 때문이다.

24) Kevin Vanhoozer, "Wrighting the Wrongs of the Reformation? The State of the Union with Christ in St. Paul and Protestant Soteriology," in *Jesus, Paul and the People of God: A Theological Dialogue with N. T. Wright*, ed. Nicholas Perrin and Richard B. Hays (Downers Grove, IL: IVP Academic, 2011), 254 = (예수, 바울, 하나님의 백성, 최현만 역, 에클레시아북스, 2013).

바울은 입양과 상속이라는 가족 은유를 통해 유대인과 이방인을 막론하고 에베소 교회를 이루었던 신자들 안에서 애정 어린 염려라는 감정 반응을 창출하기를 바랐을 가능성이 크다. 말하자면, 입양 은유로 편지를 시작하고 계속해서 상속 언어를 사용함으로써, 삼위일체 하나님과 모든 신자 사이의 수직적 관계와 단일 가족을 이루는 구성원으로서 그들이 추구해야 할 수평적 관계 둘 다를 강조한 것이다. 덧붙여, 이 가족 전체가 입양된 자녀로 구성되기 때문에 모든 구성원은 그들의 아버지 앞에서 대등한 자격을 공유한다. 입양 은유가 위력을 가지는 것은, 거기에 함축된 대조 대상, 즉 태어날 때부터 하나님의 백성으로 출생한 유대인의 상황과 비교할 때다. 입양 은유가 힘을 발휘하려면, 오늘날 독자들이 (새 관점이 강조한) 유대인과 이방인에 관한 역사적 상황을 반드시 인식해야 한다. 즉, 유대인은 날 때부터 하나님 백성의 일원으로 **태어났고**, 이방인은 하나님의 가족 **바깥에서 태어났다**.

오늘날의 입양 은유

입양 은유는 구원의 한 측면을 이해하는 데 강력하다. 하지만 우리와 하나님 사이의 올바른 관계, 그리고 우리 서로 간의 올바른 관계를 바라보는 최선의 창 혹은 유일한 창으로 사용되어서는 안 된다. 다른 표현으로 하자면, 입양 은유는 구원과 동의어가 아니다. 은유를 명제로 환원할 수는 없다. 게다가 은유는 해당 언어가 사용될 때 지니는 의미 및 영역과 관련된 일단의 전제들 내부에서 역할을 한다. 입양 은유의 경우 일차적인 형태를 획득하는 출처는 한 가족의 유산을 짊어지고 아버지의 재산을 상속할 젊은 남성을 입양하던 그리스 로마의 관습이었다는 것이 나의 주장이다. 이 은유는 또한 하나님께서 이스라엘을 "내 아들"로 선택하셔서 하나님의 백성으로서 하나님의 유업을 누리게 하셨다는 사실도 반영한다.

[32]　　모든 은유가 그렇듯이 입양 은유도 의도와 적용 면에서 한계가 있다. 첫째, 바울이 편지를 받는 회중의 "아버지"로 자신을 묘사할 때는 입양 은유를 사용하지 않는다(고전 4:15). 사도 바울에게는 하나님의 가족을 창조할 힘이 없다. 그것은 삼위일체 하나님의 사역이다. 에베소서 1:5에서 입양 은유는 하나님의 복이 인류의 상상을 초월한다는 사실을 고백하는 바울의 기도에 등장한다. 그리스도의 사역을 통해서 일어난 입양 때문에 믿는 자들 가운데 성령이 거할 수 있게 되고, 이로써 새 자아와 새 유업이 창조되며, 모든 형제자매가 이를 공유한다. 왜냐하면, 그들은 모두 입양된 자녀이기 때문이다. 하나님의 가족 안에 "타고난" 자녀는 한 명도 없으며, 따라서 신자들 사이에 친밀한 감정적 유대를 가능케 하는 것은 혈연이 아닌 성령이다.

　　두 번째 유의 사항은 첫 번째 유의 사항에서 나온다. 말하자면, 바울은 이방인이 불쌍한 불모의 사람들로서 하나님께서 입양을 통해 그들을 구출해서 그분의 타고난 자녀인 유대인으로 구성된 가족으로 데려와야 한다는 식의 생각을 내비치지 않는다.[25] 오히려 바울은 인종적, 문화적 주도권과 자만심에 도전을 던진다. 그는 입양 은유를 통해 하나님께서 인류, 즉 유대인과 이방인이 새 하늘과 새 땅이라는 유업에 더불어 즐겁게 참여하도록 그들을 입양하셨다고 주장한다. 바울 당시에 그리스도의 몸이라는 이 생생한 실제, 즉 하나님께서 입양하신 이 가족은 구성원 각자가 과거에 가

---

25) 롬 11:13-25에서 바울은 이방인 신자들에게 오만을 경고하면서, 그들은 야생 감람나무의 가지로서 원 감람나무, 즉 신실한 이스라엘에 접붙여진 것이라고 설명한다. 바울의 요점은 이방인까지 확장된 하나님의 은혜를 강조하는 것이며, 따라서 그들에게는 자랑의 여지가 전혀 없다. 따라서 바울이 유대인을 묘사할 때 "타고남"의 언어를 사용할지라도, 그의 요점은 이방인 신자가 하나님 가족의 온전한 구성원이 되기 위해서는 반드시 유대인이 되어야 한다는 것이 아니라, 하나님의 헤아릴 수 없는 자비가 유대인과 이방인에게 다 같이 미친다는 것이다.

졌던 모든 문화와 언어, 사회적인 특징을 제거하지도 않았고, 그것들을 악하다고 판단하지도 않았다. 예를 들어, 바울은 예루살렘 성전에서 믿지 않는 유대인들이 보는 앞에서 서원을 지켰다(행 21:26). 디도는 이방인으로서 그의 전통을 보존하고 할례를 받지 않았다(갈 2:3). 디모데전서는 가족 구성원들에게 친척을 돌보라고 명령하며, 이것은 그리스도인이 지녀야 할 덕목이다(딤전 5:8). 배우자 중 한 사람이 우상숭배에서 그리스도로 돌이킨 경우라도 과거의 혼인 서약은 효력을 유지한다(고전 7:12-16). 그리스도 안에 있는 신자들은 그들이 태어난 가족의 언어와 식사 습관, 직업, 사는 곳, 그리고 많은 사회적 풍습을 그대로 유지했는데, 복음의 관점에서 이런 것들은 아디아포라(*adiaphora*)로 간주되었다(롬 14:2-6). 그렇다면 신약성경의 기록은 우리가 모두 그리스도 안에서 새로운 존재이지만 인간 문화 내부에서 우리의 '타고난' 삶이 지닌 측면들도 향유될 수 있다고, 심지어 추앙받을 수 있다고 시사한다.

따라서 바울 서신에 은유로 사용된 입양 모티프는, 복음 전도를 목적으로 가난한 나라의 어린아이를 입양하는 현대 미국 복음주의권(백인, 중산층)의 흐름을 받아들여도 좋다는 의미가 아니다.[26] 바울서신에 사용된 입양 은유는 이 새로운 흐름과 적어도 두 가지 면에서 차이가 있다. 첫째, 바울은 입양 은유의 맥락에서 복음 전도를 말하지 않는다. 그렇지만 오늘날 미국에서 동원되는 입양 관련 표현은 입양아가 그들의 현재 상황에서

[33]

---

26) 이 주제는 개인적으로도 나에게 의미가 있다. 내 조카는 유아 때 외국에서 입양되었다. 우리는 그 아이를 진정한 가족으로 맞아들일 수 있게 되어 형언할 수 없을 정도로 기뻤다. 우리는 그 아이의 생모를 알고 있으며, 딸을 입양시킬 수밖에 없었던 그녀의 매우 어려운 상황도 알고 있다. 입양과 관련하여 "구출"과 "구원"이라는 언어를 사용하는 것은 편협한, 나아가 오만한 사고방식을 드러낸다. 보통 여러 가지 차원이 뒤얽힌 복잡하고 애달픈 상황과 결정이 동반되는 입양 사건에 이런 사고방식이 들어설 여지는 없다.

더 나은 환경으로 구출될, '구원될' 필요가 있다는 의미를 내포한다. 의료나 경제의 관점에서는 그 말이 맞는 이야기이겠지만, 바울 서신의 입양 은유를 서방에서 종종 "고아 돌봄"(orphan care) 신학으로 불리는 내용을 뒷받침하는 근거로 끌어들여서는 안 된다.[27] 바울의 세계에서는 입양되는 사람 중 다수가 스스로 입양 여부를 선택할 수 있었다. 하지만 오늘날의 해외 입양은 대부분 유아 혹은 소아의 입양으로, 입양되는 아이의 친가족이 그 조치에 수반되는 내용을 늘 인식하는 것은 아니다. 다시 한번, 오늘날의 입양은 대부분 온전한 가족을 이루고자 하는 입양자의 욕구에서 비롯되지만, 바울 시대의 입양은 부모가 나이 들었을 때 그들을 돌보아 줄 사람을 확보하기 위해 시도되는 경우가 빈번했다. 나는 현대의 새로운 입양 운동이 바울 시대의 입양 은유와 궤를 같이한다기보다는, 오히려 사회에서 가장 취약한 사람을 돌보라는 성경의 요구에 들어맞는 측면이 더 많다고 생각한다. 이런 방향으로 이해한다면, 고아 돌봄 운동은 시야를 확대해 입양 자체를 넘어 과부와 고아를 돌보는 것까지 고려해야 한다(약 1:27). 말하자면, 어려움을 겪고 있는 전 세계의 가정들이 그 상황을 이겨낼 수 있도록 도와야 한다.[28]

둘째, 바울의 입양 은유는 이 입양이라는 기제를 통해 인종적 차이가 해소되고 모든 사람이 입양될 수 있는 완전히 새로운 가족이 창조될 것이라고 주장한다. 하지만 현재의 입양 운동은 입양하는 부모가 이미 존재하

---

27) David M. Smolin, "Of Orphans and Adoption, Parents and the Poor, Exploitation and Rescue: A Scriptural and Theological Critique of the Evangelical Christian Adoption and Orphan Care Movement," *Regent Journal of International Law* 8, no. 2 (Spring 2012): 267-324.
28) Ibid., 309. Smolin은 성경이 아버지 없는 자들(고아)을 돌보는 것을 절박한 과부의 곤경과 단단하게 연결한다는 사실에 주목한다. 과부에게 가족은, 특히 자녀는 생존의 열쇠였다.

는 가족으로 새 입양아를 받아들인다. 따라서 그 가족 구성원의 일부만이 입양된 사람이며, 입양된 아이만 자신의 언어와 문화, 아마도 종교를 바꾸면 될 것이다. 러셀 무어(Russell Moore)는 자신의 가족을 예로 들어 이 상황을 설명한다. 무어의 아들들은 러시아에서 입양되었다. 무어는 그 아이들에게 러시아인의 유산을 알려주기는 했지만, 이제는 무어 가계의 역사가 이 아이들이 물려받아야 할 전통이기에 무어 가계의 역사를 가르쳤다고 기록한다.[29] 나는 이 모습이 과연 현대의 입양 문화에서 최선의 조치인지 논평하지는 못하겠지만, 이 접근이 바울의 메시지와는 거리가 있다는 말은 해야겠다.

무어는 자신의 이런 행동이, 인종이나 계급, 삶의 상황에 근거한 우리의 옛 정체성이 그리스도 안에 있는 우리의 새로운 삶에 더는 적용되어서는 안 된다는 바울의 명령에 일치한다고 주장한다. 그렇지만 그의 행동은 바울의 제안과 정반대의 모습일 수도 있다. 과연 바울이 이방인들에게 과거에 그들이 살았던 (이를테면) 갈라디아나 마케도니아의 역사를 거부하고 이제는 이스라엘의 일원으로서 이스라엘의 언어, 문화, 종교적 관습 등을 참된 유산으로 수용하라고 요구했을까? 무어는 새로운 출생과 새로운 자아라는 영적 실체를 문화적 차이라는 사회적 실체와 뒤섞었고, 그 과정에서 미국의 문화, 역사, 언어, 종교적 관습을 우월한 것으로 취급했다. 홀리 테일러 쿨먼(Holly Taylor Coolman)은 현대의 입양이 복잡한 현상이라고 논하면서, "다른 인종을 입양한 부모는 … 아이를 잘 돌본다는 것이, 말하자면 이제는 여러 인종으로 구성된 새로운 실체인 가족으로서 온

[34]

---

29) Russell D. Moore, *Adopted for Life: The Priorities of Adoption for Christian Families and Churches* (Wheaton: Crossway, 2009), 36. 흥미롭게도 Moore는 그 장의 앞부분에서(30쪽) 이스라엘도 원래는 이방인이었지만(겔 16:3) 입양된 것(롬 9:4)이라는 사실을 언급한다.

전하게 산다는 것이 철저히 새로운 형태의 삶과 일과 사회적 연결망 수립을 요구한다는 사실을 알게 된다"고 언급했는데, 이는 옳은 이야기다.[30] 곤경에서 벗어나려고 몸부림치는 친부모의 행동에도 더 많은 관심을 가져야 한다. 가난에 찌든 과부들이 직면한 곤경을 경감시키는 일도 중요하겠지만 말이다.

요약하면, 바울의 입양 은유는 우리의 구원과 관련된 삼위일체 하나님의 움직임을 성찰하는 방식 하나를 강조했다. 물론 아이를 입양하는 어른의 모습은 사랑의 구현이며 모든 신자가 증명해야 할 덕목일 수도 있다. 하지만 입양 행위를 통해 드러나는 사랑이 무언가 다른 사랑인 것도 아니며, 더 고상한 사랑인 것도 아니며, 더 큰 구원의 의미를 지닌 사랑인 것도 아니다. 특별한 의미에서 하나님을 반영하는 행위가 아니라는 것이다. 그렇게까지 생각하는 것은 바울의 입양 은유의 의도와 의미를 넘어서는 처사다. 바울의 입양 은유가 힘을 발휘하는 토대는 새롭게 창조된 가족, 유대인과 이방인으로 구성된 가족, 그리스도의 능력으로 주님 안에서 형제자매가 된 사람들로 이루어진 가족이다. 이런 식으로 신비롭고 거룩한 연합을 창조할 힘은 그 외에는 없다. 이 내용에 관해서는 다음 단락에서 살펴볼 것이다.

하나님의 백성에 이방인이 포함됨: 하나님의 위대한 신비(엡 3:6)

입양 은유는 바울이 하나님의 풍성한 구속의 복을 설명할 때 동원하는 핵심 은유다. 바울은 구속의 언어를 시간과 공간의 측면에서도 축조한다. 세계라는 무대에서 구원이 우주적으로 구현될 때의 모습은 유대인과 이방인이 그리스도 안에서 하나가 되는 경험과 연결된다. 이러한 민족들

---

30) Holly Taylor Coolman, "Adoption and the Goods of Birth," *Journal of Moral Theology* 1, no. 2 (2012): 111.

의 연합은 하늘과 땅의 만물을 그리스도의 주권 아래로 포섭하려는 하나님의 더 넓은 계획의 일부로서, 이 계획은 새 하늘과 새 땅에서의 생명으로 완성될 것이다.

신자들이 하나님의 아들로 입양되는 것은 하나님께서 창세 전에 세우신 계획(엡 1:4-5)으로서, 믿는 우리는 우리의 기업을 기다리는 중이다(1:13-14). 반면 현 세대는 통치자들과 권세자들의 지배를 받는 세대로, 이 세력은 하나님의 백성을 약화시키고 그리스도의 권세에 도전한다. 이 세력은 그들의 "자녀들"을 통해서 일하는데, 바울은 이들을 "불순종의 아들들"로 묘사하기도 한다. 그들의 아버지는 공중 권세 잡은 자(2:2)다. 그렇다면 시간의 측면에서 바울의 논의는 시간이 시작되기 이전에서 출발하며, 바울은 이미 그때 하나님의 마음속에 구속의 계획이 수립되었다고 말한다. 그런데 이 계획이 바울의 시대에, 약속된 메시아이신 예수 그리스도의 사역과 모든 사람에게 주어진 성령의 선물을 통해(1:13) 집행되었다. 그리고 이 계획이 완전하게 실현되는 때는, (물론 지금도 그리스도가 모든 권세자들 위에 있는 통치자이시지만) 장차 올 시대에 그리스도의 통치가 명명백백해질 그때다(1:21). [35]

공간의 측면에서 보면, 그리스도의 사역은 유대인과 이방인을 한 거룩한 백성으로 묶은 하나님의 신비한 지혜를 통해 이 땅 위에서, 인류 가운데서 분명하게 드러난다. 외견상 서로 적대하는 집단들이 이렇듯 연합을 이루는 모습은 이 광경을 바라보는 다른 인간 집단에게도 여러 가지 의미를 전달하겠지만, 영적인 통치자들과 권세자들에게도 하나님의 우월한 지혜와 사랑을 큰소리로 알리는 역할을 한다(3:10). 복음은 영적인 통치자들과 정사들에게도 도전을 던진다.[31] 그들이 권력을 유지하고 있는 부분적

---

31) Timothy G. Gombis, *The Drama of Ephesians: Participating in the Triumph of God* (Downers Grove, IL: IVP Academic, 2010), 21-31 = (이렇게 승리하라, 최현만 역,

인 이유는 분리하고 파괴하는 그들의 힘 때문이며, 그들은 사람들을 분열시키는 적대감의 장벽을 무너뜨리기보다 사람들 사이에 미움의 벽을 "세운다". 이 통치자들이 조장하는 평화는 강자가 약자의 입을 막는 평화일 뿐이다. 이것은 그리스도의 평화가 아니다. 그리스도는 그의 몸을 이루는 모든 구성원을 사랑 안에서 하나로 묶는다.

우리와 너희: 에베소서에서 유대인과 이방인을 표현하는 언어

새 관점은 바울의 초점이 (1) 그리스도 안에서 유대인과 이방인의 하나 됨, 그리고 (2) 이방인이 **이방인으로서** 하나님 가족의 일원으로 받아들여진다는 복음의 신비였다는 점을 잘 보여준다. 오늘날 교회는 구성원 가운데 이방인이 압도적으로 많은 상황인데, 그런 구분이 지금 우리에게도 중요한가? 그 중요성을 찾아야 할 지점은 '신분 특권의 해체'다. 우리는 이 교회의 초창기 구성원이 누구인지, 이 교회를 가장 오래 다닌 교인이 누구인지, 교회의 전통이 누구의 편인지 등을 기초로 교회를 조직해서는 안 된다. 신자 공동체의 현재 모습을 기준으로 그리스도의 성품을 규정하는 것이 아니라, 그리스도의 성품을 기준 삼아 신자 공동체가 정체성을 형성해야 한다.[32] 예를 들면, 서방 전통의 교회는 자신의 기원을 교부 시대에서 찾았고, 특히 라틴 교부들의 흐름을 기준 삼아 발전해 왔다. 예전 중심주의, 신비주의, 종교개혁과 반–종교개혁 등 하나님 백성의 역사와 다양한 경험을 존중은 해야겠지만, 이런 내용을 오늘날 전 지구적 교회의 표준으

에클레시아북스, 2013)는 바울의 묵시적 관점이 현 시대에는 아직 온전하게 드러나지 않은 하나님의 실제적인 승리를 강조한다고 이야기한다. 그는 죄의 권세가 개인의 행동에만 국한되지 않고, 인종주의와 중독, 우상숭배를 유발하는 등 우리 세상을 엉망으로 만드는 제도와 초인간적 존재들, 우주적 실체 내부의 구조적 악도 포함한다고 이야기한다.

32) 이 통찰을 나에게 알려준 Wheaton College의 동료 Sandra Richter에게 감사한다.

로 삼아서는 안 된다.

　아마도 자기 집단의 신앙을 바울서신보다 "우위"에 두려는 유혹은 어느 집단에나 퍼져있을 것이다. 하지만 "우리" 미국인은, 우리가 일차적으로는 바울서신의 "너희", 즉 은혜롭게도 입양을 통해 하나님의 가족에 추가된 사람들이라는 역사적 사실을 겸손히 인정해야 한다. 그리고 "우리" 미국 교회는 이 세계의 남반구와 아시아의 교회라는 "너희"가 필요하다. 바울서신에서 바울 자신과 유대인 동포를 가리키는 "우리"는 지배, 가부장주의, 우월성을 뜻하는 "우리"가 아니었다. 그 "우리"는 계시된 하나님의 진리를 경험한 시기의 측면에서 "우리"였다. 하나님께서 자신에게 속한 백성을 창조하실 때, 먼저 "우리 유대인", 즉 이스라엘에게 말씀하셨던 것이다. 시기와 관련된 이 사실은 특정 민족의 영적인 가치를 선언하는 것이 아니라, 모든 사람을 하나님 자신에게 끌어모으시는 그분의 무한한 지혜를 선언한다. 바울은 이 사실을 기초 삼아 하나님 백성이 어떤 모습인지에 관한 이해를 확장했고, "그리스도를 믿음"이라는 독특한 기본 원리를 (아름답긴 하나 본질적 요소는 아닌) 민족적 정체성의 표현들과 분리할 수 있었다. 바울은 그가 속한 민족이 하나님께 부름 받았다는 사실을 찬양하면서도, 이 부름이 이제 하나님을 향한 온전한 길, 말하자면 그리스도를 통한 길을 공유하는 모든 사람에게 확대되었다는 사실을 기뻐할 수 있었다.

　다양한 역사와 문화를 배경으로 가진 오늘날의 신자들은 복음만이 아니라 그들 자신도, 그들의 문화적 선입관도 새로운 시각에서 분명하게 볼 수 있게 되었다. 예를 들면, 몇 년 전 나는 케냐의 한 병원에 있는 소아 병동에 입원한 가족을 위해 기도해 주곤 했다. 며칠이 지나 케냐인 원목이 해 준 말이 있다. 보호자들이 내 기도가 더 효험이 있다면서 환아들을 위해 내가 기도해주는 것을 좋아한단다. 하나님이 케냐에 복음이 들어오기 이전에 먼저 (백인 미국인인) 나에게 복음을 주신 것이니, 틀림없이 하나

[36]

님이 나를 더 사랑하실 것으로 생각한단다. 나는 충격에 빠졌다. 복음 전파가 가져온 의도치 않은 비극적인 결과였다. 더 일반적인 예를 들어보겠다. 미국 시민은 대부분 대의 민주주의가 최선의 (유일한!) 선한 정부 형태이며 새로운 것은 언제가 개선된 것이며 신식이 구식보다 낫다고 받아들인다. 하지만 세계 곳곳의 다른 문화권에 사는 신자들 가운데는 연장자의 지혜와 돕는 노력을 더 가치 있게 여기고 개인의 권리나 투표보다 합의를 더 높게 치는 경우도 많다. 미국인의 성경 해석은 그리스도를 따르겠다는 개인적 결단의 필요성을 강조하겠지만, 다른 문화권의 성경 연구는 공동체적 참여의 필요성과 정체성을 부각한다. 바울의 "우리/너희" 언어는 "너희"를 발견하기 위해 담장 너머로 시선을 돌리는 모든 "우리" 집단에 이의를 제기한다. 아마도 훨씬 더 중요한 사실은, 바울 언어가 모든 "우리" 집단을 향해 자신의 풍부한 유산과 역사를 복음의 정수로 혼동하는 일이 없도록 자가점검하도록 촉구한다는 사실이다.

교회 내부의 공동체 생활

미국에서 '교회 공동체' 하면 떠오르는 전형적인 이미지는 포트럭 저녁 식사(potluck supper), 여름과 겨울 성경 학교, 성탄절 공연일 것이다. 혹은 유서 깊은 남성 기도회나 여성 성경 공부 모임, 교회 성가대일 수도 있다. 사람들은 이러한 활동을 통해 같은 목적으로 모이게 되고 이런 일을 함께하며 관계를 만들어간다. "지역 공동체가 '가족'입니다"라는 슬로건이 이런 일상적 실천을 통해 강화된다. 신자들이 함께 자라가면서 각자의 믿음도 성장한다는 의미가 이런 활동을 통해 구현되고 증거된다. 하지만 그리스도의 몸인 교회는 단순히 "가족"이 되는 수준에 그치지 않고, 평화를 구현하는 거룩한 단일 공동체가 되어야 한다.

새 인류

바울이 에베소서를 시작하는 진술로 돌아가자. 거기서 바울은 삼위일체 하나님께서 그분의 신비롭고 멋진 구속 계획을 통해 모든 창조물을 하나의 머리(그리스도) 아래 통일하려 하셨음을 강조했다(1:10). 바울이 이 연합을 강조하기 위해 사용한 용어(*anakephalaioō*)에는 어근 케팔레(*kephalē*), "머리"가 포함되어 있다. 그는 교회가 그리스도의 몸이라는 은유를 풀어 설명하면서 이 "머리" 주제를 더 발전시킨다(4:15). 그리스도의 구속 사역으로 창조된 "새 인류"(*anthrōpos*)를 말하고(2:14-15), 교회가 장성한 분량으로 자라가는 한 "사람"(*anēr*)이라고 선언한다(4:13). 이 새 "사람"은 유대인도 아니며 이방인도 아닌, 새로운 실체다. 바울은 매우 주목할만한 논평으로 에베소 신자들을 "이방인"(*ta ethnē*)과 분명하게 구분하면서 이 점을 강화한다(4:17, 이제부터 너희는 이방인이 그 마음의 허망한 것으로 행함 같이 행하지 말라- 역주). 물론, 그렇다고 해서 이 신자들이 이방인과 구별되는 다른 범주였던 유대인이 되었다는 의미도 아니다. 바울은 "그리스도 안에 있는"이라는 새로운 정체성 범주를 선언한다. 이것은 유대인과 이방인이 공유하는 범주다. 그들 각각이 하나님 가족의 구성원이며(2:19, 개역개정의 "하나님의 권속"- 역주), (비유를 섞자면) 주님의 거룩한 성전을 구성하는 요소다(2:21).

그리스도의 새 몸은 마치 인간의 몸처럼 장성한 모습으로 성장하는데, 이 성장은 행동의 영향을 받는다. 이 지점에서 바울은 인간의 지혜를 지침으로 삼는 것을 경고한다. 에베소서는 인간의 지혜가 가진 몇 가지 특징을 이야기한다. 즉, 유아적이고 어두우며 육체에 의존한다. 첫째, 바울은 인간의 지혜를 미성숙하고 유아적인 사고로 묘사한다. 그러한 사고는 불안정하다. 타인을 이용하는 간사한 사람에게 쉽게 흔들리며, 성장이라는 고된 작업을 회피하려 한다(4:14). 그러한 사고는 헛되고 공허해서 불손하고 바보 같은 행동으로 귀결된다. 바울은 하나님께서 그리스도의 몸에 가르치는 지도자와 더 신실한 섬김을 독려하는 믿음의 코치들을 선물로 주셔서 장성한 분량으로 향하는 길을 예비하셨다고 알려준다(4:11-12).

둘째, 바울은 인간의 지혜를 어두움에 빗댄다. 바울은 신자들을 어두워진 마음으로 행하던 이방인과 구분한다. 어두워진 마음은 탐욕과 성적인 방탕 등 고삐 풀린 욕망으로 그 모습을 드러낸다(4:18). 이방인은 하나님께 등을 돌리고 그들 자신의 욕망을 따랐기 때문에, 그 길은 하나님과 멀어지는 방향으로 움직인다. 더 나아가 바울은 이방인을 아예 어둠**으로** 묘사한다(5:8). 이방인은 단순히 어두운 길을 택한 정도가 아니라, 이방인 자신이 어둠이라는 것이다. 이 냉혹한 평가는 이어지는 다음 진술에도 함축되어 있으니, 이방인과 반대로 신자들은 빛의 **자녀**다. 그들은 주님 안에서 빛이다. 또다시 바울은 가족 언어를 사용한다. 이 언어를 통해 바울은 이방인 신자들에게 이제 그들이 어둠의 자녀가 아닌 하나님의 자녀라는 새로운 정체성을 다시 한번 강조하고, 유대인 신자들에게는 새로운 가족 관계를 일깨운다.

셋째, 바울은 인간의 지혜를 육체의 조종을 받는 것으로 설명한다. 이 점에서 바울은 유대인과 이방인을 똑같이 취급한다. 둘 다 악한 욕망 앞에 무력할 뿐인 육체의 취약함에 무릎 꿇기 쉽다는 것이다(2:3). 그런 악한 욕망은 현시대가 악하며(5:16) 불순종을 부추기는 공중 권세 잡은 자의 지배를 받는다는 현실(2:2)에 수반되는 현상이다. 해결책은 그런 욕망에 맞서 더 강력하게 대응하는 것도, 그런 감정을 회피하는 것도 아니다. 육체를 길들이려고 시도하기보다는, 육체가 패배당한 것으로 판단하고 육체를 옷장 뒤에 쑤셔 넣고 새 자아를 입어야 한다. 가벼운 비유를 써 보자면, 어느 정도 나이든 여성 독자를 향해서는 당신의 옛 자아를 어깨심이 잔뜩 들어갔던 낡은 양장 상의 옆에 걸어 두라고 말하고 싶다. 비슷한 나이의 남성 독자를 향해서는 당신의 옛 자아를 이제는 볼썽사나운 1970년대 야구복인

짧은 반바지 옆에 개어 놓으라고 말하고 싶다. 달리 말해, 옛 자아는 복고풍이 유행할 때를 대비해 남겨두어야 할 옛날 옷이 아니다. 과거의 향수가 자극되어 이 옛날 옷들을 꺼내고 싶은 유혹을 받을 때는, 우리가 새 자아를 입었다는 사실을 일깨워줄 동료 신자의 도움이 필요할 것이다. 새 자아야말로 진정한 인류의 패션을 대변하는 옷이다. 그것은 그리스도 안에서 새롭게 된 마음과 정신이다.

물론 바울은 하찮은 패션이 아니라 가장 깊은 수준의 어떤 모임에 관한 이야기를 하는 것이다. 바울이 마음에 품고 있는 이 공동체는 훨씬 더 값지고 훨씬 더 오래 지속될 실체다. 그는 이 공동체를 설명하기 위해 건물과 몸 이미지를 활용한다. 건물과 몸은 모두 주변 사람의 눈에 보이는 물리적 공간을 점유한다(엡 2:19-22, 3:6). 벽돌 하나가 건물 벽에 자리를 잡으면, 더는 그 지점에서 움직이지 않는다. 또한, 눈 역시 계속 눈이다. 눈은 얼굴에 자리를 잡고, 듣지 않고 응시하며, 노래하지 않고 본다. 벽이 없으면 벽돌도 존재 가치가 없고, 눈도 사람에서 분리되면 존재 가치가 없다. 각각의 목적과 즐거움은 오직 전체를 구성하는 일부라는 사실에서 온다.

새 관점과 에베소서의 묵시 사상

대체로 새 관점은 구원역사라는 맥락에서 예수와 최초의 제자들, 그리고 그들의 동족 유대인, 이들 각각의 세계관 사이에 존재했던 연속성을 강조한다. 바울의 메시지에는 이스라엘의 옛 언약 및 역사와의 불연속성을 강조하는 강력한 묵시적 관점이 들어있다고 보는 일단의 학자들은 이런 입장을 불만족스럽게 생각했다. 묵시적 바울을 강조하는 학자들은 바울서신에 묘사된 하나님과 악한 세력 사이의 우주적 전투에 초점을 맞춘다. 죄와 사망의 권세가 주님과 그분의 제자들에 대항하여 전투를 벌이고

[39] 그들을 노예로 삼으려고 위협한다.[33] 이 입장은 새 시대가 그리스도의 죽음 및 부활과 더불어 침입해 들어와 현시대에 심각한 균열을 가져왔다는 점을 강조한다.[34] 사실 이 두 접근은 서로 다툴 필요가 없다. 오히려 논의의 중심이 되어야 할 주제는 새 관점과 묵시적 관점 중 어떤 측면이 우선이냐는 것이다. 제임스 던(James Dunn)이 제2성전 유대교의 사상을 깊이 검토하고 이야기했듯이, "요약하면, 묵시적 관점은 신실한 자들이 핍박과 고난을 받고 언약과 약속이 유지될 수 있는 다른 길이 보이지 않는 상황에서 구원역사의 연속성을 확언하는 하나의 방식이었다."[35]

바울의 묵시적 관점을 둘러싼 논의는, 교회의 공동체적 경험과 그리스도의 제자인 각 개인의 경험 사이의 연결점을 보여준다. 바울은 신자의 새로운 정체성을 유대인과 이방인을 막론하고 복음을 수용한 모든 사람과 더불어 그리스도 안에서 찾는다. 바울은 에베소서 3:9-10에서 **비밀**이란 용어를 동원해서, 이제 이방인도 그리스도 안에 드러난 하나님의 영원한 지혜를 수용한 믿는 유대인과 더불어 공동상속자가 되었다고 이야기한다. 이 유업은 하늘 영역에 있는 (악한 권세를 포함하는) 통치자들과 권세들을 향해 하나님의 은혜와 지혜를 전시하는 일종의 쇼케이스다. 하지만 이 영적 권세 중 다수가 이 지혜를 받아들이기 거부했다. 그래서 바울은 에베소 교회에 하나님의 전신갑주를 입으라고 권면한다. 그 권세들과의 영적 전투에 참여해야 하기 때문이다(6:11). 티머시 곰비스(Timothy Gombis)

---

33) 최근의 논의로는 Beverly Roberts Gaventa, ed., *Apocalyptic Paul: Cosmos and Anthropos in Romans 5-8* (Waco: Baylor University Press, 2013)을 보라.
34) 깔끔하게 이 주장과 연관지을 수는 없지만 이 주장과 함께 언급되는 문제가, 바울의 주장이 곤경에서 해답으로냐, 해답에서 곤경으로냐는 신학적 문제다. 말하자면, 바울은 죄의 문제(곤경)에서 출발해서 해답(그리스도의 죽음과 부활)으로 움직였는가, 아니면 그리스도의 새로운 사역(해답)에서 시작했고 거기로부터 죄와 율법의 문제(곤경)를 이해했는가?
35) Dunn, *New Perspective on Paul*, 260.

는 묵시를 에베소서의 중심으로 내세우면서, 이 편지를 드라마의 관점에서 읽는 것이 최선이라고 주장한다. 에베소서는 "하나님께서 악한 현시대를 다스리는 어둠의 권세들로부터 그리스도 안에서 거두신 승리를 묘사하는 드라마로서, 이 편지는 하나님의 백성이 '그리스도 안에서 하나님이 거두신 승리'라는 제목의 이 드라마를 성령에 힘입어 계속해서 연기할 때 대본 역할을 한다."[36]

하나님의 승리를 보여주는 가장 분명한 증거는 바로 그리스도의 몸이다. 이것은 이제 계시된 비밀로서, 이 그리스도의 몸에서는 이방인도 유대인과 공동 상속자여서, 하나님의 새 백성이자 하나님의 새 성전으로서 함께 예배를 드린다! 이 하나님 백성의 구성원들은 하나님의 전신갑주를 입는다. 이 이미지는 전투를 암시하지만, 곰비스가 정확히 지적했듯이 바울이 상상하는 묵시적 전쟁은 난폭하고 승리에 도취된 위협적인 형태가 아니다.[37] 오히려 이 전투는 존경의 마음과 관대함으로 신자들을 대하고 용서를 확장하는 차원에서 일어난다. 사실 **전투**라는 용어는 적합한 단어가 아닐 수도 있다. 바울은 신자들에게 아버지 하나님께서 그리스도 안에서 이미 악한 권세와 정사들에게 승리를 거두셨으니 "저항의 공동체"가 되라고 요청한다.[38] 덧붙여 교회는 자신을 신실한 제물로 드리신 그리스도의 삶을 본받아야 한다(5:2). 그런 삶에 어울리는 모습은 지배가 아닌 섬김이며, 거친 힘을 주장하는 모습이 아닌 기꺼이 공격을 감내하는 모습이다.

[40]

이런 점에서 오늘날 미국 교회에 필요한 것은, 소비주의와 애국심, 개인주의의 기만에 저항하고 더 적은 물품으로 생활하고 더 지구적인 교회 정체성을 수용하기 위한 꾸준한 노력이다. 바울의 가족 언어는 우리 마음

---

36) Gombis, *Drama of Ephesians*, 19.
37) Ibid., 119.
38) Ibid., 159-60.

을 새롭게 하고 그럼으로써 우리의 실천과 씀씀이를 새롭게 하는 좋은 출발점이 될 수 있다. 지역 교회는 인종 및 민족의 차원에서 통합된 교회로서의 경험을 추구해야 한다. 이런 교회는 어떤 한 민족 혹은 어떤 한 인종의 접근방식을 우선시하지 않는다. 이 방향으로 나아가는 첫걸음으로 같은 도시에 있는 비슷한 교회끼리 협력 관계를 만들어볼 수 있겠다. 여기서 조심해야 할 점은 더 부유한 교회가 발언권을 선점하거나 "선임"을 자처하는 행태다. 이 같은 유혹은 미국 교회가 남반구 교회와 협력 관계를 맺으려 할 때도 생길 수 있다. 한 몸이 되라는 바울의 요청을 실행하려면 엄청난 노력을 각오해야 한다. 즉, 우세한 집단은 통제하려는 의지를 내려놓아야 하며, 집단들 가운데 가장 약한 편에 의도적으로 힘을 실어주어야 한다.

에베소서에서 개인 경건의 위치

그리스도의 사역은 어둠에서 빛으로 건너올 다리를 제공함으로써, 모든 사람이 새 왕국으로 올 수 있는 안전한 길을 확보했다. 하지만 어둠의 세력이 패배를 당했음에도 인류는 여전히 죽을 수밖에 없는 육의 몸을 입고 살아간다. 우리는 이 현실을 마르틴 루터(Martin Luther)처럼 "의인인 동시에 죄인"(*simul iustus et peccator*)으로, 혹은 존 바클레이(John Barclay)의 말대로 "죽을 운명이지만 동시에 영원한 생명을 지닌"(*simul mortuus et vivens*) 상태로 표현할 수 있겠다.[39] 유대인과 이방인으로 구성된 그리스도의 교회라는 물리적 실체가 우주적 권세자들과 정사들에 대한 승리를 증명하듯이, 성령의 힘 안에서 살아가는 신실한 자들이란 물리적 실체는 그리스도의 죽음 및 부활과 더불어 동튼 새 시대라는 실체를 증명한다.

---

39) John M. G. Barclay, "Under Grace: The Christ-Gift and the Construction of a Christian Habitus," in *Apocalyptic Paul: Cosmos and Anthropos in Romans 5-8*, ed. Beverly Roberts Gaventa (Waco: Baylor University Press, 2013), 66.

사람이 어둠의 왕국에서 빛의 왕국으로 옮겨가는 것은 오직 그리스도를 통해 주어진 하나님의 선물로만 가능하다. 그 선물은 하나님의 마음에서 시작되었고(1:3-5), 하나님의 능력과 지혜로만 달성되었다. 바클레이가 올바로 지적했듯이, 하나님 은혜의 선물은 선물을 받는 당사자가 "**적합하다거나 그럴 만한 가치가 있다는 식의 선행 조건 없이**" 주어진다.[40] 그렇지만 바클레이가 경고하듯이, 이 값 없는 선물은 그 선물과 더불어 선물을 주신 분과의 관계로 들어오라는 초대장이다.

그렇다면 이 차후의 사귐에는 새로운 관계에 어울리는 요구사항이 포함될 것이다. 바클레이는 그 선물이 "뭐랄까, '**선행하는 어떤 요구 조건도 없지만**'(unconditioned), '**차후에 아무 요구도 하지 않는 것**'(unconditional)은 아니다"라고 말한다.[41] 이러한 성격은 그 선물의 특징과도 잘 맞아떨어진다. 즉, 이 선물은 새로운 자아인데, 거룩하고 의로운 자아이다(4:24). 그리고 이 선물은 빛이어서 신자들에게 잠/죽음에서 깨어나 그리스도 구원의 빛이 그들 위에 비취게 하라고 촉구한다(5:8, 14).

[41]

이와 같은 이야기를 장 칼뱅(John Calvin)은 의가 그리스도 안에 있음으로 발견되며 거기에는 그리스도의 성화에 참여하는 것이 포함된다는 식으로 설명한다(이때 부분적으로 에베소서에 의존한다).[42] 그리고 에베소서 4:23과 로마서 12:2를 언급하면서 하나님께 헌신하고 그분을 섬기라고 요청한다. "우리는 하나님의 것"이며,[43] 그렇다면 우리는 하나님께 성별 되고 거룩한 존재가 된 것이기 때문이다. 따라서 우리 행위가 불경하다면 반드시 하나님을 욕되게 할 것이다. 케빈 밴후저(Kevin Vanhoozer)는 칭의와

---

40) Barclay, "Under Grace," 61(강조 표시는 원서의 것이다).
41) Ibid., 64(강조 표시는 원서의 것이다).
42) John Calvin, *Institutes* 3.16.1; Vanhoozer, "Wrighting the Wrongs," 253의 논의를 보라.
43) John Calvin, *Institutes* 3.7.1.

성화에 관한 칼뱅의 이런 관점을 다음과 같이 요약한다. "이 두 가지 은혜는 햇빛과 같다. '태양의 빛을 태양의 열과 분리할 수 없지 않은가!'"[44] 루터도 하나님의 사랑이 **사랑스럽지 않은 사람에게**, 그리고 변화되어 사랑스럽게 될 수도 없는 상황의 사람에게 미친다고 말한다. 이것은 사랑이 많으신 하나님의 은혜로서, 조건이 없고 믿는 자의 외부에서 임하는 은혜다.[45] 그리고 루터는 피스티스 이에수 크리스투(pistis Iēsou Christou)를 예수 그리스도를 믿음(목적격 속격)으로 해석했지만, 이를 "그리스도 안에 참여"와 불가분한 내용으로 제시한다. 그 이유는 그리스도가 믿음의 대상이면서 동시에 믿는 자를 소유하시는 분이기 때문이다. 그리스도는 하나님의 선물인 믿음 안에 존재하신다.[46] 따라서 신자들은 날마다 그리스도의 의에 의존하며, 그리스도와 함께 죽어 더는 살아 있지 않은 자아에 저항한다. 루터는 "그리스도인은 자신 안에 살지 않고, 그리스도와 그의 이웃 안에 산다. 그렇지 않다면 그는 그리스도인이 아니다"라고 설명한다.[47] 따라서, 종교개혁의 이 핵심 인물들은 '오직 하나님의 은혜만으로 구원에 충분하다'라는 확신과 '제자로서 그리스도인의 삶'이 밀접하게 연결되어 있다고 보았다. 이것은 태양의 빛과 열이 서로 분리될 수 없는 것과 마찬가지다.

이방인의 사도 바울은 하나님께서 요구하시는 선한 행위가 "그리스도

---

44) Vanhoozer, "Wrighting the Wrongs," 254.
45) Stephen Chester, "It Is No Longer I Who Live: Justification by Faith and Participation in Christ in Martin Luther's Exegesis of Galatians," *New Testament Studies* 55, no. 3 (2009): 327. Chester는 "분명히 루터는 칭의를 기독론적이면서 동시에 참여적인 의미로 설명한다. 하지만 이 설명에서 루터는, 은혜는 주입된 습관이고 의롭게 하는 믿음은 사랑으로 형성된다고 보는 관점과는 양립 불가능한 방식으로 은혜와 믿음을 정의한다"라고 적었다.
46) Ibid., 321.
47) Martin Luther, *The Freedom of the Christian* (Luther's Works 31:371 = Weimarer Ausgabe 7:69, 12-13).

안에서" 성령에 힘입어 달성될 것으로 확신했다(엡 2:10, 3:16, 5:18). 삼위일체 하나님 개념은 바울의 인간관과 신자의 신실한 삶에 관한 바울의 기대를 이해하는 데 중요하다. 그렇지만 하나님을 본받으라는 권면(5:1)이 첫눈에는 인간의 능력을 과대평가하는 순진한 관점으로 보일 수 있다. 에베소서 5:1에서 바울이 명령한 내용을 더 제대로 이해하려면, 잠시 예수의 주기도문을 살펴보는 게 도움이 되겠다. 여기서 우리는 바울의 명령과 마태복음에 진술된 예수의 주기도문 사이에 존재하는 유사점에 주목할 것이다. 더 구체적으로 말하면, 바울이 죄 용서, 죄, 빛, 탐욕 개념을 복음서에 나오는 가르침과 유사한 방식으로 서로 연결하고 있음을 확인할 것이다.

예수의 가르침에서 죄와 용서

마태복음 6:9-13의 주기도문에는 "우리가 우리에게 빚진 자를 탕감한 것 같이 우리 빚을 탕감해 주소서"라는 간청이 있다. "용서하다/탕감하다"(forgive)로 번역된 그리스어 단어(*aphiēmi*)는 보통 종교적인 색채가 전혀 없는 "면제하다"(remit)의 의미로 이해되었을 것이다. 하지만 영어 번역(forgive)은, 마태가 죄와 빚을 연결한 그리스어(*opheilēma*)로 표현한 셈어 숙어의 의미를 정확하게 반영하고 있다. 칠십인역도 죄와 빚을 연결하는, 그래서 용서와 면제를 연결하는 셈어의 관습을 따른다. 흥미롭게도 누가가 제시한 주기도문 본문(눅 11:2-4)에는 단어 "죄"(*hamartiai*)가 등장한다. 게리 앤더슨(Gary Anderson)은 빚과 연결된 유대식 죄 개념이 마태판 주기도문에는 보존되어 있지만 누가는 그리스 문화가 단어 **빚**을 **죄**의 동의어로 사용하지 않기 때문에 단어를 수정했다고 설명한다.[48] 앤더슨은 그의 주장을 뒷받침하는 또 다른 증거로 마가복음 10:17-31(병행 본문: 마 19:16-30, 눅 18:18-30)에 나오는 예수와 부자 청년의 만남을 제시한다. 예수는 영

---

48) Gary A. Anderson, *Sin: A History* (New Haven: Yale University Press, 2009), 31-32.

생을 추구하는 이 청년에게 모든 재산을 팔아 가난한 자들에게 주어 하늘에 있는 보화를 얻고 예수를 따르라고 요구한다. 이 가르침은 제자들에게 충격과 불안을 초래했는데, 예수가 제자들에게도 비슷한 전망을 수용할 것을 요구했기 때문이다(막 8:34-35). 가난한 자들에게 모든 재산을 나누어 주는 것은 마치 자신의 모든 소유를 하나님 앞 성전 제단에 드리는 것과 같다. 예수는 이 청년에게 타인을 위해서, 갚을 능력이 없는 사람을 위해서 전 재산을 포기하라고 요청한다. 앤더슨의 설명대로 "구제하라는 예수의 명령에 담긴 의도는 땅에 팔려있는 청년의 시선을 가난한 자들을 매개 삼아 하늘로 돌리려는 것이었다."[49] 예수는 하나님께서 현세에 100배의 복으로, 장차 올 시대에 영생으로 갚으실 것이라고 약속한다(막 10:29-31). 모든 것을 포기하는 큰 위험을 감수해야 하지만, 보상은 어마어마해서 인간이 얻어낼 수 있는 모든 것을 초월한다. 이런 이야기는 우리에게 질문을 던진다. "너희가 이것을 믿느냐?"[50]

[43] 앤더슨은 이 마지막 부분을 강조한다. 왜냐하면, 이 믿음의 요소가 없다면, 죄/빚과 구제 언어가 인간의 행위로 구원 점수를 획득하는 재무제표처럼 보일 수 있기 때문이다. 그는 랍비 사상가와 기독교 사상가들이 모두 구제와 관련된 하나님의 경제를 제로섬 게임으로 보지 않았다는 사실에 주목한다. 이 사실은 제2성전 유대교가 행위를 실천한 목적은 구원을 얻기 위한 것이 아니라 하나님께 선택받은 백성으로서 그 신분에 적합한 행위인 하나님의 율법에 순종하는 신실함을 추구한 것이라는 새 관점의

---

49) Ibid., 177.
50) Anderson (ibid., 156-57)은 4세기의 시리아 신학자인 Ephrem을 인용한다: "우리가 그분에게 우리의 구제를 빌려드렸으니, 이제는 우리가 상환을 요구합니다"(*Hymns on Faith* 5.17). 이러한 확신은 하나님의 은혜의 약속에 의존한다. Anderson은 Ephrem의 통찰이 "그런 빚에 대한 보상을 요구하지 못하는 소심한 모습이 믿음의 결핍을 드러내는 것일 뿐이다"라고 이야기한다.

통찰과도 궤를 같이한다. 앤더슨은 가난한 자들에게 구제를 베푸는 사람이 신비롭게도 재산을 보존하고 이익을 얻는다고 설명한다. 정말로 더 많이 베풀수록 더 많이 얻는다. 왜냐하면, 가난한 자에게 베푸는 것은 하나님께 빌려드리는 것과 같기 때문이다(잠 19:17). 가난한 자에게 베푸는 행위가 왜 이런 식으로 보상받는 것일까? 구제는 받는 사람의 편에서 받을 자격이 없는 호의와 은혜가 베풀어지는 순간이기 때문이다. "가난한 자에게 돈을 주는 것은 과거나 지금이나 순전한 은혜의 행위다. 받는 사람에게 아무것도 요구하지 않기 때문이다."[51] 아버지이신 하나님이 이런 "경제"를 명령하셨고, 예수는 제자들에게 그들 자신이 하나님께 용서받았다는 증거로서 이 베풂의 정신을 표현하라고 요청하신다.

주목해야 할 점이 있는데, 예수와 이 열성적인 청년의 대화가 등장하는 맥락이다. 이 대화는 인자가 고난을 받고 죽어야 한다는 예수의 두 번째 예고와 세 번째 예고(막 9:31-32, 10:33-34, 45) 사이에 위치한다. 예수 자신의 죽음 예고로 둘러싸인 이 만남은 (1) '모든 신자에게 요구되는 자기희생'과 (2) '그들이 베푼 모든 것을 100배로 갚으신다는 하나님의 약속', 이 두 가지 내용을 **모두** 보여주는 우화 역할을 한다. 네이선 유뱅크(Nathan Eubank)는 디모데전서 6:6-19에서도 이와 같은 논리를 볼 수 있다고 주장한다. 이 본문에서 저자는 "디모데에게 주님의 재림 때까지 구제를 베풀라고 엄중하게 명령하는데, 여기에는 마지막 때에 보상을 받을 것이라는 암시가 있는 듯하다."[52] 유뱅크는 제2성전기 문헌과 랍비 문헌을 인용하면서 "그 명령"(the commandment)이란 표현이 구제를 가리키는 관용어로 이해되었을 것이라고 주장한다. 그리고 2세기 교부인 이레나이우스(Irenaeus)는 구제

---

51) Anderson, *Sin*, 188.
52) Nathan Eubank, "Almsgiving Is 'the Commandment': A Note on 1 Timothy 6:6-19," *New Testament Studies* 58, no. 1 (2011): 149.

를 예배 행위로 설명했다. "부족한 것이 전혀 없는 하나님께서 이를 위해, 즉 그분 자신의 선한 것들을 우리에게 보상으로 베푸시기 위해, 우리의 선한 행위를 그분 자신에게 취하신다."[53]

에베소서에 나타난 바울의 죄와 용서 이해

[44] 예수의 가르침을 살펴보았으니, 이제 에베소서에 나타난 죄 용서 주제를 살펴볼 준비가 되었다. 바울이 4:32에서 신자들을 향해, 하나님이 그리스도 안에서 그들 각자를 용서하신 것처럼 그들도 서로 용서하라(charizomai)고 명령한다는 사실에 주목하자. 이 명령에 이어서 바울은 사랑받는 자녀같이 하나님을 본받는 자가 되라는 두 번째 명령을 한다(5:1). 어떻게 사람이 아버지 하나님을 본받을 수 있단 말인가? 바울은 아마도 죄를 빚으로, 죄 용서를 빚 탕감으로 생각하는 듯한데, 이는 예수가 주기도문에서 가르친 대로다. 신자들은 그리스도가 그들의 죄 빚을 갚아주셨듯이, 다른 사람이 그들에게 지은 죄를 용서하고 동료 신자의 빚을 탕감하는 것으로 하나님의 과분한 은혜를 (복제는 아니지만) 본받을 수 있다. 그렇게 함으로써 그들은 하나님께서 그들의 죄를 용서하고 그들의 빚을 탕감하셨음을 신뢰한다고 선언하는 것이다.

바울이 죄 용서를 빚 상환의 비유로 생각했다는 또 다른 증거를 골로새서 2:13-14에서 확인할 수 있다. 바울은 하나님께서 우리 범죄를 용서하고 빚 기록을 없애셨다고, 그것을 십자가에 못 박아 파기하셨다고 기록한다. 여기서 바울은 예수의 은혜로운 채권자 비유(눅 7:41–44)에 나오는 언어를 사용한다. 그 비유에서 예수는 인정이 넘치는 한 인물을 소개하신다. 그 인물은 채무자 두 사람의 빚을 면제, 탕감해 주었는데, 한 사람의 빚은 적고 다른 한 사람의 빚은 많았다. 예수가 이 비유를 말씀하신 것은, 죄인인

---

53) Anderson, *Sin*, 166에 인용된 Irenaeus, *Against Heresies* 4.18.

한 여자가 향유를 선물로 부었을 때 이를 예수가 용납하시는 모습을 보고 바리새인 시몬이 던진 암시적인 질문에 답변하신 것이었다. 예수는 시몬에게 사함을 받은 일이 많은 사람이 많이 사랑한다고 설명하신다. 이레나이우스는 골로새서의 이 본문에서 십자가 이미지를 취해, 인류가 하나님께 빚진 자가 된 것은 에덴동산에서 금지된 선악과를 먹었을 때라고 설명한다. 그리고 이 빚이 상환된 것은 주님이 한 나무에 매달리셨을 때다. 왜냐하면, "한 나무 때문에 우리가 빚진 자가 되었고, [마찬가지로] 한 나무 때문에 우리 빚을 면제받을 수 있기" 때문이다.[54]

덧붙여 바울은 에베소서 5:5에서 음행과 부도덕, 탐욕을 경고하면서, 그런 행위는 우상숭배라고 말한다.[55] 바울 시대의 유대인들도 종종 부도덕과 음행을 우상숭배와 연결하긴 했지만, 이 목록에 탐욕이 포함되었다는 사실에는 설명이 필요하다. 공공연한 우상숭배를 분명히 알고 있었을 바울이 탐욕을 우상숭배의 지표로 설정했다는 사실은 특이하다. 그는 방문하는 모든 도시에서 우상을 보았고, 그가 지나는 모든 주요 도로변에 서 있는 남신과 여신의 전당을 목격했을 것이다. 그런데 제2성전 유대교는 탐욕과 돈 욕심을 우상숭배와 연결했다. 예를 들면, 알렉산드리아의 필로(Philo of Alexandria)는 부자와 그들의 돈 욕심을 비난했고, 마찬가지로 그런 돈을 추구하고 부자들 앞에 스스로 엎드리는 가난한 자들도 비난했다.[56] 우상숭배와 탐욕을 연결하는 것은, 이 둘 모두가 하나님의 은혜와 용서를 뒤집

---

54) Anderson, *Sin*, 119에 인용된 Irenaeus, *Against Heresies* 5.17.
55) 또한 골 3:5을 보라: "그러므로 여러분의 세속적 본성에 속한 모든 것을 죽이십시오. 곧 음란과 부정, 욕정, 악한 욕망, 그리고 우상 숭배인 탐욕입니다."
56) 출 20:23에 관한 이야기인 Philo, *On the Special Laws* 1.23-25. 또한, *Testament of Judah 19:1*을 보라. 관련 논의로는 Joel Marcus, "Idolatry in the New Testament," in *The Word Leaps the Gap: Essays on Scripture and Theology in Honor of Richard B. Hays*, ed. J. Ross Wagner, C. Kavin Rowe, and A. Katherine Grieb (Grand Rapids: Eerdmans, 2008), 115-16을 보라.

[45] 어버린다는 면에서 의미가 통한다. 탐욕은 어려운 사람 앞에서 인색하게 구는 것이고, 구제는 가난한 자들을 향한 너그러운 모습이다. (가) 죄 용서를 확대하는 것이 하나님을 닮는 모습이며, (나) 죄를 빚진 상태로 이해한다면, (가) 구제는 빚을 갚을 능력이 전혀 없는 사람에게 채무 이상의 것을 무상으로 건넨다는 완벽한 이미지며, (나) 탐욕은 하나님을 향한 굳어진 마음을 외적으로 드러낸 표현이다. 우상숭배가 자기 자신의 이미지를 따라 어떤 신을 만들거나 그릇된 신을 예배하는 것이라면, 탐욕은 돌처럼 굳어진 우상 숭배자에게 나타나는 가장 정확한 증거일 것이다.

바울 당시에 빚 면제 이미지는 용서받은 신자들에게 많은 의미를 전달했고 다른 신자와의 관계에도 지침이 되었을 것이다. 그런데 그리스도의 십자가를 통해 달성된 이 빚 면제는 아이러니하게도, 정사와 권세들, 그리고 그들의 탐욕에 찬 "나 먼저"(me first) 슬로건을 모욕하는 역할도 했다. 바울이 죄 용서를 실천하라는 명령을 자리매김하는 맥락은, 악한 영적 세력이 세상 속에 날뛰며 혼란과 고통을 초래한다는 그의 확신이다. 인류는 그러한 강력한 악의 희생자다. 바울은 교회를 향해 하나님을 본받고 그리스도처럼 행하는 경건한 행위(5:1-2)에 적합한 "새 자아"(new self)를 입으라고 요청한다. 이 새 인류, 그리스도 안에서 하나가 된 유대인과 이방인은 그 존재 자체로 죄와 사망에 대한 궁극적 승리를, 그리고 주님의 이름을 부르는 모든 사람을 위해 준비된 새 하늘과 새 땅에서의 영원한 삶을 선언한다.

결론

새 관점은 새로운 문학적, 고고학적 증거를 기반으로 제2성전 유대교를 재구성해 보여주면서, 이 시기의 유대인은 하나님의 선택된 백성이라는 그들의 신분을 바탕에 두고 율법을 실천했다고 이야기한다. 율법을 지킴으로 구원받는 것이 아니라, 하나님이 그들을 선택하셨다는 사실을 율법을 따름으로써 증명했던 것이다. 이러한 역사적 사실을 배경에 두고 바울 서신을 읽으면, 새로운 통찰들이 떠오른다. 가장 중요한 점은, 그리스도의 사역을 통해 인간의 사회적, 문화적 인습에 저항하고 우주적 세력에 이의를 제기하는 새 인류, 주목할 만한 공동체가 탄생했다는 바울의 신학적 확신의 진가를 오늘날 독자들이 알아보기 시작했다는 것이다. 이 그리스도의 구속된 몸은 만물에 미치는 하나님의 측량할 수 없는 은혜와 종말에 만물이 바로잡힐 것이라는 그분의 약속을 온 세상에 보여주는 증거로 우뚝 서 있다.

믿음, 행위, 예배
바울의 신학적 조망 안에서 토라 준수

브루스 롱네커(Bruce W. Longenecker)

바울이 1세기 유대교의 언약주의와 벌인 논쟁이 21세기 그리스도인의 삶과 무슨 상관이 있는가? 이 질문에 최선의 답변을 하려면 바울의 신학적 조망이라는 더 큰 캔버스와 관련성 안에서 답을 찾아야 한다. 말하자면, 먼저 바울의 신학적 배경이라는 넓은 외관을 개관하고, 그 후에야 비로소 관건이 되는 우리의 질문이 더 큰 바울 복음 복합체 안에서 어떤 역할을 하는지 확인할 수 있다.

그래서 나는 본 논문의 1부에서는 내가 "믿음 행함"(faith works)이라 부르는 내용을 바울의 더 큰 신학적 캔버스라는 맥락에서 조사할 것이며, 이어서 2부에서는 그런 내용을 배경에 두고 토라 준수에 관한 바울의 신학적 추론을 탐구할 것이다. 이 과정에서 바울이 1세기 유대교의 언약주의와 벌인 논쟁이 기독교 공동체의 윤리적 기조(ethos)에 관한 바울의 관점을 식별하려는 시도에서 하나의 사례 연구 역할을 한다는 사실이 분명해질 것이다. 이 기조는 그 자체로 "하나님의 성령 안에서 예배하며 그리스도 예수로 자랑하고 육체를 신뢰하지 않는" 사람들(빌 3:1)이 그들에게 걸맞은 예배 형태를 함양하는 데 도움이 될 것이다.[1]

[48]
1부: 바울의 신학적 조망 안에서 "믿음 행함"

믿음 행함?

바울은 갈라디아의 그리스도인들에게 편지를 쓸 때, 청중의 관심을 집중시켜 자신의 놀랍고 복잡한 신학 세계에 푹 몰입시킬 목적으로 때때로 아이러니를 동원한다. 청중은 갈라디아서 5:13에 나오는 바울의 말에 도달하기까지, 그리스도인의 삶과 종살이를 대조하는 이야기를 여덟 번이나 듣는다. 5:13에 가장 가까운 곳은 5:1이다. "그리스도께서 자유를 위해 우리를 자유롭게 하셨으니, 그러므로 굳건하게 서서 **다시는 종의 멍에를 메지 말라**." 그런데 열두 절이 지난 5:13에서 바울은 청중에게 이렇게 권면한다. "사랑으로 서로 **종노릇하라**." 짐작건대 청중은 각자의 자리에 앉아 귀를 기울이고 있었을 것이다. 바울은 그의 복음에 내포된 다양한 질감을 느끼도록 청중을 유도한다. "다시는 종의 멍에를 메지 말라. 하지만 그 대신 사랑으로 서로 종노릇하라."

이와 비슷한 의미가 바울이 그리스어 에르그(*erg-*) 단어군을 활용하는 방식에도 분명하게 드러난다. 영어권에서는 전통적으로 이 단어군을 **행위(work)**로 번역해왔다. 청중은 "토라의 행위"가 믿음과 구분되어 등장하는 여섯 가지 경우를 이미 들었는데(2:16; 3:2, 5, 10), 다음으로 이전과는 완전히 다른 맥락에서 단어 **"행위"**를 듣게 된다(5:6). "그리스도 예수 안에서

---

[1] 본 논문에서 성경 인용의 출처는 따로 언급이 없으면 NRSV다.

는 할례도 무할례도 전혀 중요하지 않으며, 유일하게 중요한 것은 사랑을 통해 실질적으로 행하는 믿음이다"(저자의 번역). 이런! 갈라디아서에서 이전까지는 토라의 행위를 믿음과 대조했는데, 여기서는 믿음이 행한다고!

이러한 특징적인 모습에 아이러니가 가득하다는 사실이 보이는가? 그렇다면 당신은 바울의 신학화 작업에서 가장 중요하고 복잡한 광경 중 일부가 눈에 들어오기 시작한 것이다. 우리는 이 복잡함을 때때로 과소평가했다. 바울이 기독교 신학에 끼친 공헌을 이야기할 때, 그리스도인은 온전한 영광의 장소인 천상에서 누릴 영원한 구원을 그리스도를 믿음으로 얻었기 때문에, 무언가를 행해야 한다는 의무에서 해방되었다는 원칙을 바울이 확립했다는 단순한 관점에서 보는 경우가 가끔 있다. 하지만 바울은 그리스도인이 "선한 행위"가 결여된 삶을 살 것으로 기대하지도 않았으며, 그렇다고 해서 그리스도인의 행동이 "영혼"의 영원한 운명을 위험에 빠뜨릴 것으로 생각하지도 않았다. 사실 선을 행한다는 개념은 그리스도인의 삶을 보는 바울의 관점에 이질적인 요소가 아니다. 앞으로 살펴보겠지만, 그리스도인의 행동은 하나님께서 이 세상에 관여하시는 것에 관한 바울의 신학화 작업에서 본질적인 요소다.

(에베소서의 저자가 바울인지 그의 가장 영리한 제자인지와 무관하게) 에베소서 2:8-10은 이러한 역학(力學)을 완벽하게 담고 있다. 한편으로 이 본문은 구원이 "은혜에 의한 … 믿음을 통한 … [그리고] 하나님의 선물"이며 "너희 자신에게서 난 것이 아니며" "행위의 결과도 아니다"라고 확실하게 이야기한다. 하지만 다른 한편으로는 그리스도인이 "그리스도 예수 안에서 선한 일을 위하여[epi ergois agathois] 창조되었으며, 이것은 하나님께서 우리 삶의 방식이 되도록 미리 마련하신 것"이라고 확실하게 이야기한다. 같은 요점을 보여주는 수많은 다른 본문이 있으며, 그중 일부는 본 논문에서 나중에 언급할 것이다. 지금 당장은, 가장 큰 갈등이 불거진 편지

[49] 인 갈라디아서에서 바울이, 이방인 신자도 그리스도인의 실천으로서 "토라의 행위"를 수용해야 한다고 주장하는 선동자들을 논박하면서 동시에 "모든 이에게 착한 행위를 하라"(갈 6:10; 또한, 살전 5:15을 보라)고 그리스도인에게 요구한다는 사실에 주목하자.

이 사실은 날카로운 질문을 제기한다. "토라의 행위"에서 해방된 그리스도인의 자유와 그리스도인의 "행하는" 믿음은 서로 어떤 관계인가? 이 질문에 대답하려면 바울 신학의 깊은 곳을 파고들어야 한다. 단번에 그런 깊이로 들어가는 최선의 길은 다음 질문을 던지는 것이다. "믿음은 어떻게 행하는가, 그리고 '믿음 행함'은 어떤 모습인가?" 나는 지금 이 두 질문을 하나로 얼버무리는 속임수를 조금 썼다. 하지만 바울이 기록한 본문에 질문을 던질 때면 종종 벌어지는 것이 정확히 이런 상황이다. 즉, 간단한 질문 하나가 다른 질문과 결합하고, 나아가 또 다른 질문과, 그다음에는 또 다른 질문이 결합한다. 이런 일이 벌어지는 이유는 바울 신학이 굉장히 다면적이어서 그의 신학 담론 안에 다양한 요소가 섞여 있기 때문이다. 하지만 어느 지점에서든 일단 시작을 해야 하니, 간단한 질문 하나면 출발점으로 충분하겠다. 물론 복잡한 답변을 돌려받을 것으로 예상한다 해도 말이다.

전 세계가 모두 무대

바울에게 "믿음은 어떻게 행하는가, 그리고 그것은 어떤 모습인가?"라고 물으면, 빌립보서 1:21처럼 간단하게 대답할지도 모르겠다. "나에게는, 사는 것이 그리스도시다." 이 간단한 주장은 우리가 던진 이중 질문에 대한 간결한 답변이다. 그 내용도 그다지 어렵지 않을 수 있다. 하지만 바울이 이 짧은 문장으로 의도한 바가 무엇인지 묻는다면, 머지않아 내용이 훨씬 더 복잡해지고 흥미로워지며 호기심을 자극할 것이다. "사는 것이 그리스도시다"라는 바울의 주장은 우리를 그의 신학화 작업 중심부로 곧장 데리고 간다. 이 신학적 중심부의 내용을 가장 구체적으로 설명한 곳이 로마서 6장이다. 거기서 바울은 그리스도인을 "죽은 우리"로 기술한다(6:2). 그리스도인이 죽은 것은 그들이 "[그리스도의] 죽음으로 세례 되어"(6:3), "그의 죽으심과 같은 모양으로 그와 연합"(6:5)하였기 때문이다. 이 신학 담론의 의미는, 그리스도인이 죽을 필요가 없도록 그리스도께서 죽으셨다는 것이 아니라, 그리스도의 제자들이 그와 함께 죽어야 한다는 바로 그 목적 때문에 그리스도께서 죽으셨다는 것이다.

그리스도인은 왜 그리스도와 함께 죽는가? 적어도 두 가지의 즉각적인 답변이 있다(물론 그 이상의 답변이 있으며, 그 내용은 나중에 확인할 것이다). 첫째, 그리스도 안에서 살기 위함이다. 바울 사상의 이 차원에는 미래를 향한 함의가 담겨 있다. 그런 방향성은 그리스도와 함께 죽은 사람은 "영생"의 약속(6:22-23)과 더불어 "그의 부활과 같은 모양으로 그와 연합"할 것(6:5)이라는 주장에 드러나 있다.

그리스도인이 그리스도와 함께 죽는 두 번째 이유는, 그리스도가 그들 안에 살기 위함이다. 바울은 갈라디아서 2:19-20에서 이 점을 자신의 과거와 연관 지어 설명한다. 거기서 그는 자신을 살아있는 그리스도를 통해 생기를 얻게 된 죽은 사람으로 묘사한다. "내가 그리스도와 함께 십자가에 못 박혔으니, 사는 것은 더는 내가 아니라, 내 안에 사시는 그리스도시다." 앞으로 살펴보겠지만, 바울은 이 일을 오직 자신에게만 일어나는 현상으로 생각하지 않는다. 바울의 이야기는 모든 그리스도인의 이야기에도 일어나야 할 실제를 아주 분명하게 보여주는 하나의 사례일 뿐이다. 그리고 "내 안의 그리스도"는 미래를 바라보는 훨씬 더 큰 이야기 안에서의 역할도 가지고 있지만, 즉각적인 초점은 현재를 향한다. 미래에도 현재를 향한 유기적인 움직임이 있듯이, 이 현재도 미래를 향한 유기적인 움직임을 갖

[50]

는다. 그리스도인이 그리스도와 함께 죽었다는 사실은 단순히 무덤을 초월한 영생을 선사하는 역할만 하는 것이 아니라, 무덤에 묻히기 전 그리스도인의 일상생활을 그 미래와 공명하는 방식으로 재구성하는 역할도 한다. 바울이 로마서 6:4에서 기록한 표현을 빌리면, "우리로 또한 새로운 생명 가운데서 행하게 하려 함"이다.

이 "새로운 생명"에 "선한 행위"가 부재할 것으로 생각하면 안 된다. 바울의 진술 중 일부를 따로 떼어내면 그런 식으로 읽을 수도 있다. 이를테면, 로마서 10:9의 단언을 보라. "네가 만일 네 입으로 '예수는 주님이시다'라고 시인하며, 또 하나님께서 그를 죽은 자 가운데서 살리신 것을 네 마음에 믿으면, 구원을 받을 것이다." 그런데 바울은 믿음에 관한 그런 고백 속에 이미 그들의 삶을 변화시키는 DNA가 포함되어 있다고 주장한다. 예수가 주님이시라고 시인하는 것이 곧 하나님에게서 흘러나온 힘, 그래서 그분이 그리스도 안에서 행하시는 일들의 중심에 자리 잡고 있는 그 변혁적 힘에 참여하는 것이다. 바울이 로마서를 시작하고 마무리할 때 사용한 "믿음의 순종"이란 표현(롬 1:5를 보라; 참고. 16:26)이 바로 이런 의미다. 이 표현은 "믿음이 불러일으키는/생산하는/일깨우는 순종"이란 뜻을 내포하고 있을 가능성이 매우 크다. 바울은 로마의 그리스도인들이 그의 사역을 "믿음을 통해 순종을 고취하는 사역"으로 간주하기를 바랐다. 또한, 바울은 고린도의 그리스도인들에게도 같은 기대를 했다. 그래서 그는 "너희가 그리스도의 복음을 시인함에 동반되는 순종"(고후 9:13, NIV)이라고 표현한 그들의 모습을 크게 칭찬한다. 이런 발언들은 갈라디아서 5:6의 선언, 즉 유일하게 중요한 것은 "사랑을 통해 실질적으로 행하는 믿음뿐"이라는 선언에 관한 주해들이라 할 수 있다.

믿음이 "행할" 때 어떤 모습인지 묻는다면, (이미 암시되었듯이) 답변은 꽤 간단하다. 예수 그리스도를 닮은 모습일 것이다. 제자들의 삶 속에 예수 그리스도가 살아 있는 것이다. 바울은 다양한 이미지로 이 점을 설명한다. 예를 들면, "그리스도 안으로 세례 됨"을 "그리스도로 옷 입음"에 비유한다(갈 3:27). 이 비유는 배우가 연기해야 할 극중 역할에 완전히 몰입된 이미지로, 그 배역이 배우 자신의 정체성 자체에 각인될 정도의 상태를 표현한다. 바울은 그리스도인이 일상생활에서 예수 그리스도를 "연기할" 수 있다고 생각한다. 그들의 삶 전체가 그들의 주님을 끊임없이 증언하는 무대다. 바울은 갈라디아서 4:19에서는 그리스도가 "너희 안에 형성되기"를 바라는 마음을 표현한다. 또한, 고린도 교회의 그리스도인 공동체를 향해서는 그들이 "[그리스도와] 같은 형상으로 탈바꿈되고 있다"라고 이야기한다(고후 3:18, NIV). 바울은 주변 사람들이 예수 그리스도의 제자들을 바라볼 때 어떤 의미에서는 다름 아닌 예수 그리스도 자신의 모습을 보는 것으로 이해했다. 본질상 믿음이 행할 때의 모습은 바로 예수의 모습이다.

산수는 통하지 않는다

[51]

하지만 이렇게 이야기해도 "어떻게 이런 일이 일어나지?"란 의문이 생긴다. 그리스도인은 자기 자신의 영적인 힘을 발휘함으로 예수 같은 모습이 되고 예수라는 인물을 연기할 수 있다는 간단한 이야기인가?

바울은 다른 경로를 취한다. 예수 그리스도를 연기하기 위해서는 인격의 탈바꿈이 필요한데, 이 변화를 일으키는 것은 인격을 형성하는 성령의 영향이다. 이것이 바로 바울이 "성령의 새로운 생명"(롬 7:6; 참고. 고후 3:6: "성령은 생명을 일으킨다")이라 불렀던 것으로, 바울은 이를 로마서 8:9와 8:11에서 복합적인 이중 이미지로 풀어 설명한다. 거기서 바울은 그리스도인을 "성령 안에" 있는 사람으로, 그리고 그들 안에 "하나님의 성령이 거하시는" 사람으로 기술한다. 그들이 성령 안에 있고 성령이 그들 안에 계신다. 주목할 만한 사실은, 바울이 이 두 절 사이에서 단지 그리스도인 안에 거하시는 성령만이 아니라, 그들 안에 거하시는 그리스도도 이야기한다는 사실인데(롬 8:10), 서로 같은 내용을 이야기하는 듯하다. 바울이 이렇게 말할 수 있는 이유는, 그가 하나님의 성령과 그리스도 사이를 제대로 구분하지 못했기 때문이 아니라, 하나님의 성령이 그 무엇보다도 예수의 제자들 가운데서 두드러지게 예수 그리스도 자신의 생기를 불어넣는 모습을 마음속에 그리기 때문이다(특히 고후 3:17-18을 보라). 한 사람의 삶 속에서 활동하는 성령을 소유한다는 것은 곧 (갈 4:19의 이미지대로) 한 사람의 삶 내부에 예수 그리스도의 모습을 형성해 나간다는 것이다.

이 "그분 안에 있는 우리, 우리 안에 계신 그분" 현상은 딱히 뭐라고 이름 붙이기 힘들다. 1930년 앨버트 슈바이처(Albert Schweitzer)는 "그리스도 신비주의"(Christ mysticism)란 용어로 이 현상을 포착하려 했다.[2] 1997년 에드 샌더스(Ed Sanders)는 "참여주의 종말론"(participationistic eschatology)이란 용어를 선호했다.[3] 2005년 더글러스 캠벨(Douglas Campbell)은 "성령과 참여와 순교의 종말론"(pneumatically participatory martyrological eschatology)이란 용어를 시험적으로 사용했다(나중에는 이 용어를 포기했지만 말이다).[4] 이 현상을 무엇이라 부르든, 양자(우리 안에 계신 성령, 성령 안에 있는 우리)를 포용하는 이 극적인 현상은 그리스도인의 삶에 관한 바울 비전의 핵심에 자리 잡고 있다.

여기서 주목해야 할 부분이 있다. 그리스도인의 삶에 관한 바울의 개념은 모든 일을 인과관계로 보려는 우리의 사고방식과 맞지 않는다는 사

---

2) Albert Schweitzer, *Die Mystik des Apostels Paulus* (Tübingen: J. C. B. Mohr, 1930); translated by W. Montgomery as The Mysticism of Paul the Apostle (London: A&C Black, 1931) = (사도 바울의 신비주의, 조남홍 역, 한들출판사, 2012).
3) E. P. Sanders, *Paul and Palestinian Judaism* (Minneapolis: Fortress, 1977) = (바울과 팔레스타인 유대교, 박규태 역, 알맹ⓔ, 2017).
4) Douglas A. Campbell, *The Quest for Paul's Gospel* (New York: T&T Clark, 2005).

실이다. 특히 바울의 인과율은 우리의 통상적인 사고방식에 낯설다. 우리는 전부 더했을 때 100%가 되는 여러 가지 요소로 원인을 나누어 생각한다. 그 대표적인 사례가 "천재는 1%의 영감과 99%의 노력으로 이루어진다"라는 격언이다. 또 다른 사례로, 어떤 사람이 거둔 성공의 원인을 가정 양육 환경(35%), 그 사람의 인품(25%), 동료(20%), 학력(15%), 시의적절하게 찾아온 행운(5%)으로 분석할 수 있겠다. 이것은 물론 아주 간단한 사례로, 과학적인 기초도 없고 깊이 성찰한 내용도 아니다. 이 사례를 제시한 목적은 그저 우리 삶에서 일어나는 일들의 원인 요소를 생각할 때 익숙하게 사용하는 방식을 보여주려는 것이다. 우리는 더해서 대략 100%가 되는 여러 가지 요소로 나누어 생각한다. [52]

하지만 바울은 그리스도인의 삶에서 "성공"을 바라볼 때 완전히 다른 방식으로 생각하는 듯하다. 예를 들면, 갈라디아서 5:25에서 "만일 우리가 성령으로 산다면, 또한 성령과 보조를 맞추어 걷자"(저자의 번역)라고 신랄하게 말한다. 그렇다면 그리스도인은 인생의 50%는 성령으로 살고, 나머지 50%는 성령과 보조를 맞추어 걷는 것인가? 아니면 60%와 40%? 그것도 아니면 85%와 15%? 바로 이런 질문에서 우리는 통상적인 인과율 개념을 바울의 그리스도인의 삶 개념에 적용하는 것이 무의미함을 확인할 수 있다. 그리스도인 삶이 취하는 윤리적 모양새에 관해서라면 바울은 완전히 다른 방식으로 인과관계를 생각한다.[5]

다른 본문도 같은 이야기를 한다. 예를 들면, 빌립보서 2:12-13에서 인과관계와 주도권의 문제를 우아하게 설명하는 바울의 말을 비교해보라.

---

5) 그리스도인의 삶에 관한 바울의 인식을 더 충분하게 조사하려면 다음과 같은 다른 필수요소들도 포함해야 한다. (1) 예수의 이야기와 연관되어 (2) 개인이 만들어지는 환경으로서 건강한 그리스도인 공동체, 그리고 (3) 복음과 일치하는 돌봄과 지원의 관계를 증진하는 방식으로 이루어지는 성경 읽기.

바울이 영광스러운 "그리스도 찬양시"(빌 2:6-11)를 낭독한 뒤에 무슨 이야기를 하는가? 그는 성육신의 신비를 깊이 조사하거나 삼위일체의 세부사항을 정리하거나 구원역사를 재론하지 않는다(물론 더 자세히 설명해달라는 요청을 받았다면 그랬을 것이다). 대신 그는 그리스도인을 향해 "두려움과 떨림으로 너희 자신의 구원을 이루라"는 간단한 요구를 하고, 곧이어 아이러니한 문장인 "너희 안에서 행하시는 분은 하나님이시니, 그분의 기쁜 뜻을 위해 너희로 뜻을 품게 하시고 또한 행하게 하신다"를 덧붙인다. 또 다른 사례로 바울은 자신의 사도권을 설명할 때 고린도전서 15:10에서 이렇게 말한다. "내가 나 된 것은 하나님의 은혜로 된 것으로, 나를 향한 그분의 은혜가 헛되지 않았다. 반대로 내가 어느 사도보다 더 열심히 일했으나, 그것도 내가 한 것이 아니라 나와 함께 하신 하나님의 은혜다." 이렇듯 그리스도인의 삶에 관한 바울의 신학화 작업에는 교과서적인 셈법이나 상식적인 인과관계가 들어 설 자리가 전혀 없다.

사랑의 모습

바울은 성령이 강력하다고 믿는다(예. 롬 15:13, 19; 갈 3:5). 또한, 망가진 이 세상에서 그리스도인들이 그리스도를 구현하는 도구가 될 때, 성령이 그들 안에 사시면서 그리스도인의 삶을 살도록 힘을 불어 넣으신다고 확신한다(엡 3:16; 딤후 1:14).[6] 이것이 바로 바울이 "사랑을 통해 실질적으로 행하는 믿음"이란 표현으로 의도한 의미로 보인다.

---

6) 또한, 롬 5:5를 보라. 거기서 바울은 하나님의 사랑이 성령을 통해 우리 마음에 부어졌다고 주장하는데, 이 절은 아마도 우리를 향한 하나님의 사랑과 하나님을 향한 우리의 사랑, 그리고 성령을 통해 타인을 향하는 우리의 사랑을 언급하는 것으로 보인다. 이 내용에 관해서는 Bruce W. Longenecker, "The Love of God (Rom. 5:5): Expansive Syntax and Theological Polyvalence," in *Interpretation and the Claim of the Text*, ed. Jason Whitlark et al. (Waco: Baylor University Press, 2014), 145-58을 보라.

그렇다면 바울에게 **"사랑"**의 의미가 무엇이었는지도 생각해봐야 한다. [53]
특히 사랑에 관한 통상적인 개념들, 이를테면 정서적인 관점은 바울의 이해에 좀처럼 닿지 못하기 때문이다. 바울의 사랑 이해 안에 정서적인 요소가 들어설 거점이 존재한다 해도, 바울의 사랑 개념 안에 깊이 내재된 종말론적, 윤리적 요소보다는 훨씬 덜 중요하다.

다시 한번 여기서도 성령이 중심이시다. 그리스도인의 삶 속에 "열매"를 낳는 것이 성령이시다. 그런데 바울이 작성한 성령의 열매 목록에서 첫머리에 나오는 것이 "사랑"이다(갈 5:22-23). 바울은 갈라디아서의 앞부분에서 "나를 사랑하사 나를 위하여 자기 자신을 버리신 하나님의 아들"을 이야기하면서 사랑 개념을 뒷받침하는 기독론적 토대를 세워두었다. 이 예수의 사례에서 사랑한다는 것은 타인을 위해 자기 자신을 버리는 것과 사실상 동일 개념이다. 이 설명을 보면 마치 바울이 자신을 버리신 하나님 아들의 이야기에 비추어 **사랑**이란 단어를 재정의하는 듯하다. 그렇다면 바울이 갈라디아의 그리스도인들을 향한 이 편지를 시작하면서 예수를 "자기 몸을 주신" 분(1:4)으로 언급했다는 사실은 놀랍지 않다. 또한, 바울이 갈라디아 교인들에게 사랑을 통해 "서로 종노릇하라"(5:13)라고 권면했다는 사실도 놀랍지 않다. 이 권면은 이 논문의 서두에서 언급했던 내용으로, 몇 절 뒤에서 "너희가 짐을 서로 지라"(6:2)라는 교훈으로 확장된다. 그리스도인이 신자들과 타인들 가운데서 짐을 지는 모습은 본질상 자신을 내준 예수의 죽음 사건과 하나님 아버지께서 그를 생명과 왕권으로 부활시킨 사건의 반영이다.

그렇다면 바울에게 그리스도인의 자기희생은 다른 사람을 위해 자기 자신을 버리신 하나님 아들의 자기희생, 그 십자가 형태의 희생에서 흘러나오는 것이었다.[7] 사실상 바울은 이 자기희생적인 사랑을, 그리스도를 통

---

7) 또한, 예수의 사랑과 자기희생을 명백히 결합하는 엡 5:2, 25; 그리고 자기희생이 "하

해 창조세계의 갈라진 틈새에 도사리고 있는 혼돈을 무찌르고 계시며 창조세계의 모든 수준에서 올바른 관계를 회복하고 계시는 하나님의 능력을 구현하고 광고하는 모습으로 이해했다. 바렛(C. K. Barrett)은 바울에게 그리스도 안에 계신 하나님은 "그분의 세상을 바로 잡고 계시며" 이 작업을 "미래를 현재로 가져오는 일을 시작하신" 성령을 통해서 하고 계신다고 적었는데, 그 의미가 바로 이것이다. 그 미래에는 만물이 올바른 관계로 재구성될 것이다.[8]

물론 미래를 현재로 가져오는 이 과정이 완전히 진행된 것은 아니다. 그것은 바울이 갈라디아서에서 그리스도인이 "성령을 통해, 의[의 대단원]의 소망"(갈 5:5, 저자의 번역; 참조. 6:8에서 소망은 "영생"의 관점에서 이야기된다)을 기다린다고 말한 것과 같다. 그렇지만 이 과정은 분명히 일어나고 있다. 성령으로 생기를 얻고 미래에 올 하나님의 승리를 섬김의 삶으로 살아내는 그리스도인의 삶에서 이 과정이 일어나고 있는 것이다. 바울에게 미래에 올 하나님의 승리가 어떤 모습일지 묻는다면, 모든 사람의 필요가 충족되고 "짐"이 덜어지는 왕국의 모습을 특히 강조할 것이다. 그리스도인 공동체는 그 미래의 왕국에 참여함으로써 현재에도 그 미래를 보여주는 실례가 된다.

여기에는 급진적인 차원이 있는데, 바로 "짐"의 의미가 종종 (경제적인 관점에만 국한된 것은 아니지만) 경제적인 관점에서 설정되기 때문이다. "가난한 자들을 위한 복음"이란 예수의 메시지가 악행을 일삼던 갈릴리와 유다 지방의 권력층에 위협이 되었듯이, 바울의 복음도 고대 지중해 유역

나님의 형상"이신 분의 정체성에서 핵심으로 부각되는 빌 2:5-11; 그리고 바울 자신의 자기희생도 그의 주님을 모방한 것이라는 고전 9장 등을 보라.
8) C. K. Barrett, *Freedom and Obligation: A Study of the Epistle to the Galatians* (London: SPCK, 1985), 66.

의 권력층이 보통 무시해왔던 이들, 즉 경제적으로 가난한 자들에게 특별한 자리를 할애한다. 그동안 바울 학계는 바울 사상의 이런 차원을 대체로 무시해 왔지만, 점차 바울의 신학화 작업에서 본질적인 측면으로 인식되고 있다. 이러한 차원을 통해 (예를 들면) 우리는 "예루살렘 성도 중 가난한 자들"(바울이 롬 15:26에서 이렇게 불렀다)을 위한 헌금에 대해 바울이 고린도후서 8-9장에서 눈에 띄게 신학적인 관점에서 말하는 이유를 이해할 수 있다. 고린도후서에서 바울은 다른 사람을 돌보는 행위를, 그리스도인들이 "그리스도의 복음을 고백하고 그 복음에 순종하는" 증거(고후 9:13)로 보고, 하나님의 "은혜"(8:1, 6-7, 9, 19; 9:8, 14), 그리스도인의 "섬김"(8:4; 9:1, 12, 13)과 "의"(9:9-10)를 거론하며 이 사실을 강화한다. 9:9-10에서 "의"는 하나님 자신의 의요, 그에게 순종하는 이들의 의다. 바울에게 재정적인 헌금의 형태로 나타난 그리스도인의 자기희생은 그가 선포한 복음과 복잡하게 연관되어 있다. 그 이유는 (그 자체로 "구원을 위한 하나님의 능력"이며, 그 안에 "하나님의 의"가 계시된, 롬 1:16-17) 복음이 제시하는 하나님은 세상을 바로잡고 계신 분으로서, 그 작업의 첫 사례가 자기희생적인 사랑의 공동체들인데, 그 공동체들은 그리스도인의 종말론적 삶 속에 예수 그리스도를 복제해내시는 성령을 통해 생기를 얻기 때문이다.[9]

따라서 바울에게 중요한 유일한 사안이 "사랑을 통해 실질적으로 행하는 믿음"이었다는 사실은 전혀 놀랍지 않다. 거기에 복음이 집약되어 있기 때문이다. 하지만 이 집약된 핵심 안에는 생각해봐야 할 내용이 아직도 많이 남아 있다.

---

[9] 이 사안에 관한 훨씬 더 많은 논의를 특히 Bruce W. Longenecker, *Remember the Poor: Paul, Power, and the Greco-Roman World* (Grand Rapids: Eerdmans, 2010)에서 볼 수 있을 것이다.

대량 살상 무기

바울의 신학화 작업에 포함된 측면들이 현대의 사고방식에는 낯설어 보이지만, 현실과 "세상이 돌아가는 방식"을 이해하는 21세기의 관점에 완벽하게 들어맞는 측면이 하나 있다. 성령의 영감을 얻고 그리스도의 모습을 따른 사랑이 왜 그렇게 바울에게 중요했는지 이해하려면, 바울이 그 사랑과 대척점에 세워두고 대조하는 실체, 즉 그 대적 혹은 부정적인 상대의 모습을 제대로 알아야 한다. 이 작업은 쉽다. 하지만 쉽다고 해서 중요하지 않은 것은 아니다.

[55]

로마서 7장은 바울이 "그리스도를 본받아 짐을 지는 모습"과 반대되는 것으로 이해했던 모습이 무엇인지 식별하는 데 든든한 기초를 제공한다. 로마서 7장의 "나"를 어떻게 해석하든, 이 장의 화자가 탐욕이라는 형태로 죄와의 투쟁을 경험한다는 사실은 분명하다. 로마서 7장의 "내"가 "온갖 탐심"(7:8, 개역개정)에 감염되었다고 부르짖을 때, 그는 탐욕이 그의 윤리적 성품 전체에 침입했다고 고백하는 것이다. 바울은 이 윤리적 암 덩어리가 인간의 조건 구석구석에 스며든 모습을 상상하고 있음이 틀림없다. 이 상황이 달라지기를 절박하게 바라는 로마서 7장의 이 존경스러운 "나"조차도 이러한 형태의 성품에서 탈출할 수 없었다면, 이와 같은 상황은 모든 인간의 마음에 보편적인 상황인 것이 틀림없다.

현대 신학 담론에서는 흔히 사용되지 않는 이 **탐심**이란 용어를 이와 거의 같은 의미의 용어들, 이를테면 적나라한 사리사욕, 추악한 이기심, 뻔뻔한 자기 옹호 등으로 풀어 설명할 수도 있겠다. 어떤 형태로 나타나든 이 탐심은 사회진화론(social Darwinism)에 신학적으로 대응하는 내용으로 볼 수 있다. 사회진화론은 인간관계에도 "적자생존" 개념이 작용하는 것으로 보며, "타인"을 배려하는 것은 얼빠진 행위다.

그렇다면 바울의 윤리 영역에는 꽤 뚜렷하게 구분되는 두 편이 존재하는 것이다. 즉, 그리스도를 본받아 타인의 짐을 지는 것은 경쟁적인 탐욕의 반대말이다. 그래서 바울은 갈라디아의 그리스도인을 향해 사랑으로 서로 종노릇함으로써 그들 공동체 안에 그리스도를 "형성하라"라고 요청할 때(갈 4:19; 5:13), 이와 대비되는 상황을 "피차 멸망할" 지경까지 "서로 물어뜯고 삼키는" 모습으로 묘사한다(5:15).

극단적으로 들릴 수도 있는 이것이 바로 바울이 그리스도인 공동체를 개념화할 때 중심에 두었던 "짐 지기"를 부연 설명하는 내용에서 자연스럽게 도출되는 결론이다. 그리스도인 공동체 외부에서 벌어지는 인간관계의 위태로움이 갈라디아서의 몇 절 뒤에 나온다. 거기에서 바울은 인간이 죄의 권세에 종노릇하기 때문에 나타나는 행위들을 간략하게 제시한다(이 내용에 관해서는 아래 설명을 보라). 바울은 (훌륭한 유대적 양식으로 작성한) "육체의 일" 목록에 성적 부도덕, 술 취함, 우상 숭배 행위만이 아니라, 사람 사이와 집단 사이에 벌어지는 폭력적인 태도와 행위를 겨냥한 듯한 다양한 목록도 집어넣었다. 이 말을 뒷받침하기 위해 갈라디아서 5:20-21에 나오는 목록의 여덟 가지 항목을 제시해보겠다. 이 중 여섯 가지는 복수로 제시되어, 단순한 태도(이를테면, 증오)가 아닌 그런 태도에서 비롯되는 행위(말하자면, 증오의 행위)를 가리키는 듯하다.

1. 사람 사이에 증오를 유도하는 행위들
2. 사람 사이에 경쟁적인 투쟁
3. 사람 사이에 부러워하는 질투
4. 사람 사이에 분노로 촉발된 행위나 분노를 유발하는 행위들
5. 사람 사이에 경쟁을 부추기는 행위들
6. 사람 사이에 분열을 조장하는 행위들
7. 사람 사이에 분파를 일으키는 행위들

[56]

8. 이기심에 비롯된 행위들[10]

이 목록은 바울이 나중에 로마서 7장에서 "탐심"이라 부른 실체의 다른 형태로서, 갈라디아서 5:26에서 인간의 "자만"을 "서로 노엽게 하고 투기하는 것"의 관점에서 풀어 설명할 때 말하는 내용과도 다르지 않다. 바울에게 사회적 파탄은 그리스도인 공동체를 벗어난 이 세상의 윤리가 가져올 최종 결과였다. 분명히 바울은 이 파괴적인 윤리의 세계를 잘 알고 있었다. 적어도 자신의 과거를 회상한 한 본문(갈 1-2장)에서 바울이 자신 안에 자기희생적인 예수 그리스도께서 사시기 전의 모습을 폭력적인 사람으로 묘사한 것(갈 1:13)을 보면, 그는 그런 세계를 틀림없이 알고 있었다. 바울은 탐심이 다양한 형태로 대량 살상 무기처럼 작용하는 모습을 상상한다. 탐심은 지하 저장 시설에 은닉되어 보통 사람의 눈에는 보이지 않는 비밀 무기가 아니다. 오히려 화학 무기와 같아서, 공기 중으로 분출되면 삶 전체의 모든 측면에 스며들 잠재력을 가진 물질이다. 그리스도인 공동체의 경계 밖에 있는 사람들은 파괴적인 윤리적 경향이 속속들이 배인 세상에서 사는 것이다.

우주 약탈자

이렇게 인간의 마음 내부에 탐심의 문제가 존재한다는 사실을 확인했다. 그런데 인식해야 할 내용이 또 있다. 그것은 이 문제에는 인간의 마음보다 훨씬 더 큰 복합체가 집약되어 있다는 사실이다. 자신의 탐심에 대한 책임은 각자에게 있겠지만, 이 과실의 책임 소재는 각 개인보다 훨씬 더 큰 실체를 향한다. 바울의 세계관에서, 하나님은 창조세계를 선하게 지으

---

[10] 나는 이 목록을, 바울이 사용한 복수의 의미를 드러내기 위해 보통 번역과는 차이가 나게 번역했다. 내 번역에서 "행위들"이 복수인 이유가 그것이다.

셨지만, 이 세계는 창조주 하나님의 길을 거스르는 초인간적인 우주 세력에 장악당할 위협에 처했다. 구체적으로 말하면, 죄와 사망의 권세도 포함하는 이 세력은 창조세계를 하나님에게서 빼앗으려는 그들의 계획에 인류를 징발하려는 의도를 가지고 하나님의 창조세계 내부를 배회한다. 죄(Sin, 인간이 저지르는 범죄와 구분하기 위해 대문자 S로 표기했다)의 세력은 인간의 마음이, 하나님의 선한 창조 세계 내부의 혼돈을 영속화하기 위한 그들의 양식장 노릇을 할 수 있다는 사실을 알아챘다.

바로 이런 이유로 바울은 로마서 1-2장에 그가 언급한 내용들이 그저 인간의 범죄 혹은 "죄"(sin)에 관한 것인데도 로마서 3:9에서 감히 모든 인류가 "죄(Sin)의 [우주적] 권세 아래" 있음을 1-2장이 증명한다고 주장할 수 있었던 것이다. 바울의 관점에서 인간의 죄성은, 악한 세력이 하나님의 창조 세계 내부에서 활동하면서 그들의 뒤틀리고 혼란스럽고 파괴적인 형상으로 창조 질서를 왜곡한다는 사실을 보여주는 증거였다. 로마서 5장에서 바울은 죄(Sin)와 사망(Death)의 권세를 우주의 군주처럼 "왕 노릇하는" 세력으로 이야기하는데(5:14, 17, 21; 또한, 6:12를 보라), 그 증거가 바로 인간이 죄를 짓고 죽는다는 사실이다. 죄(Sin)의 권세는 우리가 앞서 잠깐 언급했던 두 본문(로마서 6장과 7장)에서 확연하게 드러난다. 로마서 6장에서 바울은 그리스도인이 죄의 권세에 대해 죽은 것으로 이야기한다. (그도 그럴 것이, 그리스도인은 그리스도와 함께 죽어야 한다. 그들이 죄의 권세의 손아귀에서 벗어나는 방법이 다름 아닌 죽음이다!) 그리고 로마서 7장에서 자신의 탐심 때문에 울부짖는 "나"는 초인간적인 죄의 권세와의 관계에서 그의 실패를 분석하는데, 그는 죄의 권세에 종노릇하고 있다(7:14, 하지만 7:7-25 전체도 우리의 논의와 관련된 내용인 것이 확실하다).[11]

[57]

---

11) 롬 7:25a는 그리스도인 바울의 목소리이고 7:7-25의 나머지 부분은 (그리스도인 바울이 그의 복음에서 도출한 관점에서 복화술을 쓰듯이 설명한) "그리스도인이 아닌

"예수가 해답"이라면, 문제가 무엇인지도 알아야 한다. 인간의 탐심은 그 문제가 최전방에 드러난 현상이지만, 그 문제 자체는 그보다 훨씬 더 깊다. 이 문제에는 우주에 깊이 뿌리 내린 권세도 포함된다. 이 권세는 타인을 희생해 자기 증진을 도모하는 인간의 채울 수 없는 욕망에 둥지를 틀고 있다. 바울은 이런 욕망이 인류 전체에 횡행하고 있다고 보았으며, 하나님의 자기희생적인 사랑을 통해 인류를 회복하는 것을 복음의 본질적인 요소로 이해했다. **그렇지만** 인간의 마음을 회복하는 것 이상이 필요했다. 예수는 단순히 인간의 죄를 해결하려고 죽으신 것이 아니다. 그분은 인간의 마음을 손아귀에 쥔 채 하나님의 창조 세계를 혼돈으로 몰고 가려는 그들의 기획에 인간을 꼭두각시처럼 동원하던 우주적 세력 자체를 박멸하기 위해 죽으셨다.[12]

에베소서도 이런 내용을 포착하고 있는 듯하다. 에베소서는 하나님께서 궁극적으로 그분의 창조세계를 "우주 강탈자들"(*tous kosmokratoras*, 6:12, 저자의 번역)로부터 되찾고 계신다고 말한다. 우주 강탈자들은 하나님과 싸움을 벌여 창조세계를 빼앗으려 한다. 바로 이런 이유로 바울은 같은 절에서 그리스도인을 "혈과 육을 상대하는"(개역개정) 전투가 아닌 악의적인 영적 세력의 복합체를 상대하는 전투를 위해 소집된 사람들로 묘사한다. 그리고 바울은 같은 절에서 이 세력을 논의할 때, ("우주 강탈자"란 표현과 함께) "통치자들", "[영적] 권세들", 그리고 "하늘에 있는 악한 영들"(개역개

유대인"의 목소리로 보는 관점에 관해서는 Bruce W. Longenecker, *Rhetoric at the Boundaries: The Art and Theology of New Testament Chain-Link Transitions* (Waco: Baylor University Press, 2005), 88-93을 보라.

12) 감염성 있는 그 세력들의 영향은 오늘날에도 거리와 웹사이트, 텔레비전 프로그램, 잡지, 만화, 시트콤, 고용 정책 등에서 확인할 수 있다. 바울이라면 서양이든 비서양이든, 선진국이든 개발도상국이든, 기독교권이든 비기독교권이든, 어떤 문화권이든지 상관없이 21세기의 다양한 삶의 차원이 이 우주적 세력들의 지속되는 영향을 증명한다고 결론 내렸을 것이다.

정)이란 용어를 사용한다. 이 전투는 아직 종료되지 않았지만, 우리가 승리할 것이 확실하다. 그것은 바울이 고린도전서 15:24에서 간단히 언급한 바와 같다. "그 후에는 마지막이니, 그가 모든 통치와 모든 권세와 능력을 멸하시고 나라를 아버지 하나님께 바칠 때라"(개역개정). 이런 본문들을 통해 그 문제에 관한 바울 이해의 주요한 초점을 확인할 수 있다. 즉, 이 문제의 해답에는 그리스도인의 "믿음 행함"이 포함되며, 사랑이 많으신 (그래서 자신을 희생하신) 그 아들의 성령이 이 행함에 생기를 불어 넣으신다.

적대적인 환경

앞서 확인했듯이 바울은 만연된 이기심이 인류를 집어삼켰고 그 결과 파괴를 가져왔다고 본다. 그리고 이 문제가 단지 하나님과의 관계 면에서 각 개인에게 국한된 것이 아니라, (그들이 초래한 파괴와는 별개로) 인간의 시야에 보이지 않는 우주적 세력의 영향이 연루되어 있다는 사실도 확인했다. 그런데 이 문제는 이 사악한 우주적 세력의 꼭두각시인 각 개인에게만 적용되는 것이 아니다. 이 고삐 풀린 이기심이란 암(癌)은 개인과 공동체, 문화, 사회, 국가, 국제 관계를 막론하고 인간 삶의 모든 영역에 퍼져있다.

이처럼 탐심이 (이를테면) 집단 간의 관계에도 침투해 있다는 사실은 죄(Sin)의 지배력을 증명하는 한 양상이다. 하나의 사례를 들자면, 에베소서 2:14는 인간 집단을 구분하는 장벽을 그들 사이에 놓인 "분리하는 적대의 담"으로 규정한다. 바울이 보기에, 각자 독자적인 정체성을 가진 실제로서 서로를 분리하는 집단 간의 적대감은 죄(Sin)라는 우주적 권세의 통치권이 존재함을 증명한다. 그 권세가 사람들 사이에 혼란스럽고 역기능적인 관계를 주입한 것이다.

그렇다면 바울이 로마서의 막바지에 독자들을 향해 "너희가 배운 교훈을 거슬러 분열을 일으키게 … 하는 자들을 경계하라"(롬 16:17, NIV)라고 촉구했다는 사실은 별로 놀랍지 않다. 마찬가지로, 몇 절 후에 "평화의 하나님께서 속히 사탄을 너희 발 아래서 상하게 하실 것이다"(16:20)라고 덧붙였다는 사실도 그다지 놀랍지 않다. 아하, 사탄이구나! 1세기보다 훨씬 전부터 사탄은 하나님의 방식을 거스르는 총체의 구현으로 알려졌다. 사탄이 이렇듯 우주적 세력의 혼합체에 등장한다는 사실은 놀랍지 않다. 아마도 사탄은 그 혼합체의 범행자인 듯하지만, 바울은 이 부분에 관해서는 절대 많은 이야기를 하지 않는다.[13] 사탄은 분열의 담, 즉 "분리하는 적대의 담"을 창조하는 배후일 가능성이 농후하다. 하나님은 이 분열의 상태에 평화의 관계를 가져다주려 하신다.

이 내용이 아마도 갈라디아서 4:3의 악명 높은 표현인 "이 세상의 스토이케이아"(*stoicheia*, 개역개정의 '초등학문'– 역주)를 해석하는 데 도움이 될 것이다(참조. 4:9). 바울 당시 스토이케이아는 보통 세상을 구성하는 물질 요소, 즉 흙, 바람, 불, 물로 이해되었다. 그런데 바울은 이 용어를 다른 방식으로 사용한다. 분명한 사실은, 다른 학자들도 올바로 주장했듯이, 갈라디아의 그리스도인들이 도중에 어느 시점에서 스토이케이아에 관한 새로운 이해를 소개받았고, 바울은 그 지역화된 관념을 바탕에 두고 무언가를 이야기하는 것 같다는 점이다.[14]

스토이케이아의 정체는 바울 해석자들 가운데서 지금까지처럼 앞으로도 큰 논란거리가 될 것이다. 내 입장은 다음과 같다. 강력한 힘이지만 이상하게 막연하기도 한 힘인 스토이케이아의 역할은, 구분되는 집단의 사

---

13) 그와 가장 가까운 내용은 (바울이 데살로니가후서의 저자가 맞다면) 살후 2:8-10에 나오는 "불법한 자"(lawless one)에 관한 주장이다

14) 예를 들면, Martinus C. de Boer, *Galatians* (Louisville: Westminster John Knox, 2011), 252-56을 보라. *stoicheia*에 관해서는 본 논문에서 가능한 수준 이상의 논의가 필요하다.

람들이 "그리스도 안에서" 사랑스럽게 통일되는 모습(갈 3:26-29)과 정확히 반대되는 상태를 창출하는 것이다. 말하자면, 스토이케이아는 구별과 차별을 활용해서 (바울의 표현을 따르면) "이 악한 세대"(1:4) 내부에 관계의 불화를 조장하는 세력들이다. 바울의 관점에서 개인 간, 집단 간에 존재하는 정체성의 차이 그 자체는 문젯거리가 아니다. 바울은 성의 구별("하나님이 남자와 여자를 창조하시고")이나 민족의 구별(유대 민족과 이방인의 구별, 그리고 이방인 안에서의 구별)과 같은 특정 형태의 구별을 하나님이 만드신 것으로 생각했다. 대중적인 견해와 반대로 바울은 그리스도인 공동체 내부에서 유대인이란 정체성을 파괴하는 것도 원치 않았다. 로마서 14-15장은 바울이 그리스도인 가운데서 유대인의 정체성을 적법하게 유지할 수 있음을 긍정하기 위해 취한 단계들을 보여준다.[15] 실제로, 바울의 윤리에서는 그러한 구별들을 하나님의 변혁적 힘을 증명하기 위해 "그리스도 안에서" 보존하는 것이 본질적이다. 바울의 관점에서 그러한 차이를 아우를 수 있는 것은 오직 하나님의 성령뿐이다. 왜냐하면, 자신과 뚜렷하게 다른 타인을 향해 자기희생의 행동을 보이는 것은 인간 본연의 속성이 아니기 때문이다.[16]

그런데 바울이 그리스도인 공동체 안에서 인식하는 구분된 집단들의 건강한 연합과는 반대로, 이 세상의 스토이케이아는 하나님이 정하신 다

---

15) 롬 14-15장 배후의 상황을 재구성한 최선의 설명은 John Barclay의 "'Do We Undermine the Law?' A Study of Romans 14:1-15:6," in *Paul and the Mosaic Law*, ed. J. D. G. Dunn (Tübingen: Mohr Siebeck, 1996), 287-308이다. 하지만 그 본문에서 바울이 하고 있는 작업에 관한 내 관점은 Barclay의 관점과는 다소 다르다.
16) 같은 인구학적 특성을 공유하는 대상에게 더 쉽게 관심을 쏟고 실질적인 도움을 줄 수 있는 경우가 많다. 상대의 모습이 나와 더 닮을수록, 피부색과 경제 수준, 민족적 유산, 정치적 관점, 교육적 배경 등이 더 비슷할수록, 도움의 손길을 주기가 더 쉽다. 하지만 비슷한 면들이 사라지면, "상대를 배려"하는 구체적인 행동도 줄어들기 마련이다.

양성을 조악하게 만들고 자기희생이란 창조적 가능성을 제시하기보다 이 다양성을 파괴적인 부조화의 관계로 변형시켜버렸다.[17] 스토이케이아는 하나님께서 창조하신 선한 것들을 사로잡아 왜곡해서 구별된 집단 사이의 관계를 불의와 불화투성이로 만들어버렸다. 초점이 개인의 모습에 있든 더 큰 집단의 모습에 있든 같은 문제가 발생하는데, 스토이케이아가 구축하는 매트릭스는 차별을 조장해서 각 사람이 자기의 정체성을 타인과 조화시킬 수 없게 만들기 때문이다.

바울은 그리스도인이 그리스도와 함께 죽은 목적은 그분이 그들 안에 사시기 위한 것이기에 그리스도인은 그들 자신이 "그리스도 안에" 살아 있다는 사실을 알게 된다고 말한다. "그리스도 안에"는 공동체적 영역으로서, 이 영역에서는 다양한 정체성이 기꺼이 수용되고 자기 중심적 불화에서 해방된다(해방되어야 한다). 자기 중심적 불화가 존재한다는 사실은 창조세계에서 하나님의 자리를 찬탈하려는 초인간적 세력이 여전히 지배한다는 증거다. "그리스도 안에" 있는 사람은 모두 "하나님의 자녀"이며(갈 3:26), 하나님의 다양한 자녀는 모두 서로를, 타인을 섬기는 삶 안에서 한 몸으로 하나가 된다(예, 롬 12장; 갈 3:28; 5:13-14; 6:10; 살전 5:14-15 등). 달리 표현하면, 에베소서 2:16의 말씀처럼 하나님의 승리는 적대적인 집단들을 "한 몸 안에서 화해시켜, 십자가로 그 적대감을 없애는 것"을 포함한다.

하나님 아버지의 영광이 되도록

십자가를 본받는 자기희생의 물결이 바울의 세계관에서 얼마나 강력한지 확인했으니, 이제 그 물결이 궁극적으로 예배의 바다로 흘러가는 방

---

17) 그런 과정에서 *stoicheia*가 종과 자유인 같은 나름의 유해한 관계 형태를 만들어내는 상상을 해 볼 수도 있다. 그런 대립의 관계를 *stoicheia*의 탓으로 돌리는 것은 바울의 시대에서도, 혹은 바울 자신의 신학화 작업에서도 실질적인 근거를 찾기 힘들다. 하지만 바울의 논의는 궁극적으로 상황을 그런 식으로 보게 한다.

식을 추적해 보자. 예를 들면, 로마서의 주요한 신학 담론은 십자가를 본받는 삶을 예배와 연결짓는 것으로 마무리된다. 바울은 15:2, 5-6에서 다음과 같은 훈계로 결론을 내린다. "우리 각 사람은 이웃을 세우는 선한 목적을 위해 그들을 기쁘게 해야 한다. … 예수 그리스도를 본받아 서로 한마음으로 살아, 한마음과 한입으로 하나님 곧 우리 주 예수 그리스도의 아버지께 영광을 돌리도록 하라." 로마서 14:1-15:6의 담론에서 중요한 지점인 15:1-6에서 바울은 집단들 내부에 다양한 정체성이 모여있는 모습을 상상하는데, 이들의 "상대를 배려하는 태도"는 한 공동체로서 하나님께 영광을 돌리는 데 핵심 요소다.

이 사실에 놀라서는 안 된다. 바울에게 하나님의 선한 창조세계의 풍부한 다양성을 반영하는 실제인 이런 다양한 정체성이 그리스도의 몸을 가득 채우는 것은 물론 필수적인 요소지만, 이런 그리스도의 몸 자체가 목적은 아니다. 그리스도의 몸은 적어도 다른 하나의 목적을 이루기 위한 수단인데, 그 목적은 바로 전 우주가 창조주를 찬양하는 것이다. 바울은 창조주를 향한 찬양이 어떤 구별된 한 집단에만 제한되는 상황을 받아들이지 못할 것이다. 오히려 창조주 하나님이 마땅히 받으셔야 할 찬양의 합창은 하나님의 탁월한 창조 세계 안에 창조자께서 허락하고 인정하신 다양한 정체성을 반영해야 한다. 이러한 내용이 빌립보서 2:6-11의 "그리스도 찬양시"의 후반부에 반영되어 있다.

> 이러므로 하나님이 그분을 지극히 높여 [61]
> 　　모든 이름 위에
> 　　뛰어난 이름을 주사
> 하늘에 있는 자들과 땅에 있는 자들과 땅 아래에 있는 자들로
> 　　모든 무릎을

>   예수의 이름 앞에 꿇게 하시고
> 　　모든 입으로
>   예수 그리스도를 주님이시라고 시인하여
>   하나님 아버지께 영광을 돌리게 하셨느니라. (2:9-11)

바울이 그리스 로마 세계의 중심 도시인 로마에 설립한 그 다채로운 공동체는 "믿음 행함" 안에서 하나가 되어 목소리를 높여 아버지 하나님을 기쁘게 찬양함으로써 그분 앞에 무릎을 꿇은 인류의 다양성을 반영하는 실체가 되어야 한다.

그렇다면 다양성을 반영하면서도 조화를 이루어 하나님을 예배하는 바울의 비전이 로마서 15:5-6의 정박지를 떠나 15:7-13에서는 성경 인용으로 구성된 의기양양한 교향곡으로 변해도 이상하게 보이지 않는다. 그 본문에서 예배라는 주제의 중요성은 로마서에서 바울 사고의 흐름 안에서 이 본문의 위치를 보면 확연해진다. 주해자들이 자주 언급하듯이, 이 단락은 어떤 측면에서 로마서의 신학적 극치에 해당한다. 이 단락은 로마서의 "논의 전체에 포함된 중심 주제들을 하나로 묶음"으로써 "이 편지의 본문, 즉 신학적인 논문과 그 결과인 권면 둘 다를 마무리 짓는" 역할을 한다.[18] 여기서 중요한 내용은 예배가 이 편지의 몇 가지 중심 주제를 하나로 엮는 가닥이라는 것이다.

이 내용에 비추어보면, 서로 이질적인 정체성을 지닌 사람들 가운데서 공동체로 하나를 이루고 건강한 관계를 만들어가는 것에 대한 바울의 관

---

18) James D. G. Dunn, *Romans* (Dallas: Word, 1988), 2:844-45 = (로마서 - WBC 성경주석 38, 김철 역, 솔로몬, 2005). 다른 학자들도 공유하는 이 관점은, 롬 15:7-13이 그저 12-15장의 절정일 뿐이라고 생각하는 사람들의 비판을 받는다. 하지만 그런 비판은, 예배 주제가 이미 1:21, 25에서 제기되었다는 사실을 간과하고 있다; 이 문제에 관해서는 아래의 "중심주의와 자기희생적인 주님을 예배하는 공동체" 단락을 보라.

심이 단지 "사회 윤리"나 "집단 정체성"이나 "교회론"의 문제에서 비롯된 것이 아니라, 일차적으로는 하나님 중심적 예배(theocentric worship)에 대한 관심에서 비롯된 것임을 알 수 있다. 말하자면, 바울의 동기는 공동체의 구성원들 가운데서 하나님이 창조하신 정체성의 풍부한 다양성과 관련한 건강한 관계들이 일어나 공동체 내부에서 창조주를 향한 찬양의 합창을 고취하려는 관심이었다.

바울에게 예수를 경배하는 공동체들은 창조주가 마땅히 받으셔야 할 우주적인 경배를 반영하는 소우주여야 한다. 그분은 모든 정체성을 만드신 창조주로서, 그 정체성들을 소유한 존재들에게 찬양받아 마땅한 분이시며, 빌립보서 2:9-11을 따르면 언젠가 그들 모두에게 경배받으실 분이시다. 이 과정에서, 그리스도인의 자기희생으로 표현되는 사랑의 관계는 다양한 사람들 가운데서 하나님을 향한 단합된 찬양이 나타나기 위한 본질적인 전제조건이다. 이 사람들은 그들의 다양성 안에 아버지 하나님께서 창조하신 다양성을 반영하며, 다른 사람을 향한 배려의 행위를 통해 부활하신 주 예수 그리스도의 자기희생을 반영한다. 탈바꿈은 바로 그분에서 비롯된다.

[62]

요새를 무너뜨리다

우리에게 **사랑**이란 단어는 감정이 담긴 정서로 들리고, **짐을 지라는 권면**은 목회적인 요소로 다가오며, **서로에게 종이 되라는 권고**는 비유적인 진부한 이야기로 이해될 수도 있겠다. 하지만 바울에게 이 내용은 서로 공모해서 세상을 타락시키고 좀먹는 역기능적 세력들에 대항하여 벌이는 우주적 전투에 동원되는 무기의 일부다. 하나님은 그리스도를 통해 그 세상을 되찾아 자신의 찬양과 영광이 되게 하신다.

십자가를 본받는 "믿음 행함"이 바울에게 중요한 이유가 바로 여기에 있다. "믿음 행함"은 하나님의 변혁적 힘이 그분 아들의 성품 속에 구현된 것으로서 하나님의 궁극적인 승리를 선전할 뿐만 아니라 나름의 역할이 있다. 그 역할이란 그분의 성품인 신실하심의 결과로써 우주를 바로잡는 것이다(롬 15:8). 그리스도인이 도움이 필요한 사람을 돕다가 위험에 빠지기도 하고 불이익을 받기도 하겠지만, 바울은 그들의 "믿음 행함"이 이 하나님의 승리라는 더 거대한 내러티브 안에서 역할을 담당한다고 믿었다. 그 내러티브에서 그리스도인은 그들을 "사랑하시는 그분으로 인해 이기고도 남음이 있다"(롬 8:37). 바울은 "왜냐하면 내가 확신하노니, 사망이나 생명이나 천사들이나 권세자들이나 현재 일이나 장래 일이나 능력이나 높음이나 깊음이나 다른 어떤 피조물도 우리를 우리 주 그리스도 예수 안에 있는 하나님의 사랑에서 끊을 수 없기 때문이다"(롬 8:38-39)라고 이야기한다.

이것은 고무적인 비전이지만, 또한 도전적인 비전이기도 하다. 왜냐하면, 그리스도인의 삶의 양식과 공동체의 실천을 종말론적 전장의 최전선에 두기 때문이다. 그리스도인 공동체는 서로 돕는 행위를 통해 육성된 공동체적 연합 안에서 하나님의 미래 승리가 이미 드러나는 장소가 된다. 이 일은 성령의 권세를 통해 일어난다. 성령은 그리스도인 가운데서 자기희생적인 그리스도의 성품을 촉진하는데, 성령의 모습은 그리스도를 닮아 단조롭지 않고 하나님의 창조적 독창성이 지닌 영광스러운 풍성함을 반영한다. 창조주를 향한 예배는 이 모든 요소가 그리스도인 공동체 안에 존재할 때 가장 풍성한 표현에 도달한다.[19]

---

19) 틀림없이 바울은 이상적인 예수 집단과 비교하면 다른 집단이나 회합들은 모두 그 집단적 연고 면에서 상대적으로 단조롭다고 생각했을 것이다. 결과적으로 그러한 집단들 안에서 타인을 돌보는 모습은 그들 자신을 향한 관심의 표현 이상은 아니었다. 말하자면, 이기심이 약간 복잡하게 표현된 형태이거나 집단으로 공유된 생존 본능을 거의 뛰어넘지 못했다. 하나님의 변혁적 힘이 어떤 공동체의 집단적 삶에 나타난다고

그렇다면 에베소서가 창조의 하나님을 예배하면서 다양성을 보듬고 [63] 통일성을 구현하는 교회를 "하늘에 있는 통치자들과 권세들에게 풍성하고 다양한 하나님의 지혜를 알게 하는" 수단으로 언급한다는 사실은 놀랍지 않다(엡 3:10). 또한, 그리스도인이 인간적인 기준과 반대되는 방식, "요새를 무너뜨리는 하나님의 능력을" 따르는 방식으로 "전쟁을 수행한다"라고 표현된 것도 별로 놀랍지 않다(고후 10:3-4). 또한, 바울이 그분에게 "유일하게 중요한 것은 사랑을 통해 실질적으로 행하는 믿음뿐"(갈 5:6)이라고 말하는 것도 당연해 보인다. 바울은 다른 곳에서는 이를 "하나님의 영광과 찬송이 되도록 예수 그리스도를 통해서 온 의의 열매"(빌 1:11)라고 부른다.

2부: 토라 준수, 예배, 그리고 윤리적 기조로서 중심주의(Centrism)

바울의 신학적 비전이 지닌 주된 모양새를 간략히 살펴보았으니, 이제 바울이 1세기 유대교의 언약주의와 벌인 대화와 관련된 다음 두 가지 사항을 확인하기 위한 기본 자료를 확보한 셈이다. 첫째, 바울이 저항한 "토라의 행위"가 무엇인지 더 명쾌하게 인식할 수 있다. 둘째, 이방인 그리스도인이 토라를 준수하는 것에 저항한 바울의 입장이 더 일반적으로 그리스도인의 삶에 어떤 교훈이 될 수 있는지 더 잘 포착할 수 있다. 이후의 내용은 앞서 1부에서 확인한 내용을 토대로 이 두 가지 사안을 조사할 것이다.

중심주의, 그리고 자기희생적인 주님을 예배하는 공동체

"토라의 행위"를 그리스도인의 정체성을 구성하는 본질적인 요소로 삼

표현할 수 있는 것은, 오직 매우 다양한 구성원으로 이루어진 집단에서도 타인을 향한 관심이 표현되는 경우뿐이다.

으려는 시도에 바울이 반대한 이유는 무엇일까? 이 질문에 기원후 30년대와 40년대에 이루어졌던 바울의 초기 선교사역의 관점에서 답변하기는 힘들 것이다. 그 기간에 관하여는 알려진 바가 상대적으로 적기 때문이다. 바울 사상의 발전 여부를 둘러싼 쟁점도 물론 존재하지만, 여기서 다룰 수 있는 문제는 아니다. 그렇지만 대략 50년대까지는 (어떤 의미에서) 바울의 깃펜에서 편지가 집필되기 시작했고, 그 편지들을 통해 우리는 이 질문에 답변하는 데 도움이 될 여러 가지 형태의 확신을 추적할 수 있다.

이방인 그리스도인이 토라를 준수해야 한다는 주장에 바울이 반대한 이유 중 하나는 하나님의 성령과 관련이 있다. 바울은 "토라의 행위"를 준수해 본 적이 없는 이방인이 구성원 중 다수였던 예수 집단 가운데 성령이 강력하게 역사하는 모습을 목도했다. 그런데 도대체 무슨 근거로 "토라의 행위"가 그 혼합 집단에 추가되어야 한단 말인가?

갈라디아서에서 바울은 "그렇지 않다"라는 답변을 기대하면서 이 질문을 다음과 같은 형태로 던진다. "하나님께서 너희에게 성령을 공급하시고 너희 가운데서 능력으로 행하신 것(*energōn dynameis*)이 너희의 토라 준수에 근거한 것이냐?"(갈 3:5, 저자의 번역). 그리고 가장 이른 시기의 편지인 [64] 데살로니가전서의 서두에서는 같은 이야기를 긍정문으로 던졌다. "우리의 복음 메시지가 너희에게 말로만 이른 것이 아니라, 능력(*dynamei*)과 성령으로 이르렀다"(살전 1:5). 나중에 고린도전서에도 거의 같은 내용을 되풀이한다. "내 말과 내 선포는 설득력 있는 지혜의 말이 아닌, 성령의 나타나심 및 능력(*dynameōs*)과 함께 했다"(고전 2:4). 그리고 바울은 로마의 그리스도인에게 보낸 편지의 본론을 마무리하는 지점에서 (이미 살펴보았듯이) 그 편지 전체를 거쳐온 신학적 흐름 대부분을 갈무리하는 종착점을 담은 단락을 기록하는데, 바로 로마서 15:7-13이다. 이 단락의 절정부에서 바울은 "너희에게 성령의 능력(*dynamei*)으로 소망이 넘치게 하시기를 원한다"

라고 축복한다(15:13).

이렇게 바울의 편지를 보면, 하나님의 성령이 그리스도인 집단 가운데서 그저 활동하는 정도가 아니라 그들의 집단적, 개인적 삶에 생기를 불어넣는 강력한 힘이라는 근본적인 확신이 이곳저곳에서 표명된다(예를 들면, 롬 15:19; 엡 3:16; 딤후 1:7와 앞에서 이미 조사한 다른 본문을 보라).

이방인에게 "토라의 행위"를 준수하라고 격려한 사람들도 이 부분에는 이견이 없었을 것이다. 하지만 그들은 성령 경험에 추가하여, 하나님께서 자기 백성으로 선택하신 민족인 이스라엘이 준수하도록 규정하신 명령에 일치하는 규율 있는 삶의 양식도 동반되어야 한다고 생각했다. 바울의 이해는 달랐다. 바울은 그를 이방인의 사도로 파송하신 부활하신 주님을 만나고 나서, (1) "그리스도 안에" 있는 이들의 정체성과 (2) 이스라엘 민족을 위해 규정된 언약적 실천을 구분해서 바라보게 되었다. 물론 이 두 현상이 서로 온당하게 겹칠 수도 있으며, 실제로 바울은 로마서 14-15장에서 이 점을 옹호한다(앞서 살펴보았듯이, 로마서 14-15장에서 바울은 유대인 그리스도인과 관련해서, 토라 준수가 하나님 앞에서 그들의 정체성과 관련하여 계속해서 본질적인 요소임을 변호한다). 하지만 이 둘이 겹칠 수 있다 해도, 이 두 현상이 반드시 서로 맞물려야 하는 것은 아니다.

이 둘이 본질상 서로 맞물려 있다고 본 다른 초기 그리스도인의 시각과는 다른 관점을 바울이 가졌던 이유는 무엇일까? 그 이유 중 하나는 재즈록 그룹인 스틸리 댄(Steely Dan)이 "당신 영혼의 구조"(architecture of your soul)라 불렀던 내용과 관계가 있다.[20] 갈라디아서 6:12-13에서 바울은 당시 갈라디아 교회에 들어왔던 "선동자들"의 윤리적 형태의 중심부에 자리 잡은 문제를 폭로함으로써 갈라디아 교인들을 도울 수 있어 다행으로 생

---

20) Steely Dan의 앨범 Two against Nature(Warner Bros. Records, 2000)에 수록된 "Cousin Dupree"의 가사.

각했다. 성령이 그리스도인 공동체 안에 강력하게 작용하고 있지만 선동자들은 그 능력을 자기들의 이익을 위해 활용하려고 했다는 것이 바울의 판단이다. 할례를 받으라고 이방인에게 강요함으로써 하나님께서 주신 성령을 그들 자신의 평판을 높이기 위해 동원하려는 속셈인 것이다. 그래서 바울은 그 선동자들을 "육체적으로 좋은 모양새를 만들려는 자들"로 묘사한다. 그들은 하나님께서 역사 속에서 어떻게 일해오셨고 계속해서 일하시는지 알아내는 데는 관심이 없었다. 도리어 (적어도 바울이 묘사한 대로는) 그들의 궁극적인 관심사는 다른 사람들 가운데서 자신의 평판을 드높여 "너희의 육체를 자랑하는 것"이었다(갈 6:12-13). 이것은 바울이 갈라디아서 4:17에서 이미 그들에게 부여했던 특징과 같다. 그곳에서 바울은 "그들이 너희에게 열심을 내는 것은 선한 의도가 아니다"라고 말하면서, 그들이 갈라디아 교인들 사이에서 열심을 내는 궁극적인 동기는 "너희도 그들에게 열심을 내게 하려는" 것이라고 덧붙인다.

[65]

갈라디아 교회의 선동자들을 묘사한 것과 비슷한 표현이 빌립보서에도 등장한다. 거기서 바울은 그런 사람들을 이렇게 묘사한다. "그들의 신은 배다"(빌 3:19). 말하자면, 그 모든 것의 배후에는 이기적인 윤리적 기조가 있다. 거의 같은 내용이 로마서 끝에도 등장한다. 거기서 바울은 분열을 일으키는 자들을 두고 다만 "자기 뱃속을 채울" 뿐이라고 말한다(롬 16:18). 갈라디아서처럼 빌립보서와 로마서에서도 바울은 선동자들의 윤리적 특징을 기독교 복음이 생성하는 자기희생적인 사랑의 정반대에 둔다. 따라서 선동자들이 "그리스도의 십자가 때문에 박해받는 것"을 피하려 한다는 묘사는 별로 놀랍지 않다(갈 6:12). 그들과 달리 바울에게는 "내 몸에 찍힌 예수의 낙인"이 있다(갈 6:17; 참조. 5:11). 만약 바울이 일관되게 선동자들을 그들의 궁극적인 동기가 자기 이익과 개인적 이득에 있는 사기꾼에 비긴다면, 이러한 고발이 단순히 초기 예수 운동 내부의 분파들 사이에서

치고받던 변론과 관련된 것이겠는가? 실제적인 신학적 함의도 없는, 그저 흔한 형태의 맹렬한 비난에 불과하겠는가?

이런 노선의 생각에 부합하는 내용도 담겨 있을지는 모르겠다. 하지만 결국 그런 접근으로는 바울서신에 등장하는 폭넓은 현상을 충분히 설명해 낼 수 없다. 그 이유는, 바울이 토라 준수를 논의할 때 선동자들을 염두에 두지 않은 맥락에서도 윤리적 형태라는 사안을 꺼내 드는 경우가 빈번하기 때문이다. 말하자면, 바울이 율법주의적 율법 준수를 논의할 때 그 논의는 빈번하게 그리스도인의 윤리적 형태에 관한 논의로 수렴된다. 그런데 그런 논의의 중심에 바로 이기심이란 사안이 있다. 이 사실은 본 논문의 이전 단락들의 내용을 상기시킨다. (예를 들면) 바울의 논의가 "육체의 일"에 관한 이야기로 이어지면서 그런 일들은 확연하게 타인을 희생해 자기 이익을 채우는 경향이 있다고 설파하는 곳이 바로 바울이 할례를 논의하는 갈라디아서 5장이다. 그리고 (앞서 살펴보았듯이) 그가 이기심을 중심에 둔 "탐심"에 초점을 맞추는 곳도 토라를 논의하는 로마서 7장이다.[21]

이런 현상의 이유는 무엇일까? 왜 바울은 구원 역사와 관련된 내용으로 보이는 사안을 다른 방향으로 돌려 윤리적 형태와 관련된 내용으로 이해되도록 만드는가? 왜 바울은 "그리스도인이 이스라엘 민족에게 주어진 계명들을 지킬 필요가 있는가?"라는 문제를 "그리스도인 공동체에 생기를 불어넣는 것은 어떤 형태의 윤리적 기조인가?"라는 문제로 변형하는가?

[66]

이 질문에 대한 답변이 내가 이제 제시할 설명의 어디쯤 틀림없이 존재하기를 바란다. 바울은 복음의 윤리적 형태가 자기희생이라는 기독론적

---

21) 롬 7:7-25는 죄(Sin)의 권세가 어떻게 하나님이 주신 율법까지도 장악했는지 보여준다. 그 결과 율법 자체가 죄(Sin)의 권세의 혼란스러운 목적에 시중을 들게 되었다. 이런 이유로 바울은 롬 8:2에서 토라를 "죄와 죽음의 토라"로 지칭할 수 있었다. 이 표현에는 토라 자체가 본의 아니게 죄(Sin)와 죽음의 권세의 기획에 사로잡혔다는 의미가 들어있다.

축에 놓여있다고 인식했기 때문에, 이방인에게 할례를 강제하려는 시도를 기독교 복음의 핵심에 자리 잡은 윤리적 형태와 정반대의 모습으로 이해했다. 그 이유는 **그런 시도를 해로운 형태의 "중심주의"**(centrism)**로 보았기 때문**이다. 이는 자신이 품고 있는 정체성을 다른 형태의 정당한 정체성들보다 우위에 두려는 일부 그리스도인의 시도를 대변한다.

이 문제와 관련하여 눈에 띄는 본문이 있다. 첫째, 가장 중요한 본문인 갈라디아서 2:15이다. 거기서 바울은 두 집단으로 분리되는 모습이 이 세상의 특징이라고 규정한다. 한편에는 "태어날 때부터 유대인인 우리"(NIV)가 있고, 다른 편에는 "이방 죄인들"이 있다. 여기서 바울은 집단들이 서로를 구분하는 관점을 잠정적으로 받아들인다. 동은 동이고 서는 서이듯이, "이방 죄인들"도 있고 "유대인"도 있다. 이런 관점은 유대인 세계의 특정 집단에서 통용되었고, 그들은 **죄인들**이란 용어를 언약의 경계 밖에 있는 사람에게 적용했다. 말하자면, (1) 윤리적인 배도(背道)로 보이는 삶을 사는 유대인이나 (2) 집단으로서 이방인 전체가 바로 죄인들이었다. 기원전 1세기의 작품인 솔로몬의 시편(*Psalms of Solomon*)은 이 두 가지 내용을 결합해서, "죄인들"이란 표현을 먼저는 이방인 압제자에게 적용하고(1:1; 2:1), 다음으로는 타락한 유대인에게 적용한다(17:5). 기원전 2세기의 한 문헌은 드러내놓고 이방 나라를 "죄인들"로 묘사한다(희년서 23:24). 다른 문헌들은 이방인이 하나님께 "침"이나 물 한 방울 정도의 가치는 있다고 표현하기도 하지만(Ps.-Philo *Liber antiquitatum biblicarum* 7.3; 12.4; *2 Baruch* 82:5; *4 Ezra* 6:56), 희년서의 저자는 노골적으로 다음과 같이 말한다. "너희 자신을 이방인과 분리하고, 그들과 함께 먹지 말며, 그들과 같은 행동을 하지 말라. 그들과 어울리지 말라. 왜냐하면, 그들의 행위는 불결하며 그들의 방식은 모두 더럽고 비열하며 혐오스럽기 때문이다"(희년서 22:16).[22]

---

22) *The Old Testament Pseudepigrapha*, ed. James H. Charlesworth (New York: Dou-

물론 이런 태도가 1세기 유대 세계의 모든 분파에 만연했다고 볼 필요는 없다. 하지만 그중 특정 분파에는 이런 태도의 기반이 존재했다는 사실 역시 확실하다.[23)] 바울 자신도 초기 기독교 운동에 속한 일부 분파에 이러한 태도가 발붙일 거점이 존재했다는 사실을 인식했던 것으로 보인다. 바울의 관점에서는 기독교 운동 안에 그런 거점이 들어설 여지가 있어서는 안 된다. 그의 신학적 세계관에서 이 태도는 일종의 "중심주의"를 대변하는 것으로, 유대적 정체성을 우선시하고 다른 형태의 정체성은 기껏해야 보조적인 것으로 치부하는 태도다. 이런 중심주의는, 바울의 각본에서 유일한 합법적 중심주의라 할 수 있는 신(神)중심주의(theocentrism)에서 완전히 멀어진 입장이다. 그것이 죄악스러운 "탐심"의 덫에 사로잡힌 개인의 중심주의이든, "그들 자신의" 의를 보존하는 데 사로잡힌 민족의 중심주의이든(롬 10:3), 바울은 그 두 가지 중심주의를 그 이면에 있는 같은 현상을 드러내는, 서로 연관된 측면들로 이해했다. 말하자면, 그 이면에는 기독교 공동체를 뒷받침하는 토대여야 할 자기희생을 거스르는 윤리적 기조가 놓여있다.

[67]

여기가 바로 (인간 내면의 죄성을 강조하는) "전통적인 관점"과 (기독교 공동체 안에서 유대적 정체성의 극복을 강조하는) 소위 새 관점이 손을 맞잡아야 할 지점으로, 두 관점은 바울이 우주적 세력의 탓으로 돌린 중심주의에 내포된 서로 다른 측면을 각각 강조한 것이다. 이 두 가지 "바울에 관한 관점"은, 이 세상이 죄와 사망의 권세에 사로잡혀 있다고 본 바울의 관점에 포함된 서로 다르지만 관련된 두 차원에 올바르게 초점을 맞추고

---

bleday, 1985), 2:98에 있는 O. S. Wintermute의 번역.
23) 당연히, 기원전 2세기에 일어난 헬레니즘의 유대인 학살이 이 분리의 태도에 추가적인 동력이 되었다는 사실을 언급해야 한다. 그런 상황은 특별히 마카베오 2서와 마카베오 4서의 순교기록에 진술되어 있다.

있다. 이 권세들의 "통치권"(lordship)은 자기중심성으로 표현되고 자기중심성을 통해 영속화된다. 이 자기중심성은 개인과 집단의 생활양식 속에 그 모습을 드러내는데, 그런 생활양식은 복음의 중심에 있는 "타인을 배려하는 태도"를 훼손한다. 바울은 까도 까도 끝이 없는 양파껍질처럼 타인을 희생시키는 이 같은 "안을 향하는"(구심성, centripetal) 삶의 방식이 개인과 공동체에서 구현되는 모습에 우주적 권세가 작용한다고 보았다. 이런 삶은 바울이 오직 자기희생적인 주님의 성령에게만 돌린 "밖을 향하는"(원심성, centrifugal) 삶의 방식과 대조된다.

나아가 이 두 가지 관점 모두의 배후에는 더 근본적인 사안이 자리잡고 있다. 바로 예배다. 우리는 앞에서 이미 이 주제의 중요성을 확인했다. 여기서는 방금 간단하게 살펴본 내용에 비추어 추가적인 중요성을 갖게 된 한 본문을 부각하겠다. 바울은 하나님께서 믿는 자들을 위해 그리스도 안에서 행하신 일을 이야기하면서, 로마의 독자들에게 신랄한 질문 하나를 던진다. "하나님은 단지 유대인만의 하나님이시냐? 이방인의 하나님도 되지 않으시냐? 과연 이방인의 하나님도 되신다. 하나님은 한 분이시기 때문이다. 하나님은 할례자도 믿음을 근거로 의롭다 하시며, 무할례자도 같은 믿음을 근거로 의롭다 하실 것이다"(롬 3:29-30).

이 본문의 배후에 있는 쟁점은 (적어도 로마서의 더 큰 논의의 흐름을 따라서 보면) 단순히 하나님의 백성에 포함되는 것에 관한 문제가 아니라, 궁극적으로는 예배에 관한 것이다. 무수한 다양한 집단이 모여 한 하나님께 드리는 예배 말이다.[24] 이 주제는 (앞서 살펴보았듯이) 로마서 15:7-13

---

24) 이 지점에서 내 의견은 N. T. Wright와 차이가 있다. 그는 "바울은 청중이 그들 자신을 기본적으로 절대 '유대인'과 '이방인'으로 보지 말고, 메시아 백성으로 보기를 바란다"(*Paul and the Faithfulness of God* [Minneapolis: Fortress, 2013], 397 = [바울과 하나님의 신실하심, 박문재 역, 크리스천다이제스트, 2015])라고 말한다. Wright의 용어인 "메시아 백성"을 그대로 고수하자면, 나는 이 문장을 다음과 같이 고치는 것이

의 절정부에서 갑자기 튀어나온 것이 아니다. 바울은 이 예배란 주제를 편 [68]
지의 시작부터 배치해 놓았다. 거기서 그는 예배에 문제가 생겼다는 사실
을 강조한다. "그들이 하나님께 영광을 돌리지도 않고 감사하지도 않고,
오히려 그들의 생각이 허망해지며, 그들의 미련한 마음이 어두워졌다. …
그들이 하나님의 진리를 거짓으로 바꾸고 창조주보다 피조물을 더 경배하
고 섬겼다. 창조주는 영원히 찬양받을 분이시다! 아멘"(롬 1:21, 25). 로마서
3:29에서 바울이 하나님이 단지 유대인만의 하나님이시냐고 물을 때, 그
가 궁극적으로 던지는 질문은 그리스도인 공동체 안에서 예배가 어떤 모
습이어야 하는지에 관한 것이다.

이렇게 우리는 새로운 활력을 얻은 채, 앞에서 제시했던 내용으로 돌
아왔다. 바울은 타인을 배려하는 정신이 그리스도인 공동체에 스며들어
야 한다고 보았다. 그러한 정신이 자리 잡을 때야 비로소 한 공동체는 (1)
구성원의 다양성과 (2) 하나이신 참 하나님을 예배하는 통일성, 둘 다를
특징으로 가질 수 있다. 정당한 다양성이 없다면, 창조주 하나님을 향한
예배는 훼손되고 만다. 적절한 예배가 없다면, 구성원의 다양성도 신학적
인 면에서는 무의미해지고 만다. 바울이 보기에는, 이 두 가지 요소를 모
두 간직해야지 주 예수 그리스도의 자기희생적인 사랑의 구현일 수 있다.
이 사랑은 성령을 통해 제자들의 공동체와 삶 속에 복제될 것인데, 그들
은 타인을 희생시키는 이기심을 조장하는 권세들로부터 해방된 자들이다.

낫다고 본다. "바울은 청중이 그들 자신을 일차적으로 있는 그대로 '유대인'과 '이방인'
으로 보지 말고, 유대인과 이방인으로서 함께 주님을 예배하는 메시아 백성으로 보기
를 바란다." 믿음의 교제가 "이전의 차이들을 초월하는" 결과를 가져온다는 진술(ibid.,
833)에도 비슷한 망설임이 보인다. 사실 그 차이들은 초월되기보다는 건강한 전체로
서 관리된다. 구체적으로 말하자면, 이방인이 바울 공동체의 다수를 차지했다는 사실
때문에 바울은 이 공동체들과 유대인 비중이 큰 다른 공동체들과의 관계성을 강조할
수밖에 없었다. 이를테면, 고전 1:2를, 바울이 예루살렘에 있는 예수 집단을 위한 실
행안을 제시하는 고전 16:1-4과 관련지어 읽어보라.

마지막 화룡점정으로 바울은 이 모든 내용을 토라에 관한 논의로 다시 가져간다. 바울은 하나님께서 그리스도 안에서 가져오신 속량에 비추어 보았을 때, 인간은 결코 토라를 적절하게 지킬 수 없다는 사실을 이해하게 되었다. 인간 마음의 무능(예. 롬 8:3)과 하나님의 "거룩한" 토라까지도 지배하는 죄의 압도적인 권세(예. 롬 7장) 때문이다. 그런데도 바울은 적절하게 작동하는 그리스도인 공동체에 관한 그의 비전에 토라가 설 자리를 부여한다. 왜냐하면, 바울이 말하길, 그리스도인들이 "방종"(sarx)을 피하고 이 논문의 서두에서 언급한 태도, 즉 "사랑으로 서로 종노릇하는" 태도를 수용할 때 토라가 궁극적으로 성취되는(롬 8:4; 13:9-10; 갈 5:14) 장(場)이 바로 그리스도인 공동체이기 때문이다. 당연히 그리스도인 공동체의 형성에서 토라가 담당하는 역할에 관하여는 여기서 말할 수 있는 것보다 훨씬 더 많은 내용이 있다. 본 논문의 목적을 위해 언급할 필요가 있는 유일한 내용은, 파괴적인 결과를 가져올 수 있는 일부 토라 준수의 중심주의적 형태를 예수의 자기희생 이야기가 흡수함으로써 건강한 자기희생으로 변형시킨다는 것이다. 토라는 아이러니하게도 그 자기희생에서 참된 성취를 발견한다.

[69]

바울 비전의 진가 확인하기

바울이 1세기 유대교의 언약주의와 벌인 대화와 관련해서 이야기할 수 있고 이야기해야 할 내용은 훨씬 더 많다. 하지만 앞선 논의로도 그 대화의 일차적인 특징을 제시하기에는 충분하다. 결론적으로, 이 모든 내용을 오늘날에 어떻게 적용할 수 있을까?

첫째, 바울의 기독론에는 난색을 보이지만 그의 신학적 비전은 높이 평가하는 일부 유대인 학자의 관점과 관련해서 이 질문을 생각해볼 수 있겠다. 유대인 학자 가운데는 바울을 유대교의 본질적인 정신을 감탄할 정도로 대변한 인물로 평가하는 사람이 종종 있다. 바울이 병든 근본주의를 깨고 나와 유대교 역사의 다른 시점에 일어났던 다른 개혁 운동과 비슷한 개혁 프로젝트를 수행했다는 것이다. 이를테면, 클로드 몬떼피오레(Claude Montefiore)는 바울이 1세기의 유대교 담론에 (결함은 있지만) 대안적인 형태의 보편주의를 도입하는 하나의 길을 찾았다고 칭찬한다.25) 한스 요아힘 숍스(Hans Joachim Schoeps)는 바울이 제시한 해결책을 수용하기는 힘들지만, 현대 유대교가 바울이 가졌던 정신으로 개혁되어야 한다고 보았다.26) 리처드 루벤스타인(Richard Rubenstein)은 "종족과 신앙의 차이가 철폐되어 마침내 하나가 된 인류를 상상한 바울의 꿈"을 높이 평가하면서, 바울의 복음이 "선지자의 날들로부터 우리 시대까지 지속되어온 유대교 사상 내부의 매혹적인 한 흐름과 일치한다"라고 말한다.27) 낸시 푹스 크레이머(Nancy Fuchs-Kreimer)는 하나님을 길들였던 제2성전 유대교의 흐름에서 바울이 심지어 토라와 관련해서도 놀랍도록 신선한 방식으로 일하시는 하나님을 상정함으로써 그런 흐름을 극복하려 했다면서 그의 시도에 박수를 보낸다.28) 그리고 대니얼 보야린(Daniel Boyarin)은 바울을 "유대인 문화 비평가"로 보면서, "그의 비판은 오늘날 유대인에게도 중요하고 유효

---

25) Claude Montefiore, *Judaism and St. Paul* (New York: Dutton, 1915)를 보라.

26) Hans Joachim Schoeps, *Paul: The Theology of the Apostle in the Light of Jewish Religious History* (Philadelphia: Westminster, 1961)를 보라.

27) Richard Rubenstein, *My Brother Paul* (New York: Harper & Row, 1972), 128. 그는 계속해서 말한다. "바울에게 유대교의 원형이 최고로 나타난 것은 그가 이 보편주의적 비전을 열정적으로 추구한 모습이다. … 유대교의 특수주의도 극단으로 치달으면, 종종 인간을 움직였던 연합과 공동체를 향한 깊은 열망과 마주한다. … 한 집단의 특수주의가 심해질수록, 자신의 고립에서 빠져나오는 출구로서 보편주의 이데올로기를 만들어 낼 가능성이 커진다."

28) Daniel R. Langton, *The Apostle Paul in the Jewish Imagination: A Study in Modern Jewish-Christian Relations* (Cambridge: Cambridge University Press, 2010), 165-69에 있는 Nancy Fuchs-Kreimer의 논의를 보라.

하며", 그가 제기한 "문화에 관한 질문은 오늘날의 모든 사람에게 중요하고 유효하다"라고 이야기한다.[29]

[70] 오늘날의 그리스도인이 바울의 비전을 적용하는 방식도 비슷한 노선을 따를 수 있겠다. 물론 그리스도인이 바울의 진가를 충분히 알게 되면, 현재 상황에서 바울의 비전을 온전하게 따르는 그리스도인의 삶을 "구현하는" 것이 여전히 상당한 도전이라는 점도 인식하게 될 것이다. 왜냐하면, 이 복잡한 사안을 어떤 주제로 가져가든 불가피하게 우리는 하나님의 능력이 구현되는 윤리적 기조로서 자기희생적인 사랑을, 온갖 중심주의를 동원해 하나님의 창조세계를 파괴하려는 우주적 권세와 대조되는 실체로서 만날 것이기 때문이다. 겸손한 모습으로 하나님을 중심에 둔 예배를 드리는 다양한 그리스도인 공동체에 관한 바울의 관점에서 핵심이 바로 이러한 도전적인 비전이다.

그렇다면, 바울이 "토라의 행위로가 아닌"이라는 표현을 써서 궁극적으로 옹호했던 실체를 핵심까지 파헤쳐보면, 거기에는 다름 아닌 십자가 형태의 자기희생이 자리 잡고 있다. 이 자기희생은 세상을 위한 하나님의 기획에 반항하는 우주적 권세의 산물이자 거점인 이기심을 뒤엎는다. 그리고 바울이 어떤 경우에는 유대교의 중심주의를 강제하는 주장에 맞서 싸웠듯이(예. 갈 2:11-14), 다른 경우에는 "이방인 중심주의"라 여길 수 있는 관점을 강제하는 주장에 맞서 싸운다(예. 롬 11:13-32; 15:27). 이러한 서로 다른 개입의 순간들 배후에는, 다양한 민족이 모인 공동체로서 그리스도 안에 있는 이들이 하나가 되어, 다양한 정체성을 독특하게 창조하신 한 하나님을 예배하는 바울의 비전이 자리 잡고 있다. 그분이 우리에게 요구하시는 공동체적 삶은 오직 성령의 능력을 통해서만 유지될 수 있는데, 성령은

---

29) Daniel Boyarin, *A Radical Jew: Paul and the Politics of Identity* (Berkeley: University of California Press, 1994), 2.

그리스도인 안에 하나님 아들의 자기희생을 복제함으로써 탈바꿈된 양식으로 타인을 배려하는 삶을 북돋는다. 바울이 그리스도인 공동체에 관한 이런 비전을 변호하면서 그의 삶과 직무를 이런 노선에 두었던 강도로 보아, 그는 1세기 중반 갓 시작한 예수 집단에 제기했던 이 도전을 안정적인 21세기의 그리스도 교회를 향해서도 제기할 것이 틀림없다.

새 관점과 그리스도인의 삶
오직 성령으로(*Solus Spiritus*)

패트릭 미첼(Patrick Mitchel)

본서의 주 질문은 "바울은 그리스도인의 삶을 어떻게 이해했는가?"와 "이 질문에 대답하는 데 새 관점(NP)의 독특한 공헌은 무엇인가?"이다. 이것은 중요하고도 실천적인 질문이다. 본서의 다른 기고자와 달리 나는 사도 바울에 관한 책을 집필한 적이 없다. 하지만 나는 기독론과 성령론에 특히 관심이 많은 신학 교사이자 저술가로 새 관점이 제기한 사안에 친숙하며, 후기 기독교 세계의 유럽 서쪽 끝에서 신학생을 가르치고 준비시키는 일에 열정을 바치는 사람이다. 또한, 나는 교회의 일원으로서 글을 쓴다. 나는 성장 중인 교회의 장로이며, (바울서신이 신약 대부분을 형성하기 때문에) 바울의 세계와 우리 시대 사이의 해석학적 공백을 잇는 작업을 계속하는 교사요, 설교자다. 그래서 본 장의 목적은 건설적이다. 즉, 그리스도인의 삶을 이해하고 살아가는 것에 새 관점이 지닌 의의에 초점을 맞추고 그럼으로써 관련 논의를 "땅에 접목하는 것"이 이 글의 목적이다. 1부에서는 이 논쟁 배후의 다양한 관심사를 검토하는 것으로 배경을 설정하고,[1] 2부에서는 바울의 신학적 틀과 그리스도인의 삶을 "성령 안에서의 삶"으로 보는 고무적인 비전을 탐색할 것이다.

1부: 새것과 옛것을 둘러싼 관심사

치열한 논쟁에 접근할 때 유용한 방법이 하나 있다. 그것은 의견 차이를 보이는 현재의 쟁점에서 잠시 한발 뒤로 물러나, "이런 의견 차이 배후의 **관심사**는 무엇인가?"라는 질문을 던지는 것이다. 이 방법은 전문적인 논증과 별개로, "서로 다른 입장"이 지닌 동기를 새롭게 이해하는 데 도움이 된다. 이어지는 내용은 이 논쟁을 둘러싼 양쪽 진영의 관심사를 내가 이해한 대로 주제를 따라 정리한 것인데, 그러한 동기들이 정당한지에 관한 세밀한 비판적 분석은 아니다.

---

[1] 이 논쟁을 조사한 저서로는 Francis Watson, *Paul, Judaism, and the Gentiles: Beyond the New Perspective*의 개정판(Grand Rapids: Eerdmans, 2007); Michael F. Bird, *The Saving Righteousness of God: Studies on Paul, Justification and the New Perspective* (Milton Keynes: Paternoster, 2007); James K. Beilby and Paul R. Eddy, *Justification: Five Views* (London: SPCK, 2012) = (칭의 논쟁, 문현인 역, 새물결플러스, 2015); Michael F. Bird, ed., *Four Views on the Apostle Paul* (Grand Rapids: Zondervan, 2012)이 있다. 마지막 두 책은 각 관점의 의견 차이에 내포된 중요한 함의를 무시하지 않으면서도 서로 중첩되는 상당한 측면을 인식하고 긍정하는 방향성을 보여준다. James Dunn은 『바울에 관한 새 관점』(The New Perspective on Paul) 개정판의 중요한 장에서 새 관점을 둘러싼 흔한 네 가지 비판과 오해에 답하고 관련 논의를 진전시키기 위한 제안을 한다. James D. G. Dunn, "The New Perspective: Whence, What and Whither?" in *The New Perspective on Paul*, rev. ed. (Grand Rapids: Eerdmans, 2008), 1-97 = (바울에 관한 새 관점, 최현만 역, 에클레시아북스, 2012)을 보라.

새 관점의 주요 관심사

새 관점이 처음으로 분명하게 표명되었을 당시 일차적인 관심사는 옛 관점이 **유대교의 모습을 잘못 제시했음**을 밝히는 것이었다. 『바울과 팔레스타인 유대교』(Paul and Palestinian Judaism)에서 샌더스의 목적 중 하나는 신약학계 내부에 (그리고 일반적으로는 기독교 내부에) 견고하게 자리 잡은 유대교에 관한 희화화를 극복하는 것이었다.[2] 그 희화화는 유대교를 율법주의적 행위 종교로 보며 바울을 그런 종교에서 극적으로 해방된 인물로 설명한다. 유대교 구원론은 선한 행위가 악한 행위보다 많아야 구원을 받는 공로의 체계로 그려진다. 하지만 이것은 그릇된 설명이었다. 샌더스는 유대교 구원론을 푸는 핵심 열쇠를 이스라엘 민족이 하나님이 베푸신 구원의 은혜에 힘입어 하나님의 언약 백성으로 이미 선택되었다는 사실로 보았다. 그들은 이미 "내부"에 있는 상태였다. 따라서, 그들이 이미 소유한 그 신분을 얻으려고 노력해야 한다는 설명은 어불성설이다. 그리고 언약 자체는 속죄와 죄 용서의 수단을 제공했다. 따라서 유대교를 행위 종교 체계로 보는 관점은 랍비 유대교를 그릇되게 제시할 뿐만 아니라 유대교와 기독교의 관계에도 매우 파괴적인 결과를 가져온다. 샌더스의 특별한 관심사는 제2차 세계대전 이후 독일 신약 학계 내부에 드러났던, 이를테면 루돌프 불트만(Rudolf Bultmann)과 에른스트 케제만(Ernst Käsemann)의 작품에 드러났던 유대교에 관한 부정적인 고정관념을 교정하는 것이었다.[3]

[73]

이 첫 번째 탐구의 자연스러운 결론은, 옛 관점이 **"좋은 소식"을 선포하기 전에 "나쁜 소식"을 먼저 전하는 복음으로 귀결되고 말았다**는 것이다.

---

2) E. P. Sanders, *Paul and Palestinian Judaism: A Comparison of Patterns of Religion* (Philadelphia: Fortress, 1977) = (바울과 팔레스타인 유대교, 박규태 역, 알맹ⓔ, 2017).

3) 세부적인 논의는 Watson, *Paul, Judaism, and the Gentiles*, 31-40을 보라.

새 관점은 크리스터 스텐달(Krister Stendahl)의 영향력이 큰 논문인 "사도 바울과 서구의 내성적 양심"(The Apostle Paul and the Introspective Conscience of the West, 1963)을 시발점으로 삼는다. 이 논문의 주장은, 많은 개신교 학자가 바울을 읽을 때 죄책감에 찌든 양심으로 중세 로마 가톨릭과 전투를 벌였던 루터의 눈을 통해 읽는 경향이 있다는 것이다. 이러한 바울 오독은 복음에 접근하는 틀 자체를 잘못 구축하는 부정적인 결과를 초래했다. 모두가 동의하듯이 이신칭의가 해답이라면 이신칭의는 어떤 문제에 대한 해답인가? 옛 관점은 그 문제를 단지 유대교의 율법주의만이 아닌 **인류** 전체에 내재한 "행위 의를 추구하는 경향"으로 보았으며, 율법주의는 그런 보편적인 경향을 보여주는 하나의 양식이었다. 따라서 율법의 중요한 목적 하나는 우리 모두 안에 존재하는 "율법주의적 유대인"을 노출하는 것이었다. 이런 옛 관점의 틀에서 출현하는 복음의 **형태**는 율법과 은혜를 강력하게 대조하며 매우 부정적인 인간관을 지닌다. 이 복음이 개신교 내부의 설교와 가르침, 복음 전도에 미친 영향은 엄청나다. 하지만 팔레스타인 유대교가 "은혜의 종교"였다는 샌더스의 주장이 일부라도 옳다면, 바울이 유대교의 "문제"로 여겼던 내용을 루터까지 거슬러 올라가는 옛 관점이 전제한 문제였던 "행위 의" 정도로 축소할 수는 없다.[4]

두 번째 관심사는 세 번째와 연결된다. 옛 관점은 **칭의와 성화 사이, 믿음과 행위 사이의 연결고리가 약한 편이다.** 우리가 "율법의 행위가 아닌 그리스도를 믿음으로 의롭게 되었다"(갈 2:16)라는 바울의 진술은, 구원을 자력으로 쟁취하려는 펠라기우스주의(Pelagianism)나 세미펠라기우스

---

[4] 이 지점에서 루터를 희화화할 수도 있다. 하지만 Watson은 죄에 사로잡혀 착각에 빠진 인류가 자력으로 구원을 쟁취하려 할 때 일어나는 율법의 오용을 루터가 어떻게 이해했는지 철저하게 논의한다. Watson, *Paul, Judaism, and the Gentiles*, 28-31을 보라.

주의에 맞서 싸우는 내용으로 오랫동안 이해되었다.⁵⁾ 그렇다면 이신칭의는 율법주의에 맞선 바울의 반응이다. 이신칭의는 신자에게 전가되는 그리스도의 의라는 형태를 띠며, 그리스도를 믿는 신자의 믿음을 통해 "무죄" 선고가 내려진다고 선언한다. 새 관점의 관심사는, 고의든 아니든 이러한 옛 관점의 접근이 신자가 하나님께 최초로 수용되는 사건을, 인류가 하나님을 기쁘게 할 수 없다는 문제의 **해결에서 정점**에 위치시켰다는 것이다. 그러한 움직임을 불트만(Bultmann)의 『신약성서신학』(Theology of the New Testament)에서 확인할 수 있다. 불트만은 유대교에 관한 매우 부정적인 관점을 그 책 2부의 구조에 반영했는데, 거기에 포함된 두 장의 제목이 "믿음의 계시 이전의 인간"과 "믿음 아래의 인간"이다.⁶⁾ 또한, 이런 방향성은 개신교 내부에 깊이 자리 잡은 "행위"에 대한 두려움과도 연결된다. 사실 그동안 "행위"는 칭의 교리 안에서 부당한 대우를 받아 왔다. 행위가 부차적인 요소에 불과하다는 관점은 성령에 힘입은 개인과 공동체의 탈바꿈을 꿈꾸었던 바울의 종말론적 비전과 어울리지 않는 매우 불편한 관점이다. 이것이 바로 내가 본 논문의 2부에서 더 구체적으로 설명할 주제다.

네 번째 관심사가 뒤따른다. 그것은 옛 관점의 복음은 틀 자체가 부정적일 뿐만 아니라 **고유한 특성상 개인주의**라는 것이다. 이 개인주의 역시 바울에게는 이질적인 요소다. 역사적으로 옛 관점의 초점은 "어떻게 사람이 하나님과 올바른 관계를 맺을 수 있는가?"라는 구원론의 질문이었다. 새 관점을 주장하는 글 중 다수의 관심사는 이 질문의 중요성을 부정하는 것이 아니라, 개인의 칭의를 그보다 넓은 사회적, 교회적, 그리고 종말론적 틀 안에 자리매김하는 것이었다. 왜냐하면, 다름 아닌 바울 자신이 칭

---

5) 본 논문에서 성경 인용의 출처는 따로 언급이 없는 한 NIV이다.
6) Rudolf Bultmann, *Theology of the New Testament* (London: SCM, 1952) = (신약성서신학, 허혁 역, 성광문화사, 2004).

의 교리를 그런 식으로 개진했기 때문이다.[7] 프랜시스 왓슨(Francis Watson)은 새 관점의 몇몇 측면과는 단호하게 결별했지만, 유대교와 이방인, 율법에 관한 바울 신학 배후에 자리 잡은 사회적 현실의 중요성을 역설하는 가장 강력한 대변자 중 한 명이었다. 그의 말을 들어보자.

> 바울이 펼친 주장이 지닌 사회적 맥락과 기능에 주의를 기울이면, 몇몇 측면에서는 루터파 전통에서 기원한 해석과는 판이한 바울 해석이 등장한다. 예를 들면, 기초적인 대립 명제인 믿음과 행위의 대조는 "값없는 선물로서 구원을 받는 것"과 "자신의 노력을 통해 구원을 획득하는 것" 사이의 추상적, 신학적인 비교가 아니라, 서로 다른 두 가지 공동체적 실천 방식을 구분하려는 시도로 이해해야 한다.[8]

새 관점의 관심사는 개인 구원 중심의 바울 해석이 (리처드 헤이스[Richard Hays]의 표현을 빌리면) "교회 완결적"(ecclesiotelic) 해석학, 즉 예수 그리스도 복음의 목적을 한 백성의 형성으로 보는 해석학의 필요성을 무시했다는 것이다.[9] 역사적으로 볼 때, 개신교 복음주의가 개인주의를 강조하면서 교회론을 경시하는 경향이 있었다는 것은 부인할 수 없는 사실이다.[10]

---

7) N. T. Wright는 이 관심사를 다음과 같이 표현했다. "복음이 창조하는 것은 개별적인 그리스도인으로 구성된 한 무리가 아니라, 하나의 공동체다. 당신이 전통적인 의미의 칭의 교리를 신학의 중심에 두는 옛 길을 따를 경우, 늘 어떤 종류든 개인주의를 고수할 위험을 지게 된다"(Wright, *What St Paul Really Said* [Oxford: Lion Books, 2003], 157-58) = (톰 라이트 바울의 복음을 말하다, 최현만 역, 에클레시아북스, 2011).

8) Watson, *Paul, Judaism, and the Gentiles*, 245-46.

9) Richard B. Hays, *The Conversion of the Imagination: Paul as Interpreter of Israel's Scripture* (Grand Rapids: Eerdmans, 2005), 171.

10) 예를 들면, Michael F. Bird, *Evangelical Theology: A Biblical and Systematic Intro-*

다섯 번째 관심사는, 옛 관점이 **칭의 교리를 중심에 둔 개신교 조직신학을 중시하다 보니 바울의 창의적이고 복합적인 내러티브 신학을 무시하는 경향이 있다**는 것이다. 어떤 의미에서는 라이트(N. T. Wright)[11]와 리처드 헤이스[12] 및 다른 학자의[13] 바울 관련 저작 중 다수의 목적은 바울 신학에 담긴 통일된 내러티브 구조를 풀어내는 것이었다고 요약할 수도 있다. 이 내러티브에는 다양한 하부 줄거리도 있지만, 모르나 후커(Morna Hooker)의 표현대로 하나의 "원대한 이야기"(grand story)가 자리 잡고 있다.[14]

그렇지만 바울의 복음을 내러티브로 이해하는 학자라고 해서 모두 새 관점을 드러내놓고 옹호하는 것은 아니다(그 역도 성립한다).[15] 또한, 풀

[75]

---

duction (Grand Rapids: Zondervan, 2013), 699-707.

11) N. T. Wright, *Paul and the Faithfulness of God*, Christian Origins and the Question of God 4 (London: SPCK, 2013) = (바울과 하나님의 신실하심, 박문재 역, 크리스천다이제스트, 2015); Wright, *Justification: God's Plan and Paul's Vision* (Downers Grove, IL: IVP Academic, 2009) = (톰 라이트 칭의를 말하다, 최현만 역, 에클레시아북스, 2016); Wright, *The Climax of the Covenant: Christ and the Law in Pauline Theology* (Minneapolis: Fortress, 1993); Wright, *What St Paul Really Said* = (톰 라이트 바울의 복음을 말하다, 최현만 역, 에클레시아북스, 2011).

12) Hays, *Conversion of the Imagination*; Hays, "Is Paul's Gospel Narratable?," *Journal for the Study of the New Testament* 27, no. 2 (2004): 217-39; Hays, *The Faith of Jesus Christ: The Narrative Substructure of Galatians 3:1-4:11* (Grand Rapids: Eerdmans, 2002) = (예수 그리스도의 믿음, 최현만 역, 에클레시아북스, 2013); Hays, *Echoes of Scripture in the Letters of Paul* (New Haven: Yale University Press, 1993) = (바울 서신에 나타난 구약의 반향, 이영욱 역, 여수룬, 2017).

13) 예를 들면, Bruce W. Longenecker, ed., *Narrative Dynamics in Paul: A Critical Assessment* (Louisville: Westminster John Knox, 2002).

14) Morna Hooker, "'Heirs of Abraham': The Gentiles' Role in Israel's Story; A Response to Bruce W. Longenecker," in Longenecker, *Narrative Dynamics*, 85-96.

15) Dunn이나 Sanders는 내러티브를 바울 해석의 주요한 측면으로 삼지 않았다. 그에 반해 Witherington은 강력한 내러티브 옹호자지만, 새 관점의 측면들에는 비판적이다(*The Indelible Image: The Theological and Ethical Thought World of the New Testament*, vol. 1, The Individual Witnesses [Downers Grove, IL: IVP Academic, 2009]

어서 설명해야 할 하나의 이야기가 존재한다는 사실에 모두 동의하는 것도 아니며,[16] 그 내러티브의 형태와 내용에 관한 의견일치가 이루어진 것도 아니다.[17] 더 넓은 범위에서 중요한 사실은 새 관점이 바울의 내러티브적 역동을 이해하는 작업의 가치를 강조하는 경향이 있다는 것인데, 이 내러티브적 가치는 그동안 죄, 죄책감, 칭의, 개인 구원과 같은 조직신학 범주에 초점을 맞춘 옛 관점에서는 간과된 측면이다.

옛 관점의 주요 관심사들

옛 관점을 담은 문헌은 방대해서, 여기서 그 내용을 다시 설명하는 일은 거의 의미가 없을 것이다. 이어지는 이야기는 새 관점의 반복되는 옛 관점 비판(구원론 비판) 배후에 있는 궁극적인 관심사라고 내가 짐작하는 내용과 그 내용이 두 영역, 즉 "칭의"와 "신적/인간적 대리자" 개념에서 구체적으로 표현되는 방식을 종합한 것이다.

칭의

새 관점에 대한 옛 관점의 반응을 보면, 실상은, "율법의 행위"의 정밀한 의미나 "언약적 신율주의"(covenantal nomism)가 팔레스타인 유대교에 관한 정확한 기술인지에 관한 전문적인 논쟁을 중심으로 진행되었다고는 볼 수 없고, 오히려 하나의 최우선적인 관심사에 초점을 맞추었다. 그것은 **"어떻게 죄인이 하나님과의 관계를 바로잡을 수 있는가?"라는 구원론의 질문**이었다. 이 점을 구체적으로 보여주기 위해, 라이트(Wright)의 칭의 신

를 보라).
16) 이 부분이 Watson이 Wright와 입장을 달리하는 주요한 영역이다.
17) Hays, "Is Paul's Gospel Narratable?"를 보면 상이한 관점에 관한 훌륭한 논의를 확인할 수 있다.

학에 대한 옛 관점의 세 가지 반대를 간단하게 살펴보겠다.

첫째, 새 관점이 바울과 유대교의 관계를 규정하는 틀을 (유대교는 인류 특유의 자기 의[self-righteousness]를 대표한다는 틀에서 [일차적으로] 어떻게 이방인이 토라를 준수하지 않고도 언약으로 편입될 수 있는지에 관한 틀로) 재설정함으로써 불가피하게 이신칭의를 **재정의하고 주변적인 주제로 격하했다**는 반대가 있다. 이러한 재조정으로 인해 논의의 초점이 수직적 차원(어떻게 죄인이 거룩하신 하나님 앞에 설 수 있는가?)에서 수평적 차원(어떻게 유대인과 이방인이 새 언약 공동체로 통합되는가?)으로 이동하는 부정적인 결과를 가져왔다는 것이다. 라이트는 하나님의 언약적 신실하심과 신자의 언약 구성원 자격의 관점에서 칭의를 설명하는데, 분명히 이런 관점은 칭의를 이해하는 전통적인 관점이었던 구원론에서 교회론으로 강조점이 이동하는 상황을 대변한다. 일부에게 이런 변화는 종교개혁 교리의 심장을 훼손하는 위협으로 다가온다.[18] 걱정이 덜한 비판자들은 정통이나 복음주의의 대변자로서 라이트의 위상에 이의를 제기하지는 않지만, "그는 수직적 차원보다 수평적 차원을 과도하게 강조한다. 분명히 바울에게는 두 가지 주제가 모두 존재한다. 그런데도 라이트는 바울이 이야기하는 죄의 성질에 관한 깊고 면밀한 논의를 제시하지 않는다"라고 불평한다.[19]

[76]

옛 관점이 제기하는 두 번째 반대는 칭의의 근거에 관한 것이다. 라이트는 바울이 탈바꿈된 삶을 절대적으로 요구했고 또한 그런 삶을 기대했다고 일관되게 주장한다. 그 삶은 더 넓은 개념인 "의" 안에 자리 잡은 삶

---

18) John Piper, *The Future of Justification: A Response to N. T. Wright* (Wheaton: Crossway, 2007) = (칭의 논쟁, 신호섭 역, 부흥과개혁사, 2009)를 보라.

19) Thomas Schreiner, "N. T. Wright under Review: Revisiting the Apostle Paul and His Doctrine of Justification," *Credo*, January 2014, 53.

이며, 라이트에게 이 "의"는 칭의를 종말론적, 법정적, 참여적, 언약적 요소로 재구성한 틀에서 이해된 "의"다.[20] 또한, 그는 칭의가 "메시아의 죽음에 근거하여 순전한 은혜의 행위로서 선언된다"라고 주장한다.[21] 확신의 근거는 현재 내려지는 칭의의 선언적 특성에 있는데, 이 현재의 칭의는 영원하며 마지막 날 내려질 미래의 선고를 선취한다.[22] 바울은 최초의 칭의와 최종적 심판 사이의 삶을 "성령이 이끄는 삶으로 묘사한다. 하지만 이 삶은 최초의 칭의나 **결과적으로 그 최초의 칭의가 가져올 최종적 칭의가 확정되는 데** 어떤 식으로도 기여하지 않는다."[23] 이렇듯 라이트의 진술은 명확하다. 하지만 토마스 슈라이너(Thomas Schreiner) 등 많은 사람은 라이트가 최초의 칭의와 성령이 이끄는 삶, 구원의 확신, 최종적 칭의를 하나로 뭉뚱그린다며 이의를 제기한다. "현재의 칭의는, 미래의 칭의에서 삶 전체를 근거로 공개적으로 확정될 내용을 믿음을 근거로 지금 선언한다"[24] 와 같은 라이트의 논평은 칭의를 사실상 단일 과정으로 보며 "행위"를 인간을 구원하는 믿음에서 필수요소로 만드는 언사로 이해된다. 슈라이너는 묻는다. "만약 칭의의 근거가 행위에 있다면, 어떻게 신자들이 마지막 날에 의롭다 함을 받는다는 확신을 가질 수 있겠는가?"[25] 하지만 라이트에게 이 질문은 단순히 "'수직적 차원'에 '수평적' 차원을 더하는 문제가 아니

[77]

---

20) Wright, *Paul and the Faithfulness of God*, 925-1037.
21) Ibid., 957.
22) Ibid., 948-49.
23) Ibid., 1030(강조는 원서의 것이다).
24) Wright, *What St Paul Really Said*, 129.
25) Schreiner, "N. T. Wright under Review," 54. Tim Chester의 주장도 유사하다. "미래의 칭의가 그리스도의 사역에 더하여 성령의 능력 안에서 산 우리의 삶에 근거하여 마지막 심판 때 우리를 신원하는 판결이라면, 우리는 확신을 가질 수 없다." Chester, "Justification, Ecclesiology and the New Perspective," *Themelios* 30, no. 2 (Winter 2005): 16을 보라.

다. 이런 이해는 요점을 완전히 오해한 것이다. 요점은 창조주 하나님께서 인류와 세계를 구출하는 수단으로 아브라함을 부르셨다는 사실이다. 말하자면, 이것은 이중 '수직적' 주제다."[26] 이 문제는 관련 본문에 관한 자세한 주해와 칭의에 관한 굉장히 독특한 이해를 둘러싼 복잡한 논쟁이다.[27]

세 번째 반대는 라이트가 종교개혁의 대표 관점인 전가 교리를 거부한다는 것이다.[28] 슈라이너는 로마서 5:12-18과 고린도후서 5:21 같은 본문의 "관건이 과연 그리스도가 우리의 의인지, 과연 우리의 의가 결국 우리 외부에 존재하며 예수 그리스도 안에서 발견되는지"[29]라고 보지만, 라이트는 "외부에서 온 의"(alien righteousness) 개념이 범주 오류라고 주장한다. 슈라이너가 보기에 라이트의 이러한 수평적/수직적 차원의 불균형은, 언약적 신율주의와 고대 유대교를 긍정적으로 기술하는 샌더스(Sanders)의 설명을 라이트가 계속해서 광범위하게 수용하는 모습에도 반영되어 있다.[30] 슈라이너는 "여기가 바로 라이트가 수평적 차원(경계 표지)에 초점을 맞추고 수직적 차원(인간과 하나님의 관계)을 보지 못하는 또 다른 지점"이라고 결론 내린다.[31] 배후에 걸려 있는 사안은 이번에도 구원론에 관

---

26) Wright, *Paul and the Faithfulness of God*, 928.
27) Wright의 칭의관에 관한 최고의 논평 중 하나로는 David Wenham, "Tom Wright, Justification: God's Plan and Paul's Vision," *Evangelical Quarterly* 83, no. 3 (2010): 258-66을 보라.
28) Wright, *Paul and the Faithfulness of God*, 881-85.
29) Schreiner, "N. T. Wright under Review," 55.
30) Wright, *Paul and the Faithfulness of God*, 1322. "우리의 설명이 다 그렇듯이, [샌더스의 설명도] 틀림 없이 과도한 단순화다. 하지만 유대교의 실천을 언약 안에 함축적으로 구현된 은혜에 대한 응답으로 이해한 그의 기본적인 개념은 실질적으로 옳다."
31) Schreiner, "N. T. Wright under Review," 56. Wright가 칭의의 법정적 측면을 광범위하게 논의했는데도, 어떻게 Schreiner는 Wright가 수직적 차원을 "보지 못했다"라고 말할 수 있는지 당황스럽다.

한 것으로, 라이트도 이런 비판을 잘 인식하고 있다.³²⁾

신적/인간적 대리자

그렇다면 여기서 중요할 수밖에 없는 비판적인 역사적 질문은 고대 유대교가 과연 공로 신학(merit theology)의 형태를 띠었는지다. 공로 신학이란 종말에 어떤 사람의 궁극적 신분을 결정하는 것은 그 사람의 토라 준수 여부일 것이라는 믿음이다. 과연 바울이 칭의라는 "해결책"을 발전시킨 목적이 이 "문제"에 답변하기 위해서였나?³³⁾ 이런 배경 때문에 샌더스 이후 이 질문을 연구하는 데 엄청난 에너지가 투자되었다.³⁴⁾ 결과는 엇갈린다. 한편으로는 새 관점을 뒷받침하는 듯한 증거가 있다. 그중 하나가 1994년 4QMMT의 출간인데, 이 문헌에서 "율법의 행위"는 던(Dunn)의 "경계 표

---

32) Wright는 옛 관점의 걱정을 다음과 같이 기술한다. 결국, 유대교가 "은혜의 종교"였다면, 이 사실은 "기독교를 (적어도 표준적인 개신교 변론에서 제시하는) 유대교와 비슷한 모습으로" 만들고 그 결과 의도치 않게 "기독교를 은밀하게 행위의 종교로 변질시킨다"; Wright, *Paul and the Faithfulness of God*, 1323을 보라. 이러한 맥락에서 Dunn의 다음 논평은 옛 관점의 염려를 확증하는 듯하다. "Sanders가 '언약적 신율주의'로 이름 붙인 유대교는 훌륭한 개신교 교리를 선포하는 것으로도 이해될 수 있다. 은혜가 늘 우선이며, 인간의 노력은 언제나 하나님의 주도에 대한 반응이다. 선한 행위는 구원의 열매이지 구원의 근간이 아니다." Dunn, "The Justice of God: A Renewed Perspective on Justification by Faith," in *New Perspective on Paul*, 199를 보라.
33) Bird는 이것을 "이 사안의 급소"로 본다. Bird, *Saving Righteousness of God*, 89.
34) 예를 들면, D. A. Carson, Peter T. O'Brien, and Mark A. Seifrid, eds., *Justification and Variegated Nomism*, 2 vols. (Grand Rapids: Baker Academic, 2001); 또한, Simon Gathercole, "After the New Perspective: Works, Justification and Boasting in Early Judaism and Romans 1-5," *Tyndale Bulletin* 52 (2001): 303-6. Thomas Schreiner가 "An Old Perspective on the New Perspective," *Concordia Journal* 35, no. 2 (Spring 2009): 140-55에 관련 연구를 요약해 둔 내용은 유용하다. 또한, Andrew Das, "Paul and Works of Obedience in Second Temple Judaism: Romans 4:4-5 as a 'New Perspective' Case Study," *Catholic Biblical Quarterly* 71 (2009): 795-812를 보라.

지" 해석을 뒷받침하는 방식으로 사용된다.[35] 또 하나는 제2성전기 팔레스타인 지방에서 유래했을 가능성이 매우 큰 유대교의 재미있는 우화다.[36]

어떤 경건한 사람[hasid]이 자기 밭에서 곡식 한 다발을 가져오는 것을 잊었다. 그는 아들에게 말했다. "가서 나를 대신해 번제와 화목제로 수송아지 두 마리를 드려라." 그러자 아들이 말했다. "그런데 아버지, 토라에 있는 다른 계명을 지킬 때보다 유독 이 계명을 지킨다고 더 즐거워하시는 이유가 뭔가요?" 아버지가 답변했다. "주님은 토라에 있는 모든 계명을 의도적으로 지키라고 주셨지만, 이 계명만큼은 유일하게 우연히 지키라고 주셨기 때문이다."

신명기 24:19는 오직 우연한 경우에만 지킬 수 있는 유일한 율법이었다. 곡식을 벨 때 곡식 다발을 잊어버린 경우에만 행할 수 있는 순종이었다. 이 유대인은 자신의 나쁜 기억력 덕분에 이 율법 조항을 지킬 특별한 기회를 얻은 터라 과하게 즐거워했던 것이다. 예수의 여러 비유가 그렇듯이 이 우화에도 과장이 존재하는데, 이 사람은 과하게도 수송아지 두 마리를 제물로 드린다. 이 과하다는 느낌이 바로 청자들에게 중요한 지점을 알려주는 단서다. 이 우화는 두려움에 관한 이야기도 아니며, 순종의 동기로서 "구원 얻음"에 관한 이야기도 아니다. 이 우화는 계획도 하지 않고 예

---

35) "율법의 행위"를 단순히 유대인 정체성의 "경계 표지"로 보는 관점을 가장 대표하는 인물이 Dunn이다. 그는 차후에 "율법의 행위"가 율법이 요구하는 모든 것을 가리킨다는 관점을 받아들였다. Dunn, *New Perspective on Paul*, 23-28을 보라.
36) Tosefta *Peah* 3.8에 나오는 이 비유를 알려준 David Instone-Brewer에게 감사한다. 첫 번째 단락을 설명하는 두 번째 단락(아마도 후대에 추가된 부분으로 생각된다)은 생략했다. David Instone-Brewer, "Rabbinic Writings in New Testament Research," in *The Handbook of the Study of the Historical Jesus*, ed. Tom Holmén and Stanley E. Porter (Leiden: Brill, 2011), 2:1687-721을 보라.

상도 못 했는데 율법을 지킬 또 다른 기회를 얻게 된 상황에서, 하나님께 기쁨을 드리고 그분의 뜻을 행할 수 있게 되었다는 순전한 즐거움에서 우러나와 이 상황을 축하하는 사람을 묘사한다. 이와 같은 자료는 유대교를 희화화했던 대중적 설명을 교정하는 새 관점의 입장을 지지하며,[37] 따라서 바울이 유대교의 "경계 표지"를 이방인 신자에게 부과하려는 태도에 저항할 때 그는 민족주의적 배타성 문제와 싸운 것이라는 주장을 뒷받침하는 증거이기도 하다. 이러한 사실은 이 사안에 접근하는 최선의 길은 "율법주의"(legalism)[38]나 일부 무신경한 형태의 행위 의(works righteousness)가 아니며, 오히려 유대인은 율법의 행위에 순종하는 것을 하나님의 은혜로운 선택에 대한 반응으로 특권이자 기쁨으로 보았다는 사실을 알려준다.

다른 한편으로, 바울의 비판은 **또한** 의를 얻기 위해 "율법의 행위"를 **신뢰하는 태도**도 염두에 두었다고 주장하는 연구도 있다. 프랜시스 왓슨(Francis Watson)은 논평하기를, "독특하게 두드러지는 유대교의 실천들은 **오직** 경계 표지의 역할**만을** 했던 것도 아니고 그럴 수도 없다. 바울도, 그의 유대교 논적도 그 실천들을 단지 그런 의미로만 이해한 것이 아니었다."[39] 앤드루 다스(Andrew Das)는 "적절한 '더 새로운 관점'이 나온다면, 사도 바울이 비판한 대상은 하나님께서 그리스도 안에서 베푸신 은혜와는 별개로 고려되는 행위였다는 사실을 반드시 설명해야 한다"라고 주장한

---

37) Stephen Westerholm처럼, 바울은 유대교의 율법주의가 아니라 죄에 빠진 인류 안에서 의를 창출할 수 없는 율법의 무능력에 답변한 것이었다고 주장하는 사람도 있다. Westerholm, *Justification Reconsidered: Rethinking a Pauline Theme* (Grand Rapids: Eerdmans, 2013), 97을 보라.

38) Schreiner가 "N. T. Wright under Review"와 "An Old Perspective"에서 이 도움도 안 되고 오해의 소지도 많은 용어를 계속해서 고집한다는 사실이 놀랍다.

39) Francis Watson, "Not the New Perspective" (British New Testament Conference, September 2001에서 발표된 미출간 논문).

다.⁴⁰⁾ 버드(Bird)는 "그리스도와 율법, 구원에 관한 바울의 관념 전체는, 이 방인에게 유대교의 삶의 양식을 강제하려는 시도에 함축된 일종의 은혜-행위 협력설(grace-works synergism)을 바울이 공격하고 있었다는 전제와 분리되면 설명하기 힘든 내용이 되고 만다"라고 결론 내린다.⁴¹⁾ 프레스턴 스프링클(Preston Sprinkle)은 바울의 구원론을 당시의 다른 유대교(특히 쿰란 종파)의 자료와 비교한 최근의 작품에서, 전체적인 그림은 명백한 연속성을 보이는 것도 아니고 전면적인 불연속성을 보이는 것도 아니라고 결론 내린다. 그런데 바울이 가장 분명한 불연속성을 보이는 지점은 구원에서 신적-인간적 대리자의 역할과 관련된 영역이었다. 하나님의 영광을 위해 이스라엘을 정화하려 한 바울의 열정이 다메섹 도상에서 하나님 자신의 대리자와 직면했고 그는 탈바꿈을 경험한다. "바울은 하나님을 마지막 날에 의인을 의롭다 하실 분으로 보는 바리새인의 관점을 가지고 있었는데, 이 관점에 단순한 조정이 아닌 **전면적인 탈바꿈**이 일어났다. 이제 유대인의 하나님은 불경건한 자들을 의롭다 하시는 분으로 이해된다."⁴²⁾

다시 한번, 여기서 나의 목적은 그동안 지칠 정도로 되풀이된 논쟁에 뛰어드는 것이 아니라, 간단히 세 가지 관찰을 제시하는 것이다. 첫째, 던과 라이트는 칭의가 오직 은혜로, 오직 믿음으로 말미암는다는 사실을 부인한다고 비난 받았지만, 그들은 모두 이 비난을 받아들이지 않는다는 사실에 주목할 필요가 있다.⁴³⁾ 둘째, "새" 관점 혹은 "옛" 관점 중 하나만을

---

40) Das, "Paul and Works," 812.
41) Bird, *Saving Righteousness of God*, 112.
42) Preston Sprinkle, *Paul and Judaism Revisited: A Study of Human and Divine Agency in Salvation* (Downers Grove, IL: IVP Academic, 2013), 249 (강조 표시는 내가 추가한 것이다). 여기서 "불경건한 자들"은 율법이 없는 이방인을 가리킨다.
43) Dunn은 이렇게 표현했다. "처음부터 내 관심사는 전통적인 기독교의 이신칭의 교리를 공격하거나 부정하는 것이 아니었다. … 나는 하나님께서 모든 사람을 용납하시는 것이 오직 그분의 은혜와 오직 믿음으로 말미암는다는 사실을 기독교 신앙의 핵심으

[80] 고집하는 것은 적절치 않다. 각 "측면"에는 서로에게 줄 통찰들이 있다. 하지만 내 요점은 옛 관점의 일관된 기본 관심사가 좁은 영역의 구원론에 국한되었다는 것이다. 그들은 칭의의 중심성을 지키고, 전가 교리를 변호하며, 행위가 최종적 칭의의 근거라는 어떤 암시도 거부하고, 바울이 의를 얻는 수단으로는 율법을 (적어도 부분적으로는) 거부했음을 확정하는 데 관심을 쏟아 왔다. 복음주의권 내부에서 칭의 교리가 역사적, 신학적으로 우세했다는 사실은 특히 일부 루터파와 개혁파 복음주의자들이[44] 새 관점을 그토록 격렬하게 반대하는 이유를 설명하는 데 도움이 된다. 정체성이 위협을 받자 편이 갈린 것이다.[45]

멈춤 그리고 성찰

새 관점/옛 관점 논쟁 전체의 본질은 "바울 신학이 가진 유대교와의 연

로 긍정한다"(Dunn, *New Perspective on Paul*, 18-23). 그는 새 관점이 옛 관점에 적대적이거나 옛 관점과 상반되지 않는다고 주장하면서 계속해서 공통의 기반을 찾으려 한다. 새 관점이 "옳기" 위해 반드시 옛 관점이 "틀려야" 하는 것은 아니다(Beilby and Eddy, *Justification*, 176-77을 보라). Wright는 "일부 '옛 관점' 필자들이 '새 관점' 사상가로 낙인찍은 우리 중 일부가 죄, 구원, 속죄 같은 개념을 포기했다는 주장을 펴는" 것에 대해 퉁명스럽게 부인했다(Wright, *Paul and the Faithfulness of God*, 1038). 또한, Wright, *Justification*에 있는 존 파이퍼에 대한 반응을 보라.

44) 공정하게 말하자면, 새 관점을 비판하는 학자 모두가 루터파나 개혁파인 것은 아니다. Ben Witherington과 Howard Marshall 같은 감리교 학자도 특정 내용에 대해서는 의문을 표했다. Witherington, *Indelible Image*, 1:231-37; I. Howard Marshall, *New Testament Theology: Many Witnesses, One Gospel* (Downers Grove, IL: InterVarsity, 2004), 446 = (신약성서 신학, 박문재 역, 크리스천다이제스트, 2006)을 보라.

45) Stephen Westerholm의 책 *Justification Reconsidered*의 뒤표지에 실린 추천사 두 편에 전쟁 이미지가 들어있다는 사실은 충격적이다. Simon Gathercole의 추천사는 그 책이 "새 관점을 향해 선전포고를 했다. 그들은 어떻게 반응할 것인가?"로 마무리된다. 비슷하게 John Barclay는 "여기 진행 중인 중요한 논쟁을 위해 준비된 탄약이 있다"라고 논평한다.

속성과 불연속성"이란 주제를 반영하는 **방식과 지점**에 관한 질문이다.[46] 일반화한 내용이지만, 옛 관점 내부에는 바울 신학이 유대교와 불연속적이라는 이해가 너무 진하다. 그래서 때때로 세미마르시온주의(semi-Marcionite) 경향을 조장했을 뿐 아니라, 바울 신학에서 내러티브적인 틀을 찾아야 할 여지(혹은 이유)를 거의 남기지 않았다. 내 생각으로 이것은 부당한 평가가 아니다. 하지만 이렇게 말한다고 해서 옛 관점이 바울 신학의 더 넓은 주제들을 간과해왔다는 의미는 아니다. 특별히 개혁주의 신학은 그 강력한 언약적 특징을 빼버리면 아무것도 아니다. 그렇지만, 옛 관점은 계속해서 협소하게 구원론에만 초점을 맞추었고, 칭의와 복음을 사실상 동일시했기 때문에 전체적인 그림을 **왜곡하는** 경향이 있었다.

이런 점은 개신교 교리가 역사적으로 바울의 성령론을 중요하게 다루지 않았다는 사실과 바울의 교회론을 제대로 반영한 강력한 교회론을 발전시키지 못해 몸부림쳤다는 사실에 특별히 분명하게 드러난다. 행위를 구원에 끌어들이면 안 된다는 "걱정 많은 개신교의 원칙" 때문에, 바울이 그리스도인의 삶에 관해 이야기한 내용도 주변부로 밀려나는 경향이 있었다. 달리 말해, 어떻게 "안으로 들어오는지"를 우선하다 보니 일단 "안으

[81]

---

46) 학자들이 여러 (그래도 중요하지만) 주변적인 사안에 걸친 서로 다른 '측면들'에 다양한 관점을 제시하며 다투다 보니, 이 가장 큰 주제가 잊히기 쉽다. 이를테면, 전가 교리의 경우 Wright뿐만 아니라 Seifrid도 거부하며(Mark A. Seifrid, *Christ, Our Righteousness: Paul's Theology of Justification* [Downers Grove, IL: Apollos/InterVarsity, 2000], 171-77), 전가 교리를 중세 공로 신학의 유산으로 이해하는 Bird도 조심스럽게 거부한다(Bird, *Saving Righteousness of God*, 61-87). Wright와 Dunn은 *pistis Christou*의 의미에 관한 의견이 다르다. 말하자면, "그리스도의 신실함"과 "그리스도를 믿음" 중 어느 것이 최선의 번역인지는 새 관점 내부에서 확정된 사안이 아니다. 이스라엘의 "포로기"라는 논란 많은 개념은 Wright의 독특한 주장이지, 새 관점 자체의 주장은 아니다. 구원의 확신 문제의 경우 새 관점 안에서는 특별한 형태("들어가기와 머물기")를 취하지만, 당연히 이 사안은 칼뱅주의와 알미니안주의 사이에서 오랜 논쟁거리다.

로" 들어온 후에 살아야 할 삶의 중요성을 부차적인 문제로 만드는 경향이 있었다. 제임스 톰슨(James Thompson)의 탁월한 설명대로, 바울이 교회에서 선교적 사역을 한 **목적**이 다름 아닌 윤리의 형성이었는데도 말이다.[47]

일반적으로 새 관점은 바울이 유대교 사상 체계와 깊은 연속성을 유지했다는 사실을 더 강조했지만, 또한 그의 이방인 사역에 구체화되었던 불연속성의 측면도 설명해야 했다. 샌더스(Sanders)는 바울이 유대교에서 정말로 문제시했던 유일한 내용이 "유대교는 기독교가 아니었다"라는 점이라고 결론 내린 것으로 유명하다.[48] 샌더스 이후 새 관점 학자들이 직면한 도전 중 하나는 바울 신학을, 그리고 바울이 조상들의 신앙과의 관계에서 지닌 연속성과 불연속성을 모두 더 설득력 있게 설명하는 것이었다. 내 판단으로 그 결과 새 관점은, 물론 곳곳이 불완전하고 비판의 여지는 있지만, '**바울 신학**'과 '**그 신학이 그리스도인의 삶에 관한 비전을 만들어가는 방식**'의 통합을 제대로 평가할 수 있는 신선한 길을 개척했다.

상세한 주장에서 한발 뒤로 물러나면, **새 관점의 가장 의미심장한 공헌이 바울 사상의 내러티브적 일관성을 새롭게 평가하는 데 촉매 역할을 한 것**이란 사실이 더 쉽게 보일 것이다. 역으로, 이렇게 더 넓은 시각을 가지면 바울 신학과 윤리를 새롭게 통합하는 작업의 증진에도 도움이 되고, 바울의 교회론과 종말론, 성령론의 맥락에서 칭의의 **목적**을 살피는 데도 도움이 된다. 내러티브의 어떤 한 요소를 다른 요소와 대립시킬 필요는 없다. 따라서 이 넓은 관점은 바울 신학의 유대적 특성(Jewishness)을 포착하는 데도, 그리고 내가 믿기로는 일차적으로 다메섹 도상의 경험 이후 바울

---

47) James W. Thompson, *Moral Formation according to Paul: The Context and Coherence of Pauline Ethics* (Grand Rapids: Baker Academic, 2011), 그리고 *Pastoral Ministry according to Paul: A Biblical Vision* (Grand Rapids: Baker Academic, 2006).

48) Sanders, *Paul and Palestinian Judaism*, 552.

의 승귀 기독론(exalted Christology)에서 비롯된 바울과 유대교 사이의 철저한 불연속성을 포착하는 데도 도움이 된다. 2부에서는 내가 수업 도구로 활용하는 도표를 통해 이 제안들을 설명해볼 것이다.

2부: 바울의 이야기 신학과 그리스도인의 삶

아래 도표는 주로 갈라디아서를 근거로 바울의 신학 틀을 대강 그려본 것이다. 그래서 온갖 비판이 제기될 소지가 다분하다. 이 도표는 단순화한 것일 뿐, 바울의 사고 체계는 그림 하나로 포착하기에는 너무 복잡하고 다층적이다. 또한, 이 도표는 바울의 신학적 비전을 이상화해서 깔끔하게 정리한 것이기에, 바울의 선교 여정 동안 그의 신학이 상황에 따라 발전되었을 여지를 거의 남기지 않는다. 그리고 이 도표는 바울의 사고에 명확히 식별할 수 있고 논리적으로 전개되는 내러티브 하부구조가 존재한다는 암시를 준다. 하지만 바울의 복음을 이야기로 설명할 수 있다는 개념 자체를

[82]

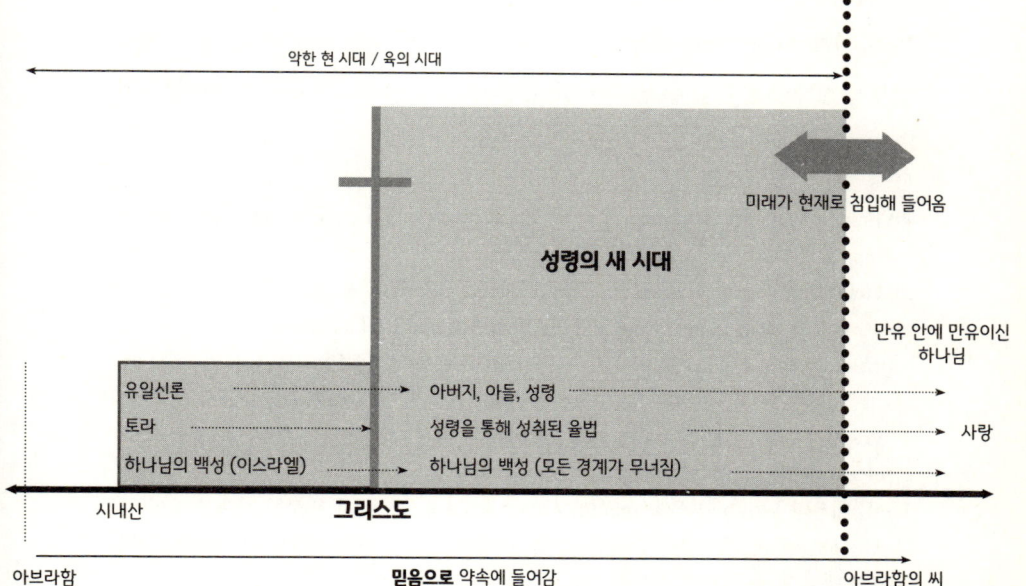

거부하는 사람도 있고,⁴⁹⁾ 바울은 완전히 모순덩어리라고 생각하는 사람도 있으며,⁵⁰⁾ 심지어 바울에게 선형적인 이야기란 없으며 그저 그가 예수 그리스도의 의의를 설명하기 위해 생각의 자료로 활용한 잡다한 묶음의 이미지와 본문, 전통이 있었을 뿐이라고 주장하는 사람도 있다.⁵¹⁾ 이러한 가능한 이의제기에도 불구하고, 바울은 이야기로 설명 가능한 일관된 신학적 비전을 소유했다는 주장이 설득력 있게 부상하고 있으며,⁵²⁾ 나는 이 주장을 전제하고서 다음 내용을 전개하려 한다. 먼저 바울과 신학적 반성 과정을 간단하게 논의하고, 이어서 그 특징을 세 가지 연관된 주제로 풀어 설명할 것이다. 처음 두 주제(재구성된 유일신론, 재구성된 토라)가 바울의 재구성된 종말론(**성령의 새 시대 안에서** 그리스도인의 삶)을 둘러싼 결론적인 논의를 끌어낼 것이다.⁵³⁾

[83]   **영의 인도를 받는 성찰하는 실천가 바울**

나는 바울(과 실제로는 신약의 모든 저자)을 **영의 인도를 받는 성찰하는 실천가**(inspired reflective practitioner)로 생각하기를 좋아한다. 내가 "영의 인도를 받는"이란 표현을 사용한 것은 의도적인데, 바울이 '핍박하는 자'

---

49) Francis Watson, "Is There a Story in These Texts?," in Longenecker, *Narrative Dynamics*, 231-40.
50) Heikki Räisänen, *Paul and the Law* (Eugene, OR: Wipf & Stock, 2010).
51) R. B. Matlock, "The Arrow and the Web: Critical Reflections on a Narrative Approach to Paul," in Longenecker, *Narrative Dynamics*, 44-57.
52) 예를 들면, Witherington, "Paul the Paradigm Setter," in *Indelible Image*, 171-275과 Wright의 바울 관련 작품들을 보라. Wright의 세부적인 논의는 *Paul and the Faithfulness of God*, 456-537을 보라.
53) 이 내용과 Wright가 *Paul and the Faithfulness of God*에서 제시한 거대한 틀인 3부 구조 사이에 비슷한 면이 있다면, 그것은 이 주제들이 바울의 내러티브 신학에 포함된 명백한 내용이기 때문이다.

에서 '핍박당하는 자'로 변모했다는 사실을 설명할 때 하나님의 계시가 들어설 여지를 거의 남기지 않는 환원주의적 재구성에 저항하려는 목적에서다. 바울의 사고와 실천에 일어난 철저한 변화를 순전히 사회학적인 혹은 심리학적인 관점에서 설명하려는 사람이 있지만, 당연히 바울은 그런 관점 자체를 몰랐을 것이다. 바울의 변화는 신학적 성찰의 관점에서 설명할 수 있는데, 신학적 성찰은 "자기 자신과 하나님에 관하여 배우고 이를 통해 더 나은 신실한 삶을 계획할 목적으로, 성경과 기독교 전통에 비추어 개인적인 경험과 신념을 능동적으로 꾸준하게 기도하면서 검토하는 것"으로 정의될 수 있다.54) 이 정의에서 **"기독교 전통"**을 **"유대교 전통"**으로 바꾸면, 바울의 독특한 부활 이후 신학의 발전을 이해하는 도구로 굉장히 유익하다. 말하자면, 부활하신 그리스도를 직접 체험한 사건을 신학적으로 성찰하는 과정을 통해, 바울이 가지고 있던 기존의 신학 틀에 심오한 재구조화55)가 일어난 것이다.56)

바울이 직접 이런 변화의 기제를 털어놓은 적은 없다. 하지만 갈라디아서 1:11-17에 어느 정도 암시는 있다. 거기서 바울은 "예수 그리스도에게 온 계시로 말미암아" 복음을 받은 후 홀로 아라비아로 향했다고 말한다. 이 문단에서 바울의 주된 관심사는 그의 소명과 차후의 이방인 선교의 기원이 하나님께 있음을 강조하는 것이었다(15-16절). 다른 사람은 아무도 개입되지 않았다. 그 후의 예루살렘 사도들과의 접촉도 그 중요성을 평가절

---

54) Dr. Paul Coulter는 그와 그가 속한 Belfast Bible College가 개발한 이 정의를 내가 사용하도록 허락해주었다.
55) 여기서 다른 단어를 사용할 수 있고 실제로 사용되어 왔다: 재구성, 재해석, 재고, 재형성 등. 나는 '재구조화'를 내세우고 싶은데, 이 용어가 바울이 유대교 신앙을 거부하지 않고 그것을 자신의 기반으로 삼았다는 사실을 강조하는 데 적합하기 때문이다.
56) 여기서 최고의 자료 중 하나는 Richard N. Longenecker, ed., *The Road from Damascus: The Impact of Paul's Conversion on His Life, Thought, and Ministry* (Grand Rapids: Eerdmans, 1997)이다.

하해서, 오로지 이방인을 향한 바울 복음의 정당성을 확정하는 역할만 했을 뿐이라고 기록한다(1:18-2:10). 여기에 강력하게 암시된 내용은 이 "새로운" 사도가, 살아계시고 부활하신 주님으로 이제 계시된 십자가에 못 박힌 그리스도라는 그 "원초적 사실"(brute fact)에 비추어 자신의 신앙을 재검토하고 재고하기 위해 상당한 시간을 할애했다는 것이다.[57] 그런 후에 바울이 다시 등장했을 때, 그에게는 복음이나 선교, 그리스도 안에서의 새로운 정체성과 관련된 어떤 불확실성도 감지되지 않았다(빌 3:4-11).

프랜시스 왓슨(Francis Watson)은 바울의 복음을 "이야기 형태로는 전달할 수 없는"(non-narratable), 세상으로의 "신적인 급습"(divine incursion)이란 관점에서 설명하지만,[58] 십자가에 못 박힌 메시아라는 전혀 예상 밖의 충격적인 개념을, 이스라엘 이야기를 예수 사건에 비추어 창의적으로 재구성했다는 개념과 굳이 대립시킬 필요는 없다. 다르게 표현하면, 바울은 하나님의 자기 백성을 통한 구원 목적에 관한 이해의 틀을 재조정했는데, 그 조정의 방식을 결정한 요인이 바울의 고(高)**기독론**(high Christology)에 담긴 놀라운 함의였다. 이 내용은 바울이 이신칭의의 의미를 "어떻게 유대인과 이방인이 하나님의 구속된 백성 안에서 통합되는지"라는 사회적, 종교적 맥락에서 전달하기로 했다는 사실과도 연결된다. 기독론과 구원론은 동전의 양면이다.

---

57) Longenecker는 아라비아 체류가 "주로 홀로 자신의 삶을 되돌아보고 그리스도와의 계시적 만남의 관점에서 배움을 얻기 위한" 시간이었을 것이라고 말한다(Richard N. Longenecker, *Galatians* [Dallas: Word, 1990], 34 = [갈라디아서 - WBC 성경주석 41, 이덕신 역, 솔로몬, 2003]).

58) Watson, "Is There a Story in These Texts?," 231-40. "Is Paul's Gospel Narratable?," 236-39에 있는 Hays의 답변을 보라.

재구성된 유일신론

바울은 예수와의 개인적인 만남에서 자신에 관한 철저하게 새로운 내용을 배웠을 뿐만 아니라, 이전에는 감추어져 있던 하나님의 정체성과 구원 목적에 관한 **신비**를 알게 되었다.[59] 따라서 바울에게 칭의 이야기는 창조에서 시작하는 것도, 심지어 아브라함에게서 시작하는 것도 아니다. 칭의 이야기의 출발점은 그 내러티브의 절정인 메시아의 죽음과 부활이다. 고든 피(Gordon Fee)는 갈라디아서를 논의하면서 이처럼 그리스도의 사역에 초점을 맞추는 관점도 늘 "바울의 약화되지 않은 유대교 유일신론이라는 더 큰 틀을 벗어나지 않았다"고 주장한다.[60] 그렇지만 바울서신의 다른 곳에서는 더 분명하게 드러나는 내용과 일치하게 갈라디아서에도 예수가 하나님의 특권을 공유한다는 고기독론이 전제되어 있다는 증거가 존재한다. 갈라디아서는 아버지와 아들의 불가분한 사역을 강조하는 전형적인 바울의 표현으로 시작한다. "오직 예수 그리스도와 그를 죽은 자 가운데서 살리신 하나님 아버지로 말미암아 사도 된 나 바울." 그리고 바울은 그들에게 "우리 하나님 아버지와 주 예수 그리스도로부터" 은혜와 평강이 있기를 빈다. 그리고 "우리 죄를 대속하기 위한" 예수의 자기희생은 "하나님 곧 우리 아버지의 뜻을 따른" 것이었다(갈 1:1–4).

래리 허타도(Larry Hurtado)는 그가 초기 기독교의 "이위일체 신앙 유형"(binitarian devotional pattern)이라 부른 이 현상이 유례없는 현상이라는 사실을 철저하게 증명했다. 이 신앙 유형에는 "예수가 하나님과 마찬가지로 공동체 예배를 포함하는 신앙 행위의 동기이자 내용, 심지어 공동

---

59) 복음을 이제 하나님께서 계시하신 신비로 이해하는 관념은 바울에게 굉장히 중요하다. 예를 들면, 롬 16:25; 고전 2:7; 엡 1:9; 3:3, 4, 6, 9; 6:19; 골 1:26-27; 2:2; 4:3; 딤전 3:16을 보라.

60) Gordon D. Fee, *Pauline Christology: An Exegetical-Theological Study* (Grand Rapids: Baker Academic, 2007), 207 = (바울의 기독론, 홍인규 역, CLC, 2011).

수신자로서 독특하고 두드러진 존재로 등장한다."[61] 리처드 보컴(Richard Bauckham)은 바울의 고양된 기독론을 유대교 유일신론이 말하는 하나님의 독특한 정체성 내부에 예수를 포함시켰다는 관점에서 설명하는 편을 선호한다.[62] 이런 주장들에 던(Dunn)은 의문을 제기하지만,[63] 허타도와 보컴의 결론에 담긴 일반적인 요점은 (물론 서로 강조점은 다르나) 설득력이 있다. 이 부분에서 할 말은 많지만, 우리 논의와 관련하여 중요한 요점은 **바울이 재구조화한 유일신론이 하나님과 그분의 구원 목적에 관한 바울의 새로운 이해를 구축하는 토대였다**는 사실이다. 대니얼 커크(Daniel Kirk)의 표현처럼 "바울은 '기독교가 아닌 선교적 유대교'나 '토라를 수용하는 선교적 기독교'로 '회심한' 것이 아니다."[64] 오히려 놀라운 것은 "하나님"이 예수와의 관련성 안에서 재정의되었다는 사실이며, 이 점이 이방인을 향한 바울의 '토라 없는 선교'를 설명하는 핵심이다.[65] 달리 말해, 메시아의 죽음이 (유대인이나 헬라인, 남자나 여자, 종이나 자유인인지 아닌지와 무관하게[갈 3:28]) 그를 믿는 모든 사람에게 보편적인 의의를 가지는 이유는 바

---

61) Larry W. Hurado, *God in New Testament Theology* (Nashville: Abingdon, 2010), 52. 그의 더 자세한 논의는 *One God and One Lord: Early Christian Devotion and Ancient Jewish Monotheism* (Edinburgh: T&T Clark, 1998), 그리고 *How on Earth Did Jesus Become a God? Historical Questions about Earliest Devotion to Jesus* (Grand Rapids: Eerdmans, 2005)를 보라.

62) Richard Bauckham, *Jesus and the God of Israel: God Crucified and Other Studies on the New Testament's Christology of Divine Identity* (Grand Rapids: Eerdmans, 2009), 181.

63) James D. G. Dunn, *Did the First Christians Worship Jesus? The New Testament Evidence* (London: SPCK, 2010) = (첫 그리스도인들은 예수를 예배했는가? 박규태 역, 좋은씨앗, 2016).

64) J. R. D. Kirk, review of The New Perspective on Paul, by J. D. G. Dunn, *Review of Biblical Literature* (2008): 416-22.

65) 신약의 하나님과 예수에 관한 탁월한 논의로 Hurtado, *God in New Testament Theology*, 49-71을 보라.

로 십자가에 못 박힌 메시아의 독특한 정체성 때문이다. 그들은 모두 그리스도 예수 안에서 하나다. 그리스도인은 "그리스도 안으로 세례 받으며" "그리스도로 옷 입으며" "그리스도에게 속한다"(갈 3:27, 29). 이것은 "참여주의 구원론" 혹은 부활하신 그리스도와의 연합이며, 그 결과 그리스도가 상호 거주라는 관계를 통해 신자들 안에서 "형성되어" 간다(갈 4:19).[66] 이런 이유로 바울은 모든 신자의 특성에 관하여 "사는 것은 더는 내가 아니요, 내 안에 사는 것은 그리스도시다"라고 말할 수 있었다(갈 2:20a, NRSV).

바울의 재구성된 유일신론(고기독론)과 재구성된 구원론이 하나님을 기쁘시게 하는 삶에 관한 재구성된 이해로 이어지는 것은 불가피하다. 앞서 나는 신학적 성찰을 정의하면서 "더 나은 신실한 삶"을 위한 수정된 계획을 개발하는 것을 이야기했다. 바울이 메시아에 관한 혁명적인 이해에 비추어 수행했던 작업이 정확히 이것이다. 하나님을 향한 신실한 순종의 틀을 결정하는 기준은 더는 토라 준수가 아니라, 이제 하나님의 오른편에 앉아 계신 유일한 참된 주님이신 그리스도를 믿고 그분의 종이 되는 것이다.[67] 그리스도인의 삶은 십자가 형태를 띤다. "이제 내가 육체 가운데 사는 삶은 나를 사랑하사 나를 위하여 자기 자신을 버리신 하나님의 아들을 믿는 믿음으로 사는 것이라"(갈 2:20b). 십자가는 구원의 원천에만 그치지 않고, 그리스도인의 영성을 규정한다. 마이클 고먼은 "십자가를 본 받음(cruciformity)이 모든 것을 포괄하는 바울의 영성이다. 그것은 그리스도 안

[86]

---

66) Michael Gorman은 칭의와 참여를 "동전의 양면"으로 보는 주장을 편다(*Reading Paul* [Eugene, OR: Cascade, 2008], 111-31). 더 확장된 연구로는 Gorman, *Apostle of the Crucified Lord: A Theological Introduction to Paul and His Letters* (Grand Rapids: Eerdmans, 2004) = (신학적 방법을 적용한 새로운 바울연구개론, 소기천 외 역, 대한기독교서회, 2014)을 보라.

67) 롬 10:9-10; 고전 12:3; 빌 2:9-11.

에서 사는 삶의 작동 방식(*modus operandi*)이다."[68] 여기에는 자신을 내줌, 고난(빌 3:19), 함께 십자가에 못 박힘(갈 2:20a), 약함 속에 능력(고후 12:10) 같은 주제가 포함된다. 이런 식으로 칭의를 이해하면, 칭의는 하나님과 새로운 언약 관계를 수립하는 것으로, 이 관계는 **영적, 윤리적 탈바꿈과 불가분하게 연결된다**. 이 새로운 삶은 철저하게 새롭게 그려진 언약 공동체인 그리스도의 몸 안에서 사는 삶으로서, 그리스도는 이 공동체 안에 거하시며 **예수의 인격과 본보기는 이 공동체의 삶의 형태를 결정한다**. 그래서 바울은 자주 성도들에게 예수를 본받으라고 권면한다(예를 들면, 빌 2:4-11; 롬 15:1-13).[69]

따라서 유대교와 비교할 때 중대한 **불연속성**을 보이는 지점은 바울의 기독론이다. 제2성전 유대교에는 그와 유사성을 보이는 선례가 없다.[70] 하지만 이마저도 완전한 불연속성은 아니다. 바울의 고기독론은 부활하신 주님과의 만남을 **시작으로** 발전되었다. 그의 사유는 예수가 어떻게 하나님과 동일시될 수 있는지 (특히 만물을 다스리는 그의 신적인 주권을) **성경을 근거로 설명하기 위해** 신학적 성찰을 통해 후향적으로 진행된다.[71] 그래서 나는 앞선 그림 4.1에서 바울의 유일신론이 완전한 혁신이 아닌 신학적 발전으로 제시했다.

---

68) Gorman, *Reading Paul*, 147. 폭 넓은 논의는 pp. 145-66을 보라.
69) 바울 신학에서 '윤리의 원천으로서 예수'라는 주제에 관한 상세한 논의로는 Ben Witherington III, *The Indelible Image: The Theological and Ethical Thought World of the New Testament*, vol. 2, *The Collective Witness* (Downers Grove, IL: IVP Academic, 2010), 610-16을 보라.
70) Bauckham, *Jesus and the God of Israel*, 178-79.
71) 더 충분한 논의로는 ibid., 152-81을 보라.

재구성된 토라

바울이 이스라엘 이야기를 이해했던 과거의 방식을 재고하고 수정한 **출발점**도 이렇게 재구성한 유일신론이었다. 이 주제에 관한 문헌은 방대하다. 물론 잉크 대부분은 "율법의 행위"와 칭의의 "기제"에 관한 내용에 할애되었지만, 이 주제와 관련된 바울의 전체적인 내러티브는 명쾌하다. 본 단락에서 우리의 목적은 단순하다. 갈라디아서의 내용을 간략히 정리하고 그리스도인의 삶에서 율법의 위치를 생각해 보는 것이다. 이 작업은 바울과 성령, 그리스도인의 삶에 관한 결론적인 논의를 준비할 것이다.

갈라디아의 이방 그리스도인들의 어리석음은 바울의 대적자들이 내세운 거짓 복음을 받아들여서 그들에게도 토라 준수의 의무가 있다고 생각한 것이었다(갈 3:1). 그들은 그리스도를 믿음으로 말미암아 가시적으로 강력하게 성령을 받았으며(3:4) 이 사실은 현재의 처지와 무관하게 **이미** 하나님의 구속 목적 안으로 그들이 편입되었음을 증명한다. 영의 인도를 받은 신학적 성찰을 통해 바울은 이방인이 하나님의 백성으로 편입되는 것이 **처음부터 줄곧** 하나님의 의도였으며 율법의 목적은 칭의를 가져오는 것이 **절대 아니었다**는 사실을 보여주기 위해 성경 상의 증거로 아브라함을 되돌아본다(3:8). 브라이언 로스너(Brian Rosner)는 이 지점에서 유익한 주장을 한다. 바울이 성경을 인용하는 경우는 (80%가 넘는) 대부분 그의 신학이 "과거 유대교 내부의 주해 전통에서 현저하게 멀어진" 주제를 다루는 때이며, "바울이 가장 빈번하게 성경을 인용하는 경우는 그가 새로운 공동체의 정통성과 성경 사이의 연속성을 변호해야 하는 압박을 받는 때다."[72] 이 내용은 로마서와 갈라디아서의 경우에 잘 적용된다.

바울은 재구성된 구속사 이야기를 들려준다. "믿음"은 율법이 존재하

---

72) Brian S. Rosner, *Paul, Scripture and Ethics: A Study of 1 Corinthians 5-7* (Leiden: Brill, 1994), 190-91.

기 훨씬 전부터 줄곧 칭의/의에서 핵심 열쇠였다. 따라서 바울은 이전의 유대교 "율법주의"와 후대 기독교의 자유주의적 믿음을 대조한 것이 아니다. 강조해서 말하지만, 율법이 하나님의 약속들을 거스르는 것도 아니다(갈 3:21). 신자들은 그리스도와 성령을 통해서 아브라함의 자녀가 되었고, 하나님께서 아브라함에게 주신 약속의 상속자가 되었다(3:9). 그리스도가 아브라함의 씨이기 때문에(3:16), 그리스도 안에 있는 사람들은 아브라함의 후손이다. 율법은 절대 의롭게 할 수 없으며(3:11) 그저 잠정적인 후견인 같은 역할만을 할 뿐이어서(3:23-25), 율법 준수에 의존하는 사람은 저주 아래 있는 것이다(3:10). 여기가 바로 그리스도가 이스라엘 이야기로 진입하는 지점이다. 하나님이 보내셔서 "여자에게서 나게 하시고 율법 아래 나게" 하신(4:4) 그리스도가 그 저주를 제거하셨다. 따라서 갈라디아인들이 율법 아래로 가겠다고 선택하는 것은 곧 복과 약속을 향한 길을 거부하고 저주 아래의 삶을 택하는 것이다. 바울이 갈라디아서에서 깊은 근심과 우려, 좌절감을 표현한 것은 바로 이 때문이다.[73]

이런 논의를 그림 4.1과 연결하기 위해, 로스너(Rosner)가 바울과 율법의 관계를 생각하는 관점으로 제안한 삼중 틀을 활용할 수 있겠다.[74] 첫째, 바울은 율법을 칭의의 수단으로서는 단호하게 **거부한다**(갈 5:4). 모세

---

[73] Todd A. Wilson은 바울의 초점은 율법 자체의 불필요성이 아니라, 그리스도 안에 있는 구속에 참여하는 사람에게는 율법의 저주가 종결된다는 점이라고 주장한다. Wilson, *The Curse of the Law and the Crisis in Galatia: Reassessing the Purpose of Galatians* (Tübingen: Mohr Siebeck, 2007)을 보라.

[74] Brian S. Rosner, *Paul and the Law: Keeping the Commandments of God* (Downers Grove, IL: IVP Academic, 2013), 45-205. Rosner가 '대체'란 표현을 쓴 지점에서 나는 '성취'라는 표현을 썼다. 내 생각에는 '성취'라는 표현이 바울 사상에 담긴 '진행되는 내러티브'로서의 의미를 포착하는 데 더 낫기 때문이다. 이 내러티브에는 "하나의 이야기"가 있는 것이지, 앞 이야기가 종결되고 새로운 이야기가 시작되는 것(대체주의, supersessionism)도 아니며, 두 가지의 후속 이야기가 서로 평행하게 진행되는 것(고유한 길, *Sonderweg*)도 아니다.

언약은 수명이 다했으며, 아브라함 언약이 성취된다. 율법에는 구원과 관계된 역할이 하나도 없다(갈 3:21). 그래서 나는 그림 4.1에서 "토라" 화살표를 십자가에서 끝나는 것으로 표시했다. 바울은 이 부정적인 결론을 이방인이 새 언약 공동체로 수용되는 것을 둘러싼 논쟁이라는 구체적인 맥락에서 특별히 강조한다. 모든 사람이 죄를 지었다(롬 3:28). 유대인과 이방인이 모두 길을 잃고 하나님 앞에 원수가 되었다(롬 5:10). 칭의, 용서, 새 창조, 그리고 하나님의 새 언약 공동체로 입양됨을 가능케 한 것은 율법이 아니라(율법은 생명을 줄 수 없다. 갈 3:21), 그리스도 안에 있는 하나님의 은혜다. 하지만 (옛 관점의 일부 형태에서 보듯이) 율법을 거부하는 입장 **자체만으로는** 무언가 부족하고 오해의 소지가 있는 설명이다. 바울의 율법관은 전적인 거부로 보기에는 더 미묘하다. 다음 두 가지 내용이 그 사실을 보여줄 것이다.

[88]

둘째, 모세 율법이 성령 안에서의 삶을 통해 **성취된다**(갈 5:5-6). 말하자면, 율법 순종을 통해서가 아니라 이웃 사랑을 통해서 "온 율법이 성취된다"(갈 5:14). 바울은 갈라디아 교인들에게 "너희가 만일 성령의 인도하심을 받는다면, 율법 아래 있지 않은 것이다"라고 말한다(갈 5:18). 바울은 성령의 열매를 제시할 때, 율법이 이루어낼 수 없는 것들과 대조한다("그러한 것들을 금할 율법은 없다", 갈 5:23). 갈라디아의 신자들은 서로의 짐을 져야 하고, 그럼으로써 그리스도의 율법을 성취해야 한다(갈 6:2).

셋째, 바울은 적어도 다음 두 가지 방식으로, 즉 (1) 예수 그리스도의 복음을 증언하는 예언으로, (2) 윤리의 원천으로 율법을 **재전용한다**. (1)의 경우는 바울이 그리스도에게 비추어 성경을 신학적으로 성찰하는 과정에서 다양한 방식으로 나타난다. 로스너는 고린도전서의 사례들을 들지만, 바울이 성경을 파헤쳐 예수의 삶과 죽음, 부활의 의의를 설명한 본문은 그 외에도 수십 가지를 열거할 수 있다. 갈라디아서에서는 아브라함 자신의 이야기뿐만 아니라 하갈/사라 유비도 이런 용도로 손색없이 활용된다. 리처드 헤이스가 바울이 아브라함을 동원하는 방식을 보면 율법을 부정하기보다 도리어 **긍정한다**고 주장한 것이 이런 의미였다. 바울은 **토라 자체**가 하나님이 유대인과 이방인 모두의 하나님이라는 사실을 긍정하는 보편적인 포괄 신학을 가리킨다고 주장하기 위해 유대교 특유의 신학적 해석 작업을 하고 있었다.[75] 바울의 복음은 진정 토라에 담긴 약속들의 완성이었다(따라서 그림 4.1의 화살표는 하나님의 백성[이스라엘]과 성령의 새 시대를 사는 유대인 및 이방인 신자들 간의 연속성을 보여준다. 바울은 새 시대의 신자들을 "하나님의 이스라엘"이라 부른다[갈 6:16]).

(2)와 같은 형태의 재전용 역시 율법이 윤리 지침과 지혜의 원천으로 활용되는 수많은 본문에서 확인할 수 있다. 새로운 그리스도인 공동체를 향한 "사랑 명령"도 토라에서 발전된 것인데, 토라에서 그 명령은 이스라엘 민족 안에 적용되었다(갈 5:14; 레 19:18). 제임스 톰슨(James Thompson)이 절묘하게 증명해냈듯이, 율법은 바울 윤리에서 긍정적인 자리를 확보하고 있지만, 거기서도 할례, 안식일, 음식법, 절기에 관한 규정은 의도적으로 배제되었다. 바울의 초점은 하나님의 가족 안에서 이방인의 위치였기 때문에, 그는 "유대인이란 정체성을 나타내는 이름표 역할을 했던 토라의 세 가지 경계 표지를 요구하지 않았다."[76] 일부 옛 관점의 입장과 달리 사도 바울은 율법을 일축하지 않았다. 오히려, 이스라엘이 복음에 비추어 재정의되었듯이(갈 3:28; 골 3:11) 토라도 그리스도에게 비추어 재구성되거나 걸러졌다. 율법에 대한 사도의 입장이 잘 요약된 곳이 고린도전서 7:19이다.

---

75) Hays, *Conversion of the Imagination*, 61-84. Hays는 롬 4장의 아브라함을 논의하지만, 요점은 마찬가지다.

76) Thompson, *Moral Formation*, 113. 111-34쪽과 특히 롬 12-15장의 배경으로서 구약에 관한 논의를 보라.

"할례도 아무것도 아니며 무할례도 아무것도 아니다. 오직 하나님의 계명을 지키는 것만이 중요하다." 율법은 계속해서 다양한 방식으로 바울의 윤리적 가르침의 틀 역할을 했다. 리처드 헤이스가 신약 윤리에 관한 그의 고전에서 논평했듯이, "구약이 그 기획 전체에 스며들어 있다."[77]

바울은 외견상 권면의 근거로 성경을 언급하지 않는 편지(데살로니가전서, 빌립보서, 빌레몬서)에서도, 여전히 이스라엘의 상징 세계와 유대교의 윤리 전통 안에서 생각하며, 다른 서신에서는 특정 행동을 권고하면서 빈번하게 성경에 호소하며 성경의 내러티브 사고 세계를 전제로 삼는다.[78] 톰슨(Thompson)은 이를 다음과 같이 간결하게 표현했다. "바울은 고대 이스라엘의 어휘를 이방인 회심자에게 가르침으로써 그들의 도덕적 양심을 만들어갔다."[79] 로스너는 이런 내용을 개진하면서, 바울이 십일조, 절도, 우상숭배, 살인, 간음, 동성애 행위, 성적 부도덕, 결혼, 이혼과 같은 문제와 마주했을 때 그의 윤리적 가르침을 형성하는 중요한 기초로서 율법이 어떤 역할을 했는지 설득력 있는 주장을 펼친다. 그런데 중요한 사실은 바울이 율법을 **법으로는** 활용하지 않았다는 사실이다. 바울의 청중은 율법 아래 있지 않기 때문이다. 오히려 율법은 그리스도인의 삶을 위한 지혜의 원천으로 발전되었다.[80]

재구성된 종말론: 겹친 시대를 성령 안에서 사는 삶

이 내용은 마지막으로 그림 4.1의 세 번째 요소로 우리를 안내한다. 바

---

77) Richard B. Hays, *The Moral Vision of the New Testament: Community, Cross, New Creation; A Contemporary Introduction to New Testament Ethics* (San Francisco: Harper-SanFrancisco, 1996), 309 = (신약의 윤리적 비전, 유승원 역, IVP, 2016).
78) Thompson, *Moral Formation*, 115.
79) Ibid., 62.
80) Rosner, *Paul and the Law*, 159-205.

울은 이제 하나님을 기쁘시게 하는 "복음에 합당한"(빌 1:27) 삶이라는 종말론적 비전을 설명하기 위해 **앞을 내다본다.**[81] 이 복음은 십자가에 못 박힌 메시아에 관한 놀라운 소식으로, 메시아는 "성경대로 우리 죄를 위하여 죽으셨지만"(고전 15:3) 그의 부활은 "그리스도 안에 있는 모든 사람이 생명을 얻고" 그 후에는 "하나님께서 만유 안에 만유가 되실 것"임을 보여준다(고전 15:22, 28).[82] 나는 바울이 이방인 선교사로서 그의 삶에 발생하는 예측 불가능한 우발적인 사건과 각 교회의 독특한 문제에 직면하면서 "더 큰 신실함"을 위한 실천적, 윤리적 반응을 발전시켜야 했을 때 "성경과 유대 전통에 비추어 그의 개인적인 경험과 신앙을 적극적이고 끈질기게 기도하는 마음으로 성찰하는" 실천을 계속해 나갔을 것으로 본다.

[90] 바울은 이 작업을 그의 재구성된 유일신론/구원론과 재구성된 이스라엘/토라 이해에 비추어 진행했다. 그런데 여기서 우리는 바울의 신학적 틀의 세 번째 주제이자 아마도 가장 철저하게 혁신적인 주제일 성령을 추가해야 한다. 존 레비슨(John Levison)은 "고대 세계에서 사도 바울보다 더 영(spirit)에 매혹된 사람은 없었다"라고 지적한다.[83] 하지만 내 생각으로는, 역사적으로 볼 때 바울 신학의 이 측면은 처음 두 가지 주제의 들러리 역할밖에 하지 못했다. 바울이 만약 그리스도인의 삶에서 성령의 사역과 첫 두 가지 주제를 긴장 관계에 두는 주장을 들었다면, 도무지 이해할 수 없었을 것이다. **바울이 그가 돌보는 새 신자들의 윤리적 탈바꿈에 지대한**

---

81) '하나님의 구속의 은혜에 대한 합당한 반응'이란 개념은 바울 서신에 일관되게 등장하는 주제다: 살전 2:12, "하나님께 합당히"; 살후 1:5, "하나님의 나라에 합당한"; 살후 1:11, "그의 부르심에 합당한"; 엡 4:1, "부르심을 받은 일에 합당하게"; 골 1:10, "주께 합당하게."

82) 출처가 갈라디아서는 아니지만, 나는 도표에 바울의 종말론적 비전을 간결하게 요약한 표현으로 고전 15:28을 삽입했다.

83) John R. Levison, *Filled with the Spirit* (Grand Rapids: Eerdmans, 2009), 253.

관심이 있었다는 사실을 제대로 평가하고 싶다면, 그의 비전이 지닌 규모를 통합적인 관점에서 이해할 필요가 있다. 그래서 이 단락은 그리스도인의 삶에 힘을 불어넣고 탈바꿈을 일으키는 성령의 역할을 개략적으로 정리해 볼 것이다.

바울, 성령, 그리고 하나님의 백성

갈라디아서를 계속 보면, 바울은 예수 그리스도의 구속 사역의 목적이 "우리를 이 악한 세대에서 구출"하는 것이라는 진술로 편지를 시작한다(갈 1:4). 그리고 곧바로 명백해지는 사실은 갈라디아 교회의 위기에 대한 그의 목회적 반응이 더 넓은 종말론적 내러티브의 틀 안에 있다는 것이다. 갈라디아서는 이런 면에서 전형적인 바울 색채를 띤다. 헤이스는 그런 측면을 다음과 같이 요약했다. "바울은 그 믿음의 공동체가 예수 그리스도를 통해 세상을 새롭게 만드시는 하나님의 이야기에 사로잡혀 있다고 보았다. 따라서 바울에게 윤리적 판단을 내린다는 것은 곧 거대한 구속 이야기 안에서 우리의 위치를 깨닫는다는 의미였다."[84]

그림 4.1은 하나님께서 아브라함에게 하신 약속의 성취가 어떤 의미에서 전 세계를 향한 그분의 구속 목적 안에서 새 시대를 개시한 것인지 보여준다. 지금 이 새 시대는 현시대와 겹쳐 있다. 현시대는 "악할" 뿐만 아니라, 율법 아래의 삶은 우리를 노예 삼는 "세상의 초등 학문"과 연관되어 있다(갈 4:3).[85] 바울은 "우리 주 예수 그리스도의 십자가 외에는 결코 자랑할 것이 없다. 그리스도로 말미암아 세상은 나에게, 나는 세상에 십자가에 못 박혔다. 할례도 무할례도 아무것도 아니며, 오직 중요한 것은 새 창조뿐이다"라고 말한다(갈 6:14-15; 참조. 고후 5:17). 여기서 자세한 주해를 할

---

84) Hays, *Moral Vision*, 45-46. 85.
85) Longenecker, *Galatians*, 166.

수는 없지만, 전체적인 그림은 명확하며 다른 본문들에서도 이 그림은 계속해서 다시 긍정된다. 즉, 새 창조가 현시대 안으로 침투해 들어왔다. 이 세상의 "현재 형태는 사라져가며"(고전 7:31), 바울은 대체로 이 세상을 명백히 부정적인 시각에서 바라본다. 그리스도를 믿음으로 구분된 사람들은 그들의 과거 종교적 정체성과 무관하게, 그들의 옛 삶에 대해 "죽었다". 이제 그들은 새 창조에 속하며, "믿음을 따라 의의 소망을 기다리면서"(갈 5:5) 새 창조에 합당한 삶을 살아야 한다(갈 6:9). 따라서 그리스도인의 삶은 철저하게 종말론적이다. 이런 의미에서 몰트만(Moltmann)의 다음 이야기는 절대적으로 옳다. "단지 종결부만이 아니라 처음부터 끝까지 쭉 기독교는 종말론이며 희망으로서, 앞을 내다보고 앞으로 움직이며, 따라서 또한 현재를 혁신하고 탈바꿈시킨다."[86]

[91]

물론 바울의 종말론 틀을 제대로 평가하는 것도 중요하지만, 그 자체만으로는 그리스도인의 삶에 관한 바울 신학의 "핵심"을 푸는 기초로 부족하다. 바울은 계몽주의 시대의 합리주의자가 아니었다. 그는 갈라디아 교인들을 향해 그리스도인으로서 그들의 삶이 시작된 것이 "십자가에 못 박히신 그리스도에 대한 믿음"과 **"그 믿음과 밀접하게 연결된 성령의 선물"**을 통해서였다는 점을 통렬하게 일깨운다(갈 3:1-3). 그들의 목적을 달성케 하는 수단도 마찬가지로 토라가 아닌 오직 성령을 통해서다. 바울은 당장 그 목적을 명시하지 않지만, 차후에 그의 "사랑하는 자녀들" 안에 "그리스도의 형상이 이루어지길" 바라는 그의 진심 어린 (어머니 같은!) 염려를 표현한다(갈 4:19). 이런 의미에서 **그리스도인의 삶의 목적은 심오하게 관계적인데,** 즉 그 아들의 형상과 같은 모습이 되는 것이다(롬 8:29; 고후

---

86) Jürgen Moltmann, *Theology of Hope: On the Ground and the Implications of a Christian Eschatology* (Minneapolis: Fortress, 1993), 16 = (희망의 신학, 이신건 역, 대한기독교서회, 2002).

3:18). 이 탈바꿈의 과정은 "그의 아들의 성령"을 통해 일어난다. 하나님은 그 성령을 신자들의 마음에 보내시고 그들이 하나님을 아빠(Abba)라고 부를 수 있게 하신다(갈 4:6). 바울의 기독론과 성령론은 불가분하며, 이 둘이 자리 잡은 터는 바울이 재구조화한, 숨이 멎을 만큼 거대한 종말론이다.[87]

따라서 칭의는 그 자체가 목적도 아니며, 일차적으로 개인주의적인 것도 아니다. 너무나 빈번하게 발생했던 오해가 있는데, 하나는 하나님이 약속하신 복을 구원론/칭의에 제한한 것이고, 다른 하나는 아브라함을 '행위로 인한 칭의'가 아닌 '오직 믿음으로 인한 칭의'를 "발견한" 개인으로, 현재 우리도 닮아야 할 인물로 묘사한 것이다. 하지만 바울의 관심은 그 족장이 유대인 신자와 이방인 신자 **모두의** "조상"이라는 사실을 보여주는 것이었다. 바울의 초점은 포괄적인 대표자로서 아브라함이었다. 하나님의 복이 그를 통해 모든 민족으로 흘러가는데, 이제는 육신의 혈통이 아닌 예수에 대한 믿음을 통해 확장된다(롬 4:23-25). 하나님이 약속하신 복은 결과적으로 유대인과 이방인 모두를 포함하는 재구성된 하나님의 **백성**을 낳고 이들은 (율법이 아닌) 성령을 통해 힘을 얻고 인도를 받는데(갈 5:18), **오직 성령만이** 신자들의 율법 성취를 가능케 한다(갈 5:14, 22; 참조. 롬 8:4). 바울이 성령의 오심이 어떤 의미에서 옛 언약을 성취하고 초월하는지 가장 분명하게 설명하는 곳은 고린도후서 3:3-18이다. 거기서 바울은 예레미야 31장, 에스겔 36장, 출애굽기 34장을 암시하면서, 신자들이 율법의 속박에서 해방된 것은 성령의 언약 안에서라고 주장한다. 율법은 일시적이고 사라져가는 영광을 가졌을 뿐, 실제로는 이스라엘 민족이 진정으로 율법

[92]

---

87) 바울 서신의 다른 곳에서 성령은 "보증금" 혹은 "도장" (엡 1:12-14; 고후 1:21-22) 혹은 "첫 열매"(롬 8:23)로 언급된다. 이 사실은 하나님의 새 시대가 현재로 침입해 들어왔고 미래에 완성될 것이라는 사실을 가리킨다.

을 이해하고 주님을 바라보는 것을 방해했을 뿐이다(고후 3:14-15).[88] 그처럼 강력한 대조를 고려한다면, 프레스턴 스프링클(Preston Sprinkle)이 바울을 쿰란 문서 및 다른 유대교 문헌과 비교한 후 바울이 "인간 내면의 탈바꿈을 성령의 종말론적 사역 안에 자리매김한다"라는 측면에서 두드러진 **불연속성**을 보인다고 결론 내린 것은 그리 놀랍지 않다.[89]

갈라디아 교인들이 믿음으로 성령을 받은 것은, 그들이 **믿음으로 의롭게 된 것과 마찬가지로** 하나님께서 아브라함에게 약속하신 복의 성취이다(갈 3:14). 존 버톤(John Bertone)은 바울이 신자들에게 그들이 회심했던 결정적인 순간을 되새길 때마다 일관되게 성령이 담당한 역할을 지적하고 독자들의 경험 속에 **바울 자신을** 포함시킨다고 주장했는데, 이는 타당한 주장이다(예를 들면, 롬 5:5, "**우리에게** 주신 성령으로 말미암아 하나님의 사랑이 **우리** 마음에 부은 바 되었다").[90] 버톤은 성령론이야말로 율법에 관한 바울의 새 관점을 여는 해석학적 열쇠이며 아마도 그 뿌리는 바울 자신의 탈바꿈 경험일 것이라고 주장한다. 따라서 바울의 성령론이 "그의 기독론에 흡수되어서는 안 된다."[91] 버톤의 요점을 인정하기 위해 굳이 그의 복잡한 주장 전체를 확인할 필요는 없다. 같은 주제를 다른 각도에서 접

---

88) M. Turner, *The Holy Spirit and Spiritual Gifts: Then and Now* (Carlisle: Paternoster, 1996), 114-15 = (성령과 은사, 김재영 외 역, 새물결플러스, 2011).

89) Sprinkle, *Paul and Judaism Revisited*, 241. Levison은 에스겔 36-37장이 공동체에게 주어진 선물인 성령이 또한 굉장히 개인적인 의미일 수 있는지와 관련하여 바울과 쿰란 공동체에게 패러다임 역할을 했다고 본다. 쿰란 공동체와 비교할 때 바울의 경우에서 더 중요한 점은 성령을 죽음, 새 창조, 부활 생명과 연관짓는 방식이다. Levison, *Filled with the Spirit*, 253-316을 보라.

90) 또한, 롬 8:15-16을 보라: "너희가 받은 성령은 너희를 입양해 아들로 삼으셨다. 그리고 성령으로 인해 우리는 '아빠, 아버지'라고 부르짖는다. 성령이 친히 우리 영과 더불어 우리가 하나님의 자녀인 것을 증언하신다."

91) John A. Bertone, *The Law of the Spirit: Experience of the Spirit and Displacement of the Law in Romans 8:1-16* (New York: Peter Lang, 2005), 315.

근한 데이빗 벡(David Beck)은 종교개혁 당시 제도권 교회 안의 "성령론에는 종속설(성자가 성부에 종속된 관계라거나 성령이 성부와 성자에 종속된 관계로 보는 입장- 역주)의 분위기가 있었다"고 주장했다. 그는 중요한 연구에서 종교개혁자들이 어떤 식으로 성령의 사역을 성례전과 말씀 안에 위치시키고 성령을 그리스도의 속죄를 모든 신자에게 적용하는 대리자로 규정했는지 성찰한다. 그 결론은 성령의 사역이 "교회와 그리스도의 기능이 되고 말았다"는 것이다.92) 이러한 종속설 경향이 반영된 사례를 바르트에서 볼 수 있는데, 그는 성령을 그리스도가 세상 속에 현존하고 활동하시는 양식(mode)으로 보았다. 이러한 "도구적 성령론"(institutional pneumatology)에도 나름의 장점은 있지만, 바울의 생각과 경험을 형성했던 그의 풍부하고 심오한, 그에게 속속들이 배어있던 성령론을 정당하게 다루지는 못한다. 우리 논의에 중요한 내용인데, 벡은 다른 것들을 희생하면서까지 어떤 한 인물이나 사건을 구원 이야기의 핵심으로 내세우는 환원주의에 맞서는 중요한 요소가 바로 바울 종말론의 복합적이고 포괄적인 비전이라고 주장한다. 환원주의가 작동하는 곳마다 "신학에는 해로운 영향을 끼치며" 성령과 관련해서는 보통 무기력한 성령론을 낳는다.93) 바울 신학을 그리스도 중심적으로 보는 관점은 분명히 옳지만, "그리스도가 종말론의 축이며, 다른 모든 사건과 인물은 바퀴살처럼 그에게 연결된 요소로" 이해하기보다는 그리스도마저도 "더 거대한 내러티브 안에서 자기 자리를 찾는" 것으로 보아야 한다. 벡은 바울 신학에 축이 있다면 그것은 자신의 영광을 위해 모든 피조 세계를 구속하시려고 그리스도와 성령을 보내신 성부 하나님이라

[93]

---

92) T. David Beck, *The Holy Spirit and the Renewal of All Things: Pneumatology in Paul and Jürgen Moltmann* (Cambridge, UK: James Clarke & Co., 2010), 1.
93) Ibid., 233-36. Beck은 *Theology of Hope*에 나타난 Moltmann의 성령론을 사례로 든다.

고 제안한다.[94] 칭의가 과도하게 우세한 신학 풍토가 지닌 왜곡의 영향을 고려하면 벡의 주장은 굉장히 적절한 내용이다.

바울에게는 성령이 그리스도인의 삶과 경험의 **모든 측면에서** 절대적으로 중요한 역할을 했다는 사실을 고든 피(Gordon Fee) 만큼 탁월하게 증명한 사람도 없다. 그의 『성령』(God's Empowering Presence: The Holy Spirit in the Letters of Paul)은 권위 있는 책으로, 이를 능가하는 책은 아직 나오지 않았다. 피는 자세한 주해를 통해 종말론적 성령이라는 가시적인 실제가 바울에게는 "하나님 자신의 인격적 현존이 귀환하여 그의 백성 가운데 거하신다"라는 의미였음을 증명한다. 이런 이유로 바울은 공동체로서 그들을 하나님의 성전으로(고전 3:16-17), 나아가 그들의 육체를 "성령의 전"으로(고전 6:19) 기술할 수 있었다. 이 사실은 바울이 다른 본문에서 그리스도인의 새 공동체를 언급할 때, 과거 이스라엘 민족을 지시했던 언어로 기술한다는 것과도 부합한다. 그들은 라오스(laos, 백성, 고후 6:16; 딛 2:14; 또한 칠십인역에서도 이스라엘을 가리키는 단어로 사용된다)이고, 하기오이(hagioi, 성도, 출애굽기 19:5에 나오는 이스라엘의 정체성을 반영하는 바울의 통상적인 표현)이며, 택하신 자들(하나님의 선택된 백성인 이스라엘과 연결되는 표현, 살전 1:4; 살후 2:13; 골 3:12; 엡 1:4, 11)이고, **하나님의 이스라엘**(갈 6:16에 나오는 독특한 표현으로, 믿는 유대인과 이방인을 한 공동체로서 노골적으로 이스라엘 내부에 위치시킨다)이며, 에클레시아(ekklēsia, 교회, 이스라엘 회중을 가리키는 히브리어 카할[qāhāl]을 칠십인역에서 번역할 때 사용한 단어)다. 고든 피는 "바울이 이처럼 구약의 '백성' 언어를 풍부하게 사용한다는 사실로 볼 때, 그가 교회를 단순히 하나님의 옛 언약 백성과 연속성이 있는 실체 정도가 아니라, 그 백성의 진정한 계승자로 보았음이 확실하다"라고 결론 내린다.[95]

---

94) Ibid., 236.
95) Gordon Fee, *God's Empowering Presence: The Holy Spirit in the Letters of Paul*

그림 4.1은 이러한 연속성과 불연속성의 의미 둘 다를 담으려고 시도했다. [94]
말하자면, 하나님의 백성에 관한 **한 이야기**가 계속해서 전개되지만,[96] 이제는 그리스도와 성령을 통해, 믿는 이방인도 대등한 조건으로 그 이야기에 포함되어 재구성된 하나님의 "가족"의 일원이 되고, 이 가족에서는 모든 구성원이 형제(아델포이, *adelphoi*)다.[97]

"성령을 따르는" 삶 대(對) "육체를 따르는" 삶

이 내용은 자연스럽게 갈라디아서 5장 및 다른 본문(롬 8:3-17; 빌 3:3)에 있는 성령과 육체(*sarx*)의 대조로 이어진다. 역사상 우세한 패러다임은 이 대조를 신자 내부에서 벌어지는 영적인 갈등으로 본다. 인간의 "죄 된 본성"이 새로운 "영적 본성"과 전투를 벌인다는 것이다.[98] 이 입장은 로마서 7장을 그리스도인의 삶에 나타나는 다소 절망적인 (그리고 비관적인) 내적 투쟁으로 이해하는 해석과도 이어진다. 이 관점이 '개인 구원론'과 '율법/은혜 이원론'에 초점을 둔 옛 관점과 얼마나 밀접하게 연결되는지는 쉽게

(Grand Rapids: Baker Academic, 1994), 871 = (성령: 하나님의 능력 주시는 임재, 박규태 역, 새물결플러스, 2013). 이 말은 사도 바울이 하나님께서 이스라엘에게 주신 약속이 변경될 수 없다는 믿음을 고수했다(롬 9-11장)는 사실을 부정하는 것이 아니다. 하지만 바울의 주장을 어떻게 해석해야 하는지는 계속해서 활발한 토론의 대상이다.

96) Mark Nanos와는 반대 입장이다. Nanos는 "삼분(三分) 언약"(*Sonderweg*) 시나리오를 제시한다. 그 시나리오에 따르면, 그리스도를 믿지 않는 바울의 동료 유대인은 그럼에도 여전히 언약 안에 있으며, 그리스도를 믿는 유대인과 이방인은 토라 준수를 기준으로 계속해서 구분된다. Nanos, "A Jewish View," in Bird, *Four Views on the Apostle Paul*, 159-93을 보라.

97) 바울은 저작권 논란이 없는 일곱 서신에서 120번 이상 이 용어를 사용한다. 궁극적으로 교회는 모두 평등한 형제자매의 교제다.

98) 여러 성경은 *sarx*를 "죄 된 본성"(sinful nature, NIV 1984), "열등한 본성"(lower nature, NEB), "인간의 본성"(human nature, GNT)으로 번역함으로써 그러한 패러다임을 반영하고 강화했다.

이해가 될 것이다. 월터 러셀(Walter Russell)은 갈라디아서의 성령/육체 대조를 연구한 중요한 책에서, 갈라디아서 5:16에 관하여 "당신 안에는 성령과 육체라는 상반된 두 선장이 있다"라는 루터의 언급이 "그 이후 거의 모든 주석자의 글에서 다소간 반복되었다"는 점을 추적한다.[99] 이러한 믿음은 현대 기독교 영성에서도 계속해서 광범위한 인정을 받고 있다. 이 관점은 **육체**를 인류학 용어로 이해한다. 말하자면, 인류를 수직적이고 형이상학적인 의미에서 보는 바울의 관점에서 **사륵스**(sarx)와 **프뉴마**(pneuma)는 개인 내부에 존재하는 두 개의 능력 혹은 "본성"이다. 이 관점에서 그리스도인의 삶은 두 개의 본성 사이에서 지속되는 의지의 싸움이 된다. 루터의 격언인 "의인이면서 동시에 죄인"(simul iustus et peccator)이 가장 잘 해석되는 것이 바로 이러한 맥락이다.

하지만 앞서 살펴보았듯이 바울은 아브라함과 그리스도, 칭의, 율법, 이스라엘, 믿는 이방인의 위치 등을 계속해서 전개되고 있는 역사적/신학적 내러티브라는 틀 내부에서 논의했다(갈 1–4장). 그렇다면, 갈라디아서 5-6장에서 바울이 기존의 내용에서 그리스도인의 내적 투쟁을 고도로 성찰하고 분석하는 내용으로 비약했다고 이해하기 보다는, 1-4장에서 제기한 폭넓은 틀 안에서 자기주장을 계속해서 전개했다고 보는 것이 더 일관된 설명이며, 주해상으로도 더 설득력 있는 설명이다. "내적 갈등" 해석이 틀렸다는 사실은 바울이 육체의 행동을 **압도적으로** 부정적인 관점에서 말한다는 사실에서 두드러진다. 육체의 행위는 하나님 나라와 **절대 양립할 수 없으며**(갈 5:19–21) 멸망으로 인도할 뿐이다(갈 6:8; 참조. 롬 8:13). 로마서 8:5-8도 내적 갈등을 묘사하는 것이 아니라, 구분되는 두 집단을 기술한다. 하나는 육체를 따라(kata sarka) 사는 부류고, 다른 하나는 성령을 따

---

99) Walter Russell, *The Flesh/Spirit Conflict in Galatians* (Oxford: University Press of America, 1997),

라(kata pneuma) 사는 부류다. 이 중 육체를 따라 사는 부류는 **절대** 하나님을 기쁘시게 **할 수 없다**(롬 8:8). 따라서 육체가 그리스도인의 내적 정체성을 구성하는 요소일 수 있다는 생각은 불가능하다. 오히려 바울이 대조하는 것은 시대가 겹친 상황에서 사는 삶들 간의 대조다. 즉, "육체를 따르는 삶" 대 "성령을 따르는 새로운 삶". 오늘날 최고의 성령 신학자 중 한 명인 막스 터너(Max Turner)는 그 내용을 다음과 같이 표현한다. "'육체를 따르는' 삶은 성령이 반대하는 내 안의 어떤 인류학적 요소를 따르는 삶이 아니라, 인간으로서 살았던 과거 실존 방식의 총체를 가리킨다. 신자들에게 후자의 의미에서 '육체'는 결정적으로 제거되었으며, 갈라디아서 5:24의 표현을 따르면 "십자가에 못 박혔다"(갈 6:14을 보면 '세상'도 마찬가지다).[100]

육체를 따르는 삶(Life kata sarka)은 그리스도가 없는 삶이며 성령이 없는 삶이다(롬 8:9). 그리고 여전히 정죄와 죄, 죽음 아래 있는 삶이며(8:1-2), 하나님과 척지는 삶이다(8:6). 율법은 "육체로 인해 연약"하기 때문에 죄를 이길 수 없다(8:3). 여기서 율법 자체가 죄와 동일시되지 않는다는 사실에 주목하라. 율법의 근본적인 문제는, 옛 시대에 속했기 때문에 **생명을 가져올 능력이 없다**는 것이다. 오직 성령만이 생명을 줄 수 있다(8:11). "성령과 생명 외에 달리 취할 길은 육체와 죽음뿐이다."[101] 오직 그리스도 안에서만 죄와 죽음이 극복된다. 오직 그리스도 안에서 성령을 따라 사는 사람들만 율법을 성취할 수 있다(8:3-4). 성령을 따르는 삶(Life kata pneuma)은 생명, 그리고 하나님과의 평화를 낳는다. 이런 이야기를 듣고, 종교개혁이

---

100) Turner, *Holy Spirit*, 125.
101) J. D. G. Dunn, "'The Lord, the Giver of Life': The Gift of the Spirit as Both Life-Giving and Empowering," in *The Spirit and Christ in the New Testament and Christian Theology: Essays in Honor of Max Turner*, ed. I. H. Marshall, V. Rabens, and C. Bennema (Grand Rapids: Eerdmans, 2012), 12.

일어났을 당시에 또 다른 '오직'(sola), 즉 오직 성령으로(solus Spiritus)[102]를 외쳤다면 어땠을까 하는 생각이 들 수 있겠다. 왜냐하면, 그리스도인의 삶은 처음부터 끝까지 성령 안에서의 삶이기 때문이다.

그리스도인의 삶을 살기

이렇게 말한다고 해서 그리스도인의 삶에 영적인 투쟁, 어려운 윤리적 선택, 유혹, 실패, 회개, 그리고 개인적 탈바꿈이 수반된다는 사실을 부인하는 것이 아니다. 그리스도인의 삶은 서로 경쟁하는 두 '본성' 사이의 내적 갈등이라는 관점이 계속 우세한 이유는 그 관점이 개인의 실제 경험과 잘 부합하기 때문이다. 그렇다 해도 바울이 염두에 두었던 것은 그런 관점이 아니라는 사실은 변하지 않는다. 바울의 관심사는 하나님의 약속이 성취되었으며 토라가 더는 적용되지 않는 새 시대의 삶에 적합한 것은 **오직 성령뿐**이라고 단언하는 것이었다(그림 4.1을 보라).

그렇다면, 그리스도인의 삶에 벌어지는 진짜 현실의 투쟁을 구성하는 요소는 무엇인가? 이를 간략하게 설명하기 위해 로마서 8:9-11로 시작하자면, 그리스도에 속한 사람을 규정하는 **유일한** 특징은 성령이다(9절). 성령은 각 신자 안에 내주하시며 신자에게 힘을 불어넣는 하나님의 인격적 현존이다. 성령의 현존은, 믿는 자에게 **이제** 생명이 있는 이유가 그리스도께서 그들을 위해 불러일으킨 의 때문이라는 사실을 드러낸다.[103] 하지만 현실에서 그들의 육체는 죽을 것이다. 아직 죄와 죽음이 지배하기 때문이다(10절; 참조. 롬 5:12). 하지만 그들이 현재 경험하는 성령은 그들의 죽을 육체가 그리스도와 마찬가지로 성령을 통해 부활할 것이라는 분명하

---

102) 내가 이렇게 말한다고 해서 그리스도인의 삶에서 인간과 성령이 협력할 여지가 없다는 의미는 아니다. 다른 솔라스(solas)와 마찬가지로 이 개념 역시 그것만 중요하다는 의미가 아니라, 그것이 우선이라는 의미다.
103) Fee, *God's Empowering Presence*, 549.

고 확실한 희망을 제공한다(8:11). 이와 같은 사고는 고린도전서 15:44에도 비슷하게 나타난다. 거기서 바울은 자연적 몸(sōma psychikos)과 부활한 영적 몸(sōma pneumatikos)을 대조한다. 바울이 보기에 그리스도인의 삶을 구성하는 것은 역설이다. 말하자면, 외적인 면에서의 쇠퇴, 고난, 죽음이 내적인 면에서의 성장, 탈바꿈, 소망과 동시에 발생하는데, 그 소망의 절정이 갱신된 피조 세계 안에서(롬 8:18-25; 고전 15:24-28) 영광스럽게 부활한 육체를 입는 것이다(롬 8:29; 고전 15:49; 빌 3:21). 따라서, "자연적" 몸과 "영적" 몸은 둘 다 성령에 "속하며", 몸으로 행하는 모든 일의 영광은 성령께 돌려야 한다. 고든 피는 "자신의 가장 깊은 뿌리가 근본적으로 이원론적인 서방 철학 전통에 있는 사람에게는 이 이야기가 너무 육신과 관계된 내용으로 들리겠지만, 바울에게는 그렇지 않았다"라고 논평한다.[104] 그리스도인의 삶에 관한 바울의 비전은 이 '외적/현재적/육체적인 약함'과 '내적/아직은-아닌/영적인 갱신' 사이의 긴장을 일관되게 포함한다.[105]

"외적으로는" 그리스도인의 삶에 불가피하게 고난이 수반되며, 고난은 보통 박해나 반대의 형태를 띤다(예를 들면, 갈 5:11; 롬 8:18). 그래서 바울은 성령 안에서의 개인 및 공동체의 역동적인 삶과 약함의 경험이 혼재하는 것을 전혀 모순으로 보지 않았다. 바울 사도가 "약한 것들과 능욕과 궁핍과 박해와 곤고를 **기뻐함**" 수 있었던 이유는(고후 12:10),[106] 이러한 경험이 어떻게 그리스도께서 "약하심으로 십자가에 못 박히셨으나, 하나님의 능력으로 살아 계시는지" 보여주고(고후 13:4), 어떻게 그의 제자들이 현재의 약함 가운데서도 그와 비슷한 운명을 기대하는지 보여주는 신호였기 때문

---

104) Ibid., 268.
105) 이 주제에 관한 유익한 논의로 Wojciech Szypuła, *The Holy Spirit in the Eschatological Tension of Christian Life: An Exegetico-Theological Study of 2 Corinthians 5:1-5 and Romans 8:18-27* (Rome: Gregorian Press, 2008)을 보라.
106) 고후 11-13장과 롬 8:26; 고전 2:3; 15:43을 보라.

이다.[107] 고난은 종말론적으로 해석된다. 말하자면, 고난은 인내를, 인내는 연단을, 그리고 연단은 지금 여기서 소망을 낳는다(롬 5:2-4). 그리고 고난은 "잠시 받는 환난의 경한 것"으로 표현될 정도로 철저하게 상대화된다(고후 4:17; 참조. 롬 8:18). 그리고 고난은 역설적으로 그리스도의 생명을 드러낸다(고후 4:10-12). 그리고 고난은 심지어 그리스도, 즉 십자가에 못 박힌 메시아를 아는 길이다(빌 3:9-10). 이런 사실에 비추어 터너는 "그리스도인의 삶은 매끈한 탈바꿈의 과정이 아니라, '겉 사람'은 낡아지고 속 사람은 새로워지는 들쭉날쭉한 과정이다"라고 논평한다. 성령 안의 삶에 관한 바울의 설명을 지배하는 것은 부활과 더불어 십자가다.[108]

잠시만 생각해 보면 알겠지만, 그리스도의 삶에 관한 이러한 이해는 대부분의 현대 서방 기독교에서는 직관에 반하는 내용으로 다가올 것이다. 교회는 멈출 줄 모르는 세속적이고 초자본주의적인 문화에 에워싸여 있다. 이 문화는 안락과 쾌락, 행복을 추구하는 참을 줄 모르는 욕구를 생산하고 (일시적이나마 그 욕구를) 만족시키는 끝 없는 과정에 몰두한다.[109] 이러한 문화에서, 고난을 수용하고 기뻐한다는 것은 앞뒤도 맞지 않고 이해할 수도 없는 이야기다. 고난은 즐기거나 추구해야 할 대상이 아니다. 하지만 바울에게 고난은 그리스도를 따르기 위한 반길만한 기회였다. 만약 교회가 그리스도인의 삶이 지녀야 할 종말론적 형태에 관한 바울의 면도날처럼 날카로운 인식을 잃어버린다면, 선교와 제자도를 향한 동기도

---

107) Keith Warrington은 사도행전에 나오는 성령과 고난에 관하여 논의한 후, 구약의 선지자들과 베드로, 바울, 그리고 예수 자신과 마찬가지로 우리도 고난을 기쁘고 의연하게 그리스도인의 삶으로 통합해야 한다고 결론 내린다. Warrington, "Suffering and the Spirit in Luke-Acts," *Journal of Biblical and Pneumatological Research* 1 (2009): 15-32를 보라.
108) Turner, *Holy Spirit*, 127.
109) 이 주제들에 관한 탁월한 분석으로 William T. Cavanaugh, *Being Consumed: Economics and Christian Desire* (Grand Rapids: Eerdmans, 2009)을 보라.

꺼질 수밖에 없다.

앞서 살펴보았듯이, "내적인" 혹은 "영적인" 관점에서 그리스도인의 삶의 목적은 종말론적이다. 말하자면, 그 아들의 형상과 같은 모습이 되는 것이다. 바울은 성도들이 "허물없이 그리스도의 날까지" 이르기를 기도한다(빌 1:10; 참조. 살전 3:13). 그런데 이것이 어떻게 가능한가? 바울의 혁명적인 답변은 다시 한번, **오직** 성령을 통해서만 가능하다는 것이다. 톰슨은 바울의 이런 답변을 윤리적 성장과 관련된 그리스 로마 세계의 답변 및 유대교의 답변과 대조한다.[110] 그리스 로마 세계는 감정(*pathēmata*, 욕망, 쾌감, 사랑, 근심과 같은 것들) 통제를 못 하는 것이 도덕적 삶을 방해한다고 여겼다. 감정과 그릇된 신념이 연결된다고 여겼기 때문에, 사람이 실존에 관한 올바른 관점과 일치하는 삶을 살도록 제대로 교육받는다면 인간의 번성이 가능하다는 낙관주의가 존재했다. 스토아학파의 경우는 감정이 파괴적인 힘이기 때문에 삶의 목표를 단지 감정의 통제만이 아닌, 이성을 통한 감정의 제거, 병든 영혼의 치유, 덕스러운 삶에 두었다. 유대 세계에서는 토라가 생명과 복의 통로이자 악한 욕망과 불의를 극복하는 수단이었다.

바울은 파괴적이고 사람을 노예를 만드는 "육신의 행위"(갈 5:19-21)를 낳을 뿐인 육체의 **욕망**을 극복하는 수단으로서 이성과 토라를 모두 받아들이지 않았다(갈 5:16, 24). 바울의 관점을 그리스 세계의 선택지나 유대교의 선택지와 비교하면 더 부정적인 동시에 더 긍정적이다. 바울의 인류학은, 율법에 대해서는 선하고 거룩하지만 사람이 지킬 수 없는 것으로 보며 이성에 대해서는 덕에 이르는 길이 아니라고 본다는 점에서 부정적이다. 그런 욕망을 극복하는 **유일한 길**은 "성령을 따라 걷는 것"(5:16), "성령의 인도를 받는 것"(18절), 그리고 "성령과 계속해서 보조를 맞추는 것"(25절)이다. 그리고 바울은 사람이 성령을 따라 살면 "육체의 욕망을 충족시키지

[98]

---

110) Thompson, *Moral Formation*, 135-56.

않을" 것(16절)이라고 굳게 확신한다는 점에서 긍정적이다. 그러한 삶은 풍성한 윤리를 낳아 율법의 목적을 성취하고 성령의 열매로 대변되는 공동체 안에 눈에 보이도록 구현될 것인데, 성령의 열매는 사랑과 희락과 화평과 오래 참음과 자비와 양선과 충성과 온유와 절제다. 바울의 확신을 떠받드는 기초는 그리스도의 죽음과 부활이다. "그리스도 예수에 속한 사람은 육체를 그 정욕 및 탐심과 함께 **십자가에 못 박았다**"(24절). 그 후에는 생명을 주시는 성령의 사역이 신자들을 새 창조로 안내해서, 육체의 시대에 이별을 고할 것이다. 이 관점은 그리스도인의 삶에 관한 놀랄 정도로 확신에 찬 바울의 비전을 죄와 죽음, 육체에서 해방된 삶으로 제시한다(5:1, 13).

하지만 바울은 성령 안에서의 삶이 과거 육체의 삶으로 회귀할 여지가 전혀 없는 승승장구의 삶일 것이라고 주장하지 않는다. 육체로 돌아가지 말라는 권고는 그저 가정에 불과한 것이 아님이 확실하다(롬 8:12-13; 갈 5:13; 6:8). 윤리적 탈바꿈이 정확히 어떻게 '작동하는지'에 관한 다양한 해석이 나오는 이유가 바로 바울의 글 안에 존재하는 '힘을 주시는 성령 경험'과 '지속되는 육체의 현실' 사이의 이러한 긴장 혹은 모호함 때문이다. 던(Dunn)은 필자가 본 논문에서 기술한 종말론적 틀과 탈바꿈을 일으키는 성령 경험에는 상당히 동의하지만, 그리스도인의 삶에 관하여는 로마서 7:14-8:25 주해에 근거하여 내적인 투쟁과 좌절을 특징으로 하는 삶이라며 더 부정적인 측면을 강조한다. 그는 로마서의 이 본문이 육체의 시대와 성령의 시대가 겹친 기간의 삶을, 두 시대를 동시에 사는 그리스도인의 투쟁으로 묘사한다고 주해한다.[111] 터너(Turner)는 같은 내용을 다음과 같이 표

---

111) James D. G. Dunn, *Jesus and the Spirit: A Study of the Religious and Charismatic Experience of Jesus and the First Christians as Reflected in the New Testament* (London: SCM, 1975), 308-18. 또한, Dunn, *The Theology of Paul's Letter to the Galatians* (Cambridge: Cambridge University Press, 1993), 101-20을 보라.

현한다. "신자들은 '자유롭게' 되어 그저 마음이 원하는 대로 움직여도 되는 상태인 것이 아니다. 오히려 우주적인 전쟁에 연루된 상태로, (생명으로 인도하는) 성령 편이든 (멸망으로 인도하는) 육체 편이든 어느 한쪽에 적극적으로 참여해야 한다."[112] 고든 피가 가장 긍정적이긴 하나, 그는 그리스도인의 내적인 투쟁이라는 현실에 관하여는 말하는 바가 거의 없고, 그저 바울은 단순히 신자들에게 역동적인 성령 경험이 존재한다는 사실을 전제했을 뿐이라고 주장한다.[113] 폴커 라벤스(Volker Rabens)는 고든 피의 작업에 존재하는 이 공백을 메우려고 시도했다. 그는 탁월한 최근작에서 성령이 신자들의 종교적, 윤리적 삶에 어떻게 힘을 불어넣고 탈바꿈을 가져오는지 신학적, 실천적 측면을 연구했다.[114] 그의 풍부하고 상세한 논지를 과도하게 단순화하는 위험을 무릅쓰고 그의 주장을 요약하자면, 그는 성령의 사역을 이해할 때 관계의 시각에서 접근하자고 제안한다. 즉, 성령이 "**아버지**(아빠, *Abba*), **예수 및 동료 신자 사이에 창조하는 친밀한 관계**"를 통해 그리스도인의 윤리적 삶에 영향을 미치는 방식을 탐구하자는 것이다.[115] 신자들은 성령의 영향력이 미치는 영역으로 옮겨지고, 그 결과 육체와는 더 멀어지고 성령이 창조한 새로운 관계들의 조합으로 들어간다. 그리스도인의 삶을 살도록 힘을 불어넣을 뿐만 아니라 점진적인 **탈바꿈**을 일으키는 것은 바로 이러한 관계들의 역동적인 상호작용이다.

라벤스의 연구는 바울이 개인의 제자도를 늘 공동체의 맥락에서 생각했다는 사실을 강력하게 일깨워 준다. 이런 진리를 단순히 진술하는 때가 아니라 신자들이 성령의 **교제**로 **함께하는** 때야말로 진정 우리가 주 예수

---

112) Turner, *Holy Spirit*, 126.
113) Fee, *God's Empowering Presence*, 433.
114) Volker Rabens, *The Holy Spirit and Ethics in Paul: Transformation and Empowering for Religious-Ethical Life* (Minneapolis: Fortress, 2013).
115) Ibid., 126 (emphasis original).

그리스도의 **은혜**를 통해 하나님의 **사랑**을 경험하는 순간(고후 13:14)이며 영적으로 탈바꿈되고 힘을 얻는 순간이다. 바울은 육체가 여전히 세상 속에서 강력한 힘을 발휘하는 동안에도 성령이 함께하시는 종말론적 공동체인 교회가[116] 하나님의 임재가 현시되는 매력적인 장소가 될 것으로 확신했다. 바울이 빈번하게 사용하는 표현인 "서로"는 신자들의 서로를 향한 헌신의 철저함을 잘 보여준다. 그들은 서로 지체이며(롬 12:5, 엡 4:25), 서로 세워 주어야 한다(살전 5:11, 롬 14:19). 또한, 서로 돌보고(살전 3:12, 4:19, 살후 1:3, 롬 13:8), 타인의 유익을 추구하며(살전 5:15), 사랑 안에서 서로 참아 주고(엡 4:2), 서로 짐을 지며(갈 6:2), 서로 친절하고 따뜻하게 대해 주고 서로 용서하며(엡 4:32, 골 3:13), 서로 복종하고(엡 5:21), 서로 남을 자기보다 낫게 여기며(빌 2:3), 사랑 안에서 서로 헌신하고(롬 12:10), 서로 마음을 같이 해야 한다(롬 12:16). 늘 분명하게 진술되는 것은 아니지만, 이런 과정의 시작과 유지에 모두 성령이 중추적인 역할을 한다.

이렇게 그리스도인의 삶은 공동체라는 맥락이 특징이라는 사실은 우리의 마지막 요점으로 이어진다. 즉, 바울 사도의 윤리에서 핵심은 사랑이었다. (오늘날 많은 교회처럼) 바울의 교회들도 인종, 종교 배경, 성격, 성, 사회경제적 지위, 교육 수준, 지능, 나이, 신학, 언어, 문화, 영적 경험 등과 같은 경계를 넘어 뒤섞인 공동체였다. 바울의 일관된 도전 가운데 하나가 그러한 다양성을 조화롭게 버무리라는 것이었으며, 이것이 바로 애초에 바울의 편지 대부분이 기록된 이유였다. 톰슨(Thompson)은 사랑이 바울이 제시한 유일한 그리스도인의 행동 수칙은 아니었다며 주의를 주지만, 사랑이 새롭게 형성된 하나님의 가족 내부에서 그리스도인의 삶 모든

---

116) Richard N. Longenecker, "Paul's Vision of the Church and Community Formation in His Major Missionary Letters," in *Studies in Paul, Exegetical and Theological* (Sheffield: Sheffield Phoenix, 2004), 73-88.

측면에 적용되는 **필수적인 핵심 태도**였다는 사실에는 이론의 여지가 없다.[117] 이 내용은 거대한 주제여서 여기서는 살짝 맛만 볼 수 있겠다.[118] 우리의 사례 본문인 갈라디아서를 다시 살펴보자. (눈에 띄는 내용인데) 바울은 할례나 무할례에는 아무런 지속적인 가치가 없으며 "**유일하게 중요한 것은 사랑을 통해 표현되는 믿음**"이라고 진술한다(갈 5:6). 사랑은 성령의 열매 중 첫 번째 요소인데, 보통 바울의 글에서 첫 번째로 등장한다는 것은 가장 중요하다는 의미다(갈 5:22).[119] 그리스도인의 삶은 도덕률 폐기론과 무관하다. 오히려 육체에서 해방된 그리스도인의 삶이 지향하는 **목적**은 "사랑 안에서 서로 겸손하게 섬기는" 것이다(갈 5:13). 바울은 예수의 말씀과 레위기 19:18을 반영해 "율법 전체가 '네 이웃 사랑하기를 너 자신같이 하라'는 한 계명 안에 요약되어 있다"라고 말한다(갈 5:14 NRSV; 참고. 롬 13:8-10). 이렇게 조금만 조사해 보아도, 사랑이 **바울의 내러티브 신학의 절정으로 이해되었으며**, 사랑이 **성령의 새 언약 공동체와 불가분하다**는 사실이 드러난다. 성도들이 능동적으로 성령과 "보조를 맞출" 때, 그들의 삶은 사랑을 "낳는다".[120] 성도들은 성령을 통해 하나님의 사랑을 경험한다(롬 5:5). 그리고 하나님의 사랑이 최고조로 드러난 것은 그리스도의 십자가 죽음이다(롬 5:8).

실은 바울의 편지가 사랑에 푹 잠겨 있다고 말하는 것이 온당하다. 하나님의 백성은 하나님께 사랑받는다(살전 1:4; 살후 2:13, 16; 롬 1:7; 고후 13:11, 14; 엡 1:4-5; 2:4; 3:17-19; 5:1-2; 골 3:12). 피조 세계 안의 어떤 것도 예수 안에 표현된 하나님의 사랑에서 그분의 백성을 떼어 낼 수 없다(롬 8:37-39).

---

117) Thompson, *Moral Formation*, 12.
118) "사랑을 실천하는 것"에 관한 논의로는 ibid., 157-80을 보라.
119) Fee, *God's Empowering Presence*, 446.
120) 골 1:8을 보면, 에바브라가 바울에게 골로새 교인들의 "사랑을 성령 안에서" 알렸다고 나온다.

신자들은 사랑 안에서 서로를 위해 행동해야 한다(살전 4:9; 롬 14:15; 고전 8:1; 엡 4:2, 15-16; 빌 2:1-2; 골 2:2). 유명한 내용이지만, 바울은 고린도전서 13:1-3에서 그리스도인의 모든 삶과 사역이 사랑 안에서 행해지지 않는다면 아무 소용이 없다고 가르친다. 그는 그 편지를 마무리하면서 간단하게 명령한다. "모든 일을 사랑으로 행하라"(고전 16:14). 이 총괄적인 명령은 에베소서 5:2("사랑의 방식으로 행하라")에도, 골로새서 3:14("이 모든 것 위에 사랑을 더하라")에도, 그리고 데살로니가 5:8(바울은 "믿음과 사랑으로 무장을 하자"라는 권고에 자신도 포함시킨다)에도 메아리친다. 바울 사도는 빈번하게 그의 공동체들을 향한 깊은 애정을 표현한다(예를 들면, 살전 2:8; 고전 16:24; 고후 2:4; 11:11; 빌 4:1). 남편은 아내를 사랑해야 한다(엡 5:25; 골 3:19). 바울은 신자들의 사랑이 성장하기를 기도하며(살전 3:12; 빌 1:9), 교회의 사랑에 관한 소식을 듣고 기뻐한다(예를 들면, 살전 3:6; 살후 1:3). 또한, 그는 "사랑에서 우러나와" 그리스도가 전파될 때 감사한다(빌 1:16). 그는 하나님의 백성을 향한 성도들의 사랑을 들을 때 즐거워하며(골 1:4; 몬 5, 7), 주께서 그들의 "마음을 인도하여 하나님의 사랑"에 이르게 해 달라고 기도한다(살후 3:5). 그리고 사도의 권위를 동원하기보다는, 빌레몬에게 "사랑에 기초하여" 오네시모를 대해 달라고 호소한다(몬 9).

[101]

아무리 따져 봐도, 내가 보기에는 이것이 바로 바울과 그의 신학, 그리고 그리스도인의 삶에 관한 그의 비전을 보여주는 멋진 그림이다. 또한, 그동안 바울 신학이 얼마나 원자화되었는지, 그리고 바울 서신에서 사랑이 (이를테면) 칭의보다 훨씬 더 광범위하게 등장하는 주제라는 점을 감안할 때 그동안 사랑에 관한 바울의 신학이 상대적으로 얼마나 도외시되었는지에 관한 주목할 만한, 설득력 있는 설명이기도 하다.[121] 앞서 논의한

---

121) 소수나마 두 연구서가 있는데, Victor Paul Furnish, *The Love Command in the New Testament* (Nashville: Abingdon, 1972)와 Leon Morris, *Testaments of Love: A Study*

모든 내용과 일치하여 사랑 역시 종말론적으로 이해되어야 한다. 믿음과 소망과 사랑 중에, 장차 올 새 창조 안에서도 지속되는 것은 사랑뿐이며(그림 4.1을 보라), 따라서 그 셋 중에 제일은 사랑이다(고전 13:13).

결론

우리는 기독론과 구원론에서 토라의 다층적인 용법, 육체와 겹쳐있는 성령의 새 시대 안에서 사는 사랑의 삶까지 다양한 영역을 다루었다. 그 유일한 목적은 바울 사상의 신학적 깊이와 광활한 규모, 그리고 그의 일관된 목회적 초점을 간략하게나마 정리해보려는 것이었다. 지난 사십 년 동안 옛 관점과 새 관점 사이의 논쟁을 "들여다본" 사람으로서 (상당한 정도의!) 단순화를 무릅쓰고 이야기하자면, 나는 **"영의 인도를 받는 성찰하는 실천가"** 바울의 진면목을 정확히 밝히는 일이 얼마나 어려운지 깨닫는 것이 중요한 요인이라는 생각이 든다. 옛 관점은 종교개혁 시기에 구원론에 관한 관심에서 발달했고, 이신칭의라는 영광스러운 진리를 되찾았다. 하지만 종종 벌어지는 일이듯이, 장점(이 경우에는 칭의에만 전념했다는 점)이 약점(다른 바울의 주제, 특히 성령과 그리스도인의 삶을 도외시한 점)이 될 수 있다. 새 관점은 종종 서로 상충하는 다양한 방식으로 더 넓은 범위의 질문과 씨름하는 중이다. 바울의 신학적 비전이 지닌 복합성을 종합하는 것과 관련된 세부사항은 계속해서 활발한 토론의 대상이 될 것이 틀림없지만, 새 관점의 중요한 공헌을 통해 우리는 바울의 복음이 하나님께서 그리스도와 성령 안에서 행하신 일들을 중심으로 구조화된 풍부하고

---

of Love in the Bible (Grand Rapids: Eerdmans, 1981)이다. 2010년 로잔 케이프타운 언약(Cape Town Commitment of the Lausanne Movement)은 내가 알기로 사랑이란 주제를 중심으로 구성한 복음주의권 최초의 신앙고백서다. http://www.lausanne.org/content/ctc/ctcommitment을 보라.

[102] 종합적이며 희망찬 내러티브라는 사실을 깨닫게 되었으며, 이 내러티브는 그리스도인의 삶이란 "경주"에 목표와 절박함을 제공하며(예를 들면, 갈 2:2; 고전 9:24), 선한 행실을 격려한다(갈 6:9-10). 이 글을 바울의 말로 마무리하는 것이 마땅하겠다. "그러므로 내 사랑하는 형제자매들이여, 굳게 서라. 어떤 것에도 흔들리지 말라. 언제나 주님의 일에 더욱 힘쓰라. 이는 너희 수고가 주님 안에서 헛되지 않은 줄 너희가 앎이라"(고전 15:58).

그리스도 안에서 성령을 통해 하나님의 새 창조 백성에 참여하기

티머시 곰비스(Timothy G. Gombis)

지난 사십 년 동안 일어난 바울 연구 혁명은, 이전에 이신칭의에 초점을 맞춘 유별난 개신교의 바울 해석이 지배하던 학계의 분위기를 처음부터 문제 삼았고 이제는 그런 상황을 무너뜨렸다. 해석의 장(場)에 생긴 이러한 변동이 가져온 결과 중 하나로, 바울은 조직신학을 저술한 것이 아니며 그의 편지들도 각 그리스도인에게 적용되는 구원의 특성에 관한 추상적인 신학 성찰의 결과물도 아니라는 사실이 재차 강조되었다. 바울은 교회에 편지를 쓰면서 공동체 안에 건설적인 역동을 구축하기 위한 조언을 한다. 그럴 때 그가 각 편지에 어떤 신학 개념을 담을지 결정한 요인은 각 교회의 상황에 대한 그의 인식 및 각 교회와 그의 관계였다. 바울이 "그리스도인의 삶"과 같은 주제를 어떻게 다루었는지 그 방식을 숙고하다 보면, 바울의 편지가 **상황의 필요에 따라 집필된 문서**(contingent document)라는 사실을 염두에 두지 않을 수 없다.

해석의 풍경이 변하면서 초래된 또 다른 결과는 칭의 교리를 해석할 때 바울의 주장 전체를 배경에 두게 되었다는 것, 그리고 질감이 풍부한 바울 신학의 다른 많은 측면이 부상할 수 있는 환경이 만들어졌다는 것이다. 이제는 칭의 교리가 그리스도인의 정체성을 설명하기 위한 수많은 이미지와 비유 가운데 하나일 뿐이라는 사실이 명백해 보인다. 물론 이렇게 이야기한다고 해서 칭의의 중요성을 무시하는 것은 아니다.

[104] 나는 이 글에서 그리스도인의 삶에 관한 바울의 성찰에서 핵심 초점은 교회였다고 주장할 것이다. 교회는 공동체에 속한 개인으로 구성된 하나님의 새 창조 백성이다. 바울은 이 공동체와 무관하게 그리스도인의 삶을 사는 개인의 모습을 도무지 상상할 수 없었다. 그런데 이 공동체가 그들의 정체성(그들의 역사, 언어, 선교, 상징, 관계의 패턴, 사회적 역동)을 도출한 원천이 성경의 이야기였다. 그래서 나는 그리스도인의 삶을 성경 내러티브 안에 자리매김할 것이다. 그 내러티브는 창조에서 새 창조로 뻗어 나가며 이스라엘 시대에 곤두박질치기도 했는데, 그 내러티브를 결정지은 궁극적인 요소는 예수의 신실한 삶이었다.

다음으로는 "성령을 통해 그리스도 안으로 받는 세례"가 바울이 그리스도인의 삶에 관하여 생각하는 출발점 역할을 했다는 점을 논의할 것이다. 성령은 신자들을 그리스도 안에서 하나님과 묶으며, 또한 신자들 서로를 긴밀하게 묶는다. 이러한 이중의 화해 사역이 바울의 신학적 비전 중심에 자리 잡고 있으며, 그의 목회를 이끈 핵심 동력이었던 것이 확실하다. 나머지 부분에서는 바울이 그리스도인의 삶을 하나님의 새 창조 백성에 참여하는 삶으로, 그리고 하나님 자신 안에 참여하는 삶으로 묘사한 방식을 추적할 것이다.

이스라엘의 성경 내러티브 속 인류의 모습

바울은 그의 몇몇 서신에서 그리스도인이 견지하는 제자도의 역동을 성경 내러티브라는 더 거대한 흐름의 관점에서 해석한다. 이를테면, 갈라디아서 3-4장에서 공동체의 갈등에 답할 때는 하나님과 아브라함의 관계 및 모세를 통한 하나님과 이스라엘의 관계라는 관점에서 답한다. 바울은 단지 영적인 원칙을 보여주는 실례 정도로 성경을 들여다본 것이 아니다. 그는 이스라엘과 함께하시는 하나님의 방식과 열방에 복을 주시려는 그분의 목적을 보여주는 성경 내러티브를, 갈라디아의 신자들이 그리스도인으로서 추구해야 할 삶의 방식을 보여주는 적합한 준거의 틀로 간주했다.

로마의 그리스도인에게 보낸 편지에서는 이스라엘 성경의 포괄적 내러티브의 관점에서 주장을 전개한다. 그는 자신의 복음이 율법을 세운다고 명시적으로 언급하며(롬 3:31), 그의 주장에는 처음부터 끝까지 성경 인용과 암시가 가득하다. 갈라디아서와 마찬가지로 그가 성경에 호소하는 방식을 살펴보면, 이제 우월한 신적 질서가 도래했으니 성경은 제쳐두어도 되는 대상이라고 본 것이 아님을 알 수 있다. 오히려 바울에게 율법과 선지서는 권위 있는 경전 역할을 했다. 그 책들은 바울의 사고를 형성했을 뿐만 아니라, 그가 교회에 준 충고와 그가 내린 명령의 방향성을 결정했다. 따라서 바울이 그리스도인의 삶에 관하여 어떻게 생각했는지 이해하기 위한 배경 설정을 위해서, 구약이 인류를 향한 하나님의 목적을 어떻게 묘사하는지 다시 살펴보는 것이 도움이 되겠다.[1]

---

1) N. T. Wright는 *Paul and the Faithfulness of God* (Minneapolis: Fortress, 2013), 475-537 = (바울과 하나님의 신실하심, 박문재 역, 크리스천다이제스트, 2015)에서 바울 신학의 배경으로서 초기 기독교의 외형을 형성했던 성경 내러티브를 제시한다.

[105] 창세기 1-2장은 하나님께서 피조 세계를 그분의 성전으로 지으셨다고 암시한다. 말하자면, 그분이 지닌 최고 왕권의 영광을 구현하는 장소로서 세상을 지으신 것이다.[2] 그리고 하나님은 사람을 "하나님의 형상"으로 창조하셨는데, 그 의미는 사람이 그들의 모든 활동을 통해 창조주 하나님의 통치를 그려낸다는 것이다. 하나님은 사람에게 땅의 표면에서 생육하고 번성하며 다스리라고 명령하셨다(창 1:26, 28). 사람이 서로 관계를 만들어가는 것과 함께 창조주 하나님을 대신해 샬롬을 확장하는 일을 감당하는 것이 바로 그들이 ("하나님의 영광"과 같은 의미의 표현인) "하나님의 형상"으로서 그들의 정체성을 수행하는 방식이었다.[3] 그들은 하나님의 명령을 신실하게 준행하는 것으로 하나님께 영광을 돌렸다. 처음부터 (물론 아담과 하와 각자에게는 나름의 독특한 정체성이 있었지만) 그들의 정체성에서 본질은 그들이 서로 맺는 관계 및 하나님과 그들의 관계였다. 그들 각자도 "하나님의 형상"이었지만, 더불어 그들도 "하나님의 형상"이었다. 성경에 따르면, 아담과 하와가 더불어 공동체로서 순종하는 모습은 보이지 않는 창조주 하나님의 모습을 그분의 피조 세계 안에 나타내는 역할을 한다.

---

2) John H. Walton, *The Lost World of Genesis One* (Downers Grove, IL: IVP Academic, 2009), 71-91 = (창세기 1장의 잃어버린 세계, 김인철 역, 그리심, 2011). 이 개념이 성경 전체에서 작동하는 방식에 관해서는 G. K. Beale, *The Temple and the Church's Mission: A Biblical Theology of the Dwelling Place of God* (Downers Grove, IL: InterVarsity, 2004) = (성전신학, 강성열 역, 새물결플러스, 2014)을 보라.
3) 롬 1:23에서 바울은 "영광"과 "형상"을 연결한다. 인류는 피조 세계 안에서 "하나님의 영광"이 되는 것, 그리고 초월자이신 하나님의 형상으로서 그들의 역할을 감당하는 것을 포기했는데, 단순히 피조물의 형상을 세운 정도가 아니라, 그들의 행위를 통해 그들 자신을 그러한 썩어질 것들의 "형상" 혹은 "영광"으로 만들어버렸다. 바울은 인류의 기나긴 우상 숭배 역사가 전적인 어리석음이었음을 밝힌다. 인류가 창조주 하나님의 영광이 되는 것을 포기하고 피조 세계 내부의 썩어질 것의 영광이 되는 쪽을 선택했다는 사실이 바로 어리석음(22절)이며 수치(24절)다.

창세기 3장은 인류가 타락하여 죄에 빠진 것을 기록한다. 하나님을 대신해 피조 세계를 다스리는 일에 아담과 하와가 실패한 것이다. 바울은 이 이야기를 수정해 들려줄 때, 사람이 "불멸하는 하나님의 영광을 썩어 없어질 사람이나 새나 네발짐승 혹은 파충류를 닮은 형상으로 바꾸었다"라고 말한다(롬 1:23).[4] 즉, 사람은 하나님의 성전 안에 창조주의 통치를 반영하는 일에 실패한 것이다. 사람은 하나님께 영광을 돌리고 피조 세계 안에서 그분의 통치를 대표하지 못하고, 피조 세계 **내부의** 다른 것을 반영하고 말았다. 첫 사례에서는 뱀을 반영했고, 이후에는 다른 사람을 반영하거나 이상적인 인간에 관한 다른 공동체의 비전을 반영했다. 바울은 이런 행태를 어리석은 우상 숭배로 보았다. 하나님께서 인간을 지으신 의도는 통치하는 것, 하나님의 주권적 통치의 핵심인 샬롬을 피조 세계 모든 곳으로 확장하는 것, 그들의 육체로 품위 있게 행동하는 것, 그리고 타인과의 관계에서 예의를 갖추고 자기희생적인 사랑으로 대하는 것이었다. 이런 행동들은 그 자체를 넘어 훨씬 더 위대한 무언가를 가리키는 의미로 생각되었을 것이다.

하지만 우상 숭배의 진짜 어리석음은 생명이 없는 사물(예를 들면, 나무나 돌 조각) 혹은 하나님께서 원래는 인류의 통치를 받는 대상으로 의도하셨던 생물(예를 들면, 뱀이나 다른 피조물) 너머의 무언가를 가리키는 전체적인 삶의 양식에 있다. 우상 숭배를 통해 인류는 수치스러운 존재가 되었고(롬 1:24-32), 더는 하나님께 영광을 돌리지도, 그분을 적절하게 반영하지도 못하게 되었다. [106]

하나님께서 그분의 구속 계획을 통해 회복하려고 작정하신 것이 무엇인지 알고 싶다면, '타락' 때 상실된 것이 무엇인지 확인해야 한다. 하나님의 의도는 인류의 점진적이지만 지속적인 확산을 통해 그분의 주권적 통

---

4) 본 논문의 성경 인용은 따로 언급이 없는 한 NRSV에서 가져온 것이다.

치가 전 세계에 속속들이 드러나는 것이었다. 인류는 서로와의 관계를 통해, 피조 세계를 돌봄을 통해, 그리고 바울에 따르면 하나님을 창조주로 공경하고 모든 좋은 것을 주신 그분께 감사드림을 통해(롬 1:12, 딤전 4:4) 창조주께 영광을 돌려야 했다. 그르쳐진 상황에 관한 성경의 기술은 전체적이고 광범위하며, 하나님의 구속 목적 역시 마찬가지로 전체적이고 종합적이다.

타락 후 아담과 하와는 더는 상대의 번영을 추구하지 않는다. 이제는 상대를 해치려는 노력이 더 빈번하다. 가인은 아벨과 함께 하나님의 복을 누리기보다는 동생을 살해하는 편을 택했다(창 4:1-16). 인류는 명예롭게 행동하기보다는 수치스럽게 행동하며 서로 창피한 관계를 맺었다(창 9:18-27). 인류는 샬롬의 보편적인 확대를 위해 흩어지기보다는 우상 숭배를 목적으로 한데 모여 힘을 합치려 했다(창 11:1-9).

창세기 11장의 끝 무렵에는 하나님을 아는 지식이 상실되고 만다. 땅 위의 그 누구도 하나님을 반영하거나 그분께 영광을 돌리거나 그분의 이름을 피조 세계 안에서 위대한 이름으로 높이지 않는다. 하나님께서 아브라함을 통해 세상을 되찾는 작업을 시작하신 것이 바로 이 지점, 이 절망적인 순간이다. 하나님은 이교도였던 아브라함을 부르시고 그에게 몇 가지 약속을 잇달아 하신다. 하나님은 그로 큰 민족을 이루실 것이며, 그를 통해 세계의 모든 족속에게 복을 주실 것이다(창 12:1-3). 하나님의 이 첫 움직임은 그분의 창조 목적과 바로 연결된다. 하나님은 인류가 피조 세계 전체로 퍼져 오직 그분만을 경배하고 섬기기를, 또한 그분을 반영하고 그분께 영광을 돌리기 원하셨다. 하나님은 이런 특정한 문제에 대한 해결책으로 아브라함을 부르신 것이다. 전 세계 모든 족속이 창조주 하나님을 경배하지 않는 상태였고, 하나님의 목적은 이 상황을 바로잡는 것이었다.

아브라함의 가족은 이집트에 있는 동안 큰 민족이 되었다. 그리고 하나님은 (향후 패러다임이 될) 구원을 성취하시면서 파라오를 물리치고 하나님의 백성을 종살이에서 해방시킴으로 자신의 이름을 크게 높이셨다(출 6:1-9; 11:9; 롬 9:17). 하나님은 이스라엘을 불러 새로운 소명을 주셨다. 그것은 세상의 빛이 되고 왕 같은 제사장이 되는 것이었다(출 19:6). 이스라엘은 열방을 창조주 하나님께 데려오고, 유일하신 참 하나님을 열방에 전해야 한다. 말하자면, 이스라엘은 열방에게 이스라엘의 하나님을 **열방으로서** 어떻게 예배해야 하는지 가르치는 소명을 받았다.[5]

이스라엘은 "거룩한 백성"이어야 한다. 하나님을 위해 따로 구분된 민족이어야 한다. 구체적으로 말해, 사람 사이의 행동, 대외 및 대내 정책, 빈민 처우, 전쟁 수행 등의 측면에서 창조주 하나님의 참된 특징을 그들 민족 안에 구현하는 백성이어야 한다. 말하자면, 이스라엘이라는 존재와 그들의 전체적인 민족적 삶의 양식이 하나님을 반영하고 하나님께 영광을 돌리는 역할, 세계 열방에 이스라엘 하나님의 특성을 구현해 보여주고 그들도 돌이켜 유일하신 참 하나님을 경배하라고 소망하며 외치는 역할을 감당해야 한다.

[107]

이런 것이 이스라엘 민족의 임무였지만, 그들은 이 임무에 실패했다(시편 78:1-72; 겔 16:1-52; 롬 3:3). 이스라엘은 열방에 빛이 되기보다는 열방과 같은 모습이 되기 원했다. 그들은 우상으로 마음을 돌렸고, 주변 민족들을 보고 그들의 행습, 대인 관계 역학, 사회의 부패를 본받았다. 그들은 거룩하지 못한 백성, 정의롭지 못한 백성이 되었다(사 5:1-7). 그렇게 해서 그들은 이스라엘 하나님의 형상을 반영하고 만물의 창조주이시기도 한 그분께

---

5) "율법 아래" 있지 않은 상태로 이스라엘의 하나님을 어떻게 예배할 것인가? 이 문제를 풀어야 하는 숙제는 처음부터 존재했다. 하나님의 기획에 따르면, 이스라엘과 그들이 파송 받은 대상인 열방은 이스라엘 민족이 아닌 사람이 어떻게 이스라엘 민족이 되지 않은 채 율법을 따라야 하는지 생각해내야 했다.

영광을 돌리는 데 실패하고 말았다. 그들은 하나님께서 명령하신 대로 서로를 사랑하지도 않았고 땅을 돌보지도 않았다. 선지자들의 말에 따르면, 이스라엘 민족의 신실함 때문에 열방이 이스라엘의 하나님께 영광을 돌리는 일은 벌어지지 않았고, 도리어 하나님의 이름이 열방 가운데서 모독을 당했다(사 52:5; 겔 36:20; 참조. 롬 2:24). 이스라엘이 그들의 하나님을 대변하지 못하는 백성이 되었기 때문에, 그들의 하나님은 그들이 더는 그분의 백성이 아니라고 선언하셨다(호 1:9).

이스라엘이 신실하지 않았기 때문에, 하나님은 그들을 추방하셨다. 하지만 추방하면서도 약속을 남기셨다. 하나님은 이스라엘을 잊지 않으실 것이다(사 43:1–28). 그분은 언젠가 그들을 회복하고 그들을 다시 한번 자기 백성으로 삼겠다고 약속하셨다(호 1:10–11). 그분은 자신의 영을 그들에게 부으시며, 생기를 주시고, 그들을 흩은 땅에서 다시 불러들이시며, 장차 열방과 더불어 하나님을 예배하는 정의의 백성으로 만드실 것이다(사 49:1–26; 겔 37:1–28).

성경 내러티브를 굉장히 간략하게 요약한 이 내용에서 핵심은 하나님께서 이스라엘에 두셨던 의도가 하나님께서 아브라함에 두셨던 목적과 전적으로 일치한다는 사실을 확인하는 것이다. 그 목적은 아브라함을 통해 전 세계의 민족에게 복을 주시는 것이었다. 그리고 이 내용은 하나님의 창조 의도(인류 전체가 지상을 채우고, 하나님을 대신해 지상을 통치하며, 피조 세계의 번영을 감독함으로써 만물을 다스리는 하나님의 주권적 통치를 구현하는 것)와도 일치한다. 하나님은 이스라엘을 그분의 백성이 되도록, 그리고 타락 때 상실된 모든 것을 회복하는 중재자 민족이 되도록 부르셨다. 그들은 초월자이신 하나님의 생명을 열방에 가져다주는 존재가 되며, 지상의 족속들이 하나님의 복을 누리고 하나님의 주권적 통치를 찬양하고 이스라엘의 하나님 앞에서 정의를 실천하고 겸손하게 행하는 민족들이 되는 상태를 회복하는 수단이 되어야 했다. 하나님의 계획은 이스라엘이 열방을 그들의 하나님께로, 또한 유일하신 창조주도 되시는 하나님께로 인도하는 바로 그 역할을 하면서 이스라엘 역시 열방들 곁에서 복을 누리는 것이었다.

여기서 더 전략적으로 본서의 주제에 초점을 맞추어 보면, 이스라엘의 성경에 따라 인류의 특징에 관한 중요한 요점 몇 가지를 제시할 수 있겠다. 첫째, 인류는 하나님의 형상으로 창조되었고 하나님을 대신해 피조 세계를 통치하도록 부름 받았지만 그 임무에 실패했다. 인류는 하나님께 등을 돌리고 서로에게 등을 돌려 우상 숭배자가 되었고, 그 결과 성전에 거하시듯 피조 세계에도 거하시려던 하나님의 원래 의도가 어그러졌다. 둘째, 하나님은 한 사람 아브라함을 불러 모든 인류를 회복하는 그분의 계획을 수행하는 대리자가 되게 하셨다. 셋째, 아브라함의 "씨"인 이스라엘 민족은 열방을 다시 창조주이기도 하신 이스라엘의 하나님께로 인도하도록 부름 받았지만 그 임무에 실패했다. 그들도 서로에게, 열방에게, 하나님께 등을 돌렸고, 우상 숭배자가 되었다. 하나님은 성전에 거하시듯이 모든 인류와 함께하시려는 그분의 원래 의도를 성취하실 것을 내다보며 이스라엘과 함께 거하시려 했었다.

[108]

따라서 성경은 "구원"이 반드시 일어나야 하는 하나의 시나리오를 제시한다. 세계의 족속들이 가르침을 받고 교화되어 이스라엘의 하나님을 경배하는 일이 일어나려면 먼저 이스라엘이 하나님께 회복되어야 한다. 그리고 이스라엘의 회복은 사람들의 눈에 이스라엘의 하나님이 진정 창조주 하나님(그분의 영광을 피조 세계 전체에 가득 채우시는 유일하신 참 하나님)으로 보이도록 하기 위해서도 필수적이다. 하나님의 구원 사역이 완성되는 것은 오직 아담과 하와로 인해 파괴된 상태가 회복될 때뿐이다. 말하자면 피조 세계 전체에 속속들이 하나님을 반영함으로써 하나님을 예배하는 인류가 회복되어야 한다. 미리 이야기하자면, 그리스도인의 삶에 관해 (그 신학적 방향성[예배의 회복]과 타인을 향한 지침[공동체적 관계의 회복] 양쪽 모두에서) 바울이 사고했던 방식을 결정한 것이 바로 이러한 줄거리를 가진 내러티브였다.[6]

예수 그리스도의 신실하심

예수 그리스도가 바울 신학 전체의 중심이라는 말은 진부할 정도다. 만물이 그리스도 안에서 유지될 뿐만 아니라(골 1:17), 바울 사상 전체가 예수 그리스도를 중심으로 응집하며, 사도 바울은 그분을 이스라엘 성경의 중심이자 성취로 보았다. 구원은 예수 그리스도 안에 있다고 바울이 선포했을 때, 그 선포는 열방의 복에 관한 아브라함의 성취되지 않은 약속에 관한 주장이었다. 그리고 그것은 하나님의 소유이자 열방을 향한 하나님의 복을 중개하는 민족이었던 이스라엘의 실패한 내러티브를 하나님께서 속량하신다는 주장이었다. 마지막으로, 아브라함 이전의 내러티브인 아담과 하와의 타락까지 거슬러 올라가 이야기하자면, 예수는 타인을 위한 자기희생적인 사랑의 삶을 통해 구현한 신실한 순종을 창조주 하나님께 바친 참 사람이었다. 그렇다면, (1) 예수 그리스도, (2) 하나님의 구속 목적 전반과 그리스도의 관계, 이 두 가지가 그리스도인의 삶이 일어나는 맥락이며, 그리스도인의 삶이 참여하는 원형이다.

[109]

---

6) 바울의 비전을 형성한 것이 이 내러티브라는 사실은 로마서의 구조에 분명하게 반영되어 있다. 롬 1:18-32에서 바울은 창 1-3장의 관점에서 인류의 타락을 설명한다. 하나님의 회복 프로젝트를 진술한 뒤 바울은 로마의 그리스도인들에게 그들의 "예배"를 새롭게 하라고 촉구한다(롬 12:1-2). 그들이 하나님의 형상이 될 것을 기대하셨던 하나님의 창조 목적을 구현하라는 것이다. 바울은 그 편지의 절정부에서 갈등 중인 분파들을 향해 서로를 수용하라고 촉구할 때도, 이 명령을 하나님의 영광이 회복되는 것과 세계 열방을 통해 이스라엘의 하나님이 영광 받으시는 것의 관점에서 제시한다(롬 15:7-13).

첫째, 예수는 아담과 하와의 실패한 내러티브를 속량했다. 인류는 하나님을 대신해 피조 세계를 다스림으로써 하나님께 신실하도록 부름 받았다. 인류의 관계는 하나님을 지향하고 타인을 지향하며 피조 세계를 지향해야 했고, 그러한 적절한 관계를 통해 피조 세계 안에서 하나님의 초월적인 통치를 대변해야 했다. 인류는 이 역할에 실패했지만, 바로 그 지점에서 예수는 신실했다. 예수는 죄에 지배당한 인류(인류가 죄에 지배당한 결과가 인류의 불순종이다)를 짊어졌고(그는 "죄 있는 육신의 모양으로" 오셨다[롬 8:3]), 로마제국의 십자가 위에서 수치스러운 죽임을 당하기까지 하나님께 순종하셨다(빌 2:8). 그가 하나님께 순종한 것으로 인해 그리스도 안에 있는 사람들은 탈바꿈되어 하나님께서 원래 그들에게 두셨던 의도를 회복한다. 즉, "한 분 예수 그리스도를 통하여 생명 안에서 왕노릇한다"(롬 5:17).

둘째, 예수는 아브라함의 참 씨로서, 하나님께서 그 족장에게 하신 약속을 이행했다. 바울은 갈라디아서 3:16-18에서 대담한 주장을 전개한다. 그는 집합 단수인 "씨"를 토대로 삼아, 예수 그리스도가 아브라함 약속이 의도한 수령자라는 주장을 펼친다. 갈라디아 교회의 이방인들은 "그리스도 안에" 있고 하나님의 성령을 통해 그리스도와 연합되었기 때문에, 아브라함의 자녀요, 아브라함을 통해 열방에 복을 주시겠다는 하나님 약속의 수혜자다(갈 3:14, 29).

둘째 내용과 관련된 셋째, 예수는 열방의 빛이 되어야 할 이스라엘 임무를 성취하여 하나님의 복을 모든 인류에게 확대하고 열방을 불러모아 이스라엘의 하나님께 찬양을 돌리게 하는 참 이스라엘 사람이다(갈 3:14; 롬 15:9-12).

넷째, 하나님을 향한 신실함과 타인을 위한 사랑이 특징인 예수의 삶은 그리스도인의 삶을 위한 본을 제시한다. 자신을 십자가에 쏟아부은 예수의 행동은 바울에게 하나의 패러다임으로, 예수 자신의 특성과 창조주 하나님의 특성을 드러내는 사건이었다.[7] 이로 인해 예수의 삶의 패턴은 그리스도인 제자도의 본이다. 거의 모든 서신에서 바울의 권고는 그 형태상 이러한 틀을 따른다. 본 논문의 나머지는 상당 부분 이 주장을 자세히 설명하는 내용이다.

다섯째, 예수의 임재는 각 교회 공동체를 예수의 성령으로 채운다. 교회에 부어진 성령은 예수의 성령으로(빌 1:18), 교회를 하나님 자신의 생명을 주는 임재로 채워 공동체의 자기희생적인 사랑의 행위를 통해 구현되는 그리스도의 생명을 그들 안에, 그들 가운데 만들어 낸다(고후 3:18; 엡 4:15-16). 예수가 참 사람이셨던 것처럼, 예수의 생명이 이 공동체들에 부어지면 그리스도인 각자의 삶과 그리스도인 공동체의 집단적 삶도 그의 참 사람됨을 닮는다. 바울은 그리스도인의 실존에 관하여 신자들이 "그의 아들의 형상을 본받고"(롬 8:29) "하나님의 모양을 따라" 창조된 갱신된 인류에 참여하는 것으로 말한다(엡 4:24). 이런 표현들은 하나님께서 인류를 창조하신 의도를 구체적으로 암시하며, 그리스도인의 삶이 "하나님의 형상"과 관련된 하나님의 원래 목적을 회복하는 것과 굉장히 밀접하다는 사실을 보여준다.

이런 이야기들은 '하나님의 요구'와 '이스라엘의 임무', '열방을 향한 하나님의 계획'을 들려주는 이스라엘 성경을 다시 들춰보는 일이 왜 유익한지 보여준다. 그리스도인의 삶에 관한 바울의 개념은 구약성경을 불필요하게 만들어버리는, 선례가 없는 완전히 새로운 내용이 아니었다. 바울은 그리스도인의 삶을 창조주 하나님께서 그분의 원래 의도를 성취하고 그

---

[7] Michael J. Gorman, *Cruciformity: Paul's Narrative Spirituality of the Cross* (Grand Rapids: Eerdmans, 2001), 9-18 = (삶으로 담아내는 십자가, 박규태 역, 새물결플러스, 2010).

의 약속을 지키며 성경 내러티브의 어긋난 가닥을 바로 잡기 위해 행하시는 작업과 연결된 것으로 생각한다. 하나님께서 하시는 이 모든 일은, 서로 사랑하고 샬롬의 확산을 감독하는 인간 중재자를 통해 그분 자신의 생명을 세상에 정착시키시려는 노력의 일환이다.

하나님은 예수의 죽음과 부활, 승천을 통해, 그리고 예수의 성령을 보내심으로 구원을 성취하셨다. 그분은 피조 세계를 다스리는 주권적 통치를 구현할 수 있도록 인류를 교화하는 목적을 진행하고 계신다. 따라서 그리스도인의 삶에 관한 바울의 비전을 설명하려면 반드시 인류의 정체성이 하나님과 동료 인간을 지향한다는 점, 그리고 이 모든 내용이 하나님께서 예수 그리스도 안에서, 그리고 교회에서 성령을 통해서 행하셨고 또한 행하고 계신 일들을 통해 재조정되었다는 점을 고려해야 한다. 왜냐하면, 하나님께서 아브라함과 이스라엘을 부르실 때 목적하셨던 바가 성취되는 것이 바로 교회 안에서기 때문이다. 하나님은 예수 그리스도의 교회 안에서 신실한 이스라엘 사람과 신실한 비(非)이스라엘 사람으로 구성된 새로운 몸, 메시아 예수의 몸을 창조하고 계신다.[8]

성령을 통해 그리스도 안으로 받는 세례

이미 앞서 내비쳤듯이, 하나님의 성령(고전 3:16)이자 예수의 성령(빌 1:19)인 성령은 하나님의 백성 중에 계시는 하나님의 현존이요, 교회 안에서 일하시는 하나님의 대리자다. 성령은 신자들을 그리스도 안으로 세례 시켜, 그들을 그리스도의 죽음과 부활 안에서 그와 밀접한 관계로 묶어 새 창조의

---

8) 바울은 하나님의 약속이 교회 안에서 성취되었다는 사실이 장차 이스라엘 민족의 회복을 취소하거나 무효화한다고 생각하지 않는다(롬 9-11장). 이 내용을 둘러싼 논의는 복잡하지만, 대체주의 이후 바울 해석에 관한 생산적인 논의는 이제 시작 단계다 (David J. Rudolph and Joel Willitts, eds., *Introduction to Messianic Judaism: Its Ecclesial Context and Biblical Foundations* [Grand Rapids: Zondervan, 2013]).

[111] 생명이라는 현실로 인도한다. 하나님의 백성에게 행하는 성령의 활동에는 그리스도인의 삶에 관한 바울의 관념을 이해하는 데 중요한 측면이 적어도 세 가지 있다. 나는 그중 두 번째와 세 번째 내용을 이 장의 나머지 부분에서 자세히 설명할 것이다.

첫째, 성령은 선지자들이 약속했던 하나님의 종말론적 임재다. 선지자들은 생명을 주는 하나님의 성령이 장차 올 시대에 하나님의 백성에게 부어질 것으로 예언했다. 성령이 왔다면, 그것은 예언된 종말론적 시대가 교회 안에, 그리고 각 교회 안에 도달했다는 의미다. 성령은 미래인 올 시대의 생명을 활성화하고 그 생명을 하나님의 백성에게 가져다준다. 바울은 신자들을 "말세를 만난" 이들로 언급한다(고전 10:11). 다른 편지를 보면 그의 교회들이 이미 "하나님 나라"로 불리는 미래의 현실을 살고 있다고 생각한다(골 1:13, 롬 14:17). 예수를 따르는 공동체들은 이 현실을 함께 경험하며 그들 안에 계시는 하나님 자신의 임재를 성령을 통해 그리스도 안에서 누린다. 하나님 백성의 정체성은 그들이 바로 하나님의 백성이 그동안 기다려온 종말론적 실체인 하나님의 새 창조 백성이라는 것이다(고후 5:17). 교회는 성령을 통해 새 인류 안에 참여한다(엡 4:24; 롬 6:4).

이렇게 하나님의 백성 가운데 올 시대의 능력이 도달했을 뿐만 아니라, 선지자들이 기대했던 다민족, 다인종 공동체도 탄생했다. 말하자면, 유대인과 비유대인이 그리스도 안에서 그리고 새로운 한 백성 안에서 더불어 하나가 되고 있다(갈 3:28). 그리스도 안에 있는 사람이라면 이제 모두 "하나님의 백성"으로 여겨진다.

둘째, 성령을 통해 그리스도 안으로 세례 된 교회의 실존은 "그리스도 안에" 있다. 교회 공동체와 하나님 간 연합은 매우 긴밀해서 교회 모임들의 공동체적 삶은 하나님 **안에서**, 그리스도 **안에서** 일어난다고 말할 수 있을 정도다(골 3:3; 갈 2:20). 그들의 정체성은 예수가 그의 부활과 승천을 통해 이미 통치하는 올 시대에 온전하게 참여하는 자가 되는 것이다(엡 1:3; 2:6; 빌 3:20). 이렇듯 신자들의 실존이 그리스도 안에, 하나님 안에 있다. 그뿐 아니라, 앞서 언급했듯이 하나님이 그리스도 안에서 그들 가운데 거하신다. 바울은 고린도전서에서 교회를 하나님의 새 성전으로 논의하면서 이 내용을 길게 개진한다(고전 3:16-17). 고린도 교회 가운데 하나님께서 거하신다는 사실은 그들의 공동체적 삶에 엄청난 함의를 가진다.

셋째, 성령은 신자들을 그리스도와 긴밀하게 묶기 때문에, 신자들은 교회와도, 그리고 신자들 사이도 긴밀하게 연결된다. 바울은 몇몇 본문에서(롬 7:4; 12:5; 고전 10:16; 12:12) 다양한 의미로 "그리스도의 몸"이란 은유를 사용한다. 지극히 중요한 사실인데, 우리는 예수에도 참여하며 그의 몸인 교회에도 참여한다. 성령은 모든 신자를 서로와 연합시켜 교회 공동체들이 "한 몸"이 되게 한다. 말하자면, 서로를 마치 한 사람의 팔과 손, 손가락인 것처럼 연결한다(고전 12:12-27). 바울은 에베소서 2:16에서 신자들이 하나님 및 서로와 연합되었다는 사실을 언급할 때, 그리스도의 사역을 한 동작으로 설명한다. 말하자면, 우리와 하나님의 화해, 우리 서로 간의 화해가 동시에 발생했다고 본다. 사실상 신자들은 "서로의 지체"다(엡 4:25).

[112]

그렇다면, 바울에게 신자들이 그리스도 안으로 세례받았다는 것은 그들의 실존이 다름 아닌 하나님 안에 있으며 또한 그들 서로가 지극히 중요하게 연결되어 있다는 의미였다. 그들은 그리스도와 연합한 덕분에, 성령을 통해 하나님의 새 창조 백성에 참여하며 하나님 자신의 생명에도 참여한다.[9] 바울은 이런 쌍둥이 렌즈를 통해 그리스도인의 실존을 바라보는

---

9) 내가 **참여**라는 용어를 사용한다고 해서, 인류학적 낙관주의 같은 개념을 몰래 끌어들이는 것도 아니며, 신자들이 구원을 획득한다거나 공로를 따라 구원을 얻는다거나 구원을 위한 행위를 해야한다고 암시하는 것도 아니다. 나는 **참여**라는 용어로, 그리스도인이 된다는 것이 하나님의 새 창조 백성인 교회 가운데 발생하는, 그리고 하나님 자신 내부에서 발생하는 실존의 양식이라는 사실을 지시하는 것이다.

창조적인 신학 비전을 동원해 교회들에 조언한다. 나는 본 장의 나머지 부분에서 이 두 개념의 형태를 일부 논의할 것이다.

하나님의 새 창조 백성에 참여하기

그리스도인의 삶은 그리스도 안에 있는 모든 사람으로 구성된 하나님의 새 창조 백성인 교회에 참여하는 것으로 규정할 수 있다. 하나님은 아브라함과 그의 씨를 통해 지상의 족속들에게 복을 주시겠다는 약속의 성취로 그분의 새 가족을 설립하고 계신다. 바울은 교회를 언급할 때 "새 창조" 용어를 동원하는데(갈 6:15; 고후 5:17; 참조. 엡 2:10; 4:24), 이 언어는 하나님께서 하늘과 땅의 만물을 회복하실 때 인류를 새롭게 하시겠다는 성경의 약속과 교회를 직접 연결한다. 나아가 바울은 성경이 이스라엘을 언급할 때 동원하는 언어도 교회에 적용한다. 그래서 그의 교회 안에 있는 신자들을 "택하신 자", "선택된 자"라고 부른다(롬 8:33; 엡 1:4).

바울은 이스라엘의 정체성과 선교가 교회를 위한 틀과 강령을 제시한다고 암시한다. 그리고 바울에게 그리스도인의 삶은 교회라는 맥락에서만 제대로 이해된다. 이 말은 교회가 "새 이스라엘"이라거나 교회가 이스라엘을 대체한다는 의미가 아니다. 이스라엘의 정체성에 선교가 포함된다는 사실, 그리고 하나님의 구속 목적을 구현하기 위해 그들이 살아야 했던 전반적인 방식(경제, 정치, 종교, 가정, 농업 등 다른 사람과 함께 사는 삶의 모든 영역)을 통해 우리가 교회에 두신 하나님의 목적 역시 삶의 전반을 포괄한다는 점을 확인한다는 의미다. 그리고 그리스도인의 삶에 관한 바울의 개념은 교회에 관한 그의 비전과 분리해 생각할 수 없다. 사실 개신교 신학의 상당 부분은 교회와 분리된 개인에 초점을 맞추어왔지만, 바울은 교회와 분리해서는 그리스도인의 삶에 관하여 말할 내용이 거의 없었다는 것이 꽤 분명하다.

몸의 지체

[113]

그리스도인 됨에 관한 바울의 개념은 철저하게 '한 집단인 하나님의 백성이 됨'이라는 공동체적 경험에 집중되었고 그 경험을 통해 형성되었다. 하지만 바울은 공동체를 우선하느라 개인을 경시하지 않았다. 오히려 바울은 공동체 안의 개인(individuals-in-community)을 상상했다고 말하는 것이 더 적절하다. 이런 관점은, 개인을 구원의 수령자이자 하나님이 그들 안에서 성화를 통해 그리스도의 특성을 만들어내는 대상으로 보며 개인을 논의의 출발점으로 삼는 전형적인 개신교의 관점과 어긋난다. 말하자면, 구원이 먼저는 개인 안에서 실현되며, 그 후에야 각 신자가 그들처럼 구원받은 다른 신자들로 구성된 교회의 구성원으로 자신을 간주한다는 것이 통상적인 개신교의 이해다. 하지만 이러한 신학적 관점은 바울서신에서 도출된 것이 아니라, 개인주의의 영향을 받은 서구 전통에서 비롯된 것이다. 바울은 공동체 안에 존재하는 각 개인을 무시하지는 않았으나, 그리스도인으로서 제자도에 관한 조언을 하기 위해 편지를 쓸 때는 공동체를 향해 썼다. 그리고 그리스도인의 실존을 생각할 때도 그의 개념은 공동체 위주였다.

우리는 바울의 경우에 이런 내용이 바르다고 확실하게 이야기할 수 있다. 왜냐하면, 우리가 가지고 있는 바울의 저작들이 모두 교회에 보낸 편지이기 때문이다. 물론 바울은 크레타섬(디도)과 에베소(디모데)에 있는 교회를 세우려고 애썼던 두 명의 개인에게도 편지를 썼지만, 나머지는 공동체에 보낸 편지였다. 사실 우리가 "목회 서신"이라 부르는 편지들도 편지의 수신자들이 교회를 어떻게 지도하고 양육해야 하는지 권면하는 게 목적이었다. 좀 더 강조하자면, 개인의 이름(빌레몬)을 포함하고 있는 유일한 편지도 두 개인 간의 갈등을 **공동체의 맥락에서** 이야기한다. 이 갈등은 단지 빌레몬과 오네시모 사이의 문제 정도가 아니었고, 바울은 당사자인 빌레몬을 향해서만 이야기한 게 아니었다. 바울은 이렇게 적었다.

> 그리스도 예수를 위하여 갇힌 자 된 바울과 및 형제 디모데는
> 우리의 사랑을 받는 자요 동역자인 빌레몬과 자매 압비아와 우리와 함께 병사 된 아킵보와 네 집에 있는 교회에 편지하노니
> 하나님 우리 아버지와 주 예수 그리스도로부터 은혜와 평강이 너희에게 있을지어다.
> (빌레몬서 1-3)

바울은 화해하라는 이 권면의 편지를 보내는 사람으로 자신과 더불어 디모데를 명시하며, 이 편지를 공동체 전체에 보낸다고 적시한다. 또한, 그가 쓴 다른 편지와 마찬가지로 마지막에 다른 동역자들이 문안한다고 이야기한다.

> 그리스도 예수 안에서 나와 함께 갇힌 자 에바브라와 또한 나의 동역자 마가, 아리스다고, 데마, 누가가 문안하느니라. (빌레몬서 23-24)

[114] 이 내용을 마지막에 툭 던진 언급에 불과하며 아무런 신학적 함의가 없는 "마무리 인사" 정도로 정리해도 무방하다고 보면 안 된다. 이런 인사들은 신학적으로도 중요하다. 말하자면, 그리스도인의 정체성과 제자도가 지닌 공동체성을 재확인해준다. 그리스도인이 된다는 것은 새로운 가족의 형제자매, 새로운 폴리스(polis)의 시민, 새로운 몸의 중요한 장기가 된다는 의미다.

우리에게는 각 사람이 나름대로 "살아낼" 수 있는 "기독교 윤리" 같은 것이 있다는 생각은 현대의 착각이다. 바울은 공동체라는 상황에서 분리

되어 각자의 행동과 관련된 "선택"을 하는 개인을 생각하지 않는다. 그리스도인의 행동은 철저하게 "서로" 및 "타인"과 관련된 행동으로 형성된다. 빌레몬서 6절에 있는 바울의 기도는 이러한 관점을 반영한다. 그는 "네 믿음의 참여를 통해서, 네 안에 있는, 그리스도를 향하는 모든 선한 것을 알게 되는 결과가 있기를"(필자의 번역) 기도한다.

바울은 오네시모와 빌레몬 두 사람이 그리스도를 믿는 신앙을 공유하기에 그들이 형제로서 서로 연합해야 하며 그리스도의 공동체적 구현을 지향하는 새로운 현실("그리스도를 향하는")에 함께 참여해야 한다고 빌레몬에게 이야기한다. 바울은 빌레몬에게 그와 오네시모 사이의 이러한 중대한 유대(그들은 주 안에서 형제다, 몬 16절)를 인식하고 이러한 속량의 현실이란 관점에서 행동하라고 요구한다.

그리고 바울의 가족 언어가 빌레몬서를 지배한다. 가족 언어는 바울의 서신 곳곳에 등장하기에 이 사실은 놀랍지 않다. 이렇듯 바울은 심오한 신학적 현실을 반영하면서 수사적으로 그의 교회가 그들 자신을 하나님의 새 가족으로, 서로를 형제와 자매로 생각하도록 이끈다.

사실 바울의 편지 속에 담긴 거의 모든 명령과 권고가 공동체적 실천과 집단적 행동에 관한 것이다. 나는 바울이 이야기한 "서로"에 관한 자세한 목록보다는 단순히 그의 편지들을 보라고 이야기하고 싶다. 바울이 그의 교회들에 편지를 쓸 때, 일차적인 목적은 그들이 곧 하나님 나라 공동체라는 현실을 반영하기 위해 어떻게 공동체 안의 개인들이 공동체적 삶에 참여해야 하는지 알려주는 것이었다.

역사적으로 바울서신의 구절 중 일부는 그리스도인 개인의 "성령 충만한 삶"을 가리키는 내용으로 해석되었는데, 대표적으로 갈라디아서 5:16-26과 에베소서 5:18-21이 있다. 바울은 (파괴적인 내면적 욕구에 탐닉하는 개인으로 이해되는) 육체를 따라 사는 그리스도인과 대조하면서(갈 5:16-

21), (하나님에 힘입어 순종의 삶을 사는 개인으로 이해되는) 성령에 따라 사는 사람이 되라고 명령한다(갈 5:22-23). 그리고 각 개인에게 술 취한 그리스도인(육체를 따른 삶의 본보기)이 되지 말고(엡 5:18) 그들 안에 순종의 열매를 맺으실 하나님의 성령에 지배를 받으라고 권고한다(엡 5:18-21).[10]

하지만 해석자들이 이 두 본문이 자리 잡은 공동체 지향적 맥락을 인식한다면, 그러한 개인주의적 해석은 유지되기 힘들다. 갈라디아서 5장에서 "육체"와 "성령"은 서로 대립하는 세력 영역을 대변한다. 하나는 악한 현 시대와 그 시대를 지배하는 묵시적인 어둠의 세력이고, 다른 하나는 복음 선포와 더불어 갈라디아에 도래한 새 창조다.[11] 이 둘은 각 개인의 내면에서 대립하는 두 가지 충동이 아니다. 물론, 이 우주적인 영역 간의 밀고 당김을 각 개인도 감지하는 것은 분명하지만 말이다.

바울은 갈라디아에 나타난 대적자들이 공동체에 미친 영향 때문에 육체의 세력이 커졌으며 그 증거로 **공동체 안에 파괴적인 행동이 우세하다**는 사실을 독자들이 볼 수 있기를 바란다(갈 5:19-21). 바울은 그들이 하나님의 영으로 인해 다시 살았고 이제도 성령 때문에 생명을 얻고 유지한다는 사실을 되새기면서, 그들이 진정으로 성령의 영역 안에서 살아야 한다고 주장한다(16절). 그렇게 살기 위해서는 "네 이웃 사랑하기를 네 자신 같이 하라"는 명령을 구현하는 공동체적인 대안적 실천을 함양해야 한다(14절). 그런 실천을 해 나가는 것이 바로 그들 가운데서 일하시는 성령의 열매다(22-23절).

나는 다른 글에서 에베소서 5:18의 "성령으로 충만함을 받으라"라는 충

---

10) 예를 들면, Harold W. Hoehner, *Ephesians: An Exegetical Commentary* (Grand Rapids: Baker Academic, 2002), 706.

11) Richard B. Hays, "Galatians," in *The New Interpreter's Bible*, ed. L. E. Keck et al. (Nashville: Abingdon, 1994-2004), 11:321.

고가 개인이 아닌 교회를 향한 권면이라고 주장한 적이 있다.[12] 그리스도 안에서 하나님은 자신의 임재로 교회를 채우시고(엡 1:19-23), 성령을 통해 교회를 자신의 새로운 성전으로 지으시며(엡 2:20-22), 교회의 성장을 감독하도록 교회 지도자들을 주셔서 교회를 그리스도의 충만한 데까지 자라게 하신다(엡 4:13-16). 교회는 성령을 통해 하나님의 임재가 충만한 집단이 됨으로써 하나님이 그들 가운데서 행하시는 모든 일에 참여할 수 있게 된다. 이 참여는 다양한 공동체적 실천, 말하자면 오직 승리하신 하나님만이 그리스도 안에서 창조하실 수 있는 공동체의 특징을 보여주는 행위들을 시작하는 것으로 구현된다.

바울이 그리스도인의 삶을 생각할 때는 공동체 안의 개인을 상상했다는 사실을 뒷받침하는 훨씬 더 많은 이야기를 할 수 있다. 그리스도인의 삶에서 출발점은 그리스도의 몸인 교회 안으로 받는 세례로서, 세례는 성령을 통해 하나님의 새로운 가족이라는 필수적인 유대 관계 안에서 신자들을 다른 그리스도인과 연합시킨다. 바울은 구원을 하나님께서 각 개인에게 베푸시는 혜택들의 순서로 생각하지 않았다. 그는 구원을 신자들이 하나님께서 그분의 성령을 통해 생기를 불어넣고 부양하시는 '긴밀하게 묶인' 공동체로서 살아가는 현실로 보았다.

십자가를 본받음(Cruciformity) [116]

바울은 그리스도인의 삶이 십자가 형태를 취한다고 보았다.[13] 말하자면, 새 창조 공동체 안에서의 집단적 삶의 양식은 "십자가 형태"(cruciform)

---

12) Timothy G. Gombis, "Being the Fullness of God in Christ by the Spirit: Ephesians 5:18 in Its Epistolary Setting," *Tyndale Bulletin* 53 (2002): 259-71.

13) 이 주제에 독보적인 기여를 한 학자는 Michael Gorman이다. 그의 *Cruciformity*와 더불어 *Inhabiting the Cruciform God: Kenosis, Justification, and Theosis in Paul's Narrative Soteriology* (Grand Rapids: Eerdmans, 2009)를 보라.

라는 특징을 갖는다. 바울은 그의 편지에서 어떤 윤리적인 기획도 제시하지 않는다. 오히려 그의 공동체들에 앞으로 닥칠 도전과 상황에 신실하게 맞설 수 있도록 권면한다. 그리고 이 권고들은 예수의 삶에 나타났던 궤적과 일치한다. 말하자면, 예수의 삶은 하나님께 신실한 삶이었는데, 십자가의 죽음을 감당할 정도의 자기희생적인 사랑이 그 삶의 특징이었다. 신자들은 성령을 통해 예수 그리스도와 긴밀하게 연합함으로써, 또한 그와 함께 십자가에 못 박히고 그와 함께 부활한다. 그들은 성령을 통해 그리스도 안에서 부활의 권능으로 오시는 하나님의 임재에 동참하는데, 그들이 이 현실을 향유하는 방식이 바로 그들의 관계와 공동체의 실천 속에서 십자가 형태의 자세를 취하는 것이다.

바울은 빌립보서 2:1-13에서 바로 이와 같은 방식으로 성도들을 권면한다. 2:2-4에서 바울은 독자들에게 다음과 같이 훈계한다.

> 마음을 같이하여 같은 사랑을 가지고 뜻을 합하며 한마음을 품어, 아무 일에든지 다툼이나 허영으로 하지 말고, 오직 겸손한 마음으로 각각 자기보다 남을 낫게 여기고, 각각 자기 일을 돌볼뿐더러, 또한 각각 다른 사람의 일을 돌보라.

서로의 마음과 행동을 단합하고 이기적인 야망과 타인을 향한 오만을 거부하며 겸손과 자기 섬김의 자세를 가지라는 이러한 권면의 기초는 신학적 형태를 취한 예수 그리스도의 내러티브 궤적이다. 바울은 빌립보 교인들 가운데 우세해야 할 마음가짐을 기술하면서, 그것을 예수의 마음가짐과 같은 것으로 설명한다.

> 그는 근본 하나님의 본체시나

5장. 그리스도 안에서 성령을 통해 하나님의 새 창조 백성에 참여하기 205

    하나님과 동등됨을
    취할 것으로 여기지 아니하시고
오히려 자기를 비워
    종의 형체를 가지사
    사람들과 같이 되셨고
사람의 모양으로 나타나사
    자기를 낮추시고
    죽기까지 복종하셨으니
    곧 십자가에 죽으심이라. (2:6-8)

예수는 하나님 됨과 관련된 모든 특권을 가지셨음에도, 더 많은 것을 [117] 얻기 위해 그 권리를 활용하시지 않았다. 도리어 타인을 향한 자기희생적인 사랑과 하나님을 향한 순종의 자세로 자신을 쏟아부어 수치스러운 십자가 위에서 자기 목숨을 내주고 죽임을 당하기까지 하셨다.

바울은 2:9-11에서 십자가 본받음의 신학을 더 자세히 설명한다.

    이러므로 하나님이 그를 지극히 높여
        모든 이름 위에 뛰어난
        이름을 주사
    하늘에 있는 자들과 땅에 있는 자들과 땅 아래에 있는 자들로
        모든 무릎을
        예수의 이름에 꿇게 하시고
    모든 입으로
        예수 그리스도를 주라 시인하여
        하나님 아버지께 영광을 돌리게 하셨느니라.

바울은 9절에서 예수가 이렇게 하셨기 때문에 하나님께서 그를 귀한 존재로 높이셔서 그를 죽은 자 가운데서 살리시고 하나님 자신의 우주적 왕좌에 앉히셨다고 언급한다. 나아가 하나님은 예수에게 "그 이름", 즉 야훼라는 이름을 주셨는데, 이는 예수가 자신을 희생하여 죽음까지 감당한 바로 그 삶의 궤적 안에 유일하신 참 창조주 하나님이신 이스라엘 하나님의 특성을 계시했다는 사실을 보여준다. 예수 자신의 특성이 십자가 형태였는데, 그것은 예수의 아버지이신 하나님의 특성이 십자가 형태라는 말과 같다. 그렇다면, 하나님의 새 창조 백성의 삶의 양식도 예수 그리스도의 성령이 그들 안에 거하기 때문에 십자가 형태여야 한다. 그래야 하는 또 하나의 이유는, 하나님의 임재가 교회 구석구석을 채우고 교회에 생기를 불어넣어 교회의 각 구성원 안에 그리고 공동체로서 교회 가운데 하나님 자신의 특성을 만들어내기 때문이다.

바울은 이어지는 빌립보서 2:12에서 두려움과 떨림으로 구원을 이루라고 빌립보 교인들에게 권고하면서 이 점을 지적한다. 그들의 "구원"은 공동체로서 그들의 실존이며, 하나님은 그 공동체 안에서 선한 일을 시작하셨고, 그 일을 그리스도의 날, 즉 하나님께서 자기 백성을 최종적으로 온전하게 구출하실 마지막 날까지 완성해 나가신다(1:6). 구성원 사이의 역학과 공동체적 삶의 양식 안에 2:6-8에 제시된 예수의 모습 같은 타인을 향한 자기희생적 사랑과 하나님을 향한 순종의 모습을 담아냄으로써 이 구원을 이루어가는 것이 바로 그들의 책무다. 그들이 이런 공동체가 된다면, 마지막 날 그들도 높아지신 예수의 신분에 동참할 것이다. 바울은 하나님이 그들 가운데 역사하셔서 그들 안에 이런 종류의 공동체가 되려는 욕구와 십자가를 본받는 공동체 역학을 만들어내려는 의지를 불러 일으키신다는 사실을 되새긴다(2:13).

바울은 자신의 삶과 사역도 십자가 형태의 관점에서 바라보았다. 그는 이런 관점을 고린도의 교회에 강조한다. 그 교회는 파괴적인 경쟁, 야심에 찬 탐구, 개인적 성장을 향한 열망을 강조하는 문화에 푹 빠진 공동체였다.

> 형제들아, 내가 너희에게 나아가 하나님의 증거를 전할 때에 말과 지혜의 아름다운 것으로 아니하였나니, 내가 너희 중에서 예수 그리스도와 그가 십자가에 못 박히신 것 외에는 아무것도 알지 아니하기로 작정하였음이라. 내가 너희 가운데 거할 때에 약하고 두려워하고 심히 떨었노라. 내 말과 내 전도함이 설득력 있는 지혜의 말로 하지 아니하고 다만 성령의 나타나심과 능력으로 하여, 너희 믿음이 사람의 지혜에 있지 아니하고 다만 하나님의 능력에 있게 하려 하였노라. (고전 2:1-5)

[118]

바울은 고린도에 있는 동안 그가 한 사역의 모양새와 개인적인 자세 속에 십자가에 못 박힌 예수 그리스도의 모습을 의도적으로 담아냈다. 그는 자기가 고린도의 부패한 문화에 놀아난다면 사람들이 인간의 교묘한 조작에 취해버려 생명을 주는 하나님의 성령의 임재를 도외시할 수 있다는 사실을 잘 알았다. 하지만 십자가를 본받음의 논리에 따르면 십자가를 본받음을 구현하는 공동체적 실천은 하나님의 부활 능력에 의존하며 그 능력을 뿜어낸다.

바울은 고린도후서에서 그의 사역이 지닌 십자가를 본받는 특징에 관하여 더 풀어 설명한다.

> 우리가 항상 우리 몸에 예수의 죽음을 짊어지는 것은 예수의 생명이 또한 우리 몸에 계시되게 하려는 것이다. 왜냐하면 우리 살아 있는 자가 항상 예수를 위하여 죽음에 넘겨지는 것은 예수의 생명이 또한 우리 죽을

육체에 계시되게 하려는 것이기 때문이다. (고후 4:10-11, NIV)

바울은 십자가를 본받음이 하나님의 부활 능력을 경험하는 열쇠라는 사실을 간파한다. 하나님의 부활 능력은 십자가 형태를 띤 관계 역학과 공동체적 습관을 통해 발휘된다.[14]

고린도의 교회가 십자가를 본받는 공동체가 되기를 바라는 바울의 염원은 고린도전후서의 곳곳에서 발견된다. 바울은 그들이 스스로 불의를 당하려 하기보다 서로 법정에 고발하는 상황에 개탄한다(고전 6:7-8). 그리고 우상 신전에 바쳐진 음식에 관한 긴 논의 안에는 다른 사람을 고려해 자유를 포기하곤 했던 바울 자신의 십자가를 본받는 실천에 관한 이야기를 집어넣었다(고전 9:15). 마지막으로 그는 이렇게 권면한다. "누구든지 자기의 유익을 구하지 말고 남의 유익을 구하라"(고전 10:24). 그들은 예수 자신의 삶을 하나의 패턴으로 구현하려 노력했던 바울의 본을 따라야 한다.

> 유대인에게나 헬라인에게나 하나님의 교회에나 거치는 자가 되지 말고, 나와 같이 모든 일에 모든 사람을 기쁘게 하여 **자신의 유익을 구하지 아니하고 많은 사람의 유익을 구하여** 그들로 구원을 받게 하라. **내가 그리스도를 본받는 자가 된 것 같이 너희는 나를 본받는 자가 되라.**
> (고전 10:32-11:1)

하나님 백성의 새로운 정체성은 그들이 그리스도와 함께 고난받는다는 것이다(롬 8:17). 그렇게 하는 사람은 그리스도와 함께 영광을 받을 것이다.

---

14) 이 내용은 빌립보서 3:1-13에서 작동하는 논리와도 같다. 거기서 바울은 2:5-11에서 그가 예수에 관하여 한 말에 비추어 자신의 삶의 궤적과 그가 지녔던 특권의 가치를 재평가한다.

따라서 하나님의 새 창조 백성이 사는 삶의 특징은 그것이 십자가 형태라는 것이다.

단합

바울의 편지 대다수에서 그의 일차적인 관심사는 편지를 받는 교회의 단합이었다. 나아가 역사적으로 "바울 신학"의 광맥 역할을 했던 편지들, 말하자면 로마서, 갈라디아서, 빌립보서와 고린도전후서에서 바울의 근본적인 관심사는 그의 공동체들이 서로 돌보고 섬기며 자신들을 그리스도 예수 안에서 하나님의 새 가족에 없어서는 안 될 핵심 요소로 이해하는 것이었다. 그렇다면 바울에게 그리스도인의 삶을 구성하는 요소는 교회의 단합을 향한 열망을 구현하는 공동체적 실천을 함양하는 것이었다.

개신교 특히 개혁주의의 해석자들은 바울이 이신칭의 개념을 활용한 이유가 로마 교회의 유대인과 이방인 그리스도인을 단합시키려는 것이었다는 주장을 들으면 발끈한다.[15] 하지만 바울이 제시하는 주장의 문법을 따라가 보면, 그것이 실제로 바울이 했던 작업이었다는 사실을 부인하기 어렵다. 그는 분열이 진행되던 로마 교회(혹은 교회들의 네트워크)를 단합시킬 목적으로 편지를 썼다. 바울은 로마서 1:18-3:20에서는 로마 교회의 (이방인만이 아닌) **모든 사람이** 똑같이 죄 아래 심판을 받았다고 주장하며, 이어서 3:21-31에서는 민족 정체성과 무관하게 **모든** 그리스도인이 믿음으로 의롭게 되었다고 진술한다.

바울이 내세우는 주장의 핵심은 로마서 3:22에서 그가 강조하는 "왜냐

---

15) 예를 들면, Colin G. Kruse, *Paul's Letter to the Romans, Pillar New Testament Commentary* (Grand Rapids: Eerdmans, 2012), 20-21; Stephen Westerholm, *Perspectives Old and New on Paul: The "Lutheran" Paul and His Critics* (Grand Rapids: Eerdmans, 2004), 116, 388.

하면"에서 확인할 수 있다(개역개정에는 "왜냐하면"이 없다. KJV 번역: "예수 그리스도의 믿음에 의해 모두에게, 믿는 모든 사람 위에 미치는 하나님의 의니, 왜냐하면 아무 차별이 없기 때문이다"- 역주). 바울은 이제 의가 율법과 별도로 계시되었는데, **왜냐하면** 유대인과 비유대인 사이에 구분이 없기 때문이라고 주장한다. 분명히 유대인과 비유대인 양자는 모두 같은 입장으로 하나님 앞에 선다. 하나님 앞에서 더 유리한 위치를 확보한 민족은 없다. 게다가 3:27에서 바울은 민족 정체성을 자랑하는 문제를 언급하는데, 이 문제는 로마의 그리스도인 공동체를 괴롭혔던 것으로 보인다. 다른 사람보다 우월한 위치를 추구하면서 자신이 율법을 소유했다는 사실이나 자신의 민족 정체성을 자랑하는 사람이 일부 있었다. 하지만 모든 사람이 죄 아래 하나이기 때문에, 그리고 하나님은 모든 사람을 똑같은 근거로 의롭다 하시기 때문에, 로마 교회(들)에 속한 그리스도 안에 있는 모든 사람은 서로에게 속하며 예수 안에 있는 하나님의 새 가족 안에서 서로 형제자매다. 그들은 단합해야 하며, 더는 타인보다 우월한 지위를 추구해서는 안 된다.

　이신칭의가 바울에게 중요하다는 것은 부인할 수 없는 사실이며, 많은 기독교 전통에서도 명백히 이신칭의는 중요한 내용이다. 하지만 바울에게 가장 중요한 것은 교회의 단합이었다. 칭의에 관한 주장도 로마 교회의 분파들을 단합시키려는 목적 때문에 동원한 것이다. 바울이 로마서 3:29-30에서 분명하게 밝히듯이, 이 단합은 하나님의 주권을 입증하려는 목적에도 완벽하게 들어맞는다. 바울은 이스라엘의 핵심 신앙고백인 쉐마에 근거하여 만약 로마 교회에서 유대인이 우선권을 갖는다면 하나님은 세계 전체를 다스리는 유일하신 참 하나님이실 수 없다고 주장한다. 그렇다면 그분은 이방인이 경배하는 다른 신들과 같은 지역 신에 불과할 뿐이다. 이스라엘의 하나님이 세계 전체를 다스리는 유일하신 참 하나님이 되기 위해서는, 그리스도 안에 있는 **모든 사람이** 단합해야 하며 구원에 있어 하나님 앞에 더 유리한 사람이 있는 것처럼 보여서는 안 된다.

두 분파가 그리스도 안에서 단합했기 때문에, 그들은 그들의 몸을 하나님께 단일한 제사로 드려야 한다(롬 12:1-2). 많은 구성원으로 이루어져 있지만 단합된 한 몸을 근본 정체성으로 삼는 교회가 되는 것! 이것이 바로 하나님께서 받으실 만한 적합한 예배다. 수사적으로 로마서의 정점은 로마서 15:5-9이다.

> 이제 인내와 위로의 하나님이 너희로 그리스도 예수를 본받아 서로 뜻이 같게 하여 주사, 한마음과 한 입으로 하나님 곧 우리 주 예수 그리스도의 아버지께 영광을 돌리게 하려 하노라. 그러므로 그리스도께서 우리를 받아 하나님께 영광을 돌리심과 같이 너희도 서로 받으라. 내가 말하노니, 그리스도께서 하나님의 진실하심을 위하여 할례의 추종자가 되셨으니, 이는 조상들에게 주신 약속들을 견고하게 하시고 이방인들도 그 긍휼하심으로 말미암아 하나님께 영광을 돌리게 하려 하심이라.

바울이 로마서를 쓴 목적은 단번에 최종적인 그의 신학을 제시하는 것이 아니다. 오히려, 로마의 교회들을 단합시키고, 분파들을 향해 그리스도가 그들을 받으셨던 것처럼 그들도 서로 받으라고 권면하는 것이었다. 그리고 하나님 백성의 단합은 그리스도인의 삶에서 그다지 중요하지 않은 요소가 아니라 핵심이다. 왜냐하면, 하나님의 영광이 걸려 있는 문제이기 때문이다. 하나님이 영광을 받으시는 것은, 성별과 인종, 부족, 민족을 따라 인류를 분열시켜왔던 죄와 죽음의 폐해로부터 그리고 적대적인 우주적 세력으로부터 그리스도 안에서 인류를 구속하신 것이다. 로마서에서 전개되는 바울의 논리에 따르면, 교회가 단합하지 않는다면 하나님도 영광을 받으실 수 없다.

바울은 갈라디아서에서도 비슷한 기조로 주장을 펼친다. 바울은 안디옥에서 있었던 베드로와의 갈등을 보고하면서, 베드로가 비유대인 그리스도인들과 식탁 교제를 나누지 않고 거리를 둔 것에 대해 "복음의 진리를 따라 바르게 행하지 않은 것"으로 언급한다. 바울의 눈에는 베드로의 이러한 차별이 복음을 향한 공격으로 보였다. 바울은 갈라디아의 이방인 그리스도인들과 새로 도착한 "선동자들"을 향한 그의 신학적 설명(2:15–21)이 뒤섞인 베드로를 향한 연설(2:14)에서, 모든 인류가 그리스도 안에서 인종과 무관하게 믿음으로 의롭게 된다는 사실을 증명하기 위해 이신칭의를 동원한다.16)

갈라디아서 3장의 길고 복잡한 신학 논의에서 절정은 (이미 앞서 언급했듯이) 그리스도 안에서 모든 사람이 아브라함의 자녀로서 하나라는 부분이다(3:28–29). "선동자들"(새로 도착한 교사들을 향해 바울이 5:12에서 직접 사용한 표현)은 비유대인 그리스도인의 교제를 방해했고, 그 결과 이 상황에 어떻게 반응해야 하는지를 둘러싼 분열이 일어났다. 바울은 갈라디아 교회가 그들을 어지럽힌 교사들을 내쫓기를 몹시 바랐을 뿐만 아니라(4:30), 교회가 단합하기를 원했다. 바울은 그들이 서로 섬기는 공동체적 실천에 다시 몰두함으로써 그리스도 안에 있는 자유를 살아내기를 바랐다.

형제들아 너희가 자유를 위하여 부르심을 입었으나, 그 자유로 육체의 기회를 삼지 말고 오직 사랑으로 서로 종노릇 하라. 온 율법은 "네 이웃 사랑하기를 네 자신 같이 하라" 하신 한 말씀에서 이루어졌나니, 만일

---

16) 여기서 바울이 사용한 표현인 "율법의 행위"는 사람이 하는 행위로서 유대인이라는 정체성을 표시하는 행위를 가리키는 게 분명하다. 그는 16절의 "율법의 행위"와 15절에 나오는 어떤 사람을 이방인이 아닌 유대인으로 구분하는 삶의 양식을 동일시한다.

서로 물고 먹으면 피차 멸망할까 조심하라. (갈 5:13-15)

당연히 바울의 다른 서신을 가지고도 이런 입장과 관련된 훨씬 더 많은 이야기를 할 수 있다. 바울은 하나님의 백성 가운데 단합을 촉진하고 만들어내는 사회적 실천과 공동체적 역동을 도모하는 활동을 그리스도인의 삶에 중요한 요소로 보았다. 바울이 생각하는 단합은, 근본적인 교리 면에서 의견 일치를 이룬다는 전제 조건 아래서만 긍정적으로 받아들여질 수 있는 것이 아니었다. 하나님 백성의 단합이 중요한 이유는, 단합된 공동체 자체가 예수 그리스도의 죽음과 부활이 선언되는 수단이기 때문이다(고전 11:26). 또한, 단합된 공동체는 그리스도 안에서 하나님께서 쟁취하신 승리가 적대적인 우주의 세력들에게 명백하게 드러나는 수단이며(엡 3:10), 예수 그리스도의 죽음이 헛되지 않음을 증명하는 수단이기도 하다(갈 2:21). 만약 교회가 단합하지 못한다면, 그리스도 안에서 이루신 하나님의 사역도 힘을 잃는다. 따라서, 하나님 백성의 단합은 바울 신학에서 중요한 자리를 차지하며, 그 단합을 촉진하는 실천들은 그리스도인의 삶에 관한 바울의 신념에서 중심을 차지한다.

성령으로 그리스도를 통해 하나님 안에 참여하기

신자들은 성령을 통해 그리스도 안으로 세례 되었기 때문에 그들의 실존은 하나님 자신 안에 있다. 그분의 임재가 새 창조 공동체에 스며들어 생기를 불어넣고 그들을 에워싸며 지탱하고 부양한다. 바울은 교회를 하나님이 거주하시는 장소, 즉 하나님의 **성전**으로 보았다. 그렇다면, 그리스도인의 삶을 또 다른 관점에서 이해할 수도 있다. 말하자면, 교회와 더불어 하나님 자신의 임재에 참여한다는 관점에서 이해할 수 있다. 하나님이 교회의 지상적인 삶에 함께하신다고 할 수 있으며, 또한 교회가 천상 영역에 있는 하나님 자신의 임재에 함께한다고도 할 수 있다. 바울은 에베소서 1:3과 2:6에서 교회를 그리스도 안에서 "하늘 영역"에 위치시킨다. 이 파괴된 피조 세계를 장차 뒤덮을 천상의 종말론적 현실을 신자들이 이미 사는 것이다. 나아가 골로새서 3:3에서 바울은 신자들이 "그리스도와 **함께 하나님 안에**" 있다고 말한다. 바울은 이러한 현실을 적어도 다음 두 가지 방식으로 풀어 설명한다.

[122] **성전**

바울은 고린도 교회에 편지를 쓴 이유가 그들이 여러 분파로 나뉘었다는 소식을 들었기 때문이라고 이야기한다.

> 형제들아, 내가 우리 주 예수 그리스도의 이름으로 너희를 권하노니, 모두가 같은 말을 하고 너희 가운데 분쟁이 없이 같은 마음과 같은 뜻으로 온전히 합하라. 내 형제들아, 글로에의 집 편으로 너희에 대한 말이 내게 들리니, 곧 너희 가운데 분쟁이 있다는 것이라. (고전 1:10-11)

바울은 육신에 속한 그런 행동을 떠나(고전 3:1-4) 단합을 추구하라고 호소한다. 바울은 그들이 하나님의 성전, 즉 하나님이 지상에 거하시는 장소라는 그들의 공동체적 정체성을 동원해서, 그들이 성령의 거주지임에도 거룩하지 못한 방식으로 행동하는 상황의 파괴적인 결과를 알린다.

> 너희는 너희 자신이 하나님의 성전이라는 사실과 하나님의 성령이 너희 가운데 거하신다는 사실을 알지 못하느냐? 누구든지 하나님의 성전을 파괴하면, 하나님이 그 사람을 파괴하실 것이다. 하나님의 성전은 신성

하니, 더불어 너희가 그 성전이다. (고전 3:16-17, NIV)[17]

하나님은 그의 백성 가운데 거하시기 때문에 고린도 교회에도 사신다. 그러므로 누구든지 분열의 앞잡이가 있다면 하나님의 심판을 피할 수 없다. 정신이 번쩍 드는 이야기인데, 이런 내용이 고린도전서 11:17-34에서 바울이 주의 만찬을 꾸짖는 배경이다.[18]

고린도전서 11:17-22에서 바울은 고린도 교인들에게 그들이 행하는 주의 만찬의 모습이 엉터리라고 폭로한다. 그것은 절대 주의 만찬이 아니다(20절). 왜냐하면, 파당이 있는 상태에서 만찬을 먹을 뿐더러(19절), 교회 밖의 타락한 고린도의 사회 풍조를 반영하는 방식으로 먹기 때문이다. 부자들은 좋은 음식과 포도주를 가져와 비슷한 신분의 사람끼리 먹으면서, 가난한 자들을 배제했다. 그러고 나서 배가 부르고 술에 취하면 그제서 가난한 신자들을 받아들인다. 하지만 이미 음식은 부족하고 많은 사람이 배를 주린다. 그들이 식사하는 행태는 죄에 물든 사회적 현실을 강화할 뿐이었다. 하나님이 그리스도 안에서 그런 현실을 극복하셨는데 말이다.

바울에게 이것은 상상도 못 할 상황이다. 그는 과거 그들에게 가르쳤던 내용을 되새긴다(고전 11:23-26). 중요한 부분이 26절에 등장하는데, 거기서 바울은 "너희가 이 떡을 먹으며 이 잔을 마실 때마다 주의 죽으심을 그가 오실 때까지 전하는 것"이라고 진술한다. 이 말은 그들이 그 만찬을 먹고 **이어서** 주의 죽음에 관한 설교를 해야 한다는 의미가 아니라, 주의 만찬을 먹는 **행위 자체가** 주의 죽으심을 선포한다는 의미다. 이런 의미를 성찬에

[123]

---

17) 많은 영역본(e.g., NRSV, ESV, NASB)은 바울의 진술에 포함된 공동체적 특성을 제대로 반영하지 못했다. 그런데 최근의 NIV 번역(2011)은 그 점을 잘 포착했다.
18) 많은 그리스도인이 고린도전서 11:23-26에 있는 바울의 말씀에 친숙하다. 성만찬을 행할 때 교회에서 자주 이 말씀을 듣기 때문이다. 하지만 성만찬을 대개 개인주의적인 방식으로 행하기 때문에, 이 본문의 더 넓은 공동체적 맥락이 무시되기 일쑤다.

제대로 담으려면, 부유한 신자들이 그들이 먹을 양보다 더 많은 음식을 가져와 가난한 신자들을 예의 바르게 대해주고 하나님의 새 가족 안의 형제자매들과 더불어 주님의 풍성한 복에 동참하도록 받아들여야 한다. 이런 방식의 식사를 통해, 예수 그리스도의 죽음과 부활로 창조된, 철저하게 새로워진 된 백성의 특성이 사회적으로 구현되는 것이다.

사회적 실천으로서 주의 만찬을 보면, "합당하지 않게" 먹고 마신다는 바울의 표현이 의미하는 바를 알 수 있다(고전 11:27). 그들이 주의 만찬을 기념하러 모였을 때 가난한 자와 궁핍한 자를 무시하는 방식으로 혹은 은밀하게 당파를 부추기는 방식으로 기념한다면, 그들은 하나님께 심판을 받을 것이다. 그런 행동은 하나님께서 그리스도 안에서 설립하시고 성령을 통해 세워가시는 그분의 성전을 파괴하려는 시도와 다를 바 없다. 그런 행태는 하나님을 거스르는 것이며, 오직 심판만을 초래할 뿐이다.

수사적으로 이 단락의 결론은 고린도전서 11:33-34에 나오는 바울의 권고다.

> 그런즉 내 형제들아, 먹으러 모일 때에 **서로 기다리라**. 만일 누구든지 시장하거든 집에서 먹을지니, 이는 너희의 모임이 판단 받는 모임이 되지 않게 하려 함이라.

교회는 하나님 자신 안에 사는 실제로서, 단합과 서로 돌봄이라는 사회적 실천을 통해 구현되어야 하는 우주적 중요성을 지닌 실제다. 고린도 교회 안에 병든 자가 많고 죽은 자도 일부 있다는 바울의 끔찍한 발언(30절)은 누구든지 하나님의 성전을 파괴하면 하나님께서 그 사람을 파괴할 것이라는 고린도전서 3:17의 경고와 일치한다. 바울에게 하나님께서 교회 안에 사신다는 현실을 교회가 구현하는 방식은 생사가 걸린 문제였다.

힘주심

신자들은 '그리스도와의 친밀한 연합'과 '하나님 안에서의 상호 거주', 그리고 '하나님께서 그들 안에 거하심'에서 힘을 얻어 새 창조의 충만한 수준을 향해 살아간다. 바울은 자기 자신에 관한 이야기이면서 동시에 그리스도 안에서 모든 사람이 경험하는 현실로서 자신은 그리스도와 함께 십자가에 못 박혔기 때문에 "이제 사는 것은 더는 내가 아니요 오직 내 안에 사시는 그리스도시다. 이제 내가 육체 안에서 사는 삶은 나를 사랑하사 나를 위하여 자기 자신을 버리신 하나님의 아들을 믿는 믿음 안에서 사는 것"이라고 말한다(갈 2:20). 신자들은 예수 그리스도에게 싸여 있으며 하나님을 향한 신실한 그의 삶에 동참한다. 우리 삶에 이런 특징이 있다고 해서, 제자로서의 삶을 무시하거나 대체하는 것이 아니다. 오히려 이런 이야기는 타인을 향한 사랑과 하나님을 향한 신실함을 통해 구현되는 예수 지향적인 우리의 신실한 삶에 힘을 불어넣는 예수의 신실한 생명을 표현하는 바울의 언어다. [124]

바울은 빌립보서 2:12-13에서도 같은 개념을 공들여 설명한다.

> 그러므로 나의 사랑하는 자들아, 너희가 나 있을 때뿐 아니라 더욱 지금 나 없을 때에도 항상 복종하여 두렵고 떨림으로 너희 구원을 이루라. 너희 안에서 행하시는 이는 하나님이시니, 자기의 기쁘신 뜻을 위하여 너희에게 소원을 두고 행하게 하신다.

한 공동체로서 더불어 사는 그들의 삶은 자기희생적인 예수의 삶의 궤적을 닮아야 한다(2:5-11). 그들이 이러한 현실을 구체화하는 공동체적 실천을 구축하려고 노력할 때, 이 노력에 힘을 불어넣는 분은 그들 가운데서 예수 그리스도의 성령을 통해 거하시는 하나님 자신이시다.

그리스도인의 삶을 (그리스도 안에서 다른 사람들과 더불어) 하나님 안에 참여하고 그럼으로써 하나님의 힘주심을 누리는 삶으로 이해한다면, 잠재적인 인류학적 낙관주의에 관한 개신교의 염려를 해소할 수 있다. 이 염려는 많은 사람이 바울에 관한 "새 관점"에 반대하는 이유와도 관련이 있다. 바울은 행위 및 율법의 행위와 관련하여 인간이 하나님 혹은 모세 율법에 적절하게 순종할 수 없다는 전적인 무능력을 반영하며 이를 비판하지만 새 관점은 이런 관점에 동조하지 않는다며 새 관점을 불편해하는 사람이 많다. 우리는 바울이 인류를 반드시 낙관적으로 보는 것도 아니지만 모든 인류가 예수 그리스도 안에서 계시된 유일한 참 하나님께 순종해야 할 필요성을 언급하지 않는 것도 아니라는 사실을 인정해야 할 것이다. 바울이 이런 입장이 가진 까닭은 아마도, 사람이 그리스도 안에서 하나님께 순종할 수 있는 유일한 동력이 성령을 통해 그리스도께 연합된 모든 사람이 누리는 하나님의 힘주심 때문이라는 사실을 그가 인식했기 때문일 것이다.

결론

바울이 그리스도인의 삶을 어떻게 생각했는지를 두고 이보다 훨씬 더 많은 이야기를 할 수 있을 것이다. 지난 40년 동안 바울 학계 일어난 혁명의 가치는 해석자들이 "옛 관점"보다 "새 관점"을 선호하게 되었다는 것이 아니다. 단일한 형태의 "새 관점"이란 존재하지 않는다. 긍정적인 결과는 오히려 바울을 공부하는 학생들이 새로운 시각으로 친숙한 바울 본문을 다시 볼 수 있게 되었다는 것, 그리고 바울 사상의 놀랍도록 풍부하고 다층적인 특성을 더 인식하게 되었다는 것이다. 또 다른 신선한 충격은, 바울이 어디서도 조직 신학을 서술하지 않았다는 사실, 그리고 바울이 각 교회와의 독특한 관계 안에서 특정 교회가 직면하고 있던 구체적인 일상적인 쟁점과 무관하게 모세 율법과 칭의의 특징이나 그리스도인의 삶에 관해 설명하지 않았다는 사실을 알게 되었다는 것이다. 우리는 바울 해석과 관련된 어떤 주제를 고민할 때도, 그리고 "바울은 그리스도인의 삶을 어떻게 생각했는가?"와 같은 질문을 탐구할 때도, 이 모든 상황성을 고려해야 한다.

새 관점과 그리스도인의 삶
교회적 삶

스캇 맥나이트(Scot McKnight)

보수적인 극우 복음주의에서 자유주의적인 극좌 개신교 혹은 가톨릭에 이르기까지 현재 미국 교회에는 그리스도인의 삶에 관한 사도 바울의 비전이 과거의 어느 때보다 절실히 필요한 실정이다. 나는 이 말을 하면서 주저할 수밖에 없는데, 오늘날에는 사도 바울을 언급만 해도 난감한 표정을 짓는 사람이 많기 때문이다. 내 친구 대니얼 커크(Daniel Kirk)는 이 시대의 경향을 그의 책 제목인 "내가 예수는 사랑했지만, 바울은?"(Jesus Have I Loved, but Paul?)에 잘 포착한 바 있다.[1] 그는 많은 사람이 가진 생각을 다음과 같이 정리했다. "어떤 사람은 바울을 그의 주님과 비교했을 때 부족

---

1) J. R. Daniel Kirk, *Jesus Have I Loved, but Paul? A Narrative Approach to the Problem of Pauline Christianity* (Grand Rapids: Baker Academic, 2011).

한 점이 많다고 생각한다. 또 다른 사람은 바울을 불쾌하고 거리끼고 강압적이고 배타적이고 혼란스럽고 오만하고 완전히 틀린 사람으로 본다."[2]

성경을 잘 아는 독자라면 커크의 책 제목에 담긴 함의를 알아챌 수 있을 것이다. 왜냐하면, 바울이 로마서 9:13에서 말라기 1:2-3을 인용하면서 이야기하듯이 하나님께서 야곱과 에서을 두고 "내가 야곱은 사랑하고 에서는 미워하였다"라고 말씀하셨기 때문이다. 에서는 복을 받지 못한 자의 상징이 되었고, 또한 "망령된 자"의 상징이 되었다(히 11:20; 12:16). 어떤 사람에게는 바울이 에서 같은 존재가 되었는데, 그의 불경건함 때문이 아니라 위계질서와 권위주의를 조장하고 여성을 무시하는 듯한 그의 입장 때문에 경멸받아 마땅한 사람으로 취급되었다. 어떤 사람은 바울을 공격하는 근거로 언급되는 본문을 (신약의 익명성에 관한 당신의 견해가 어떻든) 바울 후대의 저자가 기록한 것으로 돌림으로써 바울을 구출하려 시도했지만, 그렇다고 해서 성경에서 관련 진술이나 책이 없어지는 것은 아니다. 어떻게든 처리해야 할 정경 속 바울의 모습을 대부분의 교회가 가지고 있다는 사실에는 변함이 없다.

가장 이상한 현상은 오늘날 우리에게 가장 무시당하는 사람이 정작 우리에게 가장 필요한 사람일 수도 있다는 사실이다. 본 논문의 목적은 내가 미국 교회에 (정경 속) 사도 바울을 복권할 수 있는지 확인하는 것이다. 나는 그가 이 세상 속 우리의 삶을 바라보는 방식을 철저하게 변화시킬 수 있는, 그리스도인의 삶에 관한 비전을 제시한다고 믿는다. 내가 당신을 설득할 수 있을지 모르겠지만, 최선을 다해 보겠다.

이를 위해 첫 단락에서 나는 바울 학계 안의 몇몇 큰 흐름을 배경으로 바울을 제시할 것이다. 나는 세 가지 주요 흐름을 고려하고자 한다. 바울에 관한 "옛" 관점, 바울에 관한 "새" 관점, 그리고 바울에 관한 "후기 새"

---

2) Ibid., 3.

관점.³⁾ 자주 간과되었지만,⁴⁾ 여기서 우리가 끄집어내야 할 내용은, 사도 바울에 관한 이런 관점 혹은 접근 각각이 그리스도인의 삶에 관한 이해를 위한 나름의 틀을 만들어냈다는 것이다.

옛 관점

대니얼 커크의 책 제목과 궤를 같이하는 오늘날 바울에 대한 반응은 실은 바울에 관한 "옛" 관점에 대한 반응이다. 이 "옛" 관점을 어떻게 기술할 수 있을까?⁵⁾ 옛 관점은 바울이 유대교에서 기독교로 개종했다고 본다. 옛 관점은 율법은 (일차적으로)⁶⁾ 고발을 위한 도구에 불과하며, 이제 하나님 앞에 적합한 삶을 사는 길은 신약과 예수의 가르침 그리고 특히 성령 안에서의 삶이라고 본다.⁷⁾ 옛 관점은 인간의 문제를 (1) 죄, (2) 자기 자신의 의를

[127]

---

3) 이 주제에 관한 매우 유익하고 종합적인 연구로 Magnus Zetterholm, *Approaches to Paul: A Student's Guide to Recent Scholarship* (Minneapolis: Fortress, 2009)이 있다.
4) 주목할 만한 예외가 Michael J. Gorman, *Cruciformity: Paul's Narrative Spirituality of the Cross* (Grand Rapids: Eerdmans, 2001) = (삶으로 담아내는 십자가, 박규태 역, 새물결플러스, 2010); Gorman, *Inhabiting the Cruciform God: Kenosis, Justification, and Theosis in Paul's Narrative Soteriology* (Grand Rapids: Eerdmans, 2009)이다. Gorman의 십자가를 본 받음(cruciformity) 개념에는 교회론적 형태를 더 가미할 필요가 있다.
5) 많은 책들 가운데 Stephen Westerholm, *Perspectives Old and New on Paul: The "Lutheran" Paul and His Critics* (Grand Rapids: Eerdmans, 2004); Westerholm, *Justification Reconsidered: Rethinking a Pauline Theme* (Grand Rapids: Eerdmans, 2013); A. A. Das, *Paul, the Law, and the Covenant* (Peabody, MA: Hendrickson, 2001); Das, *Solving the Romans Debate* (Minneapolis: Fortress, 2007)을 보라.
6) 율법과 칭의에 관한 루터파와 개혁주의 사이의 차이를 여기서 조사할 수는 없다. 왜냐하면 "옛" 관점은 구약의 율법에 관한 이해만큼이나 유대교의 행위 의에 관한 이해를 토대로 구축되었기 때문이다. 여러 관점에 관한 훌륭한 논의로 James K. Beilby and Paul Rhodes Eddy, eds., *Justification: Five Views* (Downers Grove, IL: IVP Academic, 2011) = (칭의 논쟁, 문현인 역, 새물결플러스, 2015)를 보라.
7) 옛 관점이 현재의 형태를 갖추는 데 영향을 준 요인 중 하나는 "행위 언약"이라는 종

세우려는 인간의 본성이라고 본다. 옛 관점은 구약이 폐지되었거나 적어도 신약으로 대체된 것으로 본다. 옛 관점은 (이 부분이 역사 기술에서 핵심이다) 유대교가 행위 의(works righteousness)의 종교였다고 보며, 예수는 이런 유대교에서 우리를 해방시키셨고 바울은 이런 유대교가 (율법이 아닌) 믿음으로 얻는 칭의를 통해 종막을 고했다고 선언한 것으로 본다.[8] 옛 관점은 "율법의 행위"를 행위와 공로 쌓기를 근거로 하나님 앞에 자신을 세우려는 인간의 시도를 가리키는 것으로 본다.[9] 옛 관점은 **은혜**가 신약에 훨씬 더 적합한 언어이며, **율법**과 **행위**, **공로**는 구약의 언어라고 본다.

옛 관점의 시초는 유명한 펠라기우스 논쟁에서 어거스틴이 해석한 바울의 모습이다. 다음 주자는 루터였다. 그는 불쾌할 정도로 가차 없이 로마 가톨릭교회와 사제, 교황을 악마화하였고 죄책감에 찌든 자신의 양심을 위로할 근거를 찾으려고 노력했는데, 그 과정에서 바울 신학을 동원했다. 그 후에 옛 관점을 중요한 방식으로 조정한 사람이 제네바의 장 칼뱅이다. 칼뱅은 율법에는 그리스도인을 인도하는 것을 포함하는 더 다양한 기능을 부여했고 은혜는 더 변혁적인 것으로 이해했다. 하지만 옛 관점이 우리 미국 교회를 포함하는 서방 교회에 최종적으로 안착한 것은 19세기의 종교 부흥론자였던 청교도들과 그 후 프린스턴(Princeton)의 찰스 핫지

교개혁의 믿음이다. 웨스트민스터 신앙고백 7.2를 보라. 관련 논의로 Michael Horton, *God of Promise: Introducing Covenant Theology* (Grand Rapids: Baker Books, 2006)를 보라.

8) 유대교에 관한 전통적인 관점을 변호하면서, 유대교에 관한 새 관점의 설명에 반격을 시도한 대담한 시도로는 D. A. Carson, Peter T. O'Brien, and Mark A. Seifrid, eds., *Justification and Variegated Nomism*, vol. 1, *The Complexities of Second Temple Judaism*, and vol. 2, *The Paradoxes of Paul* (Grand Rapids: Baker Academic, 2001-4)을 보라.

9) 유대교 안의 보상와 공로에 관한 논의 전체는 공로를 쌓는 구원론 체계가 아니라 "짐"과 "죄"를 대신하는 비유라는 이해가 최근 제시되었다; Gary A. Anderson, *Sin: A History* (New Haven: Yale University Press, 2009)를 보라.

(Charles Hodge)를 통해서였고, 미국 복음주의의 다양한 분파를 낳게 된다. 월터 라우센부쉬(Walter Rauschenbusch)나 라인홀드 니버(Reinhold Niebuhr), 폴 틸리히(Paul Tillich) 같은 미국의 자유주의 신학자들이 내세운 사회 복음도, 그리고 이후의 칼 바르트(Karl Barth)도 이런 옛 관점에 오로지 부분적으로만 손을 댔을 뿐이다.[10]

미국 교회가 전수받은 바울에 관한 옛 관점의 접근을 정리하면 다음과 같은 요소를 포함한다. 예수와 바울 당대의 유대교는 행위 의를 추구하는 율법주의 종교였다. 신약의 하나님은 값없는 은혜의 하나님으로, 구원은 선물이기에 우리는 자력으로 하나님께 가는 길을 열 수 없다. 모든 인간에게 은혜와 구원이 필요한데, 이는 그리스도의 순종하는 삶과 희생적인 죽음을 통해 우리에게 온다. 그리고 복음은 죄책감으로 인한 실존적 위기를 완화해 주기에, 우리는 투쟁을 멈추고 모든 것을 충족시키는 하나님의 은혜 안에서 쉼을 얻는다. 옛 관점 옹호자 중에도 은혜의 궁극적, 우주적 승리를 언급하는 사람이 있지만, 그들도 여전히 많든 적든 유대교와 바울에 관한 옛 관점을 구동하는 것일 뿐이다.

이 지점에서 나는 옛 관점을 그리스도인의 삶에 관한 이론과 종합하고 싶기 때문에, 약간 추측에 의존할 테니 양해해 주기 바란다. 옛 관점은 그리스도인의 삶에 관한 **개인주의적** 이해를 낳았다. 옛 관점은 **개인의 속량**에 초점을 두었고, 따라서 현재의 **행복**과 죽음 이후 **하나님과의 영원한 삶**을 중요시했다. **구원**이란 단어를 사회 영역으로 확장한 사람도 일부 있었지만, 옛 관점은 하나님의 선교를 사람을 구원하는 것으로 보았다. 옛 관점은 그리스도인의 삶을 (행위가 아닌) 은혜가 나타남의 관점에서 보았고, 따라서 우리가 하는 행위를 통해 하나님을 기쁘시게 하려고 노력하지 않

[128]

---

10) Christopher H. Evans, *Liberalism without Illusions: Renewing an American Christian Tradition* (Waco: Baylor University Press, 2010).

는 것으로 보았다. 옛 관점은 (늘 그런 것은 아니지만) 때때로 사회적인 노력을 무시하는 경향이 있었는데, 개인의 속량과 영생이 그들이 생각하는 메시지의 전부였기 때문이다. 옛 관점은 결코 교회론을 중심으로 삼은 적이 없으며, 때때로 교회를 경시하기도 했다. 옛 관점은 유대교를 하나님의 과거 사역으로, 교회를 하나님의 현재 사역을 보았으며, 따라서 옛 관점에는 고유한 특성상 **대체주의**(supersessionist) 경향이 있다고 말해도 무방하다.[11] 그리고 옛 관점은 그리스도인의 삶을 전통적인 구원 서정(*ordo salutis*)이라는 틀에서 보았는데, 그 틀에 의거해 거듭남에서 최종 영화까지 영생을 향한 그리스도인의 여정에 관한 지도를 그릴 수 있다. 그렇다면, 옛 관점의 형태는 대부분 (1) 어거스틴 식의 개인주의적 인류학과 (2) 루터파 혹은 개혁주의 혹은 미국식 복음주의 혹은 자유주의 개신교 구원론, 그리고 (3) 대개 대체주의적 해석학을 따랐다고 말할 수 있겠다. 이 세 가지 요소가 바울을 읽는 방식과 그리스도인의 삶을 살아가는 방식을 결정했다. 나는 이 어거스틴 식 개인주의적 접근이 그리스도인의 삶 혹은 나아가 미국인의 삶(이런 삶에서 교회의 역할은 무엇이든 될 수 있는 게 분명하다)에 미친 영향을 보여주기 위해 이 장의 학문적 논의를 잠깐 중단하고자 한다.[12]

사례

미국 전역의 교회가 문을 닫고 있다. 그 이유는 교회가 예수를 따르는

---

[11] 대체주의는 치열한 연구 주제인데, 돌파구가 된 연구는 R. Kendall Soulen, *The God of Israel and Christian Theology* (Minneapolis: Fortress, 1996)이다. 교회의 삶과 선교에서 후기 대체주의의 신약 해석이 지닌 함의를 탐구한 책으로 Mark S. Kinzer, *Postmissionary Messianic Judaism: Redefining Christian Engagement with the Jewish People* (Grand Rapids: Brazos, 2005)이 있다.

[12] 나의 책 *A Fellowship of Differents* (Grand Rapids: Zondervan, 2014)에서 가져와 수정한 내용이다.

것에서 멀어졌다고 생각하는 사람이 많기 때문이다. 왜 이런 사태가 벌어졌을까? 미국인은 서방 세계에서는 전제와 법칙이 된 개념인 완전한 정 [129] 교분리의 선구자다. 서방인들은 종교의 자유, 그리고 정치와 종교 간 "분리의 벽"을 당연한 것으로 전제한다. 국가의 간섭 없는 종교의 자유라는 강력한 개념에 그 누구보다 기여한 인물이 17세기의 로저 윌리엄스(Roger Williams)이다.[13] 그가 미국에, 아니 실제로는 정교분리에 관한 서방 전체의 문화적 신념에 끼친 영향은 지대하다. 오늘날 많은 사람이 윌리엄스를 전혀 모른다 해도 그 사실에는 변함이 없다.

영국에서 상호 의존적이던 교회와 국가의 관계는 가끔 가톨릭교회의 관점을 취하기도 하다가 최종적으로는 개신교의 (성공회) 관점으로 바뀌었다. 그렇지만 청교도들은 영국에서 가톨릭의 모든 영향을 제거하는 데 실패했고, 그 결과 일부는 영국을 떠나 미국의 필그림(pilgrim)이 되었다. 가장 섬세한 미국 교회사 학자인 에드윈 가스타드(Edwin Gaustad)는 청교도의 목적을 다음과 같이 요약했다. "청교도들은 개입이 많고 박해를 자행하는 영국의 주교들과 반대로, 그리고 사람들을 연행하고 말이 많은 그 나라의 보안관들과 달리, 신약성서만을 지침과 교본으로 삼아 순수하고 비정치적이며 부패가 없고 타협이 없는 교회(여기에 '국가'를 덧붙일 수도 있겠다)를 만들 수 있었다."

로저 윌리엄스는 머지않아 미국 해안에 도착했고, 순수한 교회를 만드는 데 실패한 중요한 요인들을 간파했으며, 그 결과 오직 신약에만 근거한 교회를 설립해 보려 했다. 이제 우리 대부분이 잘 알고 있듯이, 그 도전은

---

13) Edwin S. Gaustad, *Roger Williams* (New York: Oxford University Press, 2005)를 보라. 인용문은 4쪽에서 가져왔다. 또한, John M. Barry, *Roger Williams and the Creation of the American Soul: Church, State, and the Birth of Liberty* (New York: Viking, 2012)를 보라.

성취하기 힘든 목표였고, 그래서 그는 보스턴 지역을 떠나 지금은 로드아일랜드(Rhode Island)로 불리는 지역으로 이동했고, 그곳에서 우리가 "종교의 자유"라 알고 있는 개념을 만들어냈다. 그의 업적 중 하나는 지금의 우리가 침례교(Baptists)라 부르는 집단을 실제로 만들어냈다는 사실이다. 나는 윌리엄스가 이 나라에 한 공헌은 높이 평가하지만, 그가 제시한 주기적인 문제 해결 방법에 대해서는 그리 낙관적이지 않다. "꿈을 꾸고, 교회를 설립하고, 문제를 찾아 분리하고, 포기할 때까지 이 과정 전체를 반복하라." 윌리엄스는 완벽한 교회를 찾으려는 청교도적 열심을 내다가 그 자신이 문제가 되고 말았다. 이제껏 어떤 교회도 그의 비전 속 교회의 모습에 도달하지 못했다. 윌리엄스가 만들어낸 교회는 예수는 사랑하지만 교회는 사랑하지 않는 첫 미국인들의 교회였다. 우리 미국인에게는 선택의 자유가 있고, 종교는 뷔페 식당이 되었다. "당신이 원하는 교회를 선택하세요. 당신이 선호하는 방식으로 살 수 있는 교회인지 따져보고 고르세요." 헨리 데이빗 소로우(Henry David Thoreau)를 들여다보면서 미국 특유의 영성에 관한 더 깊은 이야기를 이어갈 수도 있지만,[14] 다시 개인주의 경향을 지닌 옛 관점에 관한 이야기로 돌아가자.

[130]   **논의 재개**

개인주의는 옛 관점의 한 차원이지만, 지금 우리의 초점은 또 다른 요

---

14) 이런 까닭에 개인주의 혹은 나르시시즘에 빠진 미국인에 대한 통상적인 비판과 더불어 공동체에 더 헌신하라는 요청이 나온다. 개인주의와 공동체를 중요시하는 책을 각각 둘씩 제시하자면 David Riesman, *The Lonely Crowd* (New Haven: Yale University Press, 1961); William Whyte, *The Organization Man* (Garden City, NY: Doubleday, 1957); Robert N. Bellah et al., *Habits of the Heart: Individualism and Commitment in American Life* (New York: Harper & Row, 1985); Robert D. Putnam, *Bowling Alone: The Collapse and Revival of American Community* (New York: Simon & Schuster, 2000).

소에 더 쏠려 있으니, 그것은 옛 관점이 유대교를 이해했던 방식이다. 이 말을 꼭 해야겠다. 옛 관점이 보수적인 복음주의나 역사적인 개신교와 동의어는 아니지만, 사해문서가 발견되기 전까지는 옛 관점이 바울 학계를 지배했다는 사실 말이다. 그 결과 그리스도인의 삶 자체의 모양새를 결정한 것도 대체로 유대교와 바울에 관한 옛 관점이었다. 하지만 20세기 후반 들어 모든 것이 변했다.

새 관점

여전히 희미하다면 이제 명확히 해 보겠다. 옛 관점, 새 관점, 후기 새 관점의 쟁점은 **유대교를 이해하는 방식**에 관한 것이며, 따라서 **최초의 기독교가 출현한 모태를 이해하는 방식**에 관한 것이다. 옛 관점은 유대교를 행위에 기초한 종교 체계로 보았다. 새 관점은 이를 다르게 보았고, 이러한 변화는 바울에 관한 이해에서 그리스도인의 삶을 바라보는 틀까지 모든 것을 바꾸었다.

사해 사본이 발견된 것은 1940년대 말인데, 오래지 않아 세상에 모습을 드러냈다. 하지만 바울 학계에 혁명을 가져오기까지는 30년이 걸렸다. 결정적인 논의가 등장한 것은 1977년 샌더스(E. P. Sanders)가 『바울과 팔레스타인 유대교』(Paul and Palestinian Judaism)를 집필한 때였다. 샌더스는 그 연구에서 유대교에 관한 독일 학계의 특정 입장을 가차 없이 반박했다.[15]

---

15) E. P. Sanders, *Paul and Palestinian Judaism: A Comparison of Patterns of Religion* (Philadelphia: Fortress, 1977) = (바울과 팔레스타인 유대교, 박규태 역, 알맹ⓔ, 2017). 그의 초점은 F. Weber, E. Schürer, R. H. Charles, W. Bousset, R. Bultmann, J. Jeremias였다(pp. 33-59). 다른 책을 무시해서는 안 되겠지만, 학계의 판도를 바꾼 것은 샌더스의 책이었다. 샌더스 이전의 책으로는 특히 Krister Stendahl, *Paul among Jews and Gentiles and Other Essays* (Philadelphia: Fortress, 1976)을 보라. 여기서 반드시 염두에 두어야 할 사실은 샌더스가 그려낸 유대교의 모습이 개신교의 구원론 체계라는 범주를 벗어나지 못했다는 아이러니다. 그의 유대교 연구(다음 각주)는 그

15년 후 그는 유대교에 관한 책을 하나 출간했고,[16] 샌더스를 중심으로 한 움직임은 **유대교를 바라보는 우리의 관점**을 변화시켰으며, 따라서 **바울이 반응했던 대상이자 바울이 출현한 기원이었던 유대교를 바라보는 우리의 관점**을 변화시켰다. 요점은 다음과 같다. 유대교는 더 이상 행위에 기초한 종교로 이해되지 않으며, 따라서 바울이 "율법의 행위"에 대항하여 싸웠을 때 그는 행위에 기초한 의에 대항하여 싸웠던 것이 아니다. 이제 이 내용에 조금 더 살을 입혀 보자.

[131]   먼저, 새 관점은 유대교를 설명하는 최선의 표현이 **언약적 신율주의**(covenantal nomism)라고 본다. 말하자면, 새 관점은 어떤 사람이 유대인이 되거나 하나님께 받아들여지는 근거를 하나님께서 언약을 따라 이스라엘을 선택하셨기 때문이라고 본다. 유대교의 핵심적인 실존적 염려는 개인의 구원이 아니었다. 그 문제는 선택을 통해 이미 해결되었기 때문이다. 핵심적인 염려가 있었다면 그것은 로마의 지배를 받는 세상 속에서 그 민족 이스라엘의 상황이었다. 유대인은 그들이 유대인이라는 사실 때문에 구원을 이미 받은 것이었고, 선택받은 그들의 의식이 향한 것은 다른 요소였으니, 메시아가 오는 것, 로마인을 로마로 돌려보내는 것, 성지에서 평화롭고 거룩하게 사는 것이었다.[17] 또한, 유대인은 (종교개혁자들이 굉장히 자주 강조했지만) 하나님께 받아들여지기 위해서는 완벽한 삶을 살아야 한다고 가르치지도 않았다. 성경 전체는 오히려 반대로 이야기한다. 왜냐하면, 결국 그들에게는 성전 체제 안에 확립된 용서의 체계가 있었기 때문이다. 매년 대속죄일에 그들이 죄를 고백하면 제사장들은 면죄를 선언

런 측면에서 훨씬 더 나은 작품이다.
16) E. P. Sanders, *Judaism: Practice and Belief, 63 BCE-66 CE* (Philadelphia: SCM, 1992).
17) 누가복음 1:67-79에 있는 사가랴의 노래(Benedictus)에 바로 이런 내용이 아름답게 표현되어 있다.

했다. 완벽은 불가능하다는 것이 그들의 전제였다. 그렇다면, 토라 준수는 천국에 가거나 언약에 편입되거나 승인 허가를 받을 정도로 선한 존재가 되기 위한 것이 아니었다. 도리어 율법은 **선택된 백성이 성지에서 어떻게 살아야 하는지 알려주는 하나님의 은혜로운 가르침**이었다.

새 관점이 보기에는, 이제 싸워야 할 "다른" 유대교는 없다. 바울은 유대교 자체와 싸우지도 않았으며, 존재하지도 않았던 유대교, 즉 행위 의를 추구하는 유대교와 싸우지도 않았던 것이 확실하다. 그렇다면, 행위 의가 아니라면 도대체 "율법의 행위"란 표현으로 바울이 의도한 것은 무엇인가? 여기가 바로 새 관점 학자들, 특히 제임스 던이 유대교와 바울에 관한 신선한 평가를 위한 새로운 토대를 닦은 지점이다. 말하자면, 율법의 행위는 일반적인 토라 준수를 가리키는 것도 아니며, 하나님께 호의를 얻고자 시행하는 행위들을 가리키는 것도 아니다.[18] 오히려, 특히 갈라디아서와 로마서가 보여주듯이, 관건은 **유대인이 준수했던 율법 중 그들을 이방인과 구분하는 역할을 했던 행위들**이다. 던은 그 행위들을 "경계표지"(boundary markers)라고 불렀으며, 중요한 사회학적 연구들을 동원했다.[19] 이 논의와 관련된 던의 공헌 중 더 주목할 만한 요소는 그가 사해사본 중 하나(4QMMT 혹은 4QHalakhic Letter)에 사람들의 이목을 집중시켰다는 것이다.[20] 간단히 말하면, "율법의 행위"는 할례, 안식일 준수, 음식법,

---

18) James D. G. Dunn, *The New Perspective on Paul*, rev. ed. (Grand Rapids: Eerdmans, 2008) 곳곳에서 확인할 수 있다.
19) James D. G. Dunn, *The Theology of Paul the Apostle* (Grand Rapids: Eerdmans, 1998), 354-71 = (바울 신학, 박문재 역, 크리스천다이제스트, 2003).
20) 이 문서는 여러 가지 단편에서 발견된다(현재 가장 유익한 분류를 따르면 4Q394-399). 4Q399는 지도자가 그 공동체에 "우리 생각에 당신과 당신의 사람들에게 유익하다고 판단되는 토라의 행위들 중 일부"에 관한 내용을 적어 보냈다고 알려준다. Dunn은 (Perushim 혹은 Pharisees처럼) *parash*란 단어를 관찰하고 이 "행위들"이 실질적으로 그 공동체를 이 "행위들"을 행하지 않는 사람들로부터 분리하는 역할을 했다고 주

[132]　즉 유대인은 행했고 이방인은 행하지 않았으며 따라서 유대인을 이방인과 구분했던 율법과 실천을 가리킨다. 그렇다면 "율법의 행위"는 "유대인이 되는 것" 혹은 "유대인인 것"의 줄임말이다.

옛 관점은 그리스도인과 유대교을 대립시키는 틀에서 바울을 이해한다. 새 관점은 **유대인 그리스도인**이라는 틀에서, 혹은 유대교의 반동적 형태와 대립되는 **그리스도인 유대인**이라는 틀에서 바울을 보지만, 여전히 유대교 내부에서 그를 이해하려 한다.[21] 본 사안과 관련하여 의미심장한 내용이 사도행전 23:6에 나오는데, 거의 알려지지 않은 바울의 진술이다. 바울은 예루살렘 공회 앞에서 "나는 바리새인"이라고 공개적으로 선언한다. 옛 관점은 여기서 바울이 악의 없는 거짓말을 한 것이라거나, 과거에 비추어 현재를 말한 것이라거나, 약삭빠른 모습을 보인 것이라는 식으로 이해하지만, 새 관점은 바울이 그의 과거 **그리고** 현재에 관하여 진실을 말한 것으로 이해한다. 그는 틀림없는 그리스도인이지만, 동시에 그리스도인 바리새인이며 철저히 유대인이다(빌 3:4b-6). 다시 한번 강조하자면, 옛 관점은 핵심 문제를 개인의 속량으로 보았지만 새 관점의 시선은 백성으로, 이스라엘과 교회로 이동한다. 옛 관점의 초점이 실존이었다면, 새 관점의 초점은 교회다.[22]

장하며, 이런 용법을 바울의 "행위들" 용법과 유사한 것으로 돌린다. 하지만 바울은 그 표현을 토라 전체가 아닌, 유대인과 이방인 사이의 경계 표지 역할을 했던 특별한 요소를 가리키기 위해 사용한다. 이 내용에 관하여는 "Paul and the Torah: The Role and Function of the Law in the Theology of Paul the Apostle," in Dunn, *New Perspective on Paul*, 460-67를 보라. 더 긴 논의를 원한다면 ibid., 339-45를 보라.

21) 따라서 새 관점에도 대체주의적 차원이 남아 있다. 그것을 "분파적" 대체주의라 부를 수 있겠는데, 이 입장은 교회를 일종의 성취된 유대교로 보며, 하나님의 새로운 경륜에 저항하는 유대교의 형태와 비교해 대체주의적이라 할 수 있다. 새 관점은 유대교에 행위 의를 주장한다는 혐의를 제기하는 대신, 유대교 일부를 배타주의라고 고발한다.

22) James D. G. Dunn, *Beginning from Jerusalem*, Christianity in the Making 2 (Grand Rapids: Eerdmans, 2009), 598-659; Kirk, *Jesus Have I Loved*, 53-72; N. T. Wright,

그렇다면 바울과 동족 유대인 사이의 갈등은 그리스도인과 유대인 사이의 문제가 아니라, **유대교에 관한 서로 다른 비전 사이의 충돌**이었다. 새 관점은 이 문제를 다음과 같이 요약한다. 바울은 유대교가 예수의 죽음과 부활로 인해[23] 하나님의 백성에 이방인까지 포함하도록 크게 확장되었다고 믿었고, 이 새 백성을 교회라고 불렀다. 그리고 더 중요한 사실은, 하나님이 그의 백성을 확장해서 토라 준수(율법의 행위들)를 면제하고 오직 믿음을 기초로 이방인을 받아들인다고 바울이 믿었다는 것이다. 따라서 일거에 해석하자면, 이신칭의는 유대교의 행위 의를 고발하는 내용이 아니라, 유대인과 이방인 양자 모두의 구원을 위한 포용적인 틀이다. **아브라함**이 믿음으로 구원받았다면, 유대인도 여전히 믿음으로 구원받는다. 그리고 아브라함이 **믿음**으로 구원받았다면, 이방인을 포함하여 믿음을 가진 사람은 누구나 아브라함의 믿음 안에 포함될 수 있다. 대니얼 커크의 표현대로 "[이방인이] 이스라엘의 이야기라는 대본 안으로 들어왔다."[24]

[133]

그렇다면 우리는 이 새 창조 신학과 새 관점이 그리스도인의 삶에 어떤 방식으로 틀을 부여하는지 생각해 보아야 한다. 던(Jimmy Dunn)이 나의 박사 학위 지도교수였다는 점에서 나는 "던의 아들"이지만, 여기서부터는 내 나름의 의견이다. 옛 관점의 동력이 **개인 구원론**이었다면, 새 관점의 동력은 **확장의 교회론**(ecclesiology of expansion)이었다. 하나님께서는 하

Paul and the Faithfulness of God, Christian Origins and the Question of God 4 (Minneapolis: Fortress, 2013), 774-1042 = (바울과 하나님의 신실하심, 박문재 역, 크리스천다이제스트, 2015).

23) N. T. Wright, *The Resurrection of the Son of God*, Christian Origins and the Question of God 3 (Minneapolis: Fortress, 2003) = (하나님의 아들의 부활, 박문재 역, 크리스천다이제스트, 2005); Wright, *Paul and the Faithfulness of God*; J. R. Daniel Kirk, *Unlocking Romans: Resurrection and Justification of God* (Grand Rapids: Eerdmans, 2008).

24) Kirk, *Jesus Have I Loved*, 16.

나의 사역, 하나의 선교가 있다. 그 사역이란 메시아이자 주님이신 왕 예수 아래 이 세상 안에 속량되고 해방된 백성을 만드는 것이다. 그 선교는 단지 이스라엘만이 아니라, 이제는 확장된 이스라엘을 위한 것으로서, 그 것은 바울이 로마서 11:11-24에서 표현한 바와 같다. 달리 말해, 그리스도인의 삶은 포용적인 공동체 안에서 사는 법을 배우는 것이다. 이 공동체는 유대인과 이방인, 노예와 자유인, 남자와 여자, 야만인과 스구디아인이 함께하는 새로운 모임이다(갈 3:28; 골 3:11). 이 말은 옛 관점에 교회론을 위한 여지가 전혀 없다는 의미가 아니라, (벤치에 앉아 있다가 승부가 결정된 후에야 투입되는 후보 선수처럼) 게임에 늦게야 투입된다는 의미다. 또한, 이 말은 새 관점이 개인 구원론을 부정한다는 의미도 아니다. 물론 개인 구원론을 부정한다는 그릇된 비난이 그동안 던과 라이트에게 신랄하게 쏟아졌지만 말이다. 그렇지 않다. 새 관점의 첫 스텝은 하나님께서 옛적에 하셨던 일, 즉 한 백성을 형성하는 일을 다시 하셨다는 것인데, 하지만 이제는 그 백성을 확장하셔서 이전에 배제했던 사람들도 포함하신다는 것이다. 그 첫 스텝에서 시작된 춤을 따라가면 개인 구원론이 곧장 따라온다.

이런 설명에도 대체주의가 작용하는가? 여러분도 당연히 알겠지만, 대체주의를 옹호한다는 혐의로 비난당하고 싶은 사람은 없다. 라이트는 『바울과 하나님의 신실하심』에서 이 문제를 직접 다룬다. 그의 관점을 설명하기 전에, 신약을 상당히 잘 알고 있는 어느 유명한 유대인 학자와 내가 나눈 대화를 소개하고 싶다. 나는 그에게 이런 질문을 던졌다. "내가 예수는 메시아이시며 사람이 속량을 받으려면 그분을 믿어야 한다고 말한다면, 내가 대체주의자인 겁니까?" 그가 대답했다. "당연합니다. 역사적인 기독교 신앙은 전부 대체주의입니다." 내가 말했다. "대안이 있습니까?" 그가 답변했다. "다원주의가 대안입니다. 종교적 다원주의 말입니다." 그 말로 분위기가 굉장히 거북스러워졌다. 많은 사람의 말에 따르면, 예수가 유대인을 포함한 세상의 구원자라는 굳은 신념은 어떤 수준에서건 대체주의다. 라이트도 그렇다고 인정하면서, 바울의 기독교를 일종의 "분파적 대체주의"라고 지칭한다. 그는 바울의 그런 노선이 쿰란 문서에서 엿보이는 분파적 대체주의와 완전히 궤를 같이한다고 말한다.[25] 대체주의는 사도 바울에 관한 제3의 접근을 움직이는 원동력이며, 따라서 그리스도인으로서 삶의 방식을 이야기하는 또 다른 방식의 틀을 제공한다. 새 관점이 어떻게 그리스도인의 삶에 틀을 제공하는지 이야기하기 전에, 먼저 바울에 관한 후기 새 관점을 간략하게 소개하겠다.

[134]

후기 새 관점(The Post-New Perspective)

후기 새 관점은 어떤 면에서는 19세기 독일에서 아브라함 가이거(Abraham Geiger)와 더불어 시작되었지만, 최근의 비약적 발전은 가이거보다는 마크 나노스(Mark Nanos)와 마커스 보크뮤엘(Markus Bockmuehl)에 힘입은 바 크다.[26] 옛 관점은 바울을 유대교에 대항하는 그리스도인으로 본다. 새 관점은 바울을 유대인 그리스도인 혹은 그리스도인 유대인으로 본다. 새 관점에서 바울은 여전히 유대인이지만 대단히 "완성된, 메시아닉" 유대인이었다. 반면 후기 새 관점에서 바울은 그냥 유대인이다. 바울의 믿음은 100% 유대교를 따랐다. 이 점이 매우 중요하다. 하나님은 유대인은 아브라함의 언약을 통해, 이방인은 새 언약을 통해 구원하신다. 그들은 한 가

---

25) Wright, *Paul and the Faithfulness of God*, 806-10.
26) Nanos의 관점을 훌륭하게 요약한 내용이 Michael F. Bird, ed., *The Apostle Paul: Four Views*, Counterpoints (Grand Rapids: Zondervan, 2012), 159-93에 있다. 그 책에 나오는 Campbell의 소위 "후기 새 관점" 해석은 Luke Timothy Johnson이 다음과 같이 표현한 바와 같다: "유대교를 완전히 무시한 니케아 신조의 관점에서 로마서 5-8장을 교리적으로 해석한 것"(150). Markus Bockmuehl의 관점을 알고 싶다면, Bockmuehl, *Jewish Law in Gentile Churches: Halakhah and the Beginning of Christian Public Ethics* (Edinburgh: T&T Clark, 2000)을 보라.

족이지만, 가족의 기원은 둘이다. 하나님의 한 가족 안에 두 개의 가지가 있는 것이다.

예수에 속한 유대인 신자들은 토라를 따르고, 예수에 속한 이방인 신자들은 **율법이 그들에게 적합한 경우에 한해서만 토라를 따른다**. 후기 새 관점에서 중요한 핵심 본문이 사도행전 15:28-29이다. 아마도 야고보가 작성했을 그 편지는 다음과 같은 말로 마무리된다.

> 성령과 우리는 이 요긴한 것들 외에는 아무 짐도 너희에게 지우지 아니하는 것이 옳은 줄 알았노니, 우상의 제물과 피와 목매어 죽인 것과 음행을 멀리할지니라. 이에 스스로 삼가면 잘되리라. 평안함을 원하노라.[27]

일부 학자는 이 권고를 바울이 이방인 선교에 착수한 지 얼마 되지 않아 이방인에게는 율법의 엄격한 기준이 약화되었다는 증거로 간주한다. 그들은 고린도전서 9:19-23에서도 토라에 진정으로 충성하는 바울의 모습을 본다(바울이 자신은 복음에 관심이 있는 사람을 얻기 위해서는 무슨 일이든 한다고, 즉 어떤 상황에서는 이방인처럼, 다른 상황에서는 유대인처럼 산다고 말한 그 본문은 보통 카멜레온 같은 바울의 모습을 보여준다고 이해된다). 하지만 리처드 보컴(Richard Bauckham) 같은 학자는 반대로,[28] 사도행전 15장의 네 가지 조항이 일반적인 이방인 신자에게 기대했던 윤리가 아니라 이스라엘 땅에 사는 이방인을 위한 세부적인 율법이라고 주장한다. 달리 말해, 이 조항들은 이방인을 위해 토라를 고치거나 완화한

---

27) 본 장의 성경 인용은 따로 언급이 없으면 NRSV에서 가져온 것이다.
28) Richard Bauckham, "James and the Jerusalem Church," in *The Book of Acts in Its First Century Setting*, vol. 4, Palestinian Setting (Grand Rapids: Eerdmans, 1995), 415-80.

것이 아니라, 토라가 그들에게 적용되는 한 이방인도 토라를 지켜야 한다고 긍정한 것이다. 하지만 예수 안의 유대인 신자에게는 그런 식으로 토라가 완화된 적이 결코 없다.

그렇다면 후기 새 관점이 보기에는, 사실상 상당히 다른 두 개의 언약, 즉 '유대인에게 초점을 둔 언약'과 '이방인을 위한 그 언약의 변형된 형태'가 존재하는 것이다. 후기 새 관점에서 아마도 가장 유명한 내용은 (이 내용이 그 관점을 지닌 학자 모두의 견해인지 완전히 확신할 수는 없지만, 나는 그렇다고 생각한다) 바울의 편지는 **크리스천 유대교가 아닌 이방인 기독교에 보내진, 이방인 기독교에 관한** 글이라는 관점이다. 나는 언젠가 메시아닉 쥬(messianic Jew, 유대인 그리스도인)와 점심을 먹은 적이 있는데, 그는 로마서가 "우리가 아닌 당신들을 위한" 내용이라고 상당히 분명하게 이야기했다. 이전에는 그런 이야기를 들어본 적이 없어서, 나는 다소 순진한 질문을 던졌다. "그렇다면 신약에서 당신들을 위한 내용은 무엇이 있나요?" 이 질문에 그는 "마태복음과 야고보서의 대부분, 그리고 그 외의 다른 책들 여기저기에 있는 소소한 내용 정도라고 말할 수 있겠군요. 하지만 당신도 알다시피 우리에게는 타나크(Tanakh, 유대교의 경전으로 기독교의 구약성경에 해당— 역주)가 있습니다." 그가 계속해서 "당신도 알겠지만, 신약의 목록이 확정된 후로 당신들은 우리에게 문의하지 않죠"라고 말했을 때, 그 말은 나에게 정경의 질책처럼 느껴졌다.

그렇기 때문에 내가 후기 새 관점에서 보는 것은 대체주의의 종말이다. 하지만 우리는 언약 안에 있기 위해 반드시 예수를 믿어야 하는지 계속 물을 수밖에 없고, 그러면 대체주의라는 비난을 벗어날 수 없다. 어떤 사람은 예수를 믿을 필요가 없다고까지 말하는데, 이런 입장은 선을 넘어 다원주의로 향한다. 유대인을 위해서는 아브라함이 있고, 예수는 이방인을 위한 존재다. 유대인에게 이스라엘이 있다면, 아브라함과 예수의 하나님을 믿는 이방인 신자를 위해서는 교회가 존재한다. 이런 관점에서는 유대인이 하나님의 백성 안에서 우선권을 가지고 있었을 뿐만 아니라, 지금도 여전히 가진 듯하다.

그렇다면, 그리스도인의 삶은 어떻게 되는가? 초기 그리스도교 역사의 세부 사항에 관심이 많다고 해서 반드시 그리스도인의 삶에도 관심이 많은 것은 아니라고 말해도 부당한 이야기는 아니다. 그러니 이런저런 면에서 여기서는 일반적인 이야기만 할 수 있겠다. 후기 새 관점은 사랑과 정의 같은 폭넓은 윤리 범주를 제외하면 그리스도인의 삶을 거의 논의하지 않았지만, 이 주제와 관련하여 무엇보다도 중요한 것은 당신이 유대인과 이방인 중 어느 쪽인지다. 만약 당신이 유대인 신자라면, "그리스도인의" 삶은 메시아의 관점에서 토라를 사는 것이다. 말하자면, 토라를 폐하는 것이 아니라 토라를 성취하는 삶의 틀 역할을 마태복음 5:17-48이 할 수 있을 것이다. 유대인 신자에게는 음식법이 있고, 오늘날 많은 유대인 신자에게 그것은 완전한 음식법을 의미하며, 이것은 당신이 생각하는 전형적인 하시디즘(Hasidism, 18세기에 시작된, 율법의 내면성을 강조하는 경건주의 운동– 역주)과 다를 바 없다. "교회" 모임은 대체로 회당 같은 모임으로 이해되어, 유대교와 매우 비슷한 순서들이 진행된다. 이를테면, 토라(모세오경)와 하프토라(Haftorah, 모세오경 이외의 성경)를 봉독하고, 욤 키푸르(Yom Kippur, 대속죄일)와 하누카(Hanukkah, 봉헌절), 푸림(Purim, 부림절)을 기념하며, 남자아이에게는 합당하게 할례를 행하고, 다른 일반적인 유대인과 마찬가지로 할라카(halakhah, 랍비들이 편찬한 유대교의 법규집– 역주)를 배운다.

반면, 이방인은 그들 나름의 믿는 방식을 따라 살아야 하는데, 당연히 그런 방식 중 하나가 교리상 규범을 따르는 것이다. 후기 새 관점을 옹호하는 사람 중에는 이방인은 사도행전 15장에 나오는 내용을 더 따르되 신앙의 유대적 기원이나 토라에 너무 무심하지는 말아야 한다고 생각하는 사람도 있다. 하지만 후기 새 관점에서 그리스도인의 삶에 관한 가장 두드러진 내용은 실질적으로 별개의 두 모임, 즉 이스라엘과 교회, 혹은 회당들과 교회들이 존재한다는 것이다. 하나님의 한 백성의 "연합"이 통합된 교제와 예배, 제자도가 아닌 분리된 상태로 실현된다. 심지어 좀더 다원주의적인 틀이 제시되기도 한다. 말하자면, 유대인은 (유대인의 메시아로서 예수를 믿지 않고) 유대교에 완전히 통합된 상태로 남고, 반면 예수를 믿는 이방인은 교회의 길을 가면 된다는 것이다.

후기 새 관점이 옛 관점을 안팎으로, 위아래로 거의 뒤집어버렸다는 사실을 알아차리는 데 굳이 특출한 통찰이 필요하지는 않다. 우리가 가진 율법은 폐기되어야 할 율법이 아니라 (유대인과 이방인 신자들이) 따라야 할 율법이다. 여기에는 행위 의(work righteousness) 사상이 없고, 하나님께서 이스라엘과 맺으신 언약을 통해 수립된 은혜의 형태를 띤 선택 사상이 있으며, 그리스도인의 삶 전체는 토라에 관한 것이며, 이방인 신자의 경우에는 토라를 받지 못한 이방인이 살아야 할 방식에 관한 바울의 가르침이 있다.

새 관점에 관한 더 충분한 설명을 제시하기 전에, 지금까지 주장한 내용을 하나의 틀에 맞추어 정리해보겠다. 그 틀은 복음이 해결한 **문제**라는 관점이다.

- 옛 관점의 경우, 문제는 하나님 앞에서 나의 상태다.[29] 나는 유죄이며 하나님의 진노 아래 있고 자기 의를 내세우는 상태로, 은혜의

---

29) Daniel Kirk는 이러한 자기중심적 방향성을 향해 경고한 바 있다. "나의 영혼. 나의 삶. 하나님과 나의 관계. 하나님과 나의 분리. 나의 회개. 나의 믿음. 나의 충성. 나의 주님. 나의 칭의. 나의 성화. 교회에 내가 가입함. 나의 경건 시간. 성찬식에서 눈을 감고 나를 성찰함. 천국 가는 나의 입장권. 큰 재앙에서 내가 피함. 영원히 예수와 함께 할 내 영혼." Kirk, *Jesus Have I Loved*, 53에 이렇게 나온다.

체계가 필요하다. 복음은 나의 자기 의를 공격하지만, 내가 항복하고 그리스도 안에 나타난 하나님의 은혜를 신뢰하면 위로를 준다.
- 새 관점의 경우, 문제는 배타성과 분리, 민족적 특권으로 이어지는 교회의 분파주의다. 이런 문제로 인해 복음이 왔고, 복음은 하나님이 모든 사람을 위한 새 창조를 도입하셨으며 모든 사람을 사랑하시고 그리스도 안에 있는 모든 사람(교회)을 믿음을 통해 의롭다 하신다고 계시한다.
- 후기 새 관점의 경우, 문제는 하나님께서 이스라엘과 맺으신 언약이 이방인에게도 그들 나름의 관점에서 주어지되 양쪽 모두가 각자의 민족적 정체성과 선교적 특권을 유지하면서 동시에 하나님의 백성을 확장하는 방식으로 주어져야 한다는 것이다.

[137] 내가 새 관점을 긍정하는 이유

어느 박사 과정 세미나에서 우리는 이 관점들 각각을 끈질기고 철저하게 조사하고 중요한 신약 본문을 그 내용을 이해하는 데 적절한 배경을 제공하는 구약 본문에 비추어 숙고하면서 결론을 내리려고 애쓴 적이 있다. 여기서 나는 내 관점과 그 근거를 간단히 이야기하겠다. 나는 새 관점 주의자다. 때때로 후기 새 관점의 자세나 옛 관점의 입장을 긍정하기도 하지만, 옛 관점이나 후기 새 관점 주의자는 아니다. 사실 새 관점도 완전히 다른 이야기는 아니고, 유대교에 관한 신선한 평가에 비추어 신약의 가르침을 역사적으로 더 정확하게 이해하려는 시도다.

나는 왜 새 관점을 긍정하는가? 나는 후기 근대주의자, 후기 자유주의자가 될 수도 있었다. 이 말은 하는 이유는 나의 위치 때문이다. 나는 샌더스(E. P. Sanders)를 읽으며 지적으로 성장했고, 제임스 던은 나의 지도교수였으며, 톰 라이트는 내 친구다. 하지만 내가 지금의 확신에 도달한 것은 던에게 배우던 바울 학도 시절이 아니라, 1980년대 말 갈라디아서를 가르칠 때였다. 이 편지에서 바울은 이방인 신자들을 하나님 경외자(God-fearers)와 다를 바 없이 취급하려는 유대인 교사들을 향해 분노를 쏟아낸다. 그들은 갈라디아의 이방인 신자들이 완전하게 유대교로 개종해야 한다고 믿었다. 그것은 할례를 받아야 한다는 의미였다. 말하자면, 그들은 이방인 신자가 (여기서는 이스라엘로 이해되는) 하나님 백성의 진정한 구성원이 되려면 유대인이 되어야 한다고 믿었다.

나를 새 관점으로 인도한 갈라디아서의 핵심 본문 하나를 고르라면, 갈라디아서 3:15-29다.[30] 이 논문의 나머지에서 나는 이 본문을 정리해 볼 생각인데, 이 정리를 통해 새 관점을 수용하는 내가 그리스도인의 삶을 이해할 때 동원하는 범주들이 드러날 것이다.

> 형제자매들이여, 내가 사람의 예대로 말한다. 사람의 유언도 확정된 후에는 아무도 폐하거나 더하거나 하지 못한다. 그 약속들은 아브라함과 그 자손에게 말씀하신 것인데, 여럿을 가리켜 "그 자손들에게"라 하지 아니하시고, 오직 한 사람을 가리켜 "네 자손에게"라 하셨으니, 곧 그리스도라. 내 요점은 이것이다: 하나님께서 이전에 확정하신 언약을 사백삼십 년 후에 생긴 율법이 폐기하지 못하며, 따라서 그 약속을 무효화하지 못한다. 만일 그 유업이 율법에서 난 것이면, 더는 약속에서 난 것이 아니지만, 하나님은 그것을 약속을 통해 아브라함에게 주셨다. 그렇다면 율법은 왜 주어졌는가? 범법 때문에 더해진 것으로 약속하신 자손

---

30) James D. G. Dunn, *The Epistle to the Galatians, Black's New Testament Commentary* (Grand Rapids: Baker Academic, 1993); Scot McKnight, *Galatians*, NIV Application Commentary (Grand Rapids: Zondervan, 1995) = (갈라디아서 - NIV 적용 주석, 솔로몬, 2013).

이 오시기까지 있을 것인데, 그 약속은 한 중보자에 의해 천사들을 통해 제정된 것이다. 중보자는 한 편 이상에 관여하기 마련이지만, 하나님은 한 분이다. 그러면 율법이 하나님의 약속들과 반대되는가? 결코 그럴 수 없다! 만일 능히 살게 하는 율법을 주셨다면, 의가 율법을 통해 왔을 것이다. 그러나 성경이 모든 것을 죄의 권세 아래 가두었으니, 이는 예수 그리스도를 믿음을 통해 약속된 내용을 믿는 자들에게 주기 위함이다. 믿음이 오기 전 우리는 믿음이 계시될 때까지 율법 아래 갇혀 감시를 받았다. 이같이 율법은 그리스도가 오기 전까지 우리의 훈육교사였으니, 우리가 믿음으로 의롭다 함을 얻게 하기 위함이었다. 하지만 이제는 믿음이 왔고, 우리가 더는 훈육교사 아래 있지 않다. 왜냐하면 너희가 모두 믿음을 통해 하나님의 자녀이기 때문이다. 누구든지 그리스도 안으로 세례 받은 자는 그리스도로 옷 입은 것이다. 더는 유대인이나 헬라인이 없고, 더는 종이나 자유인이 없으며, 더는 남자나 여자가 없다. 왜냐하면 너희가 모두 그리스도 예수 안에서 하나이기 때문이다. 그리고 너희가 그리스도의 소유이면 곧 아브라함의 자손이요, 약속을 따른 상속자이다.

[138]

이 본문을 풀어 설명하려면 많은 지면이 필요할 것이다. 여기서는 다섯 가지 사항만 언급하겠다. 마지막 부분인 28절에서 시작하겠다.

첫째, 바울은 자신이 '포용하는 교회'를 위한, 즉 유대인과 헬라인, 종과 자유인, 남자와 여자로 구성된 교회를 위한 초석을 닦았다고 생각한다. 여기서 우리는 다음 사실을 염두에 둘 필요가 있다. 즉, 바울은 모든 사람이 뒤섞여 하나의 모임을 이루는 하나님의 한 백성을 긍정하는 구약 해석을 창조하려고 시도하는 중이었다는 것이다. 바울이 토대로 삼은 구약 해석은 그의 대적인 유대화주의자들을 곤경에 빠뜨리는 내용이기도 했는데,

그는 그 해석을 통해 이방인 신자들이 "하나님의 이스라엘"이 되기 위해 유대인이 될 필요가 없다는 사실을 보여주려는 것이기 때문이다(갈 6:16).

둘째, 문법상 재밌으면서도 진지한 3:15-16을 보면, 아브라함의 약속은 단수인 그 **씨**에게 주어진다. 바울은 이 내용을 가지고 아브라함의 약속이 그리스도 안에서, 오직 그리스도 안에서만 완성되었다는 사실을 이해했다. 말하자면, 바울의 이스라엘 성경 해석에는 **그리스도 중심주의**(Christocentrism)가 곳곳에 배어 있다. 그리스도의 중심성을 약화하려는 시도가 종종 후기 새 관점의 일부 형태에서 등장하곤 하는데, 이런 시도는 바울의 사고방식과는 아무런 상관이 없다.

셋째, 약속이 먼저이고 율법은 다음이다. 실제로 율법은 아브라함 약속이 체결된 지 430년 후에 주어졌다(3:17-18). 이 사실은 우선권을 토라가 아닌 약속에 부여한다. 바울은 여기서 중요성의 순서 면에서 토라를 격하하는데, 갈라디아에 들어왔던 바울의 대적들은 바울의 이런 움직임을 가볍게 여기지 않았을 것이다. 정체성을 확립하는 토대는 언약의 약속이지, 토라나 토라 준수가 아니다.

넷째, 바울은 율법이 제한된 사유로만 추가된 것으로, 열등한 방법이며 제한된 기간에만 적용된다고 말한다. 그리고 이 점에서 바울은 후기 새 관점 주의자로 이해될 수 없다. 그런데 율법은 어떻게 그런 역할을 하는가? 3:18-24에서 바울은 바로 이 점들을 밝힌다. 율법은 범죄를 죄(Sin)로 만개하게 하려고 추가된 것이며, 율법은 하나님께서 천사들을 통해 간접적으로 주셨지만 언약은 중보자를 거치지 않은 하나님의 직접적인 임재이며, 율법은 **모세와 그리스도 사이의 시기만을 위해** 주어졌다. 따라서 3:24에서 보듯이 율법이 주어진 것은 "그리스도가 오기 전까지"다.

다섯째, 토라의 목표는 믿음이었고, 믿음이 왔을 때, 말하자면 그리스도의 믿음과 그리스도를 믿는 우리의 믿음이 왔을 때, 토라는 그 목적에

[139]

이바지한 것이다. 토라가 불가피하게 초래했던 유대인과 이방인의 분리는 그리스도와 더불어 끝났으며, 이제 하나님의 가족이 이 세계를 향한 하나님의 선교를 위해 선택되었던 이스라엘이라는 신분을 기반으로 삼지 않고, 믿음을 기반으로 설립되는 때가 되었다.

나는 이 내용을 다음과 같이 표현하고 싶다. "이 단락의 주장은 (차이[difference]가 아닌) 다른 사람들(differents)의 모임을 굳게 세우는 것이 목적이며, 이 다른 사람들은 유대인과 이방인, 종과 자유인, 남자와 여자다." 이제 율법을 무시해도 좋다는 말을 이방인에게 하는 것은 의미가 없다. 그것은 처음부터 이방인을 위한 말이 아니었다. 바울이 이 말을 할 때 염두에 둔 대상은 유대인이다. 2:15-21을 보면 그 사실을 확실히 알 수 있다. 거기서 바울은 베드로를 질책하면서 "본래 유대인인 우리"가 이제 의롭게 되는 것이 유대인이 됨으로써가 아닌 믿음으로 말미암는다는 사실을 배워야 한다는 사실을 보여준다. 따라서 토라에 관한 이 주장은 이방인을 향한 주장이 아니라 유대인을 겨냥한 진술이다.

이제 그 주장을 보자. "그리스도는 아브라함의 씨다. 그리스도 안에 있는 사람은 아브라함 안에 있다. 혹은 아브라함 안에 있는 사람은 그리스도 안에 있다. 우리가 그리스도 안에 있는 것은 토라나 인종이 아닌 믿음을 통해서다. 따라서, 존재하는 그리스도의 몸은 하나다." 이러한 교회론적 초점은 바울에 관한 새 관점 특유의 초점이기도 하다. 옛 관점의 개인 구원 주제는 이 본문에서 바울의 주요 관심사가 아니며, 토라가 유대인에게 부과했던, 어느 정도는 이방인에게도 중요했던 행위 역시 이 본문의 초점이 아니다. 바울의 신학 여정의 이 지점에서 바울 신학 전체의 핵심을 형성하는 이 구절의 결정적인 초점은 교회론이다. 그에게 중요한 것은 교회가 다른 사람들의 모임이라는 사실이었다.

새 관점과 교회적 삶으로서 그리스도인의 삶

내 주장은 "사도 바울은 미국 교회를 위한 완전히 새로운 비전을 제시할 수 있다. 그 비전의 중심은 교회다. 즉, 포용하는 교회, 사회 경계를 허무는 다른 사람들의 모임으로서 교회다"이다. 또한, 나는 "그리스인의 삶은 사도 바울의 이 비전을 따라 주조된다"라고 주장한다. 만약 교회가 다른 사람들의 모임이라면, 그리스도인의 삶은 우리와 닮지 않은 사람과 더불어 사는 이런 삶을 만들어가는 법을 배우는 것이다. 이 내용을 더 강하게 표현하자면, 그리스도인의 삶이란 나와 같지 않은 사람을 사랑하고 그들과 더불어 살며 교제하는 법을 배우는 것이다.

다음으로 자연스럽게, 바울이 내세운 선봉이었던 교회론으로 가 보자. 나는 이 내용을 샐러드를 먹는 세 가지 방법에 비유해 보겠다. 식탁에 샐러드 재료가 있다. 오이, 케일, 당근, 브로콜리, 말린 과일, 견과류, 토마토, 자주색 양배추, 조미료와 치즈 약간. 이 재료들로 샐러드를 만드는 방법은 세 가지다. 첫째, 각 재료를 골라 서로 다른 그릇에 담고 따로 먹는 방법. 둘째, 모든 재료를 한 그릇에 담고 좋아하는 샐러드드레싱을 듬뿍 뿌린 다음, 통째로 섞어 먹는 방법. 셋째, 모든 재료를 한 그릇에 담되, 올리브유를 약간 준비해서 재료에 골고루 뿌리고 먹는 방법.

[140]

이 비유를 따라, 이제 교회에 관한 세 가지 이미지와 그리스도인의 삶에 관한 세 가지 이미지를 제시하겠다. 첫째는 미국 교회의 길이다. 미국 교회는 미국 그리스도인이 지닌 다양성 전부를 일요일 아침에 각 교회로 분리해버렸다. 그래서 서로 섞이지 않으며 유사성도 별로 없다. 매주 고백하는 니케아 신경의 "하나의 거룩하며 보편적이고 사도적인 교회"는 실제로는 주일 아침을 향한 모욕이다. 둘째는 다양성을 한 가지 맛으로 통일시켜 옮겨 담는 것이다. 샐러드 재료에 발사믹 소스를 더 많이 부을수록, 각 재료의 맛을 느끼기는 더 힘들어진다. 이런 식의 교회 생활은 (문화, 인종,

경제 혹은 신학 면에서) 어떤 하나의 흐름이 지배하기 마련이고, 이것은 우리가 첫 번째 방식을 선호하는 이유가 되기도 한다. 셋째는 바울이 교회를 보았던 방식이다. 우리는 서로 다를 수 있지만 함께여야 한다. 말하자면, 같은 그릇에 담되, 우리의 여러 가지 차이에 맛과 활력을 불어넣는 성령의 기름을 약간만, 하지만 충분하게 넣고 버무리는 방식이다.

나는 이런 이유로, 미국 교회를 위해서는 교회와 그리스도인의 삶에 관한 바울의 중심적인 (새) 관점을 복원할 필요가 있다고 주장하는 바다. 우리에게 필요한 것은 바울이 이루어내려 했던 내용에 비추어 바울을 새롭게 이해하려는 작업이다. 나는 먼저 바울에게 그리스도인의 삶이 의미했던 바를 밝히는 단서로서 바울 선교의 교회론적 초점을 탐구하고자 하는데, 이를 위해 바울 교회의 사회적 현실을 조사할 것이다. 이 현실은 바울의 교회는 우리의 교회와 다를 바 없을 것이라는 전제 때문에 이 시대의 교회 안에서 자주 무시되어 왔다.

교회의 사회적 현실

피터 옥스(Peter Oakes)는 폼페이의 고고학적 증거를 기반 삼아 진행한 바울의 교회들에 관한 최근 연구에서 폼페이에 관한 연구 결과를 다른 도시에도 적용하면서, 바울의 초기 가정 교회의 모습이 (로마의 상황을 고려해서 조정한 후) 다음과 같았을 것으로 제안했다.[31]

총 30명으로 구성:

1. 분리된 숙소가 딸린 작업장을 빌려 쓰는 한 사람의 공예가. 그의 가족과 남자 노예 및 여자 가정 도우미 노예 몇 사람, 그리고 그가 부

---

31) Peter Oakes, *Reading Romans in Pompeii: Paul's Letter at Ground Level* (Minneapolis: Fortress, 2009), 96.

양하는 친척 한 명.
2. 그보다 작은 공간을 빌려 쓰는 몇 사람의 가장과 그들의 가족, 노예, 피부양자.
3. 다른 두 가족의 식구. 그들의 가장은 가정 교회의 일원이 아니다. [141]
4. 두 명의 노예. 그들의 주인은 가정 교회의 일원이 아니다.
5. 두 명의 자유인 혹은 해방 노예. 그들의 부양자는 가정 교회의 일원이 아니다.
6. 두 명의 노숙자.
7. 공용 숙소를 빌려 쓰는 몇 사람(이주 노동자 등).

비슷한 종류의 다른 연구와 달리 옥스의 작업은 공간을 소유했던 사람과 그 공간에서 살고 일했던 사람을 기초로 모델을 구축한다. 결과적으로 전형적인 가족 모임, 즉 가정 교회에 관한 더 선명한 그림이 구체적인 사회적 현실로 모습을 드러낸다. 이런 식의 역사 발굴 작업은 상당한 정도의 추측을 피할 수 없지만, 옥스는 그 누구보다 훨씬 더 세심한 모습을 보였고, 나에게 그의 결론은 매우 합리적으로 다가왔다.

최초의 교회가 사회적 스펙트럼 상 어디에 위치하는지에 관한 약간의 논의가 벌어지고 있는데, 나에게는 바울의 교회들을 로마 세계의 많은 **조합들**(associations) 가운데 자리매김시키는 리처드 애스코프(Richard Ascough) 등의 입장이 옳다고 생각된다.[32] 조합들은 로마의 비엘리트 계층 모임이었으며, 이 모임이 종종 위계질서와 지위 배열 측면에서 엘리트

---

32) Richard S. Ascough, Philip A. Harland, and John S. Kloppenborg, *Associations in the Greco-Roman World: A Sourcebook* (Waco: Baylor University Press, 2012). Richard S. Ascough, "What Are They Now Saying about Christ Groups and Associations?," *Currents in Biblical Research* 13 (2015): 207-44를 보라.

계층을 모방했다는 점을 고려하면 왜 당국에서 조합의 광범위한 성장에서 반역 혹은 적어도 잠재적인 소란의 가능성을 보았는지 어렵지 않게 이해할 수 있다. 여기에 간단한 내용을 하나 덧붙이겠다. 바울이 어떤 모임을 에클레시아(ekklēsia)라 불렀을 때, 이 용어는 그리스 세계에서 시민들의 모임을 지칭했을 가능성이 매우 크다는 것이다.[33] 현재의 교회들은 우리에게 건전하고 깨끗하다는 인상을 주지만, 1세기 바울의 교회들은 의혹과 폭동의 소문을 불러일으키는 진원지였다. 물론 대부분 사람은 그 에클레시아 조합들을 대체로 보잘것없는 사람들로 이루어진 무해한 집단으로 보았겠지만, 그래도 그들을 향한 일부 감시의 눈초리를 피할 수는 없었다.

이제는 이런 사회적 현실을 훨씬 더 두텁게 그려낼 필요가 있다. 적어도 이르게는 갈라디아서, 늦게는 (나는 바울이 썼다고 생각하는) 골로새서 사이의 초기 가정 교회들은 이전에는 식사나 기도, 거주를 함께하지 않았던 사람들이 이제 하나가 되었다고 보았다. 갈라디아서 3:28과 골로새서 3:9-11이 그렇게 이야기한다.

[142] 더는 유대인이나 헬라인이 없고, 더는 종이나 자유인이 없으며, 더는 남자나 여자가 없다. 왜냐하면, 너희가 모두 그리스도 예수 안에서 하나이기 때문이다.

너희가 옛 사람과 그 행위를 벗어 버렸고 새 자아를 입었다. 새 자아는 자기 창조주의 형상을 따라 지식 면에서 끊임없이 새로워진다. 여기에는 더는 헬라인과 유대인, 할례파와 무할례파, 야만인, 스구디아인, 종과 자유인의 구별이 없다. 오직 그리스도가 만유시며 만유 안에 계신다!

---

33) Paul Trebilco, *Self-Designations and Group Identity in the New Testament* (Cambridge: Cambridge University Press, 2012), chap. 5.

피터 옥스가 제안한 가정 교회의 모습을 가져다가 거기에 유대인과 헬라인, 남자와 여자, 인종과 문화적 이데올로기라는 이름표를 붙이면, 그 최초의 모임을 더 자세히 들여다볼 수 있다. 좀 더 상황을 복잡하게 만들어 보자. 노예들 가운데는 여관 주인의 노예인 여성이 한 명 있었다. 그녀가 일하는 여관에서 그녀는 성적인 접대를 목적으로 후원자에게 제공되곤 했다. 그녀 같은 사람에게 선택지는 거의 없었다. 무언가 새로운 일이 그녀에게 일어나기 전까지는 그녀의 이런 현실이 바울의 모임에 어떤 식으로든 영향을 미쳤을 것이다. 이처럼 엄연한 로마의 현실이 존재했다는 사실을 염두에 두고, 바울의 교회 중 하나로 그녀를 데려온다고 상상해 보라.

바울의 선교는 모든 사람을 위한 교회, 모든 사람으로 구성되는 교회였다. 그의 복음은 예수가 메시아이자 주님이신데, 단지 유대인의 메시아 정도가 아니라, **모든 사람의** 메시아이자 주님이시라는 것이었다. 만약 예수가 모든 사람의 메시아이자 주님이시라면 모든 사람이 그분의 식탁으로 초대되며, 만약 모든 사람이 그분의 식탁으로 초대된다면 모든 사람에게 앉을 자리가 부여된다. 그리고 이 말의 의미는 그 말 그대로다. 그들은 서로 대화를 나누고 서로 삶을 공유하며 서로 주고받아야 한다. 신분이 지배하는 세계였던 로마에서 각자가 가졌던 신분과 무관하게 그래야 한다.

로마제국 안의 어디를 가든 매우 분명한 신분과 계급의 구분이 존재했다. 로마인은 신분에 집착했고, 신분은 각자의 옷차림으로, 그리고 공적인 회합이나 사적인 연회에서 각 사람이 앉게 되는 자리로 드러났으며, 나아가 신분 체도는 법체계 내부에서 완전히 작동하게 되었다.[34] 로마에 관

---

34) Joseph H. Hellerman, *Reconstructing Honor in Roman Philippi: Carmen Christi as Cursus Pudorum*, Society for New Testament Studies Monograph Series 132 (Cambridge: Cam- bridge University Press, 2005); Hellerman, *Embracing Shared Ministry: Power and Status in the Early Church and Why It Matters Today* (Grand Rapids: Kregel, 2013).

한 선도적 학자인 마틴 굿맨(Martin Goodman)은 이 상황을 다음과 같이 기술한다.[35]

> 공적인 수준에서 로마 사회는 출신 성분과 재력을 기준으로 고도로 계층화되어 있었다. 성인 남자 시민의 사회적, 정치적 신분은 비정기적인 인구 조사 때 고정되었다. … 가족 차원에서 … 각 가족 단위에서 … 유일하게 충분한 법적인 지위를 보장받은 사람은 … 남성 가장이었다.

[143]   또 다른 계급, 즉 정치 계급(황제, 원로원 의원, 기사단)을 추가하면 이 구조가 더 복잡해진다. 여기에 로마의 계급 사회에 존재했던 또 다른 계급 체계를 추가할 수 있겠다. 남자가 우선, 다음으로 여자, 그 다음으로 외국인, 그리고 마지막으로 노예. 계급과 신분과 평판과 인맥이 곧 제국이었다. 이런 계급 구조에 회당과 유대인 공동체가 추가되면 상황이 더 꼬인다. 유대인에게도 나름의 계층 구조가 있었고, 유대인이었던 바울은 가정 교회 안에서 로마 세계와 유대 세계를 하나로 묶으려 했다. 한 샐러드 그릇에 모든 재료를 넣고 마구 뒤섞는다고 반드시 기막힌 음식이 만들어지는 것은 아니다.

교회론적 초점

내 주장은 **교회**야말로 바울이 골몰한 대상이었다는 것이다. 그는 하나님의 선교에 관해서도 교회론적 개념을 가지고 있었고, 우리는 바로 이 점에 좀 더 천착할 필요가 있다. 왜냐하면, 오늘날 우리는 개인주의 및 사적인 영성과 지독한 사랑에 빠져있기 때문이다. 라이트(N. T. Wright)는 우리

---

35) Martin Goodman, *The Roman World: 44 BC-AD 180*, 2nd ed., Routledge History of the Ancient World (London: Routledge, 2012), 17.

가 골로새서나 에베소서로 바울 읽기를 시작했다면 모두 새 관점 주의자가 되었을 것이라고 말한 적이 있다.[36] 숙고할 가치가 있는 말인데, 그래서 나는 이 단락을 골로새서에 관한 이야기로 시작하려 한다.

바울은 로마제국 전체로 선교를 확장하고 있었다. 왜냐하면 메시아이신 나사렛 예수가 "모든 피조 세계의 장자"이며 "그 안에서 만물이 창조된" 분이시기 때문이다. 사실, 이 "만물"도 "그를 위해" 창조되었고, "만물이 그 안에서 유지된다"(1:15-17). 우리는 이 주장의 화려함을 감히 무시해서는 안 된다. 이 유대인 메시아 예수가 바로 실제 인간의 육체 안에 구현된 하나님의 충만이었고, 하나님은 "그를 통해 만물을 자기와 화해시키실 것"이다(1:20). "그의 십자가의 피로" 말이다. 더 중요한 사실은, 골로새 교회 안에서 바울이 행했던 선교가 명시적으로 언급된다는 것이다. 그가 부름 받은 목적은 "너희에게 하나님의 말씀을 충만하게 전하기" 위함이었다. 그는 이 선교를 "비밀"이라 부르는데, 그 의미는 다음과 같다. "하나님께서 이 비밀의 풍성하고 영광스러움을 이방인 가운데 알리기로 결정하셨다"(1:25, 27 NIV). 그리고 이 동일한 그리스도가 "모든 통치와 권세의 머리"시며(2:10), 그의 십자가는 "통치자들과 권세자들을 무장해제시켰다"(2:15, NIV). 바울은 골로새서의 이 시점에서 대적들과의 교전을 시작하는데, 그들의 정체는 아직 확실하게 규명되지 못했다. 하지만 바울이 쓴 내용을 통해 추측건대, 그들의 주장에는 일부 이방인의 우상숭배와 더불어 유대인의 배타주의가 작용했던 것으로 보이며, 이 모든 요소는 바울 신학 안에서 굴복당한다. 이제 하나님의 구속 사역의 교회론적 초점이 이방인으로 확대되고 있다는 사실은 내가 앞서 인용한 골로새서 3:11-12의 멋진 진술을

---

36) N. T. Wright, *Justification: God's Plan and Paul's Vision* (Downers Grove, IL: IVP Academic, 2009), 43-44 = (톰 라이트 칭의를 말하다, 최현만 역, 에클레시아북스, 2016).

떠올리게 한다. "그리스도가 만유이시며 만유 안에 계신다."

하나님께서 이 세상 속에서 펼쳐가시는 이 그리스도 중심적이고 에클레시아 중심적인 사역 때문에, 가정 교회의 구성원들은 "긍휼과 자비와 겸손과 온유와 오래 참음"이라는 특징을 가져야 하고, "서로 용서해야" 한다. 하지만 "무엇보다도" 바울은 그의 편지에서 "사랑으로 옷 입으라. 사랑은 모든 것을 묶어 완벽한 조화를 만들어낸다"라고 강조한다(골 3:12-14). 바울의 가족 규범은 오늘날 우리에게는 거리끼는 면이 있지만 당시 의혹의 눈초리가 조합들을 향해 쏟아지는 상황에서 바울이 스스럼없이 꺼내 들 정도로 매우 로마적인 내용이었는데, 이 바울의 가족 규범이 지향하는 목표가 바로 교회와 주님이었다(3:18-4:1). 또한, "**외부인**을 향해서는 지혜롭게 처신"하라는 바울의 말(4:5)에서 드러나듯이, 그에게 세상과 대조되는 에클레시아의 정체성이란 의미에서 "우리 대 그들" 개념이 존재했다는 사실에 주목하라. 그는 소아시아 서부에 존재하는 다른 교회 모임과 그들 사이의 유대 관계를 되새기면서 편지를 마무리한다.

이 시점에서 나는 정말로 중요한 말을 하고자 한다. 바울의 이런 비전에는 내면적 영성이나 개인의 영적 성장이나 개인적 변화 등 미국 교회 안에서 그리스도인의 삶에 관하여 가르쳐 온 방식을 대부분 결정했던 모든 것에 관한 내용이 사실상 없다. 물론 바울도 그들 각자가 변화되어 로마의 방식과 절연하기를 기대했던 것은 맞지만, 그의 초점은 교회에 있었기에 개인적인 모든 것도 새로운 유형의 공동체인 에클레시아를 만들어가는 하나님의 선교 안으로 포괄되었다. 나는 다음 사실을 강조하고 싶다. 즉 바울에게는 교회가 우선이었고, 그리스도인으로서 각 개인의 삶은 지역 교회의 성장과 성화를 구성하는 일부였다는 것이다. 내 생각에 바울의 비전은 개인이 먼저 성화되고 그 결과로 교회가 개선되는 식이 아니었다. 오히려 바울의 사고에서는 개인보다 집단이 우선이었다. '나'보다 '우리'가 우선이었다. 우리 귀에는 바울의 화음보다 로저 윌리엄스(Roger Williams)와 헨리 데이비드 소로(Henry David Thoreau)의 화음이 훨씬 더 편하게 다가오지만 말이다.

에베소서에 관심이 더 쏠릴 텐데, 지금 우리에게 유익한 본문 하나, 즉 에베소서 2:14-22를 인용하고 싶다.

> 그는 우리의 평화이시다. 그는 자기 육체 안에서 두 집단을 하나로 만드셔서 분리의 담, 즉 우리 사이의 적대감을 허무셨다. 그는 계명과 법령으로 이루어진 율법을 폐하셨으니, 이는 자기 안에 그 둘을 대신하는 새로운 한 인류를 창조하시고 그럼으로써 화목하게 하시고, 십자가를 통해 한 몸 안에서 그 두 집단 모두를 하나님과 화목하게 하시고 그럼으로써 십자가를 통해 그 적대감을 소멸하시려는 것이었다. 이렇게 그가 오셔서 멀리 떨어져 있던 너희에게 평화를 선언하시고 가까이 있던 자들에게 평화를 선언하셨다. 우리 둘 모두가 그를 통해 한 성령 안에서 아버지께 접근할 수 있게 된 것이다. 그렇다면 너희가 더는 외부인이나 나그네가 아니며, 오직 성도들과 시민이요, 하나님 가족의 일원으로서, 사도들과 선지자들의 터 위에 건설되며, 그리스도 예수 자신이 너희의 모퉁잇돌이시다. 그 안에서 건물 전체가 서로 연결되어 주 안에서 성전으로 자라가며, 너희도 그 안에서 하나님이 거하시는 처소로 영적으로 함께 지어져 간다.

바울의 비전이 얼마나 교회 중심적인지 주목하라. 하나님의 임무는 이 교회를 만드는 것이었다. 여기서 가장 주목해야 할 사실은, 바울의 교회 개념이 인종과 사회, 경제 배경 면에서 세분화에 집착하는 교회 성장 운동(샐러드의 재료 각각을 따로 먹는 방식)과는 전혀 다르다는 것이다. 그와

[145]

달리 바울의 비전은, 새 창조가 로마제국을 뚫고 들어오는 이 새 시대는 유대인과 이방인을 섞어 새로운 한 몸(로마제국에서 통용되던 또 다른 정치 용어)으로 만든 에클레시아라는 이름의 새로운 모임이 존재한다는 것이었다. 말하자면, "그리스도의 몸인 교회 안에"와 그다지 다를 바 없는 표현인 "그리스도 안에" 평화(또 다른 로마의 정치 용어)가 있으며, 유대인과 이방인은 "하나"이고, "적대감"은 사라지며, 과거의 율법은 폐지되고, 이 교회라는 몸 안에서 하나님은 그 둘을 하나로 "화목하게 하신다"(유대교 정치학의 전복). 이방인은 더 이상 "외부인"이 아니며 이제는 "시민"이다(그야말로 정치적인 용어 아닌가!) 이 새로운 몸은 정말로 "주 안에서 성전"이다. 즉, "하나님이 거하시는 처소"이다. 정말 은혜 아닌가! 이것은 철저히 정치적이고 교회적인 강력한 새 비전이다.

여기서 우리를 위한 요점은 다음과 같다. 사도 바울의 임무는 각 도시에 새로운 사회정치적, 경제적, 영적 질서를 구현하는 모임, 즉 서로 닮지 않은 사람들과 타자들로 구성된 한 몸인 "다른 사람들의 모임"(fellowship of differents)을 만드는 것이었다. 내 주장은 바울이 그리스도인의 삶을 이 새로운 교회의 독특한 정체성을 따라 사는 법을 배우는 것으로 보았으며 이 교회는 로마를 향해 권력과 지위가 아닌, 모든 사람을 향한 자기희생적인 사랑과 돌봄을 과시한다는 것이다. 나는 이런 이유로, 미국 교회에 바울을 복원해야 한다고 주장하는 것이다. 모두 한목소리로 주장하듯이 미국 교회는 갈가리 분열된 상태이며, 하나님의 새로운 사회를 증언해야 할 임무도 그저 언젠가는 우리도 모두 하나가 될 것이라는 확신 없는 소망을 희미하게 증언하는 수준으로 퇴보한 상태다. 그 임무는 학회나 집회에서 시작되는 것이 아니라, 당신이 다른 사람 한 명을 당신의 식탁으로, 당신 지역 교회의 성만찬 식탁으로 초대할 때 시작된다. 나는 하나님께서 하고 계신 일을 내 스승 제임스 던(James D. G. Dunn)보다 더 제대로 진술한 사람을 본 적이 없다. 그는 사도행전 주석에서 성령이 한 집단의 사람에게 부어질 때 이루어낼 수 있는 일을 다음과 같이 묘사한다. "하나님의 성령은 인간의 능력을 초월하고 인간의 무능력을 변화시킨다."[37] 성령은 우리가 절대 할 수 없었을 일을 할 수 있게 하는 능력을 주며, 우리가 할 수 있었던 일도 훨씬 더 훌륭하게 만들어 놓는다. 성령은 우리 능력을 초월하며, 우리 무능력을 변화시킨다.

교회의 단합

나는 은사주의 운동이 한창일 때 성인이 되었다. 방언을 경험하려고 최선을 다했지만, 열정적으로 기도하다 몇 번 턱이 벌어진 적은 있어도 방언은 한 번도 일어나지 않았다. 그리고 성령에 관한 수많은 대화를 나누었다. 특히 우리가 각자 받은 성령의 "은사"를 확인하는 대화가 많았다. 긴 은사 목록, 어느 것이 내 은사인지에 관한 궁금증, 다른 사람보다 앞서고 싶은 기이한 소유욕 등 많은 주제가 있겠지만, 계속해서 다시 강조할 필요가 있는 더 중요한 내용이 있다. 바로 우리 각자가 하나님의 성령을 선물로 받았다는 사실 자체다. 그런데 하나님께서 우리에게 성령을 선물로 주신 데는 목적이 있으며, 새 관점의 교회 중심 접근은 '은사의 목적'이라는 이 주제에 우리의 관심을 집중시켰다.

[146]

하나님께서 교회에 영적 은사를 주시기로 한 이유가 무엇일지 자문해 보고, 이어서 바울은 영적 은사를 어떻게 보았는지 확인해 보라. 만약 던의 말대로 하나님의 성령은 인간의 능력을 초월하고 인간의 무능력을 변화시킨다면, 아마도 샐러드 그릇에서 단합을 만들어내기 위한 가장 의미심장한 전략은 은사의 할당 측면에서 성령이 그리스도의 몸 전체를 인도

---

37) James D. G. Dunn, *The Acts of the Apostles* (Valley Forge, PA: Trinity Press International, 1996), 12.

하시도록 허용하는 것이다. 바울은 선교 사역 한 가운데서 그의 교회들이 분열 때문에 삐걱거릴 때, 그들에게 성령의 은사를 상기시켰다. 바울의 질문은 이랬다. 왜 성령을 주셨는가? 그의 답변이다. "단합을 위해." 각 사람의 몸에는 다른 기관이 있듯이, 그리스도의 몸에도 다른 부분이 있다. 이유가 무엇인가? "이와 같이 그리스도 안에서 우리가 수가 많아도 **한 몸을 이루며**, 각 지체는 다른 사람들에게 속한다"(롬 12:5, NIV). 바울은 나중에 사역 후기에는 은사들이 주어진 목적은 **교회 안에서 단합을 창출하는** 것이라고 말한다(엡 4:16). 로마제국 안에 등장하기 시작한 가정 교회들이 처한 사회적 현실에서 바울이 꿈꾸었던 단합은 오직 성령의 선물을 통해서만 이루어낼 수 있는 것이었다. 성령이 많을수록 단합도 커진다. 단합이 줄어든다면 성령도 적어진 것이다.

신약에는 네 가지의 은사 목록이 있는데, 가장 완벽한 목록은 고린도전서 12:8-10, 27-28(NIV)에 등장한다.[38]

> 어떤 사람에게는 **성령**을 통해 지혜의 말씀이,
> 어떤 사람에게는 같은 **성령**을 따라 지식의 말씀이,
> 또 다른 사람에게는 같은 **성령**으로 믿음이,
> 어떤 사람에게는 한 **성령**으로 치유의 은사가,
> 어떤 사람에게는 놀라운 능력이,
> 어떤 사람에게는 예언이,
> 어떤 사람에게는 영들을 분별함이,
> 다른 사람에게는 각종 방언 말함이,
> 어떤 사람에게는 방언을 통역함이 주어졌다.

---

38) 고린도전서의 목록을 여기서는 NIV와 다른 형태로 제시했다. 다른 목록은 롬 12:3-8; 엡 4:11; 벧전 4:10-11에 나온다.

...

이제 너희가 그리스도의 몸이요, 너희 각자가 그 몸의 지체다.

    하나님이 교회 안에

첫째는 사도를,

둘째는 선지자를,

셋째는 교사를,

그 다음은 기적을,

그 다음은 치유의 도움과

인도와

각종 방언의 은사를 두셨다.

[147]

성령이 오시면, 모든 사람에게 교회에서 질 책임을 할당하며, 그렇게 하는 과정에서 성령은 우리의 이기심과 개인적 삶에서 우리를 건져내 샐러드 그릇에 던져 넣는다. 게다가 영적 은사 목록 네 가지가 서로 다르다는 사실을 확인하고서, 나는 이 목록들을 **성령의 할당을 대표하는 사례들**로 생각하게 되었다. 어떤 사람은 이 은사 목록을 종합해서 스무 가지 영적 은사로 정리했지만, 이 목록에만 집착하는 것은 주객이 전도된 것이다. 이 목록을 들여다보며 어느 것이 내 은사인지 찾아보는 것보다 더 나은 접근은 "성령께서 이 모임 안에서 행하라고 나에게 주신 선물은 무엇일까?" 자문해 보는 것이다. 이 질문에 대한 답변이 바로 당신의 "은사"다.

  요점을 반복하자면, 은사는 **그리스도의 몸의 유익과 단합을 위한 (향한)** 것이다. 바울은 그가 쓴 마지막 편지들 가운데 하나에서 이런 내용을 아주 명확하게 밝히면서(엡 4:12–13, NIV), 영적 은사에 관한 **종말론적 시각**을 제시한다. "우리가 모두 믿음 면에서, 그리고 하나님의 아들에 관한 지식 면에서 하나가 되고 성숙해져 그리스도의 온전한 충만함에 도달하기까지."

이제 잠시 멈춰 다시 한번, 그리스도인의 삶에 관한 바울 특유의 **교회 중심적, 성령 중심적** 이해에 비추어 그리스도인의 삶을 생각해 볼 필요가 있다. 바울은 그리스도인의 삶을 각 지역에 자리한 그리스도의 몸 안에 할당된 임무로 보았다. 그것은 하나님과의 개인적 친밀함 면에서 성장하기 위한 기회에 불과한 것이 아니라, 각 지역의 에클레시아가 로마제국에서 일반적으로 상상할 수 있는 모임 이상의 실체가 되는 것에 이바지하도록 고안된 임무였다. 이 임무는 알려진 모든 경계, 즉 민족과 인종, 성, 문화, 사회경제적 지위 등을 초월하는 지역 교회를 세우는 데 우리가 하는 공헌이다. 우리에게 은사가 주어진 목적은 교회가 하나 되도록 도와서, 하나님의 일하심이 완전히 새로운 창조를 개시하셨다는 사실을 세상에 증언하라는 것이다.

교회적 윤리

기독교 전통의 진보화는 곧 그 전통의 윤리화일 것라는 이야기를 드물지 않게 들을 수 있다. 말하자면, 진보적이 되려면 모든 내용을 정의와 평화 같은 정치적으로 정리된 사회 윤리로 전환해야 한다는 것이다.[39] 이 말을 듣고 다소 대담하게 "글쎄요, **성경의** 윤리는 그렇게 철저하지 않을 텐데요?"라고 반문하는 사람도 있겠다. 그렇다면 바울의 윤리는 어떤가? 나는 두 마디로 답변하겠다. 바울에게는 **성령**에서 도출된 **교회 중심** 윤리가 있었다. 말하자면, 그의 윤리는 교회 안에서 성령을 따라 사는 삶이었다. 바울이 성령의 **열매**에 관하여 말하는 내용을 살펴보면 이 사실을 매우 분명하게 알 수 있다. 그리고 그 본문은 다시 한번, 바울이 끊임없이 교회 중심의 윤리를 향해 나아가지만 그에 반해 우리는 개인주의를 선호해 왔다

---

39) Evans, *Liberalism without Illusions*, 117-39.

는 사실을 드러낸다.

성령에 노출된 사람은 성령으로 충만하며 성령의 열매를 나타낸다. 갈라디아서 5:22-23에 그 열매들이 나온다(NIV).

오직 성령의 열매는
사랑과
희락과
화평과
오래 참음과
자비와
양선과
충성과
온유와
절제니

성령이 우리 삶에 뿌리를 내리면 열매를 맺는다. 그것은 성령이 변화를 일으킨다는 의미이며, 다시 한번 초월에 관한 던(Dunn)의 말을 떠올릴 수 있겠다. 이것이 바로 바울의 복안이었다. 즉, 성령이 우리 안에서 우리를 더욱 그리스도를 닮은 존재로, 더욱 경건한 자로, 더욱 사랑스럽고 더욱 지혜로운 자로 만들어 간다. 하지만 이 말을 듣고 성령을 "인생 코치"나 "개인 영성 트레이너"로 생각하거나 우리를 더 건강하고 맵시 있는 사람으로 만들어주는 존재로 생각한다면 오산이다. 그렇지 않다. 여기서 바울이 제시하는 목록은 하나님과의 친밀함이나 사색의 삶(via contemplativa)에 관한 것이 아니다. 바울이 제시한 목록이 얼마나 타인 지향이며 교회 중심인지 주목하라. 첫 번째 열매로 등장하는 사랑이 이유는 바울에게는 사랑이 토라의 중심이고 그리스도인의 핵심 덕목이며 교회 안에 평화를 가져오는 훌륭한 수단이기 때문이다. 유대인과 이방인, 종과 자유인, 남자와 여자가 그리스도 안에서 하나인데, 이 하나 됨은 그들이 성령을 통해 서로 사랑할 때 유지된다. 다양한 구성원이 뒤섞인 교회를 시도해 보면, 왜 그렇게 사랑이 바울에게 중요했는지 이해하게 될 것이다.

그래도 사랑(더 많은 관심을 받을 가치가 있고, 곧 아래에서 다시 다룰 것이다)은 "열매들" 중 단지 하나다.[40] 우리가 여기서 지나가며 줄 수 있는 것보다 더 많은 관심을 받아야 할 내용은, 성령의 열매가 근본적으로 타인 지향이지 자기 지향이 아니라는 점이다. "육신의 열매" 목록을 보아도 이 사실이 즉시 드러난다. 원수 맺는 것, 분쟁, 시기, 분냄, 당 짓는 것, 분열 같은 조항은 공동체와 관련된 문제다. 따라서 성령의 열매는 화합의 화신인 하나님의 성령으로 형성된 공동체의 표지가 된다. 루이스 마틴(J. Louis Martyn)이 잘 표현했듯이,

[149] 육신의 결과는 공동체를 파괴하는 사태들(분노의 폭발 등)이고, 성령의 열매는 공동체를 세우고 뒷받침하는 특성들(사랑, 기쁨, 평화 등)이다. 따라서 종말의 묵시적 전투에서는, 각 개인의 속성으로 여겨졌던 미덕과 악덕이 개인주의적 성격과 미덕과 악덕으로서의 특징을 잃고, 오히려 공동체의 특징을 드러내는 표지가 된다. 따라서 누군가 "인격 형성"을 이야기한다면, 그 이야기에 성령을 통해 형성되어 가는 것은 공동

---

40) 내 판단으로, 성령의 열매를 덕 윤리 체계와 동일시하는 것은 범주 오류나 시대착오적인 생각이다. 첫째, 덕 윤리는 결정적으로 헬라 문화와 아리스토텔레스를 따르며, 예수나 바울이 동원하지 않았던 범주를 활용한다. 둘째, 윤리 체계는 훨씬 후대에 발전된 것이며, 따라서 바울이 여기서 말한 내용에서 상당한 발전을 이루었다. 덕 윤리가 틀렸다는 의미가 아니라, 그저 바울은 그런 식으로 윤리를 이야기하지 않았다는 것이다.

체의 인격이라는 말을 덧붙여야 할 것이다(참조. [갈라디아서] 4:19).[41]

사랑은 바울의 공동체 건설 프로젝트에서 최상단에 자리하고 있다. 반복해서 바울은 사랑이 그리스도인의 삶 전체의 중심이라고 **드러내놓고 주장한다**. 다음 성경 본문들을 주의 깊게 읽어 보면, 기록된 바울의 기도 중 연대상 마지막인 빌립보서의 기도 목록에서 첫 항목이 사랑인 이유가[42] 사랑이 그리스도인의 삶에 핵심이기 때문이라는 사실을 이해하게 될 것이다.

> 그리스도 예수 안에서는 할례나 무할례나 아무 가치가 없다. **유일하게 중요한 것은 사랑을 통해 자신을 표현하는 믿음뿐이다.** (갈 5:6, NIV)

> 온 율법이 "**네 이웃을 너 자신처럼 사랑하라**"는 이 한 계명 안에서 성취된다. (갈 5:14, NIV)

> 오직 성령의 열매는 **사랑**이다. (갈 5:22, NIV)

> **모든 일을 사랑으로 행하라.** (고전 16:14, NIV)

---

41) J. Louis Martyn, *Galatians: A New Translation with Introduction and Commentary*, Anchor Bible 33A (New York: Doubleday, 1997), 532-33 = (앵커바이블 갈라디아서, 김병모 역, CLC, 2018).

42) 빌 1:9-11(NIV): "이것이 나의 기도다. 지식과 통찰의 깊이 면에서 너희 사랑이 더욱 더 풍성해져서, 너희가 지극히 선한 것을 분별하며 또 순수하고 허물 없이 그리스도의 날까지 이르러, 예수 그리스도를 통해서 오는 의의 열매로 가득하여 하나님의 영광과 찬송이 되기를 원한다."

이 모든 미덕 위에 **사랑**을 더하라. **사랑은 그 모든 것을 온전한 하나로 묶어주는 띠다.** (골 3:14, NIV)

바울은 사랑이 "유일하게 중요한 것"으로, 할례보다 훨씬 더 중요하다고 말한다(가정 교회 안의 이방인 남자들은 이 말을 듣고 큰 박수를 보냈을 것이다). 그리고 바울은 이웃을 사랑하는 것이 "온 율법"이라는 능숙하고 혁명적인 주장을 통해 사랑을 급진화한다. 회당의 우파들은 다음과 같이 반응했을 것이다. "토라에는 계명이 613가지나 있는데, 어찌 그중 고작 한 계명이 **온** 율법일 수 있는가?" 바울은 이렇게 답변했을 것이다. "왜냐하면, 우리를 향한 하나님의 뜻 전체가 사랑에 담겨 있기 때문이다." 바울은 사랑을 핵심으로 보았다. 그 이유는 로마제국의 동쪽 지역 전체에 걸쳐 이제 가정 교회 안에서 서로 유대 관계를 맺게 된 사람들에게 그리스도인의 삶이 던지는 도전의 의미를 바울이 알았기 때문이다. 그들이 그 도전에 응하는 **유일한** 길은 서로 사랑하는 법을 배우는 것이었다. 로마의 노예들과 작업장 소유주들은 토라를 준수하는 유대인들과 함께 식탁에 앉고 기도하는 일에 익숙하지 않았으며, 율법을 따르는 유대인들은 매춘부나 이주 노동자들과 더불어 성경을 읽는 일에 익숙하지 않았다. 바울은 그런 모습이 바로 하나님이 원하시는 삶의 방식을 보여주는 위대한 비전이라고 생각했다! 우리는 서로 사랑해야 할 필요성으로 되돌아왔다.

사랑, 마지막으로

그렇다면 사랑은 무엇이냐고? 질문해줘서 고맙다. 네 가지 요점으로 설명하겠다.[43]

하나. 성경이 우리에게 사랑의 의미를 알려주는 맥락을 보자. 성경은

---

[43] Adapted from McKnight, *Fellowship of Differents*.

하나님께서 아브라함과, 그후에는 다윗과 결연한 언약을 맺으셨고, 다음으로 예레미야 31장에서는 완전히 새로운 언약을 약속하셨으며, 이어서 예수 안에서 새 언약을 성취하셨다는 이야기 안에서 사랑을 말한다. 그렇다면, 사랑은 누군가와 맺은 언약에 결연히 헌신하는 것이다. 내가 언약의 의미를 재진술하면서 **헌신**이란 단어와 함께 이 형용사 **"결연한"**을 사용한 데는 분명한 이유가 있다. 미국의 신학자 스탠리 하우어워스(Stanley Hauerwas)는 어떤 두 사람도 서로 완벽하게 뜻이 맞을 수는 없다고 말한 적이 있다.[44] 그의 말이 옳다면, 사랑은 계속 변화하고 성장하기에 어제와 같을 수 없는 상대방에게 헌신하는 것이다. 사랑은 상대방이 어디로 가던 그에게 헌신하겠다고 미리 결정하는 것이다.

둘. 이스라엘과 맺은 언약에서 핵심은 하나님께서 그들과 **함께하실** 것이란 약속이다. 그 약속을 담은 것이 "내가 너희 하나님이 되고 너희는 나의 백성이 될 것이다"라는 표현이다.[45] 하나님은 어떻게 인류와 **함께하셨는가**? 하나님은 연기 나는 화로 안에, 구름 기둥과 불기둥으로, 그리고 성전에 거하셨으며, 이스라엘 역사 내내 왕과 제사장, 선지자 같은 지도자들을 통해 하나님의 임재를 알리셨다. 하지만 사람과 "함께"하시는 하나님의 가장 심오한 행위는 성육신이다. 마태는 예수가 "임마누엘이시며 … 하나님이 우리와 **함께 계심**"이라고 말한다(마 1:23, NIV). 이 "함께하심" 주제는 지속된다. 예수는 부활 이후에 성령을 보내 우리와 **함께하신다**. 그리고 성경의 마지막 책은 새 예루살렘에 있는 새 하늘과 새 땅을 묘사하는데, 그곳에는 "하나님의 장막이 이제 [하나님의] 사람들과 **함께있어**, 하나님이 그들과 **함께 계실 것이다**"(계 21:3, NIV). 하나님의 언약은 우리와 **함께**

---

44) Stanley Hauerwas, "Sex and Politics: Bertrand Russell and 'Human Sexuality,'" *Christian Century*, April 19, 1978, 417-22.

45) 레 26:12; 렘 7:23; 11:4; 겔 14:11; 슥 8:8을 보라.

계시겠다는 약속이다.

셋, 성경의 사랑은 상대방을 **위한** 존재가 되겠다는 결연한 의지다. 사랑의 핵심에는 상대방을 옹호하는 태도가 있다. 성경의 표준 언약 공식인 "내가 너희 하나님이 되고 너희는 나의 백성이 될 것이다"의 의미는 "내가 네 편이 되어 주겠다"라는 의미다. 그리고 요한계시록 21:7은 "나는 그들의 하나님이 되고 그들은 내 자녀가 될 것이다"라고 말한다.

[151] 우리는 하나님이 사랑하시는 모습을 보고 사랑을 배우는데, 하나님의 사랑은 우리와 함께하시고 우리를 위하시겠다는 그분의 결연한 언약적 헌신으로 표현되며, 그 결과 우리는 (여기 사랑의 네 번째 요소가 있다) 하나님께서 우리를 위해 준비하신 완벽한 계획을 완성하게 된다. 그는 우리를 사랑하셔서 우리의 **목적지로 이끄신다**. 이 지향성(unto-ness)은 방향성의 원칙이다. 하나님은 우리를 사랑하시고 우리와 함께 거하셔서 **우리를 하나님 나라에 적합한 사랑스럽고 거룩한 존재로 만드신다**. 어떻게 이 일이 일어나는가? 하나님의 은혜로운 임재가 우리를 변화시키는데, 레슬리 웨더헤드(Leslie Weatherhead)의 표현을 빌리자면 그 임재가 "변혁적 우정"이기 때문이다.[46] 늘 양방향이기 마련인 진정한 우정이 변혁적인 이유는, 상대방이 우리의 가장 내밀한 실존의 영역까지 들어오도록 허용하기 때문이다. 진정으로 사랑하는 관계에서 변화는 불가피하다. 이 사실은 주일 아침에 교회 성도들이 각자의 교회에 참석하는 이유를 부분적으로 설명해준다. 즉, 변화에 대한 두려움 때문에 서로 밀어내는 것이다.

이제 내가 사랑에 관하여 반드시 이야기하고 싶은 가장 중요한 내용이다.

---

46) Leslie Weatherhead, *The Transforming Friendship* (New York: Abingdon, 1929).

순서가 중요하다

여기서 전치사의 순서가 중요하다. "~와 함께"가 첫 번째고, "~를 위해"가 두 번째, "~로"가 세 번째다. 존재, 옹호, 방향의 순서라고 할 수도 있겠다. 우리가 누군가의 옆에 존재한다는 사실은 우리가 사랑하는 사람에게 우리가 그 사람을 옹호한다는 사실을 전달하며, 그 존재와 옹호의 조합은 우리가 사랑하는 사람이 우리를 내재화하고 변화될 수 있도록 힘을 준다. 아이들이나 친구들은 존재나 옹호 없이 어떤 방향으로의 변화를 요구받는 상황을 **강압**으로 경험한다. 달리 말하면, 강단 뒤의 목사나 식탁 반대편의 부모, 그리고 진지한 친구들 가운데는 자신의 존재가 상대방의 변화를 일으킬 정도로 친밀한 사람이 되기 위해 요구되는 관계를 아직 맺지 못한 경우가 종종 있다.

교회와 그리스도인의 삶으로 돌아와서

사랑하라는 하나님의 계명은 사랑이 언약이라는 사실, 즉 상대와 함께하고, 상대를 위하며, 그 나라로 향하기 위해 함께하고 위하겠다는 결연한 헌신이라는 사실을 분명하게 가르친다. 사도 바울은 사랑하라는 하나님의 이 계명을 기반 삼아 새로운 종류의 하나님 백성인 교회를 세우려 노력했으며, 나는 그 교회를 한 그릇에 담긴 샐러드에 비유했다. 샐러드 그릇에 잠깐만 있어 보면 하나님이 말씀하시는 사랑이 지복(至福)이 아님을 알 수 있다. 사실, 그 사랑은 지복과 비교하면 굉장히 힘들다. 우리와 비슷한 사람만을 사랑하는 것은 쉽지만(실은 그조차도 어려울 수 있다), 우리와 다른 사람 혹은 나아가 우리를 좋아하지도 않는 사람을 사랑하는 것은 어렵다. 복음은 모임 안의 모든 사람을 사랑하고 요구한다. 바울의 임무는 그런 모임들을 만들어내는 것이었고, 우리는 그리스도인으로서 산다는 것의 의미를 바로 그렇게 창조된 사랑의 교제란 맥락에서 배운다.

조화로운 선율

웨슬리의 성결 신학이 새 관점의 바울을 만나다

타라 베스 리치(Tara Beth Leach)

"주님께 성결한 백성"(Holiness people unto the Lord)은 미국의 많은 웨슬리안 성결교회의 열망이요, 기치다. 웨슬리안 성결교회는 성령의 능력에 힘입어 나머지 세상과 뚜렷하게 구분되는 거룩의 삶과 자기부정의 삶을 추구하는 사람과 모임으로 이루어진 교파다.[1] 더욱이, 성결교회 전통이 내세우는 거룩의 심장은 이제 "바울에 관한 새 관점"이라 불리는 바울 학계의 최

---

1) 특히 Donald Dayton with Douglas Strong, *Rediscovering an Evangelical Heritage: A Tradition and Trajectory of Integrating Piety and Justice*, 2nd ed. (Grand Rapids: Baker Academic, 2014); William C. Kostlevy, ed., *A Historical Dictionary of the Holiness Movement* (Lanham, MD: Rowman and Littlefield, 2001); 그리고 David Hempton, *Methodism: Empire of the Spirit* (New Haven: Yale University Press, 2006)를 보라.

근 발전이 제시하는 새로운 도전에도 귀 기울인다. 새 관점과 성결 전통은 둘 다 성경을 강조하면서 동시에 그 강조점을 교회 자체의 교제로 확장을 꾀한다. 본 논문의 주안점은 성결 전통과 새 관점, 양자를 설명하면서 새 관점이 성결 전통에 제시하는 도전을 보여주는 것이다. 지난 40년간 새 관점은 학계로는 널리 스며들었지만, 바울 학계는 새 관점이 오늘날의 삶에 지닌 함의를 보여주는 데는 그다지 노력을 기울이지 않았다. 그래서 본 글은 성결 전통을 위해 새 관점을 탐구할 것이며, 이 글을 통해 성결 전통의 선도적 학자들 가운데 관련 논의가 촉발되기를 기대해 본다.

웨슬리안 성결 전통의 토대는 존 웨슬리(John Wesley, 1703-91)의 가르침이다. 열정적인 설교자이자 학자였던 웨슬리는 영국 국교회의 목사였지만, 나중에는 그가 내세운 영적 훈련을 위한 철저한 방법 때문에 "감리교도"(Methodist)로 불렸다.[2] 그 핵심에 있는 존 웨슬리의 메시지는 그리스도인에게 성결한 삶을 독려하는 것으로, 온 마음과 목숨과 뜻과 힘을 다해 하나님을 사랑하고 이웃을 자기 자신처럼 사랑하라는 것이었다(막 12:28–32). 웨슬리는 다른 무엇보다도 마음과 삶의 성결이 가장 중요한 핵심이라고 믿었다.[3] 성결에 관한 존 웨슬리의 가르침을 더 이해하려면, 먼저 원죄(original sin), 선행 은총(prevenient grace), 칭의(justification)에 관한 그의 교리를 들여다보아야 한다.

원죄

웨슬리의 성결 교리와 밀접하게 연결된 것이 그의 원죄 교리인데, 그 내

---

2) Henry D. Rack, *Reasonable Enthusiast: John Wesley and the Rise of Methodism*, 3rd ed. (London: Epworth Press, 2014)를 보라.
3) John Wesley, *A Plain Account of Christian Perfection* (Kansas City, MO: Beacon Hill Press of Kansas City, 1966)를 보라.

용은 개신교 종교개혁자들이 가르쳤던 고전적인 원죄 교리와 상당히 유사하다.[4] 웨슬리의 원죄 교리에 따르면, 각 사람은 아담의 불순종 때문에 **타락한 본성**을 가지고 태어난다. 아담과 하와의 자유와 불순종을 통해 죄가 세상에 들어왔다. 따라서 웨슬리안 신학자 로드먼 윌리엄스(J. Rodman Williams)의 말처럼, "죄의 흠집, 유죄의 현실, 죽음의 표식 없이 태어나는 사람은 없다."[5] 로마서 5:19의 표현을 따르면, "한 사람의 불순종을 통해 많은 사람이 죄인이 되었다."[6]

창조주가 인류를 죄인으로 만든 것이 아니라, 아담의 불순종 때문에 죄가 인류에게 전이된다. 인류에게 주어진 순종 혹은 불순종의 자유 때문에, 인류는 종살이와 죽음으로 인도하는 이 세상의 방식을 따르기로 선택했다.[7] 죄는 하나님께 등을 돌리는 것이며, 그렇다면 죄의 결과는 하나님과 인류 사이의 깊은 단절이다. 케네스 콜린스(Kenneth J. Collins)의 표현을 빌리면, "더 이상 하나님은 고개를 끄덕이시며 인류를 바라보지 않으신다. 더 이상 남자와 여자는 지극히 높으신 분의 부요한 복을 가로막힘 없는 방식으로 누리지 못한다."[8] 타락으로 인한 부패 때문에 인류는 이제 감염된 상태다. 부패한 본성에서 우리의 실제 죄가 비롯되며, 그 죄는 우리의 말과 성질과 행동에 영향을 미친다.[9] 웨슬리는 죄의 차원과 영향을 다음과 같이 기록한다.

[155]

---

4) Alan Jacobs, *Original Sin: A Cultural History* (New York: HarperOne, 2009).
5) J. Rodman Williams, *Renewal Theology* (Grand Rapids: Zondervan, 1992), 1:269.
6) 본 논문의 성경 인용의 출처는 NIV다.
7) Williams, *Renewal Theology*, 1:262-67.
8) Kenneth J. Collins, *The Scripture Way of Salvation: The Heart of John Wesley's Theology* (Nashville: Abingdon, 1997), 29 = (성경적 구원의 길: 존 웨슬리 신학의 정수, 장기영 역, 새물결플러스, 2017).
9) Randy Maddox, *Responsible Grace: John Wesley's Practical Theology* (Nashille: Kingswood, 1994), 82.

우리 자신과 관련해 생각해보면, [우리 죄]는 철로 된 사슬이요, 놋으로 된 족쇄다. 우리의 죄는 우리의 상처들인데, 세상과 육체와 사탄은 그 상처들을 찌르고 난도질해 우리를 만신창이로 만들었다. 또한, 우리의 죄는 질병인데, 우리의 피와 영을 빨아먹어 우리를 묘실에 눕힌다. 하지만 하나님과 관련해 생각해보면, 우리의 죄는 빚이다. 그것도 셀 수 없을 정도로 어마어마한 빚이다.[10]

웨슬리가 모든 사람이 죄를 향한 성향을 갖고 태어난다고 주장한 것은 맞지만, 죄인을 유죄로 만드는 것은 죄를 향한 성향이 아니라 그가 저지른 자발적 죄다. 죄책의 자리는 물려받은 타락한 본성이 아니라, 죄를 짓기로 한 개인의 선택이다. 따라서 하나님은 각 죄인을 개별적으로 다루신다.[11] 오톤 와일리(H. Orton Wiley)는 죄책에 관하여 이렇게 이야기한 바 있다.

우리는 죄의 결과를 죄책과 처벌에서 확인해야 하는데, 이 둘은 개념상 세심하게 구분해야 한다. 죄책은 죄의 행위에 따라오는, 비난받아 마땅하다는 개인적 감정이며, 그 행위에 대한 책임과 그 행위로 인한 처벌 의무라는 이중 개념이 포함된다. 처벌에는 자연스러운 결과든 적극적인 판결이든 죄에 따르는 벌이라는 개념이 담겨 있다.[12]

죄는 존재 전체로 침투해서, 영과 영혼을 더럽히고, 마치 질병처럼 몸을 좀먹는다. 인간은 죄의 지배와 세력 아래 있다. "감정이 무뎌지고, 지

---

10) *John Wesley's Sermons: An Anthology*, ed. Albert C. Outler and Richard P. Heitzenrater (Nashville: Abingdon, 1991), 233.
11) Maddox, *Responsible Grace*, 75.
12) H. Orton Wiley, *Christian Theology* (Kansas City, MO: Beacon Hill, 2011), 2:88-89.

성이 어두워지며, 의지가 비뚤어진다."¹³⁾ 우리는 우리의 죄 안에서 오만의 깊이와 분노의 위력, 성욕의 왜곡, 증오의 고통, 폭력의 만개를 본다. 따라서 하나님의 선행 은총이 아니고서는, 인간은 자기를 구원하고 하나님께 나아가는 측면에서 전적으로 무력하다. 로드먼 윌리엄스의 말대로, "인간이 처한 상황은 단순히 낙원에서 추방된 정도가 아니라 인간성의 굴레에 묶인 상태다. 잃어버린 것들을 되찾으려는 인간 편에서의 모든 시도는 결국 실패할 수밖에 없다."¹⁴⁾ 죄가, 혹은 갈라디아서 5:19과 5:24의 표현을 따르면 "육체의 행위"가 "십자가에 못 박혀야" 한다. 정말로 죄가 십자가에 못 박혀야 한다. 하지만 인간 편에서의 모든 시도가 실패로 끝나고 만다면, 우리는 영원히 그런 비참한 운명에 갇힐 수밖에 없는가? 이런 상황 때문에 어려운 질문이 제기된다. 죄가 궁극적인 문제이고 모든 사람은 사형 선고를 받은 상황에서, 인간은 무엇을 해야 하는가? 죄를 씻고 하나님께 회복될 소망은 전혀 없는가? 웨슬리안은 있다고 답한다. 그 답변의 시작이 선행 은총이다. 선행 은총은 피조물의 자발적인 반응에 선행하며 피조물의 반응을 가능케 하는 하나님의 자애로운 행위다.¹⁵⁾

[156]

선행 은총

그렇다, 좋은 소식이 있다. "누가 우리를 그리스도의 사랑에서 끊으리요?"(롬 8:35). 아무것도 끊을 수 없다. 앞서 논의했듯이, 아담과 하와의 원죄가 가져온 결과는 인간이 그들 자신의 힘으로는 죄를 바꿀 수도 없고 하나님께 간청할 수도 없다는 것이다. 그래서 웨슬리는 선행 은총 교리를 설

---

13) Ibid., 129.
14) Williams, *Renewal Theology*, 1:266.
15) 더 많은 내용을 원하면 J. Gregory Crofford, *Streams of Mercy: Prevenient Grace in the Theology of John and Charles Wesley* (Lexington: Emeth Press, 2010)을 보라.

파했다. 말하자면, 믿음에 앞서 하나님의 은총이 오며, 이 은총은 인간에게 힘을 주어 죄에서 의로 돌이켜 예수 그리스도를 따를 수 있게 한다. 와일리가 말한 대로, 그것은 "인류를 완전한 파멸에서 구출하시려는 하나님의 은혜로운 목적"이다.[16] 이것이 구원으로 향하는 관문이자 첫걸음으로서, 여기서 하나님은 사람을 부르시고 찾으시며 깨우시고 뉘우치게 하신다.[17] 따라서 선행 은총이 먼저 와야 하며, 인간이 이 사랑에 적절하게 반응할 때 구원이 가능해진다(요 6:44; 12:32; 롬 2:4; 딛 2:11).

선행 은총을 칼뱅주의의 예정(predestination) 교리와 혼동해서는 안 된다. 칼뱅은 하나님께서 구원받을 사람과 구원받지 못할 사람을 미리 예정하신다고 믿었다.[18] 칼뱅은 예정과 관련하여 "우리는 예정을 하나님의 영원한 판결이라 부른다. 이 판결로 하나님은 그가 각 사람에게 어떻게 하실지 자신과 결정하신다. 모든 사람이 같은 조건으로 창조된 것이 아니다. 어떤 사람은 영생으로, 어떤 사람으로 영벌로 미리 운명이 정해진다."[19] 하지만 웨슬리는 하나님의 구원 은총이 **모든 사람에게** 열려 있다고 믿었다. 그는 "하나님이 성령을 통해 어느 정도의 자유를 허용하시는데, 이는 사람들이 책임 있게 행동하기에 충분한 정도다"라고 말했다.[20] 그렇다면 구원의 은총은 선택된 소수에만 제한된다는 칼뱅주의와 달리 제한이 없다. 오히려 선행 은총 교리를 통해 은혜는 모든 사람에게 확대되며, 따라서 각 사람은 자신의 의지로 하나님이 제시하신 은총에 반응하고 그 제안

---

16) Wiley, *Christian Theology*, 337.
17) Ibid., 337-43.
18) Don Thorsen, *Calvin vs. Wesley: Bringing Belief in Line with Practice* (Nashville: Abingdon, 2013), 33-35.
19) John Calvin, *Institutes of the Christian Religion* (Peabody, MA: Hendrickson, 2008), 184.
20) Thorson, *Calvin vs. Wesley*, 35.

을 받아들여 구원을 발견할 수 있다. 선행 은총이 그 초대를 받아들이는 사람 전부를 위한 것은 맞지만, 그렇다고 은총이 어떤 사람이 그리스도를 따르겠다고 결정할 것을 보증하지는 않는다. 은총은 하나님께서 모든 사람에게 값없이 주시는 선물이지만, 각 사람은 이 은총을 수용할 수도, 거부할 수도 있다.

성결 전통은 구원하는 믿음의 발휘에서 마지막 영화에 이르는 하나님이 정하신 순서를 말한다.[21] 하나님의 은총은 각 요소를 순서대로 촉발하고, 사람은 이 은총에 반응한다. 종종 구원의 서정(*ordo salutis*)으로 불리는 이 순서는 로마서 8:28-30을 기초로 구축되었다.

> 우리가 알거니와 모든 일 속에서 하나님은 그를 사랑하는 자 곧 그의 목적대로 부르심을 입은 자들을 위해 일하신다. 하나님이 미리 아신 자들을 또한 그 아들의 형상을 본받게 하기 위하여 미리 정하셨으니, 그는 많은 형제 가운데 맏아들이 되셨다. 그리고 미리 정하신 그들을 또한 부르셨고, 부르신 그들을 또한 의롭다 하셨으며, 의롭다 하신 그들을 또한 영화롭게 하셨다.

성결 전통에서 그리스도인의 삶은 구원의 서정으로 들어가 그 안에서 전진하는 것으로, 여기에는 칭의에 이어 성화가 독특하게 강조된다는 의미가 함축되어 있다고 주장해도 틀린 말은 아니다.

---

21) Maddox, *Responsible Grace*, 157-58. Maddox는 웨슬리안 사이에서 벌어진 "구원의 서정" 논란을 정리하면서 그들이 "길"이라는 표현을 선호한다고 말한다. 혹자는 웨슬리가 말하는 "구원의 길"이 지닌 점진적인 역학을 더 잘 전달하는 표현은 "길" 혹은 "구원의 길"(*via salutis*)이라고 주장한다.

칭의

앞서 논의했듯이, 인류는 아담의 타락으로 인해 죄의 지배 아래 있다. 사람은 혼자 힘으로는 자신을 하나님께 회복시킬 수 없다. 모든 노력은 실패로 끝나고 말 것이다. 존 웨슬리의 말처럼 "따라서 '한 사람의 범죄로 말미암아' 모든 사람이 죽었다. 하나님에 대하여 죽었고, 죄 안에서 죽었고, 죽을 수밖에 없고 잠깐이면 사라지고 마는 부패한 육체 안에 거하며, 영원한 죽음의 선고 아래 있게 되었다. '한 사람의 불순종으로 모든 사람이 죄인이 되었고', 그 한 사람의 범죄로 '심판이 모든 사람에게 임해 정죄에 이르렀기' 때문이다(롬 5:21)."[22] 우리는 모두 고발당해 유죄 판결을 받았고, 우리의 죄 된 행위 때문에 정죄를 받았다. 사면 받을 희망이 있는가? 인류가 이처럼 죄 아래 있을 때, 우리 모두를 대신해 예수가 죽으셨다(롬 5:8). 웨슬리는 이어서 이렇게 말한다.

[158] 그렇게 "그는 우리의 질고를 졌고", 여호와는 "우리 모두의 죄악을 그에게 담당시키셨다." 그는 "우리의 허물 때문에 상처를 입고, 우리의 죄악 때문에 멍이 들었다." "그가 자기 영혼을 속죄 제물로 드렸고", "그가 채찍에 맞으므로 우리는 나음을 받았다." 그리고 한 번 드려진 그 자신의 봉헌으로 인해 그는 "나와 모든 인류를 속량했고", 그럼으로써 "세상 전체의 죄를 위해 온전하고 완벽하며 충분한 제사요 충족이 되었다."[23]

고린도후서 5:19에서 바울이 말했듯이, "하나님께서 그리스도 안에서 세상을 자기와 화목하게 하셔서 사람들의 죄를 그들에게 돌리지 않으셨다." 아담의 원죄로 인해 모든 사람이 "하나님의 영광에 미치지 못했다"(

---

22) John Wesley, "Justification by Faith," in *John Wesley's Sermons*, 113.
23) Ibid., 114.

롬 3:23). 두 번째 아담이신 예수(고전 15:45-49)는 우리를 대신하는 속죄 제물이셨다. "그러므로 이제 그리스도 예수 안에 있는 자에게는 결코 정죄함이 없다"(롬 8:1). 따라서 인류는 "법적 허구가 아닌 사법적 행위로써" 의롭다고 선언되며, "그리스도를 통해 모든 사람이 하나님과 같은 관계에, 마치 전혀 죄를 짓지 않은 것 같은 관계에 있게 된다"라고 와일리(Wiley)는 말한다.[24]

인류는 고발을 피할 수 없는 운명이기에, 칭의는 사탄뿐만 아니라 율법의 "고발을 우리에게서 면제하는 것"이다.[25] 하지만 (웨슬리의 말을 따르면) 예수 그리스도의 사역 때문에 "하나님은 죄인이 마땅히 당해야 할 일을 그에게 가하지 않으실 것인데, 그분의 사랑하는 아들이 죄인을 위해 그 일을 당하셨기 때문이다. 그리고 그때로부터 우리는 '그 사랑 받는 분을 통해 수용되고', '그의 피를 통해 하나님과 화해되며', 그분은 마치 우리가 전혀 죄를 짓지 않은 것처럼 우리를 영원히 사랑하시고 복 주시며 돌보신다."[26]

그렇다면 칭의가 반드시 어떤 사람의 삶을 의롭게 만드는 행위인 것은 아니다. 웨슬리는 그런 내용은 사실 성화의 교리에 해당한다고 주장한다.[27] 오히려 칭의는 하나님께서 예수 그리스도를 통해 우리를 위해 하시는 일이다. 여기서 우리는 칭의가 **우리를 위해 하나님께서 하시는 일**이라는 사실에 주목할 필요가 있다. 웨슬리는 "행위"를 개신교 전통의 다른 많은 사람들과 유사하게 정의한다. 즉, 하나님의 용서와 구원의 선물을 "얻기" 위해 오직 인간의 노력으로만 하는 시도를 가리킨다고 본다. (바울에

---

24) Wiley, *Christian Theology*, 383.
25) Wesley, "Justification by Faith," 114-15.
26) Ibid., 115.
27) Ibid., 114.

관한 새 관점은 이런 입장에 여러 면에서 이의를 제기한다.) 우리가 무엇을 하더라도 늘 부족할 따름이다. 웨슬리는 "믿음을 통한 구원"(Salvation by Faith)이란 설교에서 "죄인이 자신의 죄 가운데 조금이라도 속죄하려면 무엇을 지불해야 할까? 그 사람 자신의 행위? 아니다"라고 선언한다.[28] 칭의에서 핵심 요소는 믿음이다. 실제로 웨슬리는 "믿음이 칭의의 **유일한 조건**이다"라고 말한다.[29] 죄인은 선한 행위와 자선, 율법의 행위를 통해 자신을 바로잡으려는 유혹을 받기 쉽다. 하지만 모든 시도가 헛되다.

초기 종교개혁자들과 마찬가지로 웨슬리의 칭의 이해에서도 중요한 역할을 한 것이 에베소서 2:8이다. 웨슬리는 칭의를 "율법이 우리에게 제기한 혐의를 제거하는 것"으로 보았다.[30] 따라서 우리는 예수 그리스도의 피와 속죄하는 죽음으로 우리 죄를 사면받고 용서받는다. 와일리는 이런 내용을 "사법적 혹은 법정적 행위"라고 다음과 같이 기술한다.

> 따라서 사법적 처리는 정부 법정의 소관이다. 그리고 법정의 행위는 선언 혹은 공포로서 정죄나 칭의 둘 중 하나다. 신학적 의미에서 칭의의 행위는 법정적이다. 왜냐하면, 하나님이 죄인을 의롭다 하시는 것은 단순한 호의가 아닌 오직 그리스도의 의로 인한 것이기 때문이다.[31]

웨슬리안 성결 전통에 있는 사람은 대부분, 죄인이 하나님께로 돌이켜 믿기로 결정한 순간 그 죄인은 구원받는다고 이해하며, (꼭 유념해야 할 내용이다) 웨슬리 신학은 하나님께서 그분에게로 돌이키는 사람을 거부하시

---

28) Wesley, "Salvation by Faith," 40.
29) Wesley, "Justification by Faith," 119.
30) Ibid., 115.
31) Wiley, *Christian Theology*, 389.

는 법이 없다고 믿는다. 구원은 오직 하나님의 무한한 긍휼과 은총, 그리스도의 죽음,32) 그리고 그리스도에 대한 진심 어린 신뢰를 따른 믿음을 통해서만 온다. 웨슬리는 그의 설교 "믿음을 통한 구원"을 이렇게 이어간다.

> 여러분은 죄에서 구원받았다. 이것은 믿음으로 말미암는 구원이다. 이것은 하나님께서 그의 맏아들을 세상에 보내시기 전에 천사가 예언한 위대한 구원이다. "이름을 예수라 하라. 이는 그가 자기 백성을 그들의 죄에서 구원할 자이심이라." 여기에도 그리고 성경의 다른 부분에도 어떤 제한이나 한계가 없다. 그의 백성 모두를, (혹은 다른 본문의 표현을 따르자면) 그를 믿는 모든 사람을 하나님은 그들의 모든 죄에서 구원하실 것이다. 말하자면 원죄와 자범죄에서, 과거와 현재의 죄에서, 육신과 성령의 죄에서 구원하실 것이다. 그 안에 있는 믿음을 통해서 그들은 죄책에서 그리고 죄책의 권세에서 구원받을 것이다.33)

따라서, 하나님의 무한한 긍휼과 은총으로 인해, 우리가 여전히 죄인일 때 그리스도가 우리를 위해 죽으신 것이다. 그 결과 우리는 구원받는다. 하지만 행위로 인한 것이 아니다. 우리가 구원받은 것은 예수 그리스도의 선행하는 은총, 의롭게 하는 은총으로며, 믿음을 통해서다. 하지만 칭의도 구원의 서정에서 하나의 요소일 뿐이며, 성결 전통의 독특한 강조는 하나님의 은총으로 칭의가 현세에서의 진정한 성화로 이어진다는 것이다.

---

32) Maddox, *Responsible Grace*, 106-9. Maddox는 웨슬리의 속죄관을 조사하면서 "[웨슬리의 관점은] 속죄를 형법적 충족 관점의 설명이되 도덕적인 영향을 주려는 목적과 대속 효과도 가지는 의미로 보았다고 기술하고 싶어진다"라고 적었다.
33) Wesley, "Salvation by Faith," 42.

[160] 성결과 성화

웨슬리안 성결 전통의 사람들은 성경에 나온 성결의 약속에 깊이 의존한다.[34] 하나님은 에스겔 36:25에서 "내가 맑은 물을 너희에게 뿌려 너희로 정결하게 할 것이며, 내가 너희 모든 더러운 것에서와 모든 우상 숭배에서 너희를 정결하게 할 것이다"라고 약속하셨다. 이 정결케 함은 또한 고린도후서 7:1에도 기술되어 있다. "그런즉 사랑하는 자들아, 우리에게 이 약속들이 있으니, 하나님을 두려워함으로 성결을 온전히 이루어 육과 영을 더럽히는 온갖 것에서 자신을 깨끗하게 하자." 하나님은 이렇게 자기 백성을 정결케 하시고 성결한 존재로 만드실 뿐만 아니라, 자기 백성을 향해 성결하라고 명령하신다. 예수는 마태복음 5:48에서 "그러므로 하늘에 계신 너희 아버지가 온전하신 것 같이 너희도 온전하라"라고 선언하신다. 예수만 그렇게 명령한 것이 아니라, 베드로도 독자들에게 이 중요한 명령을 되새긴다. "기록되었으되, '내가 성결하니 너희도 성결할지어다' 하셨다."

나사렛 교회(Church of the Nazarene)의 설립자인 피니어스 브레스(Phineas F. Bresee)는 성결을 구속 과정의 목표로 믿었다.[35] 그런데 성결은 정확히 무엇인가? 이 주제를 둘러싼 몇 가지 입장이 있다.[36] 일반적으로 말해, 웨슬리에게 성결은 성령과 동반자 관계로서, 이 관계는 죄인을 더 거룩하고 더 사랑스럽고 더 그리스도와 닮은 존재로 변화시킨다. 회심의 순간에 이어 은총의 두 번째 사역 혹은 완전 성화(entire sanctification)가 뒤따른다.

---

34) Al Truesdale, ed., *Global Wesleyan Dictionary of Theology* (Kansas City, MO: Beacon Hill Press of Kansas City, 2013), 591-605.

35) Wiley, *Christian Theology*, 440.

36) Wiley(ibid., 441)는 이 주제에 관한 일반적인 입장 네 가지를 기술한다. (1) 성결은 거듭남과 동시에 일어나며 그때 완성된다. (2) 성결은 거듭남의 때로부터 육신이 죽을 때까지 확장되는 성장이다. (3) 인간은 오직 죽음에 이르러서야 성결해진다. (4) 웨슬리의 관점. (4)는 아래에서 논의될 것이다. 성결과 그리스도인의 삶에 관한 관점에서 웨슬리와 칼뱅을 비교한 내용으로 Thorsen, *Calvin vs. Wesley*, 80-86을 보라.

'완전 성화', '그리스도인의 완전', 그리고 '성결'은 그리스도인의 삶 속에서 진행되는 하나님이 정하신 과정의 넓이와 목표를 기술하기 위해 웨슬리안 성결 전통에서 동원하는 표현들이다.

성화란 무엇인가? 우리가 방금 논의한 칭의에서는, 하나님께서 예수 그리스도의 사역 때문에 우리를 의롭다고 선언하신다. 이제 성화에서는, 회복된 신자가 원죄에서 해방되고 하나님께 순종하는 정결한 삶을 살 수 있다. 웨슬리는 그의 저서 『그리스도인의 완전에 관한 명백한 설명』(Plain Account of Christian Perfection)에서 성화를 다음과 같이 기술한다.

> 성화는 영혼의 습관적 경향성으로서, 성경에서 성결로 표현되었고, 이는 곧 죄에서, 즉 "육과 영의 온갖 더러운 것에서" 정결케 되었다는 함의를 가지며, 그 결과 그리스도 예수 안에 있는 그러한 미덕들로 옷 입은 존재가 되며, "그 마음의 형상이 새롭게 되어" "하늘에 계신 우리 아버지가 온전하신 것 같이 온전한" 존재가 된다.[37]

완전히 성화된 사람은 하나님을 향한 적의가 완전히 없어지고 죄의 속박에서 해방되며 더는 죄성의 노예가 아닌 사람이다.[38] 와일리(H. Orton Wiley)는 "왓슨 씨"(Mr. Watson)에서 하나의 정의를 인용한다. "외견상 관능에 탐닉하는 모습으로 표현되는 육과 영의 온갖 더러움 뿐만 아니라 모든 영적인 오염과 모든 내면적인 타락에서 완전하게 구출되는 것."[39] 완전

[161]

---

37) Wesley, *Plain Account*, 12.
38) 고전적인 성결교 문헌에는 "죄성"(sinful nature)이 흔히 사용된다. 하지만 오늘날의 웨슬리안 성결교 학자들은 "죄의 삶에서 사랑의 삶으로 방향성을 바꿈" 혹은 죄를 짓는 "경향"(propensity)에서 구출됨 같은 언어를 사용할 것이다.
39) Wiley, *Christian Theology*, 468 (quoting Richard Watson, *Theological Institutes* [Eaton, NY: Phillips & Hunt, 1880], 2:450).

성화에 포함된 가장 위대한 소망은 이것이니, **죄의 권세**가 제거되는 것이다. 웨슬리는 그의 설교 "하나님에게서 난 자들의 위대한 특권"(The Great Privilege of Those That Are Born of God)에서 다음과 같이 말한다.

> 하나님이 우리를 의롭다 하심 안에서는 우리를 위해 무언가를 행하신다면, 우리를 다시 낳으심 안에서는 우리 안에서 그 일을 하신다. 칭의에 관한 하나님의 행위가 하나님과 우리의 외적 관계에 변화를 가져와 우리가 원수에서 자녀가 된다면, 성화에 관한 행위를 통해서는 우리의 가장 내밀한 영혼이 변화되어 우리가 죄인에서 성도가 된다. 칭의가 우리를 하나님의 은혜로 회복시킨다면, 성화는 우리를 하나님의 형상으로 회복시킨다. 칭의가 죄책을 제거한다면, 성화는 죄의 권세를 제거한다.[40]

죄의 통제가 제거되는 정도가 아니다. 성령의 임재 때문에 우리는 성결의 삶을 살게 된다. 웨슬리는 다음과 같이 선언한다.

> 성령 혹은 하나님의 숨이 즉시 불어 넣어지면, 그 숨을 들이쉬고 새로 태어난 영혼이 된다. 그 숨은 하나님에게서 와서 하나님께 돌아간다. 그 숨은 지속해서 믿음으로 받기 때문에, 마찬가지로 지속해서 사랑으로, 기도로, 찬양으로, 감사로 되돌려진다. 사랑과 찬양과 기도는 진정으로 하나님에게서 난 모든 영혼의 숨이다.[41]

살아계신 하나님의 성령이 영적으로 죽은 자들에게 생명을 불어넣는

---

40) John Wesley, "The Great Privilege of Those That Are Born of God," in *John Wesley's Sermons*, 184.
41) Ibid., 187.

다. 그 결과 새 신자들은 사랑과 기도와 찬양과 감사의 행위를 내쉰다. 이 비유는 이제 성도인 자들이 날마다 하나님의 은총을 들이쉬고 사랑과 감사를 내쉬는 삶을 산다는 점을 아주 잘 보여준다.

신자들이 죄의 세력과 지배에서 풀려나긴 했지만, 완전 성화는 완벽한 행위와 흠 없음을 근거로 삼지 않는다. 오히려 완전 성화의 기초는 성장과 성숙, 그리고 하나님 사랑이며, 이것은 오직 성령의 능력을 통해서만 성취될 수 있다. 웨슬리는 "[성결은] 지식의 완전함이 아니며", "무지가 없는 것도, 실수가 없는 것도 아니다"라고 기록했다. 그는 계속해서 "우리가 살아 있는 어떤 사람도 전능할 것으로 기대하지 않듯이, 어떤 사람도 오류가 없을 것으로 기대하지 않는다"라고 말한다.[42] 그는 요한일서 1:8("만일 우리가 죄가 없다고 주장한다면, 스스로 속이는 것이며 진리가 우리 속에 있지 않은 것이다")을 지적하면서, "무죄"의 기준으로는 아무도 완벽하지 않음을 강조한다. 그리스도인의 완전은 전적으로 그리스도인의 삶에서의 성숙과 관련된 것이기에, 웨슬리는 그것이 현세의 삶에서 얻을 수 있는 것이라고 분명히 믿었다. 성령의 내주로 인해 신자들은 안에서 밖으로 변화되며, 그 결과 성결의 삶 쪽으로 향하게 된다.

은총의 이 두 번째 사역이 어떤 사람에게는 순간적인 "위기"의 때로 다가오기도 하지만, 웨슬리는 성화가 하나님을 향해 똑바로 나아가는 성장의 과정이라고 믿었다. 그리스도인의 성결은 신성을 향해 끊임없이 조금씩 성장하고 움직이는 것으로서, 성령에게 힘을 얻는다. 신자들은 종종 과거에는 깨닫지 못했던 죄를 인식한다. 성장의 과정에는 끝이 없다. "이러한 영적인 호흡을 통해 영적인 삶이 그저 유지되는 정도가 아니라, 날마다 풍성해진다."[43] 사람이 날마다 변화되고 만들어짐에 따라, 그 혹은 그녀는

---

42) Wesley, *Plain Account*, 23.
43) Wesley, "Great Privilege," 185.

하나님을 반영하기 시작하며, 신자들의 삶에서 죄의 경험은 갈수록 줄어든다. 구원받은 개인이 성령을 통해 내부로부터 정결케 되면, 그 혹은 그녀의 외적인 행동에도 변화가 일어나기 마련이다. 그리스도인은 갑자기 은총과 성결 면에서 성장하고 싶은 욕망을 가지게 된다. 그것은 죄에서 멀어지고 신성을 향하는 삶이다. 웨슬리의 설교 "우리 자신의 구원을 이룸에 관하여"(On Working Out Our Own Salvation)에서 발췌한 다음 인용문에 이 순차적인 과정에 관한 그의 이해가 잘 요약되어 있다.

> 구원은 통상적으로 (그리고 매우 적절하게도) "선행 은총"이란 용어로 대변되는 내용으로 시작한다. 선행 은총에는 하나님을 기쁘게 해 드리겠다는 소망이 처음으로 싹 트는 것, 그분의 뜻을 밝혀주는 빛이 처음으로 동트는 것, 그분을 거슬러 그동안 죄를 지었다는 약간의 일시적인 확신이 처음으로 드는 것이 포함된다. 이 모든 내용에는 일정 정도의 생명 지향성과 일정 정도의 구원이 함축되어 있어서, 하나님과 하나님의 것들에 굉장히 무감각했던 눈멀고 굳어 있던 마음에서 구출되는 과정의 시작이라 할 수 있다. 구원은 "각성의 은총"(convincing grace)으로 시행되는데, 성경에서는 보통 이것을 "회개"라고 부른다. 회개를 통해 더 큰 규모의 자기 이해가 오고, 굳은 마음에서 더 많이 해방된다. 그 후에 우리는 본격적인 그리스도인의 구원을 경험한다. 이렇게 우리는 "은혜를 통해" "믿음으로 구원을 받는데", 이 구원에는 칭의와 성화라는 두 개의 웅장한 가지가 있다. 칭의를 통해 우리는 죄책에서 구원받고 하나님의 은혜로 회복된다. 성화를 통해 우리는 뿌리 깊은 죄의 권세에서 구원받고 하나님의 형상으로 회복된다. 성경뿐만 아니라 우리의 경험 전체는 이 구원이 즉각적이면서 동시에 점진적이라는 사실을 보여준다. 구원은 우리가 의롭다 함을 받는 그 순간 시작되어, 우리는 하나님과 타인을 향

한 거룩하고 겸손하며 온화하고 인내하는 사랑 안에 놓인다. 구원은 그 순간부터 "겨자씨 한 알"처럼 점차 자라나 거대한 나무가 된다. 우리 마음은 즉시 모든 죄에서 정결케 되며, 하나님과 사람을 향한 순수한 사랑으로 채워진다. 하지만 그 사랑조차도 우리가 "모든 면에서 우리의 머리이신 그분께 자라가기" 까지, "우리가 그리스도의 풍성한 분량에 도달하기까지" 점점 더 커진다.[44)]

[163]

성결의 핵심: 사랑

성결의 교리 핵심을 차지하는 것은 사랑이다. 사랑은 그리스도를 따르는 사람의 삶에서 반드시 드러나야 하는 궁극적인 열매다. 성결의 삶에 담긴 소망은, 사람이 하나님을 온전히 사랑하고 이웃을 온전히 사랑하는 능력을 갖추게 될 것이란 소망이다. 신명기 30:6은 말한다. "네 하나님 여호와께서 네 마음과 네 자손의 마음에 할례를 베푸셔서 너로 마음을 다하며 뜻을 다하여 네 하나님 여호와를 사랑하고 너로 생명을 얻게 하실 것이다." 완전 성화(entire sanctification)에 이르면, 우리 마음이 할례를 받고 변화되며, 우리 전부를 다해 하나님을 사랑하도록 구별되고, 거룩한 삶을 살게 될 것이다. 예수는 마가복음 12:30-31에서 그리스도의 제자들에게 가장 큰 계명은 "'네 마음을 다하고 목숨을 다하고 뜻을 다하고 힘을 다하여 주 너의 하나님을 사랑하라'이며, 둘째가는 계명은 '네 이웃을 너 자신과 같이 사랑하라'이다"라고 선언한다.

요한일서 4:18은 "사랑 안에는 두려움이 없다. 도리어 온전한 사랑이 두려움을 내쫓나니, 두려움에는 형벌이 있기 때문이다. 두려워하는 자는 사랑 안에서 온전해지지 못한 것이다"라고 말한다. 웨슬리는 성결이 "온

---

44) Wesley, "On Working Out Our Own Salvation," in *John Wesley's Sermons*, 488-89.

전한 사랑"이라고 믿었다. 그는 "일부 신자에게는 즉각적인 변화가 일어나며, 아무도 이를 부정하지 않는다. 그 변화 이후 그들은 온전한 사랑을 누린다. 그들은 이 사랑을 느낀다. 아니, 이 사랑만을 느낀다. 그들은 '항상 기뻐하며, 쉬지 않고 기도하며, 범사에 감사한다.' 이것이 내가 '온전'으로 의도한 의미의 전부다. 따라서 그런 모습은 바로 내가 선포한 온전의 증거다"(살전 5:16-18).[45]

토머스 제이 오드(Thomas Jay Oord)와 마이클 로달(Michael Lodahl)은 그들의 공저 "관계적 성결"(Relational Holiness)에서 "성령의 능력으로 예수 그리스도를 통해 부어진 하나님의 사랑은 우리 마음을 가득 채워서, 바로 이 순간 (그리고 이어지는 순간에) 우리는 하나님과 우리의 이웃과 하나님의 피조 세계를, 그리고 우리 자신을 진정으로 사랑할 수 있게 된다"라고 말했다. 그들은 계속해서 "그리스도인의 완전함은 본질상 **사랑에서의 완전함**이다"라고 말했다.[46] 성결에 이르는 길은 사랑이다. 즉, 하나님의 사랑이 절실하게 필요한 세상에 하나님의 사랑을 가져다주는 동업자가 될 수 있도록 우리에게 능력을 불어넣는 성령의 내주에서 비롯되는 신적인 사랑이다.

그렇다면 우리는 웨슬리안 성결 전통을 특징짓는 표지는 변화와 사랑이라고 결론 내릴 수 있다. 하나님의 은혜로운 행위는 우리보다 앞서며, 우리를 **더 하나님과 같은 모습**으로 만드는 인격의 변화로 떠민다. 성결은 하나님과 인류 사이에서 일어나는 신적인 참여로서, 하나님은 우리를 의롭다고 선언하시며(칭의) 우리는 의로운 존재가 되어 간다(성화). 여기서 우리는 구원의 서정이 고전적으로 강조했던 요소를 만난다.

---

45) Wesley, *Plain Account*, 115.
46) Thomas Jay Oord and Michael Lodahl, *Relational Holiness: Responding to the Call of Love* (Kansas City, MO: Beacon Hill Press of Kansas City, 2005), 107.

성결은 극도로 중요하고 깊이 있는 성경의 개념이지만, 매우 개인화된 영성에 뿌리 내리는 경우도 있다. 어떤 사람은 그 궁극적인 목적이 개인의 구원과, 개인을 천국에 합당한 존재로 만드는 개인의 성결에 있다고 본다. 많은 설교는 개인이 그리스도와 동행하는 것에 초점을 맞추며, 지속적으로 개인화되는 사회에서 성결은 사적인 혹은 개인적인 문제가 되기 십상이다. 그 결과 개인화된 방식으로 구원과 성경에 초점을 맞추는 경향으로 인해 거룩한 **백성**이 된다는 의미가 사라져버렸다. 이 문제와 관련하여 최근 많은 학자가 "바울에 관한 옛 관점"으로 불리는 노선의 사고를 비난하는데, 이 옛 관점이 중요하게 여기는 초점이 바로 개신교 구원론의 고전적인 구원 서정이다.

여기서 좀 더 나아가려면, 먼저 바울에 관한 옛 관점과 새 관점의 기본적인 차이 몇 가지를 파악할 필요가 있다. 새 관점과 옛 관점의 차이는 유대교를 이해하는 방식과 직결되는데, 가장 초기의 기독교 사상에 영향을 준 것이 유대교다.[47] 옛 관점 지지자들이 수 세기 동안 주장해온 것은, 유대교가 본질상 행위에 기초한 종교이며 바울이 "율법의 행위"에 반대할 때 염두에 두었던 것이 유대교의 이런 특징이라는 것이다. 이런 관점에서는, 바울이 사용한 "율법의 행위"란 표현을 "행위"를 통해 하나님의 은혜를 얻으려는 각 개인의 시도를 가리키는 것으로 본다. 나아가, 은혜는 오직 신

---

47) N. T. Wright, *Paul and the Faithfulness of God*, Christian Origins and the Question of God 4 (Minneapolis: Fortress, 2013), 1487-516 = (바울과 하나님의 신실하심, 박문재 역, 크리스천다이제스트, 2015). 많은 사람이 알아채지 못한 듯한 사실인데, 라이트는 미주(p. 1657)에서 화해를 "바울 사상의 궁극적인 의미"로 표현한다. 또한, James D. G. Dunn, *The New Perspective on Paul*, 2nd ed. (Grand Rapids: Eerdmans, 2007), 그리고 E. P. Sanders, *Paul, the Law, and the Jewish People* (Minneapolis: Fortress, 2009)를 보라. 이 논문을 쓰면서 나와 의견을 주고받은 Dr. Scot McKnight에게 고마움을 전하고 싶다. 나는 **Dr. McKnight**의 제자로서 바울 연구에 초보였는데, 그는 감사하게도 나에게 "새 관점"의 바울에 관한 통찰을 알려주었다.

약에 근거한 단어로 이해되며, "행위"는 단지 구약의 개념이 된다. 바울 당시 유대교와 연관된 모든 것은 행위 의미며, 유대교를 통해서는 "구원은 선물"이라는 은혜에 관한 신약의 이해에 이를 수 없다. 따라서 율법은 인류의 망가진 상태를 드러내며 인간의 죄성을 고발할 뿐이다.

여기서 초점은 개인의 속량에 있다. 이런 틀이 지향하는 그리스도인의 삶의 목표는 (앞서 논의한 바 있는) 구원 서정의 목표와 유사하다. 개인의 속량, 개인의 성화, 개인의 경험, 개인의 성장, 그리고 하나님과 개인의 친밀한 관계가 그리스도인의 삶에서 주된 강조점이 된다. 그렇다면 옛 관점의 틀은 개인적인 영성을 지향한다고 결론 내릴 수 있다.

[165] 새 관점이 제시하는 틀은 그리스도의 삶을 이해하는 방식에 극적인 변화를 가져온다. 옛 관점은 개인주의를 지향하지만, 새 관점은 포용적이고 교회적인 틀을 가진다.

간단히 표현하면, 새 관점의 틀에서 "율법의 행위"는 행위 의나 하나님 앞에 내놓을 공로를 획득하려는 인간의 시도를 의미하지 않는다. "율법의 행위"가 행위 의를 뜻하지 않는다면, 정확히 어떤 의미인가? 바울의 로마서와 갈라디아서를 깊이 조사해보면 "행위"가 유대인을 이방인과 구분 짓던 요소임을 보여준다. 새 관점의 틀에서 "율법의 행위"는 유대인을 이방인과 구분할 목적으로 만들어진 행동과 종교적 실천을 가리킨다. 따라서 바울은 포용적인 틀을 구축하는 데 중점을 두었고, 이 틀은 **하나님의 백성** 안에 이방인까지 포함한다.

새 관점의 주장에서 하나님은 그분이 늘 해 오셨던 일, 즉 하나님의 백성을 만드는 일을 하시는 것이다. 그런데 이번에는 수문이 열렸고, 더는 이스라엘 선민만의 배타적 공동체가 아니라, 유대인과 헬라인, 이방인, 남자와 여자, 종과 자유인으로 구성되는 포용적인 공동체다. 라이트(N. T. Wright)는 『바울과 하나님의 신실하심』에서 바울 복음의 일차적인 목적을

화해의 관점에서 보았다. 이 화해에는 사람과 하나님 사이의 화해, 그리고 사람들 서로 간의 화해가 모두가 포함되는데, 이 화해를 통해 하나님 사랑과 서로 간의 사랑을 특징으로 하는 새 창조 공동체가 창설된다.[48] 이런 새 관점이 개인을 배제한다는 비판을 퍼붓는 사람이 일부 있지만 이는 부당한 비판이다. 오히려 새 관점은 하나님의 더 큰 계획 안에 개인을 자리매김한다. 말하자면, 새 관점은 바울을 신선하게 해석함으로써 하나님께서 이 세상 속에서 펼쳐가시는 더 큰 교회적 선교라는 맥락 속에 구원 서정과 개인을 자리매김한다. 이 내용을 더 설명해 보겠다.

나는 사는 동안 내내 첼로를 연주해 왔다. 활로 현을 켤 때 이 악기에서 나는 소리는 매우 아름답다. 내가 이 세상에서 가장 아름다운 악기는 첼로라고 주장한다면, 당연히 선입견이 반영된 이야기일 것이다. 당연히 솔로 첼리스트에게는 첼로에 비길 만한 악기가 없을 테고, 분명 첼로는 그 자체로 놀라운 악기다. 하지만 온갖 현악기와 목관악기, 금관악기, 타악기를 가지고 음의 모자이크를 만들어내는 교향악단만큼 마음을 사로잡는 것은 없다. 지휘자가 손을 들고 단원들이 악기를 들어 올려 자세를 잡으면 마법이 시작된다.

고등학교 졸업반 때 우리 교향악단이 전국 규모의 경연대회에 참석한 적이 있다. 지휘자는 우리 악단에 잘 어울린다고 생각하는 악보를 세심하게 선택했다. 그것은 루트비히 판 베토벤(Ludwig van Beethoven)의 에그몬트 서곡(Overture from Egmont)이었다. 이전에 나는 그렇게 심오하고 그렇게 시적이며 그렇게 마법 같은 곡을 연주해 본 적이 없었다. 처음 베토벤의 걸작을 들었을 때, 나는 도저히 눈물을 참을 수 없었다.

악보가 우리 합주단에 나누어졌고, 우리는 연습에 들어갔다. 나는 밤낮으로 연습했다. 그런데 함께 연주할 때 느꼈던 감정이 혼자 연습할 때는

---

48) Wright, *Paul and the Faithfulness of God*, 1487-516.

절대 생기지 않았다. 첼로 파트는 분명 흥분되는 역할이지만, 홀로 연주할 때는 불완전한 듯했다. 우리가 교향악단 전체로서 처음으로 했던 연주는 어린 음악가로서 이전에 내가 경험했던 어떤 연주와도 달랐다. 어떤 악장에서는 즐거워 웃었다가 다른 악장에서는 울기도 했다. 이런 마법을 만든 것은 같은 시간에 같은 박자를 따라가며, 베토벤이 그의 심장으로 생성하고 그의 머리 안에서 만들어낸 그 음악을 새롭게 창조해 낸 팔십 명의 음악가들의 공헌이다. 첼로를 뺀다면, 바이올린의 음 아래를 채우며 우리의 마음을 두드리는 멜로디를 잃어버리게 될 것이다. 관악기 파트가 없다면, 관악기만이 들려줄 수 있는 흥겨운 멜로디도 잃어버리게 될 것이다. 어떤 파트라도 제거한다면, 전체를 망가뜨릴 것이다.

베토벤이 한 악기만을 염두에 두고 에그몬트 서곡을 작곡한 것도 아니지만, 그렇다고 모든 악기가 정확히 같은 연주를 하도록 곡을 쓴 것도 아니다. 진짜 비밀은 베토벤이 모든 악기를 염두에 두되 각 악기가 오직 그 악기만이 가능한 방식으로 노래하고 빛나게끔 그 교향곡을 작곡했다는 것이다. 음악의 아름다움이 등장하는 것은 합주단이 통일된 소리로 하나가 될 때다.

하나님은 **사랑**이시다. 그 사랑은 한 악보를 서로 다른 파트에서 연주하는, 재능있는 개인들로 구성된 공동체 안에서, 성령의 능력을 통해 삶으로 구현되는 사랑이다. 말하자면, **거룩한** 교향곡이다. 성결은 성령 충만한 사람들이 살아내는 삶으로서, 그들은 성령에 힘입어 그들 주변의 세상을 향해 과감한 대안을 제시한다. 사랑은 그 공동체를 관통하고 그 공동체 저변에 깔려 있으며 그 공동체 곳곳을 채우며 흘러가는 멜로디다. 그리스도인 공동체는 서로 다른 멜로디를 연주하는 삐걱거리는 악기들을 모아 놓은 장소도 아니며, 험담과 갈등과 거절과 고통과 분쟁과 증오의 장소도 아니다. 그곳은 성령의 열매가 풍성하게 존재하는 장소로서, 얼마나 풍성한지 그리스도인 공동체를 둘러싼 세상도 그 멜로디에 합류할 수밖에 없을 정도다. 그곳은 한목소리로 너무나 아름다운 선율을 내기에 다른 사람들이 걸음을 멈추고 귀를 기울일 수밖에 없는 공동체다. 교회 밖 사람들도 궁금해서 교회 안을 들여다보지 않을 수 없으며, 경외감과 놀라움으로 쳐다보고 교향곡의 통일된 화음을 알아챈다. 이런 관점은 성결의 삶을 살아내려는 솔로 그리스도인 연주가들의 분투를 강조하는 대신, **한 성결한 백성, 한 교향곡**을 강조한다. 이 공동체는 각자의 독특한 은사가 서로 대립될 수도 있지만 그런데도 같은 교향곡 안에서 하나로 어우러지는 은사를 받은 개인들의 집합이다.

이어지는 내용에서 나는 라이트의 『바울과 하나님의 신실하심』에 나오는 화해에 관한 훌륭한 연구를 성결 전통을 위해 자세히 설명할 것인데, 그러는 가운데 그동안 라이트의 교회론적 화해 연구와 비견해 그에 합당한 대접을 받지 못했던 고든 피(Gordon D. Fee)의 작품에 더 많은 관심을 기울일 것이다.

성령을 따라 걷다

[167]

사도 바울은 종종 성결을 하나님의 백성 안에 행하시는 성령의 사역으로 언급한다.[49] 갈라디아서 5:16에서 바울은 갈라디아 교회를 향해 성령을 따라 걸으라고 간청한다. 그는 "내가 이르노니, 너희는 성령을 따라 걸으라. 그러면 육체의 욕심을 채우는 일이 없을 것이다"라고 말한다. 이 명령은 그리스도인의 삶에서 핵심으로, 그리스도인 공동체의 삶에 속속들이 스며들어야 한다. 그리스도인은 성령을 따름으로 하나님께 순종하는 삶을 사는 것이며, 이렇게 함으로써 하나님의 백성은 토라를 성취한다.[50] 고든

---

49) 예를 들면, 살전 5:23; 살후 2:13; 고전 3:16-17; 엡 4:24를 보라.
50) Michael J. Gorman, *The Death of the Messiah and the Birth of the New Covenant*:

피(Gordon Fee)는 이 내용을 새로운 종류의 순종과 관련하여 이야기한다.

> 이스라엘은 율법의 가르침을 받아 "마땅히 갈 길과 할 일을" 배울 수 있었다(출 18:20). 그리고 실제로 그들은 "여호와께서 명령하신 모든 도를 행해야" 했다(신 5:33). 성령은 하나님의 새 언약 백성 가운데 "순종"을 일으키기에 충분한 하나님의 능력이기 때문에, 일차적인 새 언약의 명령은 "성령을 따라 걸으라"는 것이다. 이 명령으로 바울은 강조점을 순종의 영역(율법)에서 순종의 수단(성령)으로 이동시킨다. 사람이 이웃을 자신처럼 사랑함으로써 율법 전체를 성취하게 되는 것은 성령의 힘 주심을 통해서다(갈 5:14).[51]

게다가 이 명령이 주어지는 일차적인 대상을 **단지** 개인으로 보기는 어렵다. 오히려 바울은 그리스도인 공동체 전체를 향해 성령의 임재 안에서 행하라고 격려한다. 성령은 그리스도인 공동체가 한마음으로 단합된 삶, 친교의 삶, (가장 중요하게는) **포용**의 삶을 살도록 그 공동체를 생성하고 변화시키고 만들어가신다. 바울은 에베소서 2:14-22에서 **포용하는** 한 몸이 된다는 의미가 무엇인지 이야기한다.

> 그분 자신이 우리의 평화이시다. 그는 두 집단을 하나로 만드셨고, 법조문과 계명으로 된 율법을 그의 육체 안에서 폐하심으로써 담, 즉 적대감의 장벽을 허무셨다. 그의 목적은 이 둘로 자신 안에 한 새 인류를 지어

A (Not So) New Model of the Atonement (Eugene, OR: Cascade, 2014), 80 = (속죄와 새 언약, 최현만 역, 에클레시아북스, 2016).

51) Gordon D. Fee, *Galatians, Pentecostal Commentary* (Blandford Forum, UK: Deo Publishing, 2007), 208.

평화를 이루고, 한 몸 안에서 십자가를 통해 이 둘을 하나님과 화해시키려는 것이었으니, 그는 십자가를 통해 그들의 적대감을 소멸하셨다. 그가 오셔서 멀리 있던 너희에게 평화를 전하시고 가까이 있던 그들에게도 평화를 전하셨다. 그를 통해 우리 둘이 모두 한 성령으로 아버지께 나아갈 수 있다. 따라서 너희가 더는 외인과 나그네가 아니라, 하나님의 백성과 함께하는 동료 시민이자 또한 그분 가족의 구성원으로, 예수 그리스도가 친히 모퉁잇돌이 되는 건물로 사도들과 선지자들의 터 위에 세워진다. 그 안에서 건물 전체가 서로 연결되고 주 안에서 성전이 되어 간다. 그리고 그 안에서 너희도 하나님께서 성령 안에서 사시는 거처가 되기 위해 함께 지어져 가는 중이다.

[168]

여기서 바울은 유대인과 이방인 양자가 하나님의 가족 안에서 산다는 것이 어떤 의미인지 그린다. 유대인과 이방인이 전에는 서로 모르는 사이였지만, 이제 그리스도 예수 안에서 끊어질 수 없는 각별한 관계가 되었다. 전에는 외부인이었던 이방인이 이제는 유대인과 서로 결합되었고, 그들은 이제 한 몸이다. 전에는 배제되었던 이들이 이제 포용된다. 포용과 단합이 성결을 만들어낸다.

그리스도인 가운데서 하나님의 성령을 함께 경험하는 것은 성령의 정체된 임재가 아니라 힘을 불어넣는 임재다. 성령은 신자 공동체 안에서 힘을 발휘해 그들의 삶의 방향성을 조정하여 그들로 성령에 힘입은, 탈바꿈된, 성결한 삶을 살게 하신다. 이러한 방향 전환은 우리가 공동체 안에서 사는 방식과 우리가 서로를 대하는 방식에 영향을 준다. 우리는 하나님을 사랑함으로써, 말하자면 성령의 신적인 임재 안에 살아감으로써 단합에 전념하는 사람이 된다. 우리가 하나님의 임재 안에 있으면, 우리 삶은 철저하게 탈바꿈되어 우리 자신보다 타인을 위에 두고, 삶이 무너진 사람을 환대하고, 따돌림받는 사람을 찾아 다니며, "우리와 다른" 사람과 더불어 살고 타인을 포용하는 식탁 교제를 누리는 삶이 된다.

성령의 열매

성령의 열매를 세심하게 들여다보면, 각 열매가 공동체 안에서 살아가는 방식과 관련된 요소라는 것을 알 수 있다. 성령의 열매는 성령의 임재를 공유하며 살아가는 하나님의 백성이 맺는 산물이다. 바울이 갈라디아서 5:22-26에서 한 이야기를 들어보자.

> 오직 성령의 열매는 사랑과 기쁨과 평화와 인내와 친절과 선행과 신실함과 온유와 절제니, 이같은 것들을 거스르는 법은 없다. 그리스도 예수에 속한 사람들은 육체와 함께 그 정욕과 탐심을 십자가에 못 박았다. 우리가 성령을 따라 사는 것이니, 계속 성령과 보조를 같이하자. 자만하지 말고, 서로 화나게 하거나 질투하지 말자.

우리는 성령의 열매를 이해할 때, 개인을 과도하게 중시하고 공동체의 집단적 삶을 과도하게 경시하지 않도록 주의해야 한다. 피(Fee)는 성령의 열매와 관련하여 이런 측면에 주목했다.

> 이 항목들은 대부분 각 신자의 내면적인 삶과 관계된 것이 아니라, 공동체의 집단적 삶과 관계된 것이다. 물론 각 개인도 사랑하고, 평화를 위해 노력하며, 인내와 친절과 선함을 표현하고, 온화한 성품을 가져야 한다. 하지만 바울의 윤리에서 이 덕목들은 하나님께서 자기 백성과 맺으시는 관계의 특징들이다. 성령은 각 개인의 삶에서 그와 같은 목적을 위한, 말하자면 하나님께서 우리를 위하시는 방식으로 우리가 서로를 위

한다는 목적에 적합한 열매를 맺는다.⁵²⁾

성령의 열매인 **사랑** 안에서 우리는 우리와 판이한 사람들과 동료로 살도록 떠밀린다. 성령의 열매인 **기쁨** 안에서 이 공동체는 동료인 다른 사람의 삶에서 이루어지는 승리를 축하한다. 성령의 열매인 **평화** 안에서 이 공동체는 어둡고 어려운 상황에서도 냉정과 평온을 유지한다. 성령의 열매인 **인내** 안에서 우리는 밀접한 공동체 안에서 사는 법을 배운다. 성령의 열매인 **친절** 안에서 우리는 우리가 대접받고자 하는 방식으로 타인을 대접한다. 성령의 열매인 **선행** 안에서 우리는 동료인 타인의 유익에 깊은 관심을 가진다. 성령의 열매인 **신실함** 안에서 우리는 하나님뿐만 아니라 우리와 더불어 한 공동체를 이룬 사람들을 향한 철저한 충성과 헌신을 맹세한다. 성령의 열매인 **온유** 안에서 우리는 분노와 냉소가 아닌 은총과 사랑으로 서로에게 말한다. 성령의 열매인 **절제** 안에서 우리는 타인을 모임에서 배제하거나 분열과 갈등을 조장할 수 있는 모든 일을 삼간다. 살아계신 하나님의 성령이 한 공동체를 떠밀어, 왕 예수가 설립한 새로운 세계의 질서로 나아가게 할 때, 그 공동체를 특징짓는 표시는 다름 아닌 단합된 교향곡을 만들어내는 성령의 열매들이다. 이 교향곡의 멜로디는 온 세상이 들을 수 있는 곡이어서, 모든 사람이 걸음을 멈추고 그들의 삶의 방식과 철저하게 비교되는 대안적인 그 공동체의 삶에 주목하게 될 것이다.

배제의 죽음

성령은 우리를 단합의 삶으로 떠밀 뿐만 아니라, 또한 우리는 성령에 힘입어 그 모임에서 타인을 배제하는 모든 요인을 제거한다. 갈라디아서

---

52) Gordon D. Fee, *Paul, the Spirit, and the People of God* (Grand Rapids: Baker Academic, 1996), 115 = (바울 성령 그리고 하나님의 백성, 길성남 역, 좋은씨앗, 2001).

5:17-18에서 바울은 성령과 육체를 대조한다. "육체의 소욕은 성령을 거스르고 성령은 육체를 거스른다. 이 둘은 서로 대적해 너희가 원하는 것을 하지 못하게 한다. 너희가 만일 성령의 인도를 받는다면, 율법 아래 있지 않은 것이다."

옛 관점은 "육체"의 갈등을 개인이 옳고 그름 사이에서 갈등하는 것으로 이해했다. 그 견해도 부분적으로 옳지만, 이 본문은 개인이 공동체 안에서 함께 살아가는 방식과 관련이 더 많다. 성령과 육체는 전쟁 중이다. 여기서 육체를 이해하는 방식이 이 본문을 바라보는 관점에도 큰 영향을 미친다. 헬라어 사륵스(sarx)는 사람의 신체보다는 인류를 기술하는 표현으로 가장 자주 사용된다.[53] 피(Fee)는 "바울이 말하는 성령 육체 간 갈등은 한 사람의 영혼 안에서 일어나는 내적 갈등에 관한 것이 아니라, 여전히 육체가 매우 활발하게 작용하는 세상 속에서 미래의 삶을 살아내는 하나님의 백성에 관한 것"이라고 표현했다.[54] 갈라디아서 5:13-15를 보면, 성령과 반대되는 삶에는 서로 "물고 먹고 파괴하는" 모습이 수반되기 마련이라고 바울이 믿었다는 단서를 확인할 수 있다. 스캇 맥나이트(Scot McKnight)는 "육체는 교제와 단합, 성결을 파괴한다"라고 언급했다.[55] 달리 말해, 육체 안의 삶 혹은 성령과 반대되는 삶도 결국 공동체가 교제하며 사는 방식에 관한 이야기다. 피(Fee)는 "육체의 방식은 받은 대로 갚기 위해 반격하거나 의견이 다른 사람을 공격한다"라고 이야기한다.[56] 비슷한 차원에서 그는 "성령의 방식은 어떤 상황에서도 이웃을 사랑하는 것이며, 오직 성령만이 우리 같은 타락한 사람을 사랑하는 존재로 만드실 수 있다"라고 말

---

53) Ibid., 129.
54) Ibid., 126.
55) Scot McKnight, *Galatians*, NIV Application Commentary (Grand Rapids: Zondervan, 1995), 270 = (갈라디아서 - NIV 적용주석, 솔로몬, 2013).
56) Fee, *Galatians*, 209.

한다.⁵⁷⁾ 성결은 삶의 방향을 십자가 쪽으로, 신적인 것 쪽으로, 사랑 쪽으로, 단합 쪽으로, 포용 쪽으로 바꾼 **백성** 전체에 관한 것이며, 그들은 또한 분쟁과 미움과 배제와 선입견과 당파와 분열과 험담과 비방과 거짓과 사기 등에서 떠난 공동체다. 바울은 갈라디아서 5:19-21에 이렇게 적었다.

> 육체의 일은 명백하다. 곧 음행과 더러운 것과 호색과 우상 숭배와 주술과 미움과 분쟁과 시기와 분냄과 당 짓는 것과 분열함과 이단과 투기와 술 취함과 방탕함 및 그와 같은 것들이다. 전에 너희에게 경계한 것처럼 경계한다. 이런 일을 하는 자들은 하나님 나라를 유업으로 받지 못할 것이다.

성령의 열매 목록과 대조되는 이 목록은 그 공동체가 이전에 살았던 세상을 부각한다.⁵⁸⁾ 신자들의 공동체는 이제 그리스도 안에서 "새 창조"의 일부다(고후 5:17). 따라서 그들은 옛 세상의 방식을 죽여야 한다. "육체"의 행위는 사람들을 서로 등 돌리게 할 뿐이기에, 성령의 능력으로 그런 행위를 피해야 한다. 분열과 갈등, 편견이 존재하는 경우, 성결한 백성이 되는 것은 사실상 불가능하다.

성결한 백성으로서 우리는 우리 자신의 개인적인 행위에 신경을 쓸 뿐만 아니라, 우리 모임을 이루는 사람들의 생활 양식에도 깊은 관심을 가져야 한다. 바울이 갈라디아서 6:1-3에서 한 말을 들어보자.

> 형제자매들이여, 어떤 사람이 죄에 사로잡힌 경우, 성령을 따라 사는 너희가 온유한 마음으로 바로잡고, 너희 자신을 살펴 너희도 유혹을 받는

---

57) Ibid.
58) Ibid., 211.

[171] 일이 없게 하라. 너희가 짐을 서로 지라. 그래서 그리스도의 법을 성취하라. 아무것도 아닌 사람이 무엇이나 된 것처럼 생각한다면, 그는 자신을 속이는 것이다.

(아마도 바울의 옛 관점에 영향을 받은 듯한) 저명한 신약 학자 존 바클레이(John M. G. Barclay)는 이 본문으로 개인을 강조한다. 당연히 이 본문은 신자 개개인을 염두에 두고 한 말이지만("같은 유혹에 너희 자신도 빠지지 않도록 조심하라"), 우리는 이 본문의 요점이 공동체 전체를 향한 것이라는 사실도 볼 수 있어야 한다. 바클레이는 "신자 개개인은 타인을 뒷받침하고 교정해주면서 동시에 자신을 돌아보고 자신을 시험하고 자신의 책임을 져야 한다"라고 적었다.[59] 바클레이의 주장대로, 우리는 그리스도인의 삶이 지닌 공동체적 측면은 지나치게 내세우고 개인적인 측면은 지나치게 대충 다루기 쉽다. 그리스도인의 삶은 개인적인 책임과 성령에의 순종도 요구하므로, 옛 관점이 내세우는 개인적인 주제들을 폐기할 필요는 없다. 하지만 바울에게는 개인의 성결이 최종 목적이 아니었다. 따라서 우리는 늘 공동체 안의 약한 자를 기억해야 한다.

다시 한번 예화로 설명해보겠다. 마이클 펠프스(Michael Phelps) 이전 최고의 수영 선수는 "탄환"으로 불리던 톰 재거(Tom Jager)였다. 전성기의 톰은 세계에서 가장 빠른 수영 선수였고, 50m 자유형 기록을 보유했다. 열다섯 살 때 나는 뉴멕시코주 앨버커키에서 열린 톰 재거 국제 수영 캠프에 참석한 적이 있다. 이 수영 캠프는 유망한 수영 선수만이 참여할 수 있었는데, 나는 거기에 낄 수 없는 실력이었다. 하지만 내 형제가 올림픽 수영 훈련팀의 멤버였던 터라 그 캠프에 들어갈 수 있었다.

---

59) John M. G. Barclay, *Obeying the Truth: Paul's Ethics in Galatians* (New York: Regent College Publishing, 2005), 162.

수영 훈련이 반복되었고 나는 늘 꼴찌였다. 내가 가장 느렸다. 하지만 가장 먼저 떠오르는 기억은 캠프 참가자 전원에게 아주 값진 기회가 주어졌다는 사실이다. 우리는 모두 톰 재거에게 일대일 교습을 받았다. 백 명에 이르는 참가자 전원이 주변에 있는 산에 등산을 간 적이 있는데, 당연히 그 날도 나는 대열의 마지막이었다. 그것도 격차가 큰 꼴찌였다. 높기도 하고 힘든 등산 코스여서 내 폐가 감당하기 힘들 정도였다. 나는 십 분마다 멈춰 서서 숨을 헐떡거려야 했고, 결국 나 때문에 동료 전원이 속도를 늦추어야 했다. 등산 막바지에 이르렀을 때, 나는 이제 한계라는 생각이 들면서 바위에 쓰러져 버렸다. 항복 선언을 할 준비를 하면서, 줄지어 올라가는 지친 백 명의 동료를 바라보았다. 그때 190cm의 톰 재거가 산을 내려와 대열의 마지막으로 향하고 있었다.

그가 손을 뻗으며 말했다. "힘을 내, 타라 베스. 같이 해 보자." 그러자 갑자기 내 마음에 의욕이 솟았다. 더는 혼자가 아니다. 결국 해낼 수 있을 것 같다는 자신감이 생겼다. 그리고 우리는 해냈다. 톰 재거가 나와 함께 걸어주다니 감격했다. 나는 성공할 가능성도 가장 작고, 선택받을 확률도 가장 낮고, 대열에서 꼴찌였고, 장담컨대 가장 약한 사람이었다.

[172]

교회에도 행렬의 선두에 서서 길을 '이끄는' 영적 등산가들이 있다. 그런데 때때로 우리는 모두 각자의 길에만 몰두한 나머지, 뒤처진 약한 자를 알아채지 못하는 경우가 있다. 그리스도인의 삶을 주일 예배에 '출석 체크' 하는 개별적인 등산으로 이해한다면, 뒤처진 사람에 신경을 쓰지 않을 테고, 대체로 그런 사람을 알아채지도 못하고 당연히 돌보지도 못할 것이다. 하지만 그리스도인의 성결은 언제나 **공동체**와 관련된 것이며 우리의 목적은 각자의 경로로 등산하는 것이 아니라는 사실을 이해하기 시작하면, 머지않아 약한 자들이 눈에 들어올 것이다. 우리는 그들이 다시 일어나 제 발로 설 때까지 그들을 어깨에 들쳐메고 함께 나아간다. 바울은 그리스도인들이 공동체 안에서 난관에 부딪히는 것은 불가피하다고 생각한다. 데살로니가전서 5:14에서 바울은 "형제자매들이여, 너희에게 촉구한다. 게으른 자들을 권계하며 낙심한 자들을 격려하고 힘이 없는 자들을 붙들어 주며 모든 사람을 인내로 대하라"라고 말한다. 바울은 공동체 전체가 약한 자와 낙심한 자를 돕기를 기대했다. 피(Fee)는 이 구절과 "미국적 방식"에 관하여 시사하는 바가 큰 이야기를 한다.

> 전형적인 '미국인' 독자라면 스타카토 같은 이 명령들을 무심하게 지나치기 쉽다. 왜냐하면, 이 명령들은 하나님은 스스로 돕는 자를 돕는다는 벤자민 프랭클린의 '복음'을 듣고 자란 사람들에게 특별한 문제를 제기하기 때문이다. 프랭클린식 복음은 약한 자를 '돕는' 대신, 그들에게 '정신 차려라'라거나 '스스로 해결하라'라고 훈계한다. 하지만 성경의 하나님은 다행히도 '전형적인 미국인'이 아니시다. 오히려 그분은 구약에서, 그리고 특히 성육신을 통해, 자신을 '낮은 자의 하나님'으로 계시하셨으니, 그분은 가난하고 궁핍한 자의 처지를 변호하는 하나님이시다. 따라서 바울은 이 지점에서 성령의 인도를 받아, 자신을 '궁핍한 자의 처지를 변호했던' 유구한 성경 저자들과 같은 노선에 둔다. 이 내용들은 명령의 일환으로 등장하기에, 우리는 이 명령들을 이제껏 많은 사람이 대했던 것보다 훨씬 더 진지하게 받아들여야 한다.[60]

사랑

성결은 무엇보다도 사랑이다. 사랑이 바울 신학의 핵심이라는 사실이 가장 명백하게 드러난 곳은 고린도전서 13장이다. 그는 이렇게 기록했다.

---

60) Gordon D. Fee, *The First and Second Letters to the Thessalonians*, New International Commentary on the New Testament (Grand Rapids: Eerdmans, 2009), 213.

내가 사람의 방언과 천사의 말을 할지라도 사랑이 없으면 소리 나는 구리와 울리는 꽹과리일 뿐이다. 내가 예언하는 능력이 있어 모든 비밀과 모든 지식을 알고 또 산을 옮길 만한 믿음이 있을지라도 사랑이 없으면 내가 아무것도 아니다. 내가 내게 있는 모든 것을 가난한 자에게 주고 또 내 몸을 자랑할 만한 곤경에 내줄지라도 사랑이 없으면 내게 아무 유익이 없다. (고전 13:1-3)

[173]

바울은 분명하게 말한다. 이생에 온갖 좋은 것이 있지만, 사랑이 없으면 아무것도 아니다. 이제 바울의 편지에서 사랑의 중심성이 표현된 본문 몇 가지를 소개할 텐데, 이 사례들은 전체 중 일부에 지나지 않는다.

소망이 우리를 부끄럽게 하지 않는 것은 우리에게 주어진 성령을 통해 하나님의 **사랑**이 우리 마음에 부어졌기 때문이다. (롬 5:5)

사랑으로 서로에게 관심을 쏟아라. 너희 자신보다 상대를 더 귀하게 여기라. (롬 12:10)

다할 수 없는 의무인 서로 **사랑해야** 할 빚 외에는 아무 빚도 남겨 두지 말라. 타인을 **사랑하는** 사람은 누구나 율법을 완성한 것이다. (롬 13:8)

"간음하지 말라", "살인하지 말라", "도둑질하지 말라", "탐내지 말라"라는 계명과 그 외에 있을 수 있는 다른 계명들이 "네 이웃을 너 자신과 같이 **사랑하라**"라는 한 계명 안에 다 요약될 수 있다. (롬 13:9)

사랑은 이웃에게 해를 끼치지 않는다. 그러므로 **사랑**은 율법의 완성이다. (롬 13:10)

우상에게 제물로 바쳐진 음식에 대해 말하겠다. 우리는 "우리가 다 지식이 있다"라고 안다. 하지만 지식은 교만하게 하고, 반면 **사랑**은 덕을 세운다. (고전 8:1)

사랑은 오래 참고, **사랑**은 온유하며, 시기하지 않으며, **사랑**은 자랑하지 않으며, 교만하지 않는다. (고전 13:4)

모든 일을 사랑으로 하라. (고전 16:14)

그리스도 예수 안에는 할례나 무할례가 아무 가치가 없다. 유일하게 중요한 것은 **사랑**을 통해 표현되는 믿음뿐이다. (갈 5:6)

온 율법이 "네 이웃 **사랑하기**를 네 자신 같이 하라"라는 한 계명 안에서 성취된다. (갈 5:14)

철저하게 겸손하고 온유하라. 인내로 **사랑** 안에서 서로 용납하라. (엡 4:2)

마음을 같이하고 같은 **사랑**을 가지며 뜻을 합하고 한마음을 품어 나의 기쁨을 완전하게 하라. (빌 2:2)

[174] 내 목적은 그들로 마음에 힘을 얻고 **사랑** 안에서 연합하여, 풍성하고 완전한 이해를 얻고 하나님의 비밀인 그리스도를 깨닫게 하는 것이다. (골 2:2)

이 모든 미덕 위에 **사랑**을 더하라. **사랑**은 모든 것을 완전한 하나로 묶어준다. (골 3:14)

우리가 너희를 **사랑하는** 것 같이 주께서 너희 서로와 모든 사람을 향한 너희 **사랑**을 키워주시고 풍성하게 해 주시기를 빈다. (살전 3:12)

바울에게 사랑은 그리스도의 몸 안에 존재한다는 의미에서 핵심이었다. 유대인과 이방인과 헬라인, 남자와 여자, 노예와 자유인, 어린아이, 가난한 자와 부자로 구성된 공동체 안에서 사랑은 그 모임을 하나로 묶어 주는 접착제였다.

피(Fee)는 사랑의 이런 의미에 주목한다.

사랑으로 행한다는 것의 의미는, 그리스도의 사례에서 보듯이, 타인의 유익을 적극적으로 추구하는 것이다. 바울에게 사랑이란 단어의 일차적인 정의가 발견되는 곳은 자신의 원수를 위해 단행하신 하나님의 조치였고(롬 5:6-8), 그 조치가 가시적으로 드러나는 곳이 그리스도 자신의 삶과 죽음이었다. 따라서 "사랑을 가진다"는 것은 하나님께서 그리스도 안에서 우리에게 취하셨던 태도를 우리도 타인에게 취한다는 의미다. 그렇기에 바울의 가르침에서 "성령 안에서 걷는" 사람을 향한 일차적인 윤리적 명령은 "서로 사랑하라"이다. 이 명령은 윤리적 가르침이 포함된 모든 단락의 중심부에서 발견되며, 다른 권고들은 이 명령의 설명에 지나지 않는다.[61]

사랑은 하나님의 본질이며 하나님께서 자기 백성과 맺으시는 관계의 본질이다. 바울은 로마서 5:5-8에 이렇게 적었다.

---

61) Gordon D. Fee, *The First Epistle to the Corinthians*, New International Commentary on the New Testament (Grand Rapids: Eerdmans, 1987), 631.

소망이 우리를 부끄럽게 하지 않는 것은 우리에게 주어진 성령을 통해 하나님의 사랑이 우리 마음에 부어졌기 때문이다. 너희도 알다시피, 때 맞춰 우리가 아직 연약할 때 그리스도께서 경건하지 않은 자들을 위해 죽으셨다. 의인을 위하여 죽는 사람이 거의 없고, 혹 선인을 위하여 용감히 죽는 자는 있다. 그런데 하나님께서 우리를 향한 당신의 사랑을 확증하셨으니, 우리가 아직 죄인일 때 그리스도께서 우리를 위하여 죽으신 것이다.

하나님의 사랑이 그리스도의 십자가 죽음에서 풍성하게 표현되었다. 피(Fee)의 말처럼, "그리스도 안에서 완전하게 구현된 하나님의 사랑은 성령의 임재를 통해 신자들의 '마음' 안에서 경험되는 현실이다."[62] 하나님의 백성은 하나님의 사랑을 그분의 약속을 통해서, 예수 그리스도의 신실함 안에서, 성령의 생명을 일으키는 임재 안에서 알고 경험하기에, 이어서 그들은 그 사랑을 서로에게 나타낸다.

하나님의 백성이 서로에게 보내는 사랑은 하나님의 백성에게 풍성하게 부어진 하나님의 사랑에서 비롯된 직접적인 결과다. 사랑은 그 모임 안에서 출현해야만 하는 근본적인 열매다. 다시 한번, 성결한 삶에서 사랑이 차지하는 중심성이 표현된 데살로니가전서 3:12-13을 보자.

우리가 너희를 사랑하는 것 같이 주께서 너희 서로와 모든 사람을 향한 너희 사랑을 키워주시고 풍성하게 해 주시기를 빈다. 주께서 너희 마음을 굳건하게 하셔서, 우리 주 예수께서 그의 성결한 자들과 함께 강림

---

62) Gordon D. Fee, *God's Empowering Presence: The Holy Spirit in the Letters of Paul* (Grand Rapids: Baker Academic, 2009), 496 = (성령: 하나님의 능력 주시는 임재, 박규태 역, 새물결플러스, 2013).

하실 때 너희가 하나님 우리 아버지 존전에서 흠이 없고 성결하게 하시기를 바란다.

바울은 그리스도의 성령이 성결을 향한 그들의 마음을 굳건하게 하셔서 서로를 향한 공동체의 사랑이 커지고 풍성해지기를 기도한다. 지역 공동체가 날마다 새롭게 형성되고 변화됨에 따라 그들은 하나님을 반영하기 시작할텐데, 하나님은 결국 사랑이시다. 사랑은 교향악단이 연주하는 음악이며, 우리의 언어를 채우는 곡조이며, 우리를 하나로 이어주는 파이프이며, 우리로 세상에 새로운 길을 제시하도록 다그치는 힘의 원천이다. 사랑은 하나님의 백성이 지닌 차별된 특징이다. 사랑은 하나님의 백성이 그들 자신을 서로에게 내주는 모습 안에서 구현된다. 우리는 사랑을 그들이 서로 복종하는 모습에서, 그들이 소외되고 병든 사람과 과부와 고아를 돌보는 모습에서, 그들이 슬픔의 시간에 서로의 옆에서 함께 걷는 모습에서, 그들이 서로를 위해 기도하는 모습에서, 그들이 서로 재산을 공유하는 모습에서 확인할 수 있다. 사랑은 살아계신 하나님 자신의 성령이 공급하시는 성결이 구현된 것이다.

교화

성결한 백성으로서 우리는 우리 악기를 조율해야 한다. 그것도 자주 해야 한다. 조율은 변화와 교화의 과정이다. 기도와 성경 공부 같은 개인적인 경건 행위도 중요하지만, 본질상 조율이 일어나는 것은 매주 드리는 예배의 리듬을 통해서다. 바울이 고린도전서 14:26에 쓴 내용을 보자.

그러면 형제자매들이여, 어떻게 해야겠는가? 너희가 모일 때 각 사람에게 찬양이나 가르치는 말씀, 계시, 방언과 방언 해석이 있을 텐데, 모든 것을 교회를 세우는 데 도움이 되도록 해야 한다.

그 모임의 진짜 목적은 **서로** 격려하고 **서로** 세워주는 것이다. 매주 모임은 제자를 만드는 변혁의 힘을 발휘해야 하는데, 함께 먹고 마시고 한 모임으로 대화를 나누는 등 독특한 방식으로 일어난다. 그 모임은 성경의 구속 내러티브가 예배의 구조와 행위를 통해 새롭게 진술되는 시간이다. 그리스도인으로서 우리는 관람객이 아닌 능동적 참여자로서 이 이야기에 우리의 전 자아를 쏟아붓도록 부름 받는다. 바울은 골로새서 3:16에서 이렇게 이야기한다.

[176]

> 그리스도의 말씀이 너희 가운데 풍성히 거하여, 시와 찬양과 성령의 노래를 통해 모든 지혜로 서로 가르치고 권면하며, 감사하는 마음으로 하나님께 찬양하라.

에베소서 5:18-19에서는 다시 이렇게 이야기한다.

> 술 취하지 말라. 여기서 방탕한 삶이 온다. 오직 성령을 충만히 받아라. 시와 찬송과 성령의 노래로 서로 화답하라. 너희의 마음으로 주께 노래하며 찬송하라.

찬양과 공동 기도, 신앙 고백, 말씀 선포, 구제 그리고 함께 떡을 뗌으로 구성되는 매주 모임은 우리의 악기를 조율하고 우리의 몸에 영양을 공급하는 시간이다. 한 공동체인 우리는 이 시간을 통해 성결하고 사랑스러운 모습이 되어 간다. 바울은 하나님의 백성을 향해 찬양과 시를 통해 가르침으로 서로 충고하고 성령 충만한 노래를 부르라고 권고한다. 하나님의 백성이 조율되고 변화되어 성결한 백성이 되는 것은 이 모임에서다. 성결은 이 모임 밖에서는 일어날 수도 없고 일어나지도 않을 것이다.

하나님의 백성은 단지 기도와 찬양과 떡 뗌을 위해 매주 모이는 것이 아니다. 바로 이 모임 안에서 조화롭게 은사를 나누고 그리스도의 몸을 교화한다. 바울이 고린도전서 14:12에서 말했듯이, "너희도 성령의 은사를 열망한다면, 교회를 세우는 은사 면에서 탁월하려고 노력하라." 이런 은사에는 가르침, 훈계, 예언, 지식, 충고, 치유, 기적, 지도 등이 포함된다. 예를 들면, 고린도전서 12:4-11을 보라.

> 여러 가지 은사가 있지만, 그것을 주시는 이는 같은 성령이시다. 여러 가지 직분이 있지만, 그것을 주시는 이는 같은 주님이시다. 여러 가지 사역이 있지만, 그 모든 사역 안에서, 각 사람 안에서 일하시는 이는 같은 하나님이시다. 각 사람에게 성령이 나타난 것은 공동의 이익을 위해서다. 어떤 사람에게는 성령을 통해 지혜의 말씀이, 어떤 사람에게는 같은 성령으로 지식의 말씀이, 다른 사람에게는 같은 성령에 의해 믿음이, 어떤 사람에게는 한 성령으로 병 고치는 은사가, 어떤 사람에게는 기적의 능력이, 어떤 사람에게는 예언이, 어떤 사람에게는 영을 분별하는 은사가, 다른 사람에게는 각종 방언을 말하는 능력이, 어떤 사람에게는 방언을 통역하는 은사가 주어졌다. 이 모든 일은 같은 한 성령의 사역으로, 그는 그가 결정한 대로 각 사람에게 은사를 나누어주셨다.

피(Fee)는 바울의 이 목록이 "교회 안에서 성령의 행위/나타남의 **다양성**을 분명하게 보여준다"라고 이야기한다.[63] 하나님의 백성이 성령에 힘입어 이러한 은사들을 통해 서로 세우는 것은 이 모임 안에서다. 그들이

[177]

---
63) Ibid., 264.

서로를 위한 은사를 발휘하는 것은 솔로 연주가 아닌 교향악 합주를 통해서다. 이러한 상호 교화를 통해 하나님의 백성이 점점 더 성결한 백성으로 변화되어 간다.

결론

그런데 이런 이야기가 옛 관점과 **정말로** 다른가? 그렇기도 하고 아니기도 하다. 바울에 관한 새 관점의 렌즈를 통해 그리스도인의 삶을 이해해도, 개인주의적 강조점이 제거되는 것이 절대 아니다. 오히려 확장된다. 예를 들면, 오늘날 많은 그리스도인에게 친밀하고도 소중한 구절인 로마서 3:23-24를 보자. "모든 사람이 죄를 범해 하나님의 영광에 이르지 못했으나, 그리스도 예수를 통해 온 속량으로 말미암아 모든 사람이 하나님의 은혜로 값 없이 의롭다 함을 얻는다." 톰 홀랜드(Tom Holland)는 그의 로마서 주석에서 이 절을 설명하며 다음과 같이 이야기했다. "칭의의 마지막 장은 그 공동체가 그들의 죄에 대한 처벌을 받은 결과가 아니라, 그들의 대표가 동료의 죄책을 짊어진 결과다."[64] 옛 관점의 핵심에는 하나님께서 죄인의 죄책을 처리해야 할 필요성이 자리잡고 있으며, 따라서 개인의 속량에 초점을 맞춘다. 인류는 죄로 포화 상태가 되었고, 따라서 하나님의 영광이 이르지 못했다. 이 말은 여러 모로 사실이지만, 이 내용이 출발점이나 메시지의 전부가 되어버리면, 믿기 어려울 정도로 개인 구원론으로 쏠려버린다. 강조점을 개인 구원론에 두면 교회론은 나중에 덧붙인 생각 정도로 격하된다.

앞서 언급했듯이, 베토벤은 에그몬트 서곡을 작곡할 때 한 악기만을 염

---

64) Tom Holland, *Romans: The Divine Marriage*, A Biblical Theological Commentary (Eugene, OR: Wipf & Stock, 2011), 97 = (로마서 주석: 신성한 결혼, 최성호 역, CLC, 2016).

두에 두지 않았다. 또한, 모든 악기가 정확히 같은 소리를 내는 곡을 만든 것도 아니다. 베토벤은 모든 악기를 염두에 두고 교향곡을 썼고, 각 악기는 각기 독특한 방식으로 빛을 발한다. 바울이 고린도전서 12:12-26에서 말한 것이 정확히 그런 내용이다.

몸은 하나인데 많은 지체가 있고 몸의 지체가 많지만 한 몸을 이루는 것과 같이 그리스도도 그러하다. 우리가 유대인이나 헬라인이나 종이나 자유인이나 다 한 성령으로 세례를 받아 한 몸을 이루었고, 또 다 한 성령을 받아 마셨다. 몸도 하나가 아닌 여러 지체로 이루어져 있다.

만일 발이 "나는 손이 아니니, 몸에 속하지 않았다"라고 한다고 해서, 몸의 한 부분이지 않은 것이 아니다. 그리고 만일 귀가 "나는 눈이 아니니, 몸에 속하지 않았다"라고 한다고 해서, 몸의 한 부분이지 않은 것이 아니다. 만일 온몸이 눈이라면, 소리는 어디서 들을 것인가? 만약 온몸이 귀라면, 냄새는 어디서 맡을 것인가? 그러나 실제로 하나님은 원하시는 대로 모든 지체를 하나하나 몸 안에 두셨다. 만일 각 부분이 똑같은 지체라면, 어디가 몸이란 말인가? 우리가 보듯이, 많은 지체가 있지만 몸은 하나다.

[178]

눈이 손에게 "나는 네가 필요 없어!"라고 말할 수도 없고, 머리가 발에게 "나는 네가 필요 없어!"라고 말할 수도 없다. 반대로, 더 약하게 보이는 몸의 지체가 요긴하고, 우리 생각에 덜 귀한 지체를 특별히 귀하게 대우한다. 그리고 남 앞에 내놓지 못하는 지체를 특별히 신경 써서 대하고, 반면에 남 앞에 내놓을 만한 지체는 특별한 대우가 필요 없다. 오직 하나님이 몸을 고르게 하여 부족한 지체를 더 귀하게 대하셔서, 몸 가운데 분열이 없고 도리어 여러 지체가 각자에게 같은 관심을 갖고 돌보게 하셨다. 만일 한 지체가 고통을 받으면 모든 지체가 함께 고통을 받고,

한 지체가 영광을 얻으면 모든 지체가 함께 즐거워한다.

음악이 아름다운 것은 합주단이 더불어 하나의 통합된 목소리로 낼 때다. 마찬가지로 우리의 창조주이자 왕이신 분은 한 사람을 염두에 두고 구속 내러티브를 만드시지 않았다. 그 목적은 늘 성결한 백성이었다. 그 내러티브 전체의 아름다움이 발산되는 것은 그 백성이 모여 한목소리를 낼 때다. 이것이 바로 성결이 그 모습을 드러내는 때다.

바울과 선교적 해석학

톰 라이트(N. T. Wright)

선교적 해석학이란 무엇인가?

바울의 신학이 **선교적** 신학이었다는 사실에는 폭넓은 합의가 이루어진 상태다. 말하자면, 바울의 신학은 **선교사**, 구체적으로 말해 "이방인의 사도"라는 그의 소명을 뒷받침하는 신학이었다는 것이다. 선교는 그의 취미가 아니었다. 일부 시간은 선교에 할애하고, 나머지 시간은 신학적으로 집약된 편지를 쓰는 작가로 사는 식이 아니었다는 말이다. 그의 편지를 포함하여 그의 나머지 인생을 형성한 것은 그의 선교 소명이었다. 마찬가지로 바울 학자들은 대부분 바울의 신학이 어떤 의미에서 **해석학적**이었다는 사실에도 동의할 것이다. 말하자면, 그가 이스라엘의 성경과 끊임없이 대화하고 성경에 의존하고 성경을 논의하고 성경의 인용과 암시를 선택하고 배열하면서 생각하고 글을 쓸 때(그리고 기도할 때), 그 목적은 그의 신학적 목적, 따라서 또한 그의 선교적 목적을 뒷받침하려는 것이었다. 따라서 바울에게는 그의 작업의 이 두 측면이 밀접하게 연결되어 있기 때문에, 우리는 바울의 **선교**가 **해석학적**이었고 바울의 **해석학**이 **선교적**이었다고 말할 수 있겠다. 이 방정식의 양변 모두를 조사하면 흥미롭겠지만, 여기서 나의 과제는 두 번째 변에 초점을 맞추고 그 내용을 확장해서, 그저 바울 자신의 "선교적 해석학"을 이야기하는 데 그치지 않고, 그의 것과 관련하여 우리의 선교적 해석학에 관해서도 이야기하는 것이다.

[180] 내가 처음으로 "선교적 해석학"이란 표현을 들은 것도 그리 오래전이 아니다. 나는 내 친구와 내 책의 독자들(대부분 같은 사람이다)의 생각을 알고는 깜짝 놀랐는데, 내가 하는 작업이 바로 (이것을 어떻게 이해하든) "선교적 해석학"이라는 것이다. 처음에는 내심 불안했다. 나는 그저 내가 신약의 세계를 이해하고 시대착오와 주관성의 위험을 피하는 방식으로 복음서와 서신서에 관한 신선한 해석을 제시하려고 노력하는 중이라고 생각해왔다. 달리 말해, 나는 보통 "역사"라 불리는 다소 복잡한 작업을 해오고 있다고 생각했다. 그래서 불안했다. 만약 내 작업이 역사가 아닌 다른 하부 전공에 속한 것이라면, 그 말은 내 작업이 부수적인 주제에 불과하다는 의미가 아닌가? 그렇다면 내 책들이 예수와 바울, 기독론, 구원론, 종말론에 관한 필수 도서 목록이 아니라, 선교적 해석학이 무엇인지도 모르면서 그 주제가 다른 선택지보다 덜 지루하기를 바라는 싫증 난 소수의 학생 손에 들려질 선택 도서 목록에 실린다는 의미인가?

나는 그러한 두려움을 떨쳐 냈고, 다음 세 가지 이유로 그 범주를 수용하게 되었다. 그 이유들은 넓게는 신약, 좁게는 바울에 관한 내 연구와 밀접하게 연관된 내용이다. 본격적으로 바울을 살펴보기에 앞서, 먼저 그 세

가지 이유를 설명해 보겠다.

첫째, 나는 그동안 내가 "희망에 놀라다 강령"(*Surprised by Hope* agenda, *Surprised by Hope*는 『마침내 드러난 하나님 나라』로 번역되었음- 역주)이라고 생각하는 것의 함의를 철저하게 탐구하려고 노력해왔다.[1] 그 책에서 나는 성경의 가르침을 요약해서 소개했고, 그것은 많은 사람에게 정말로 놀라운 내용이었다. 말하자면, 기독교의 목적은 몸과 분리된 영혼이 천국에 가는 것이 아니라 "새 하늘과 새 땅"을 탄생시키는 데 있다는 것이다. 당신이 궁극적 미래에 관하여 믿는 내용은 교회의 선교에 관한 당신의 관점에도 상당한 영향을 미친다. 플라톤주의의 희망에 빠진 그리스도인이라면, 조금이라도 더 많은 영혼을 천국에 데려가려고 노력할 것이다. 반대로 세속적 인본주의나 나아가 에피쿠로스 철학에 빠진 그리스도인이라면, 세상에 정의와 평화를 가져오려고 노력하겠지만, 그런 노력을 통해 하나님의 새 창조를 앞당긴다는 의식은 그들에게 없을 것이다. 성경이 말하는 희망은 이와 같은 두 종류의 (외견상) "선교적" 적용을 거부한다. 대신 성경은 우리가 예수의 부활과 만물의 갱신 사이를 살기 때문에 성령 안에서 우리의 과업은 장차 올 하나님 나라의 표지를 지금 이 시점에 세우는 것이라고 가르친다. 이런 이야기가 불완전하고 때로는 수수께끼처럼 다가올 수도 있다는 사실을 잘 알지만, 우리는 바울과 함께 고린도전서 15:18의 말씀, "[우리] 수고가 주 안에서 헛되지 않을" 것을 믿는다.[2] 나는 "선교적 해석학"이란 표현이 이러한 새 창조의 지평과 그 결과인 선교를 염두에 둔 성경

---

1) N. T. Wright, *Surprised by Hope: Rethinking Heaven, the Resurrection, and the Mission of the Church* (New York: HarperOne; London: SPCK, 2008) = 『마침내 드러난 하나님 나라』, 양혜원 역, IVP, 2009).

2) 따로 언급이 없으면 본 장에서 신약 인용의 출처는 N. T. Wright, *The Kingdom New Testament: A Contemporary Translation* (New York: HarperOne, 2011)이며, 구약 인용의 출처는 NRSV이다.

[181] 읽기를 지시하는 것으로 받아들인다. 당연히 플라톤주의나 에피쿠로스주의 관점의 성경 해석에서 "선교적 해석학"을 기술하는 사람도 있다. 플라톤주의는 현재의 하나님 나라에 관한 모든 언급을 배제할 것이며, 에피쿠로스주의는 현재의 하나님 나라 외에는 달리 언급할 내용이 없을 것이다. 실제로는 이 양자의 해석도 둘 다 어떤 의미에서는 "선교적 해석학"일 수 있다. 나름의 "선교"를 염두에 둔 성경 해석일 수 있다는 이야기다. 하지만 (확신할 수는 없지만) 내 추측으로는, "선교적 해석학"이란 표현은 앞서 언급한 이 두 가지 선택지보다는 내가 창조와 새 창조의 거대 내러티브에 의거한 성경 해석으로 이해한 내용에 적용된 것으로 보인다. 왜냐하면, 이 표현을 사용하는 사람들이 성경 전체를 "하나님 선교"와 관련된 내용으로 인식하기 때문인데, 이것이 바로 다른 관점과의 차이다.

둘째, 또 다른 내 책을 인용하자면, 나는 선교적 **해석학**이란 개념이 내가 『성경과 하나님의 권위』(Scripture and the Authority of God)에서 내세운 제안과 관계가 있다고 본다.[3] 그 책에서 나는 "성경의 권위"란 표현이 모순을 피하려면 반드시 그 표현을 "성경을 **통해 행사되는** 하나님의 권위"의 줄임말로 받아들여야 하며, 그 하나님의 권위는 (물론 그럴 때도 있겠지만) 우리가 난해한 질문에 대한 해답을 듣는 "권위"가 아니라, **일이 돌아가게 하는** "권위"다. 궁극적으로 그 권위는 정확한 개념에 관한 것이 아니라, 변혁적인 행위에 관한 것이다(물론 그런 행위에 동력과 내용을 제공하는 참된 개념도 필요하다). 바로 이런 이유로 내가 『마침내 드러난 하나님 나라』(Surprised by Hope)로 돌아가면) 교회의 핵심적인 선교 과제로 (첫눈에는 그럴듯해 보이지 않지만) 정의, 아름다움, 전도라는 트리오를 제시한 것이다. 사람들이 일시적, 잠정적으로나마 새 창조에 기반을 둔 행

---

3) N. T. Wright, *Scripture and the Authority of God: How to Read the Bible Today* (New York: HarperOne, 2011) = (성경과 하나님의 권위, 박장훈 역, 새물결플러스, 2011).

동을 한다면, 그들이 예수 안에서 도달한 새 창조에 관한 이야기를 할 때도 주변 사람들이 좀 더 귀를 기울일 것이다. 이런 식으로, 어떤 부류의 해석학은 성경을 합리주의의 관점에서 처리하지만(사람들이 구원을 얻는 방법과 그 결과 그들이 살아야 할 방식에 관한 참된 명제를 도출할 수 있는 책으로 취급하는 것), 나는 읽기와 기도, 공부, 그리고 신약 공부를 통해 공동체들이 선교적 몸으로 탈바꿈되는, 더욱 역동적인 해석학을 주장하는 바다. 내가 믿기로 이런 본문 해석은 성경 자체의 결과도 잘 부합한다. 이런 해석이야말로 본문 자체가 하는 작업이며 저자들도 청자들이 하기를 바랐던 작업이다.

셋째, 결과적으로, 『기독교의 기원과 하나님에 관한 질문』 시리즈 집필을 시작하면서 내가 정말로 일종의 "신약신학" 책을 집필하는 것인지 스스로 물었을 때 나는 그렇지 않다고 결론 내렸다. 나는 내가 일종의 "신약 선교학" 책을 집필한다고 생각했다. 신약의 기록 목적은 교회가 하나님의 세계 안에서, 예수의 부활과 마지막 갱신 사이의 시간을 살아가는 하나님의 백성이 될 수 있도록 교회를 세우고 교회에 힘을 불어넣는 것이었다. 따라서 신약을 적절한 맥락에서 역사적으로 설명하려는 시도는 그 문서가 그런 기능을 발휘하도록 집필된 방식을 설명하는 데 중점을 둘 수밖에 없다. 당연히 신학도 엄청나게 중요한 주제다. 신학이 없다면 선교는 이데올로기에 휩쓸리는 실용주의로 전락하기 십상이다. 선교의 핵심 중 하나는 선교가 정사들과 권세들의 권세가 예수 안에서 힘을 잃었다는 소식을 들고 그 적들과 벌이는 싸움이라는 것이다. 하지만 정사들과 권세들에게도 반격의 수단이 있는데, 그런 수단 중 하나가 선교의 밑바탕을 이루는 신학을 왜곡해 선교도 길을 잃게 만드는 방법이다. 내가 오래 살아서 『기독교의 기원과 하나님에 관한 질문』 시리즈를 완결할 기회가 생긴다면, 마지막 책은 신학이 주제이고 선교는 신학의 부산물로 다루는 책이 아니라,

[182]

선교를 주제로 삼고 신학은 선교를 보강하는 뼈대로 다루는 책일 것이다. 어떻게 될지는 두고 보자.

이 모든 이유 때문에 마침내 나온 나의 최근작 『바울과 하나님의 신실하심』(Paul and the Faithfulness of God, PFG)의 핵심 주장은 바울 신학 안의 이런 저런 특정 구성 개념에 관한 것이 아니다.[4] (물론 그런 식으로 설명해야 더 잘 이해되었을 것이 분명하지만.) 그 책의 핵심 주장은 우리가 **바울이 기독교 신학을 처음으로 발명했던 방식**을 이해해야 한다는 것이다. 더 구체적으로 말하자면, 성경을 손에 들고 기도를 에너지로, 예수를 초점으로, 교회를 모판으로, 하나님의 미래를 목적으로 삼아 일하는 법을 배워가는 소명의 과제를 바울은 어떻게 그의 공동체들에게 가르쳤는가? 바로 이런 이유로 선교적 관점에서 그 책에서 정말로 중요한 부분은 마지막 4부다. 4부는 3부의 신학 전체를 바울 당대의 제국과 종교, 철학의 세계 안에, 그리고 나아가 유대교 세계 안에 "상륙"시킨다. 여기가 바로 선교적 함의가 정말로 그 모습을 드러내기 시작하는 지점이다. 시야를 넓혀 주변의 이교 세계에서 신학이 어떤 의미였을지 이해하게 되면, 선교적 독해도 더 분명해진다. 그 책의 마지막 장에서 나는 로마서 15장에 개요가 소개된 바울의 선교 계획이 특별한 형태를 지닌다는 점을 탐구했다. 사람들은 그 형태에 별로 관심을 주지 않았지만, 그 형태는 내가 조사하는 다른 주제들과도 연결되어 있다.

이 부분에 곤란한 사실이 하나 있다. 나는 바울의 세계관을 다룬 단락(2부)에서 바울의 사역을 특징짓는 중심 상징이 교회 자체라고 강조했다. 바울의 세계관이 집약된 상징(바울이 그의 정체성이라고 생각했던 바를 요약해서 표현하면서도, 사람들이 거리에서, 공공장소에서 볼 수 있었

---

[4] N. T. Wright, *Paul and the Faithfulness of God* (Minneapolis: Fortress, 2013) = (바울과 하나님의 신실하심, 박문재 역, 크리스천다이제스트, 2015).

을 상징)이 무엇이냐고 묻는다면, 그것은 동전이나 묘비, 특별한 건물이나 깃발, 제복은 아니었다고 답해야 한다. 초대교회에는 이중 아무것도 없었다. 오히려 바울에게 핵심 상징은 한 공동체, 과거에는 상상도 할 수 없었던 모습의 한 공동체였다. 자, 이것이 바로 곤란한 내용이다. 나도 바울이 생각한 이 상징적 공동체의 핵심 특징에는 "선교"라 부를 수 있는 내용도 포함되었다고 주장할 수 있으면 너무 좋겠지만, 내 소견으로는 그렇게 주장할 수가 없다. 나도 초대교회는 이런저런 방식으로 늘 "선교하라"는 격려를 받았을 것으로 당연하게 생각하는 교회에서 성장했다. 왜냐하면, 앞서 언급했던 플라톤주의의 관점에 서 있던 **우리가** 늘 노력했던 것이 바로 영혼의 구원이었기 때문이다. 우리는 모두 우리 이웃에게 예수를 전하라는 목적을 가진 사람이었고, 초대교회도 다름없었을 것이라고 당연하게 생각했다. 하지만 바울은 (놀랍게도) 이런 관점을 직접 뒷받침하는 말을 남기지 않았다. [183]

바울이 재차 반복해서 이야기하는 바는 이 상징적 공동체인 교회가 한편으로는 **연합**을 이뤄야 하고 다른 한편으로는 **거룩**해야 한다는 것이다. 전통적인 장벽(유대인/이방인, 종/자유인, 남자/여자)을 뛰어넘는 연합은 잘 알려진 주제다. 바울은 많든 적든 모든 편지에서, 때로는 굉장히 자세하게 연합을 주장한다. 바울에게는 교회의 연합이 심지어 칭의보다 훨씬 더 큰 문제로 다가왔다. 일부 "새 관점" 해석(이 한 우산 아래에도 다양한 해석이 존재한다는 사실에 주목하라)의 큰 장점 중 하나는 모든 사람 각자가 살아 있는 믿음을 가지는 것의 중요성을 무시하지 않으면서도(무시한다고 잘못 생각하는 사람도 있다) 바울이 연합을 끊임없이 강조한다는 사실을 포착할 수 있다는 점이다. 이 사실은 (이를테면) 갈라디아서부터 나타나기 시작하는데, 그 서신에서 연합은 절대적으로 중요한 주제다. 덧붙여, 우리는 바울이 칭의의 표지로서 "오직 믿음"을 강조한다는 점을 약화하지 않고도, 소위 하등 개혁주의식 칭의 교리 해석에서 비롯된 율법폐기론의 위험을 벗어날 수 있다. 바울에게 이신칭의는 죄를 용서받은 하나님 백성의 경계 표지였다. 이 범주에 속한 사람은 한편으로는 "마음의 할례"를 받은 사람이다. 그들은 율법을 소유하지 않았지만, 성령이 그들의 마음에 율법을 기록했기 때문에 율법을 지킨다(롬 2:25-29). 다른 한편으로 그들은 부활하신 메시아 내부에서 살아가는, 개시된 새 창조의 백성이다. 그들은 로마서 6:2가 말하는 "그럴 수 없느니라"(*mē genoito*) 상태에 있으며, 그들을 바라보는 세상 앞에서 그들의 삶으로 새 창조의 증표를 구현해야 한다. 거기에는 친절과 관대함을 보이는 것과 분노와 악의를 멀리하는 것, 그리고 특히 기혼이든 독신이든 성적 정결을 유지하는 것 등이 포함된다. 이러한 삶의 방식을 구현하는 공동체를 고대 세계에서는 거의 찾을 수 없다. 바로 이런 이유로 바울에게 교회는 새 언약과 새 창조의 증표요, 상징이었다.

하지만 바울은 우리가 곧 살펴볼 한 본문을 제외하면 선교를 언급하지 않는다. 이 사실은 나에게 걱정거리였다. 왜냐하면, 성공회의 주교였던 나는 사람들에게 교회의 모습은 선교를 통해 형성되어야 하며 선교는 종말론을 통해 형성되어야 한다고 말하곤 했기 때문이다. 우리는 교회 내부를 정돈하는 것을 첫째 과제로 삼고, 그 과제를 해결한 후 여유가 있다면(없는 경우가 많다) 밖으로 나가 선교를 하라는 식의 생각에 경고를 던지곤 했다. 하지만 내가 바울을 더 공부하면 할수록, 바울에게는 이 상징, 즉 메시아 안에서 연합과 거룩을 이룬 공동체라는 상징 자체가 곧 선교라는 확신, 아니 그 자체가 적어도 선교의 핵심이라는 확신이 더 강해졌다. 바울도 자신과 같은 다른 "전도인"의 존재를 알았을 텐데, 그것은 특별한 직무였다. 바울은 모든 그리스도인이 그런 소명을 받았다고 이야기한 적이 없다(일부 전통적인 해석에는 또 다른 곤란한 내용이다). 오히려 그는 교회 자체가 교회를 바라보는 세상을 향해, 그리고 그 문제라면 교회를 바라보는 정사들과 권세들을 향해, 인간이 되는 새로운 길이 이 세상 위에서 개시되었고 그 이유는 이제 아브라함과 이삭과 야곱의 하나님의 힘과 사랑을 구현하는 새 주(퀴리오스, *kyrios*), 새 구원자(소테르, *sōtēr*)가 계시기 때문이라는 사실을 보여주는 강력한 증표라고 이해한다. 그래서 바울을 읽을 때 "선교적 해석학"을 갖는다는 의미에 대한 나의 예비적인 답변은 다음과 같다. 바울 서신을 역사적 관점에서 분석해 보면, 이 문서들이 기록된 목적이 교회들로 하여금 그들의 핵심 과제인 그리스도인답게(Christianly) 생각하는 법을 배우는 작업(달리 말해, 신학이란 과제)에 집중하게 해서, 연합과 거룩의 소명을 뒷받침하고 **예수의 주 되심이 작용한다는 증거를 세상이 볼 수 있게 하는 것**이었다는 사실이 드러날 것이다.

[184]

그동안 내 작품에서 언급은 했지만 강조하지 않은 다른 요소가 하나 있다. 그것은 고난이다. 바울은 메시아의 고난에 동참하는 것이 단지 그리스도의 길을 따름에 때때로 수반되는 우연적, 우발적 부산물로 보지 않았다. 고난은 필수 요소였다. "메시아의 고난에 참여하는 것"은 추가 선택 사항이 아니었다(롬 8:17-18; 빌 3:10; 살전 3:3-4 등). 나아가, 때때로 바울은 고난을 수단이라는 측면에서 이야기한다. 예를 들면, 자신의 고난을 "그의[메시아의] 몸 된 교회를 위한" 것이라고 말한다(골 1:24). 교회가 인내하며 받는 고난은 이런 식으로 하나님으로부터 난 증거 역할도 한다(빌 1:28). 이 내용과 곧장 연결되는 나의 첫 핵심 본문을 살펴보자.

빌립보서 2:1-18

나는 바울이 교회의 선교 과업을 이야기한 적이 전혀 없다고 말했다. 이 점에 예외라 할 수 있는 유일한 바울서신이 빌립보서다. 구체적으로 말하면 2:14-16이다(참조. 1:12-18).

무슨 일을 하든지 불평과 시비가 없어야 합니다. 그렇게 해야 아무도 여러분을 흠잡을 수 없을 것이고, 여러분은 어그러지고 타락한 세대 가운데서 순결하고 흠 없는 하나님의 자녀가 될 것입니다. 여러분은 세상의 빛처럼 그들 가운데서 빛나야 합니다. 생명의 말씀을 굳게 붙잡으십시오. 그것을 메시아의 날에 내가 자랑할 것입니다. 그것은 내가 무익한 경주를 하지 않았음을, 헛되이 일하지 않았음을 증명해 줄 것입니다.

이 번역에서 나는 논란이 되는 16절의 에페콘테스(*epechontes*)의 의미에 관해 확고한 입장을 견지했다. 나는 그 단어가 (일부 의견처럼) "표명하다"(holding forth)보다는 "굳게 붙잡다"(clinging to) 혹은 "고수하다"(holding fast to)의 의미로 보았다. "표명하다"로 볼 경우, 교회가 생명의 말씀(아마도 복음의 말씀)을 주변 세계에 제시해야 한다는 의미를 함축한다. 내가 이 관점을 반대하는 이유는, 그렇게 보면 이 절이 바울이 그런 이야기를 하는 유일한 본문이 되기 때문이 아니다. 오히려 에페코(*epechō*)와 관련된 칠십인역과 고전 세계의 증거를 보면 "굳게 붙잡다" 쪽을 지지한다. 하지만 실제로는 어떤 의미로 보든 그다지 큰 차이는 없다고 생각한다. 바울의 요점은 여전히 **연합된, 거룩한, 고난받는 공동체의 선교적 영향력**에 있다. 그 단어의 의미가 "고수하다"이든 "표명하다"이든, 중요한 것은 "너희가 세상을 빛처럼 밝혀야 한다"라는 것이다. 빌립보서 내부에서 이 의미는 1:27("너희 공적인 행실이 왕의 복음에 부합해야 한다") 및 4:5("너희가 얼마나 관대하고 은혜로운지 모든 사람에게 보이라")와 매우 가깝다. 빌립보서의 관심사는 주변 사람들의 교회에 대한 공적인 인식, 그리고 이 이상한 새 공동체의 영향력이다. 이들의 삶은 어둡고 어그러진 세상 안에 빛을 비추고 바르고 진실해야 한다.

빌립보서에는 명시적인 성경 인용이 거의 없다. 하지만 표면 바로 아래 함축된 성경 인용은 매우 많으며, 바울의 말 배후에서 공명하는 세 가지 본문(출애굽기와 다니엘서, 이사야서)은 그의 선교적 해석학이 작동하는 방식에 관하여 많은 것을 알려준다. 즉, 바울 자신이 이스라엘 성경을 선교적으로 해석한 방식, 빌립보 교회에서 바울의 말을 선교적으로 들었던 방식, 그리고 아마도 우리 자신이 그런 본문을 선교적으로 독해하는 방식 말이다.

첫째, 불평과 시비에 대한 경고(빌 2:14)는 보통 교회를 새 출애굽 공동체로 보는 개념과 함께 등장한다. 요점은 분명하다. "이번에는 제대로 알아 들어라!" 바울은 고린도전서 10:10에서도 같은 경고를 하는데, 거기서는 출애굽 문맥이 더 명시적이다. 여기서는 그저 그의 경고에 새 언약의 분위기, 왕 같은 제사장과 거룩한 나라로 부름 받은 백성이란 의미를 가미하는 역할만 할 뿐이다.

둘째, 다니엘서 12장이 있다. 이 본문은 지혜 있는 자가 궁창의 빛과 같이 밝을 것이며, "많은 사람을 의로 인도한 자는 별처럼 영원히 빛날 것"이라고 말한다(3절). 이 절은 부활 예언인데, 후대의 유대교 작가들이 종종 그런 의미로 인용했다. 또한, 정확하진 않지만 이사야 53:11의 반향도 감지된다. 이처럼 빌립보서 2:15에서 바울 자신이 다니엘서와 이사야서를 선교적으로 해석한 내용에서 우리가 확인하는 것은 **개시된 종말론**이다. 개시된 종말론에 따르면, 부활의 새 삶이 이미 시작되었고, 교회는 지금 이 시대에도 어두운 하늘의 별처럼 빛을 내 주변 세상이 그들을 보게 하며, 이사야서의 종에 관한 약속을 진척시킬 것이다.

이런 흐름을 매듭짓는 세 번째 사례가 이사야서 49장이다. 바울은 이사야서 49장을 자기 자신에게 빈번하게 적용한다. 그중 한 경우에서는 그가 무익한 경주를 하지 않았음을, 헛되이 일하지 않았음을 자랑할 것이라고 말한다(빌 2:16). 이사야서 49장은 바울이 가장 자주 인용하는 본문 중 하나인데, 내 생각에는 늘 바울 자신의 소명 및 사역과 연관되어 인용된다. 그리고 이 부정적인 측면(그의 사역이 헛될 것을 염려함)은 그를 꽤 자주 괴롭혔던 것 같다. 그런 측면은 갈라디아서, 데살로니가전후서 등에 드러난다. 이사야서 49장에는 그 종의 원래 소명과 그의 일이 헛될 것에 대한 염려와 더불어, 그 명령의 확장을 말하는 유명한 언급이 나온다. "네가 나의 종이 되어 야곱의 지파들을 일으키며 이스라엘 중에 살아남은 자를 귀환하게 할 것은 매우 쉬운 일이라. 내가 또 너를 이방의 빛으로 삼아, 나의 구원을 베풀어 땅끝까지 이르게 하리라"(6절). 이사야서 49장은 계속해서 은혜의 때, 구원의 날을 이야기하면서, 그 종이 "그 백성에게 언약으로"(8절) 주어졌으며 그 백성을 먼 곳에서 데려오고 모든 피조물이 기뻐하게 할 것이라고 이야기한다.

그렇다면 바울은 출애굽기와 다니엘, 이사야 49장을 결합해서 어떤 작업을 하고 있었는가? (자주 그렇듯이, 바울이 이스라엘 성경의 세 가지 요소인 토라와 예언서, 성문서를 동원한다는 사실에 주목하라.) 그는 그가 설립한 공동체들이 바로 그 종의 선교적 소명이 이제 효력을 발휘하는 백성이라고 말하고 있었다. 그들이 정말로 연합을 이룬 거룩한 백성이 된다면(그들은 그런 백성이 되어야 한다), 그 종의 백성이 응당 그래야 하듯이 고난도 뒤따를 것이다. 이것이 바로 바울 자신이 성경을 읽을 때 동원했던 해석학이며, 빌립보 교인들이 그의 편지를 읽을 때도 성경 본문들이 메시아 안에서 새로운 초점을 얻으면서 새로운 해석학이 일어났을 것이다. 마찬가지로 오늘날 교회를 포함하여 후대의 그리스도인들이 바울이 말한 내용을 읽고 그들 자신을 위한 함의를 헤아리려 노력할 때도 또 다른 새로운 선교적 해석학이 일어날 것이다.

빌립보서 2장의 선교적 해석학의 핵심에는 당연히 2:6-11의 유명한 시가 자리 잡고 있다. 나는 바울이 그 시의 내용을 분명하게 알았겠지만 그가 이 본문의 중심으로 생각했던 것은 12절과 13절이었을 것이라는 생각을 가끔 한다. 1-5절과 14-18절은 각각 68개의 단어와 69개의 단어로 양쪽에서 균형을 잡고 있다. 물론 이 사실은 우연에 불과할 것이다. 하지만 나는 우리가 이제껏 익숙하게 해 왔던 것보다 12절과 13절을 6-11절과 더 밀접하게 관련지어야 한다고 생각한다. 말하자면, 마음과 뜻을 일치시키라는 1-5절의 구체적이고 격정적인 호소를 뒷받침하는 내용이 (1) 6-11절의 그 시에 나오는 메시아의 자기희생과 십자가 처형이라는 사실, **그리고** (2) 그에 뒤따르는 12-13절의 호스테(*hōste*) 구문(**그러므로** 너희 구원을 이루라!)이다.

당연히 이 말은 몰래 펠라기우스주의를 들여와 그에 따른 행위를 하라는 명령이 아니다. 오히려 그들 안에서 일하시는 분이 하나님 자신이라는 주장 때문에 그런 관점은 배제된다. 그 시에 강하게 함축된 내용은 퀴리오스 카이사르(*kyrios Kaisar*)와 퀴리오스 이에수(*kyrios Iēsous*)의 대조다. 카이사르가 로마 세계에 (특히 빌립보 같은 식민지에) 나름의 구원(소테리아, *sōtēria*)를 제공했다면, 교회도 그 자체에 고유한 "구원"의 형태, 말하자면 방금 인용한 그 시에 표현된 구원의 형태를 철저하게 숙고하고 실천에 옮겨야 한다. 나는 이 모든 내용을 다른 책에 훨씬 더 길게 글로 적어 놓았다.

잠시 본문 전체에서 한 걸음 물러서 바라보면, 무엇이 보일까? 단언컨대, 6-11절의 시는 기독교 문헌을 통틀어 가장 두드러진 기독론적, 신학적 진술 중 하나로서, 바울이 상세하게 풀어내는 중인 선교적 해석학을 구현해서 그 안에 담고 있다. 말하자면, 아담에서 그 종에게 이르는 성경의 위대한 흐름을 하나로 묶어, 예수와 그의 수치스러운 죽음으로 결집하고는, 이어서 종의 노래들과 마찬가지로 그 흐름을 다시 확장해 세상을 포용하고, 그럼으로써 예수를 세상의 정당한 주권자로 찬양하며 높인다. 그리고 빌립보서 문맥에서 보면, 선교적 해석학을 위한 의미도 명쾌하다. 그리스도인들이 연합과 거룩, 고난을 통해 별처럼 빛을 내야 할 그 어두운 세계는 카이사르가 자신의 것이라고 주장하는 세계다. 이 사실은 당연히 출애굽기와 다니엘서의 반영이기도 하지만, 이사야서 자체에서도 반드시 예상해야만 하는 바로 그 내용이다. 우리는 단순히 윤리적인 사례를 이야기하고 있는 것이 아니다. 우리는 (구분할 수만 있다면) 현세적, 영적 권력 앞에서 그들의 시대는 끝났다고 외치는 것, 아직은 낌새를 맡지 못하는 제국 앞에서 새 언약과 새 창조를 구현하는 새로운 백성의 참 하나님께서 세상을 구원한다는 소식을 들고 맞서는 것을 이야기하고 있다. 그 위대한 시에서 제시하는 권력의 재정의(산상수훈과 마가복음 10:35-45 등에서 예수 자신이 권력을 재정의한 내용과 일맥상통한다)는 이스라엘 성경을 선교적으로 해석한 이런 내용의 핵심이다. 예수 자신이 몸소 하나님의 선교를 구현한 분이셨으며, 바울의 사역은 그분을 주님으로 선포하는 것, 그리고 교회가 이 새로운 유형의 "구원"이 실제 삶에서 의미하는 바를 고민할 때 그들을 돕는 것이었다.

빌립보서의 아주 많은 부분이, 이를테면 바울의 투옥이 시위대 전체에 복음을 알렸다는 사실(1:13)부터 4:4에 나오는 공식적인 축하 행사(나는 이 부분을 그렇게 이해한다)까지 바로 이 주제를 다룬다. 그렇다면 이 본문과 빌립보서 전체를 읽는 최선의 접근은, 바울이 구약성경을 재해석한 이 선교적 해석학을 염두에 두고 읽는 것이다. 바울은 구약성경이 복음 안에서 활짝 꽃을 피웠고 하나님의 선교를 구현하는 한 공동체를 만들어냈다고 이해했다. 이것이 바로 빌립보서를 읽고 가르치고 빌립보서로 기도할 때 이 편지를 이해하는 가장 자연스러운 방식이다.

더 큰 맥락: 바울은 이스라엘의 성경을 선교적으로 해석했다

한발 뒤로 물러나 바울이 성경을 선교적으로 해석하는 전반적인 양상을 살펴보자. 바울이 이사야와 출애굽기, 그 밖의 다른 본문을 암시할 때, 그것은 단순히 권위 있는 내용으로 여겨지던 옛 본문을 무작위로 가리키는 행위 정도가 아니다. 그 성경 본문들은 모두 바울이 다양한 지점에서 의존하는 암시적인 내러티브 안에 속해 있다. 그리고 바울의 수중에서 그 내러티브는 정확히 선교적 내러티브다. 말하자면, 창조주 하나님께서 세상과 인류의 곤경을 해결해 피조 세계를 폐기하지 않고 구출하는 통로로 자기 백성을 부르시는 것에 관한 이야기다. 이 이야기는 창세기에서 출애굽기로, 그리고 신명기의 마지막과 다윗의 약속 같은 절정부를 거쳐, 언약에 충성하지 않아 유배를 당하는 충격적인 국면에 이르고, 마지막으로 하나님의 영광스러운 귀환에 관한 기이한 미완의 약속으로 마무리된다. 하나님은 이방인을 물리치고 왕이 되기 위해 시온으로 돌아오실 것이며, 언약을 갱신하고 피조 세계를 새롭게 하실 것이다.

이 모든 내용을 으레 일축하는 부류가 지금도 있다는 사실을 나도 안다. 1900년 중반 헤겔의 진보 교리를 비판했던 내용을 이스라엘의 언약 내러티브에도 적용할 수 있다고 보는 사람들, 그리고 복음서의 하나님은 팔을 벌려 세상 전체를 환영하는 분이기 때문에 "언약"을 조금이라도 언급하는 것은 터무니없이 편협한 행태라고 보는 사람들이 그런 부류다. 그런 사람들에게 나는 답변하고 싶다. 그런 관점은 우리가 신약 전체에서 확인하는바 이스라엘 성경을 읽는 선교적 해석학을 완전히, 때로는 의도적으로 오해한 처사라는 것이다. 신약의 선교적 해석학은 점진적인 계시도 아니며, 이스라엘의 이야기가 매끄럽게 발전하여 자연스러운 절정에 도달한다는 의미도 아니다. 또한, 언약은 편협하지 않다. 오히려 하나님께서 세계 전체에 응답하시는 방식이 바로 언약이다.

[188]

당연히 복음은 철저한 전복이요, 충격적이고 예상치 못했던 성취다. 하지만 유대교의 모든 묵시처럼 복음은 하나님께서 정하신 때에, 합당한 장소에서, 옛 약속들의 성취로서 일어난 전복이며, 역사의 **관점에서는** 읽어내기 힘들지만 그런데도 역사 **내부에서** 순서대로 일어났다. 물론 요즘 유행하는 "묵시적" 바울 해석을 가지고도 하나의 선교적 해석학을 만들어낼 수 있을 것이다. 하지만 그 해석학이 바울의 선교적 해석학은 아닐 것이다. 바울에게 (그가 로마서에서 펼친 주장을 마무리하면서 요약한 곳을 보면) 중요한 점은 "메시아가 하나님의 진실하심을 나타내시려고 할례 받은 사람들의 종이 되셨는데, 이는 곧 족장들에게 주신 약속을 확증하시고, 민족들이 하나님의 긍휼하심으로 말미암아 하나님을 찬양하게 하시려는 것"이었다는 사실이다(롬 15:8-9). 바울은 복음을 족장들에게 주신 약속과 관련된 하나님의 언약적 신실하심과 진실하심을 드러낸 사건으로 이해한다.

그 약속들은 무엇이었는가, 그리고 바울의 선교적 해석 안에서 그 약속들은 어떻게 설명되고 발전되었는가? 나는 수년 동안 창세기 랍바(*Genesis Rabbah*)의 한 절을 즐겨 인용했다. 그 절에서 하나님은 "내가 먼저 아담을 짓겠다. 그리고 그가 잘못되면, 상황을 바로잡기 위해 아브라함을 보내겠다"라고 말씀하신다(14:6). 나에게는 이 말씀이 창세기를 창세기 자체의 관점에서 제대로 해석한 내용으로 보인다. 창세기를 보면 하나님께서 아담에게 하신 명령이 나중에 아브라함에게 주신 약속이 된다. 말하자면, 생육하고 번성하고 에덴동산을 돌봐야 했던 아담과 한 가족 및 땅을 약속받은 아브라함 사이에 분명한 연관성이 존재한다. 그렇다면 유배(아브라함의 혈통이 마침내 그 땅에서 쫓겨난 사건)는 동산에서 추방된 사건(창세기 3장)과 직접적인 병행을 이룬다. 어떤 식으로든 이야기들이 서로 들어맞는다. 메시아의 형태를 띠고 성령의 추동을 받은 바울 자신의 재해석은 다른 제2성전기 해석들 사이에 자리 잡고서 부활과 성령의 능력을 근거로 정당성을 내세웠다. 바울은 아브라함에게 주어진 약속이 다윗의 시편들을 통해 철저하게 그 폭이 확장되었다고 보았다. 아브라함에게는 거룩한 땅에 불과했던 "유업"의 범위가 넓어졌다. 시편 2:8에서 야훼는 곳곳에서 이방 나라들이 분노하는 상황에서 메시아에게 "내게 구하라"고 요청한다. "내게 구하라. 내가 이방 나라를 네 유업으로 주리니, 네 소유가 땅끝까지 이르리로다." 이런 내용은 제2성전기 문헌을 비롯하여 시편 72편 등에서 좀 더 발전되지만, 그 기초는 시편 2편이다. 예수를 다윗적 메시아(그런 시각에서 "하나님의 아들"이란 칭호를 붙였을 것인데, 이 칭호는 또한 아버지와 동등한 예수의 정체성 및 아버지에게서 보냄 받은 예수의 정체성을 표현하는 자연스러운 언어적 수단이기도 했다)로 보는 바울의 비전은 그를 전 세계의 주님이신 메시아로 보는 비전이기도 했다.

[189]

    이 모든 이야기의 의미는 우리가 이전 시대의 개념, 즉 상당 부분 19세기의 "주의"(isms)에 대한 선호와 특히 유대 "주의"(Jewish "ism")에 대한 증오에서 비롯된 개념을 떠나보내도 된다는 것이다. 그 개념이란, 바울이 율법에 얽매인 유대 세계를 벗어나 율법에서 해방된 헬레니즘 세계에 응답하기 위해 유대적 메시아 개념을 포기하고 대신 헬레니즘의 주권자(lordship) 개념을 동원했다는 관점이다. 정작 바울은 그런 입장에 반대하여, 예수는 정확히 유대인의 메시아로서 열방을 자신의 유업으로 주장한 것이라고 대답한다. 이런 전체적인 사고의 흐름은 아브라함이 전면에 등장하는 두 편지인 로마서와 갈라디아서를 훌륭하게 설명해준다. 구체적으로 로마서에서 바울은 아브라함과의 언약(4장) 그리고 메시아를 통한 언약의 확장(8장), 이 두 가지 내용 모두를 상세하게 설명한다. 그런데 언약의 확장과 관련해서는 로마서 4:13(이 내용은 바울의 선교적 해석학의 기반이다)에서 아브라함과 그의 씨에게 주어진 약속이 실은 **세계**, 즉 코스모스(*kosmos*)를 유업으로 받는 것이었다는 설명으로 아브라함의 시대로 소급해 적용한다. 이제껏 보통 아브라함은 약속을 믿어 "의"가 그의 것으로 여겨진 인물의 대표 사례 정도로 격하됐다. 하지만 아브라함과 관련해서 바울에게 중요했던 내용은, 아브라함에게 **가족**과 **유업**이 약속되었다는 사실, 그리고 그 당시 그가 자녀 없는 유목민이었기에 그 약속의 내용은 은혜의 기적이었다는 사실이었다. 바울은 그 가족, 그 "씨"를 메시아와 그의 백성의 관점에서 설명하고, 그 유업을 세계 전체로 설명한다. 이 최종적 유업의 계약금이자 보증금이 성령이다.

전 세계적인 유업이란 개념은 제2성전기 내내 다양한 유대인 사상가에 의해 발전되었다. 알렉산드리아의 필로(Philo of Alexandria)는 당시 알려진 세계 곳곳에 유대인이 정착한 사실과 관련하여 이것이 하나님의 백성이 정의와 평화를 마침내 구현할 진정한 제국이 될 장차 올 날의 증표일 수 있다는 생각을 탐구한 바 있다. 다소의 사울도 그런 생각을 했는지는 알 수 없다. 우리가 확신할 수 있는 것은, 바울이 아담과 아브라함, 다윗과 관련된 함축적인 내러티브에 깊이 빠져 있었고, 그런 내러티브를 유배와 귀환이 지닌 역사적 의미, 그리고 특별히 야훼가 성전을 버리셨지만 다시 귀환할 것을 약속하셨다는 사실과 연결했다는 것이다. 바울은 여기저기서 이 내러티브의 다양한 부분을 충분히 설명하기에, 우리는 어느 정도 확신을 가지고 그가 이해한 대로의 함축적인 이야기 전체를 재구성할 수 있다. 이러한 접근에 강하게 반발하는 사람도 일부 있지만, 이 접근의 발견적 가치(heuristic value)는 굉장하며, 이 접근은 단순한 추측이 아니라 실제 본문을 세심하게 연구한 결과물이다.

여기서 우리는 바울 자신의 선교적 해석에 대한, 혹은 이스라엘 성경을 바울이 선교적으로 읽었다는 가설에 대한 강력한 두 가지 반대를 만난다. 첫째, 스스로 만든 기준을 따라 내러티브적 해석에 반대하는 사람이 있는데, 그들은 보통 대신 그들 나름의 함축적 내러티브를 내세운다. 말하자면, 개신교의 오래된 내러티브처럼, 인간은 죄를 범했지만 대속제물이신 예수가 오셨고 결국 인간은 천국에 간다는 것이다. 이런 내용은 우리가 신약에서 확인하는 내러브티가 아님에도, 여전히 강력한 힘을 발휘한다. 이러한 반대는 그 외에도 다양한 지점에서 등장하는데, 특히 하나님 나라가 "하늘에서처럼 땅에서도" 이루어진다는 제안에도 반대한다. 이것이 신약의 의도임에도 말이다.

두 번째 반대는 반대편 극단의 주장으로, 약속과 성취의 내러티브나 그런 내용에서 비롯된 선교 내러티브는 교회의 권력 과시일 뿐이라고 조롱한다. 당연히 내러티브를 그렇게 부정적인 방식으로 활용하는 경우도 있고, (확신할 수는 없지만) 아마도 바로 그런 행태가 케제만(Käsemann) 등이 인식하고 반대했던 문제의 일부였던 것 같다. 하지만 그런 행태는 바울의 비전과는 아무런 관계가 없다. 바울의 비전에서 교회는, 교회가 메시아와 함께 영광을 받으려면 그와 함께 고난도 받아야 한다는 엄격한 단서 아래 메시아의 공동 상속자로 지정된다. 로마서 8장에서 메시아의 관점에서 유업을 재해석할 때, 그 내용은 거룩과 고난, 이해 불가능한 기도의 신음, 그리고 정사들과 권세들에도 불구하고 하나님의 사랑을 확신하는 것과 긴밀하게 연결되어 있다. 이런 이야기들은 승리주의와 거리가 멀다. 그리고 이런 이야기들을 통해 선교적 해석이 만들어진다면(당연히 만들어져야 한다), 그 선교의 특징은 일종의 신제국주의적 삶이 아니라 산상수훈을 따르는 삶일 것이다.

결론

이제 결론을 내리겠다. 먼저 다른 곳에서 이미 다루었지만 『바울과 하나님의 신실하심』의 두 가지 특징을 부각한 후, 이어서 논란은 되겠지만 분명해 보이는 결론을 제시하겠다.

첫째, 나는 PFG의 14장에서 바울이 고대 철학과 암시적으로 벌였던 대화를 정리하는 (내가 보기에) 생산적인 방법을 간추려 말한 바 있다. 내가 특히 관심 있는 부분은 당시 철학 담론의 통상적인 세 범주인 물리학, 윤리학, 논리학을 향해 바울이 말했음 직한 내용이다. 물리학은 신을 포함하여 "자연" 안에 존재하는 것을 기술하는 분야다. 윤리학은 그 "자연"에 맞추어 사는 방식을 숙고한다. 논리학은 앎의 행위와 추론 기술에 관한 것이다. 바울 자신의 말처럼, 그는 (이스라엘 성경을 선교적으로 해석한 내용에서 힘과 형태를 얻는) 이방 세계를 향한 자신의 선교는 "모든 생각을 사로잡아 그리스도에게 복종하게 하는"(고후 10:5) 대담한 시도를 포함한다고 보았다. 그는 고대 세계의 의미에서 "물리학"과 관련된 이야기를 많이 한다. 물론 바울의 하나님은 에피쿠로스학파의 신처럼 멀리 떨어져 있는 존재도 아니고, 스토아학파의 신처럼 만물을 채우는 등 세계 안에 존재하는 대상도 아니지만 말이다. 바울에게는 도리어 세계가 하나님의 자애로운 사랑과 돌봄의 대상이었으니, 그의 이야기는 전혀 다르다. 그런데 특히

[191] 바울은 새 창조가 시작되었다고 믿었고, 그것은 새로운 종류의 **물리학**, 새로운 실제의 출현이었다. 그 일은 예수 안에서 시작되었지만, 그것을 인간의 삶 속에서 현실로 만드는 것은 성령이다. 따라서 바울의 윤리학은 단순히 그의 유대교 배경에 남겨진 부스러기로부터 몇 가지 새로운 규칙을 만들어낸 것도 아니며, 여기저기서 골라낸 저잣거리의 철학 격언을 모아놓은 것도 아니다. 바울의 윤리학은 **새 창조의 장단에 맞추어 사는 것**에 관한 이야기다. 그의 선교적 해석학의 핵심에는 십자가와 부활이 자리 잡고 있다. 이 선교학의 선봉이 연합된, 거룩한, 고난받는 공동체라는 그의 비전이었기 때문에, 자연스럽게 '새 창조를 살아냄'이라는 이 개념이 중심일 수밖에 없다. 그로 인한 분명한 결과 중 하나가 "가난한 자들을 기억하라"는 명령이다(참고. 갈 2:10). (최근 제기되고 있듯이) 이 표현은 당연히 예루살렘의 가난한 교회만을 가리키는 것이 아니며, 나아가 경제를 포함하는

인류 사회 전반에 관한 새로운 비전의 출범을 지시할 것이다.

특히 바울에게는 새로운 논리학, 새로운 인식학이 있었다. 새로운 앎의 양식이 세상에 풀려 나왔다. 여기가 바로 소위 묵시 옹호자들이 귀담아 들어야 할 부분이다. 바울의 앎은 새 창조 세계 내부에서 일어난다. 그런데 새 창조의 핵심은 그것이 새로운 **창조**이되, 지나간 세계와 완전히 단절된 것이 아니라 그 세계를 탈바꿈시키는 새 창조라는 사실이다. 새로운 종류의 앎은 과거 2차원적 앎의 3차원적 형태라 할 수 있어서, 연속성과 불연속성이 모두 존재한다. (내 생각에) 모든 선교적 해석학의 중심이 되는 이 논의는 더 거대한 신학적 논의들과 연결될 필요가 있는데, 특히 지난 세기부터 이어져 온 칼 바르트(Karl Barth) 관련 논의가 떠오른다. 나는 그저 추가적인 논의를 위해 이렇게 문제 제기만 하겠다.

두 번째 주요한 요점은 현재로서는 PFG의 마지막 장에서 확인할 수 있다. 거기서 나는 로마서 15장에 나오는 바울의 선교 계획을 로마제국과 관련된 것으로 특정할 수 있다고 주장했다. 스페인에 가려는 그의 염원은 무작위가 아니었다. 스페인은 로마제국의 가장 서쪽의 전초기지였다. 그리고 다니엘서나 에스라4서의 비전과 마찬가지로 바울의 묵시적 비전도, 세상을 압제해 온 네 번째 괴물이 인자 같은 이에게, 유다의 사자에게 제압당해야 한다는 것이었다. 여기서 다시 한번, 거대한 성경 내러티브를 읽는 바울의 선교적 이해에 담긴 정치적 초점이 전면에 부상한다. 여기서도 나는 추가적인 논의를 위한 문제 제기만 하겠다.

내 마지막 요점은 논란이 될만한 내용이다. 왜냐하면, 에베소서와 관련된 내용이기 때문이다. PFG에서 말했듯이, 나는 에베소서와 관련된 선입견을 말 그대로 선입견으로 본다. 말하자면, 지금은 대변자가 거의 남아 있지 않은 옛 자유주의 개신교에서 비롯된 선입견으로, 여전히 우리 걱정 많은 학계 인사들이 버리지 못하고 간직하고 있지만, 그들은 보통 전통을 더 깊이 파고들거나 (하나님의 가호가 있기를!) 전통에 도전을 던지기보다는 앵무새처럼 전통을 되풀이할 뿐이다. 그런데 내가 그동안 한 이야기 중 많은 부분이 에베소서에 강력하게 울려 퍼지고 있다. 에베소서를 바울이 집필했든, 그의 마음을 잘 이해하는 친구(그 친구의 이름이 바울이었을 지도 모른다)가 기록했든 말이다. 어떤 경우든, 새 창조의 비전, 하늘과 땅의 모든 것이 메시아 안에서 하나가 된다는 성경의 비전(엡 1:10)은 로마서 8장이나 고린도전서 15장에 나오는 바울의 새 창조 비전과 정확하게 일치한다. 그리고 이 비전이 구현된 실제 사례가 유대인과 이방인이 하나의 모임으로, 새로운 한 성전으로 결합된 것이라는 사실 역시 로마서, 갈라디아서 및 고린도전서와 정확히 같은 노선이다. (성전 테마는 바울의 선교적 해석학의 주요한 부분이지만, 본 논문에서는 살펴볼 시간이 없었다.) 그런데 이어지는 에베소서 3장에서 우리는 내가 빌립보서 2장에서 주장했던 교회에 관한 선교적 이해와 정확히 같은 내용을 담은 진술을 만난다. 메시아 안에서 유대인과 이방인이 하나 된 것의 의미는 "교회를 통해 하늘에 있는 통치자들과 권세들에게 하나님의 각종 지혜를 알게 하려는 것"이다(엡 3:10). 정말로 이 내용은 비밀의 경륜이 드러난 것이었다. 즉, 창조주 하나님께서 늘 마음에 두셨던 내용의 "묵시"였다(3:9). 그리고 에베소서 4, 5, 6장도 마찬가지로 교회가 이 세상 속에서 하나님의 선교의 증표와 상징이 되려면 교회의 연합과 거룩이 필수적이라고 강조한다. 교회는 하나님의 갑옷으로 중무장하고, 정사들과 권세들이 가할 공격을 견뎌야 한다.

여기서 펼치기는커녕 언급조차 하지 않았지만 온전한 설명을 위해서는 중요한 많은 주제와 많은 사고의 흐름이 존재한다. 그래도 나는 여기서 말한 내용으로도 최근 내가 바울 해설을 통해 지적하면서 유익하기를 바랐던 내용(바울이 성경을 선교적으로 해석했다는 사실에 관한 신선한 이해와 더불어, 우리도 바울의 서신 자체를 포함하여 성경을 오늘날 교회를 위해 신선하게 선교적으로 해석해야 한다는 사실)을 부분적으로나마 보여주기에 충분했기를 기대한다. (서두에 했던 이야기를 반복하자면) 성경이 존재하는 목적이 단순히 진실된 정보를 전달하는 정도가 아니라 교회가 다층적인 임무를 잘 수행하도록 다시 초점을 잡아주고 힘을 불어넣는 것이라면, 바울이 예수와 성령을 중심으로 성경을 다시 검토하고 다시 초점을 맞춘 방식을 이해하려는 작업은 우리가 바울이 읽었던 문서에 반하지 않고 그 결을 따라 작업하는 방법에 관한 성숙한 이해에 도달하도록 도움을 줄 것이다. 연합과 거룩을 향한 명령, 그리고 새 언약과 새 창조의 비전에서 흘러나오는 선교는 바울 자신에게 시급했던 것만큼이나 21세기 초의 우리에게도 시급한 내용으로 다가온다.

참고 문헌 목록

영향이 큰 글에는 별표(*)를 표시했다.

Bird, Michael F. *The Saving Righteousness of God: Studies on Paul, Justification, and the New Perspective*. Eugene, OR: Wipf & Stock, 2007.

Dunn, James D. G. *Jesus, Paul, and the Law: Studies in Mark and Galatians*. Louisville: Westminster John Knox, 1990.

*———. *The New Perspective on Paul*. Rev. ed. Grand Rapids: Eerdmans, 2008.

———. "A New Perspective on the New Perspective on Paul." *Early Christianity* 4 (2013): 157-82.

Garlington, Don. *In Defense of the New Perspective on Paul: Essays and Reviews*. Eugene, OR: Wipf & Stock, 2005.

Kim, Seyoon. *Paul and the New Perspective: Second Thoughts on the Origin of Paul's Gospel*. Grand Rapids: Eerdmans, 2001.

*Moore, George Foot. "Christian Writers on Judaism." *Harvard Theological Review* 14 (1921): 197-254.

Sanders, E. P. *Judaism: Practice and Belief, 63 BCE-66 CE*. Philadelphia: Trinity, 1992.

*———. *Paul and Palestinian Judaism: A Comparison of Patterns of Religion*. Philadelphia: Fortress, 1977.

———. *Paul: The Apostle's Life, Letters and Thought*. Minneapolis: Fortress, 2015.

———. *Paul, the Law, and the Jewish People*. Minneapolis: Fortress, 2009.

*Stendahl, Krister. "The Apostle Paul and the Introspective Conscience of the West." In *Paul among Jews and Gentiles*, 78-96. Philadelphia: Fortress, 1976.

Thompson, Michael Bruce. *The New Perspective on Paul*. Cambridge, UK: Grove, 2002.

Wright, N. T. *Justification: God's Plan and Paul's Vision*. Downers Grove, IL: IVP Academic, 2009.

———. *Paul and the Faithfulness of God*. Christian Origins and the Question of God 4. Minneapolis: Fortress, 2013.

———. *Paul: In Fresh Perspective*. Minneapolis: Fortress, 2009.

*———. "The Paul of History and the Apostle of Faith." *Tyndale Bulletin* 29 (1978): 61-88.

———. *What Saint Paul Really Said: Was Paul of Tarsus the Real Founder of Christianity?* Grand Rapids: Eerdmans, 1997.

Yinger, Kent L. *The New Perspective on Paul: An Introduction*. Eugene, OR: Cascade, 2010.

기고자 명단

린 코힉(Lynn H. Cohick, PhD, University of Pennsylvania, Philadelphia)은 일리노이주 휘턴에 있는 휘턴대학의 신약학 교수로 재직 중이다. 저서로는 빌립보서 주석(The Story of God Bible Commentary), *Women in the World of the Earliest Christians: Illuminating Ancient Ways of Life*가 있다.

제임스 던(James D. G. Dunn)은 더럼대학 신학부의 명예교수로, 같은 대학에서 1982년부터 2003년까지 교수로 재직했다. 그는 20종이 넘는 단행본을 집필했는데, 대표작으로 *Unity and Diversity in the New Testament, The Theology of Paul the Apostle, The New Perspective on Paul, A New Perspective on Jesus, Jesus, Paul and the Gospels*, 그리고 로마서, 갈라디아서, 골로새서와 빌레몬서, 사도행전 주석이 있다. 그는 최근에 *Christianity in the Making* 3부작을 완결했다(1권, Jesus Remembered; 2권, Beginning from Jerusalem; 3권, Neither Jew nor Greek: A Contested Identity). 그는 Meta와 결혼해 세 자녀를 두었으며, 40년 동안 감리교회의 설교자로 봉사했다.

티머시 곰비스(Timothy G. Gombis, PhD, University of St. Andrews)는 그랜드래피드신학대학원의 신약학 부교수다. 저서로는 *Paul: A Guide for the Perplexed, The Drama of Ephesians: Participating in the Triumph of God*가 있다.

타라 베스 리치(Tara Beth Leach)는 노던신학교에서 박사 학위를 마무리하는 중이다. 시카고의 서쪽 교외에서 남편 제프(Jeff), 제멋대로인 소년 칼렙(Caleb), 노아(Noah)와 함께 살고 있다. 나사렛 교단의 목사인 베스는 뉴욕 북부와 일리노이주 네이퍼빌의 교회들에서 봉사했고, 지금은 오크 브룩의 그리스도교회에서 여성 사역 담당 목사로 재직 중이다. 그녀는 책 *Renovating Holiness*에 "Perfect Love" 란 글을 기고했으며, Missio Alliance에 블로그 글을 올리고 있다.

브루스 롱네커(Bruce W. Longenecker, PhD, University of Durham)는 텍사스주 웨이코에 있는 베일러대학교의 종교학과 학과장 및 초기기독교학과 교수다. 그전에는 영국의 더럼대학, 케임브리지대학, 세인트앤드루스대학에서 가르쳤다. 저서로는 *Remember the Poor: Paul, Poverty, and the Greco-Roman World*, (Todd Still과 함께 쓴) *Thinking through Paul: A Survey of His Life, Letters, and Theology*가 있다.

스캇 맥나이트(Scot McKnight, PhD, University of Nottingham)는 일리노이주 롬바드에 있는 노던신학교의 신약학 교수로 재직중이다. 저서로는 *The Epistle of James* (New International Commentary on the New Testament), *Jesus and His Death*, *The King Jesus Gospel*, *Kingdom Conspiracy*, *The Jesus Creed* 등이 있고, 영향력이 큰 블로그 *Jesus Creed*를 운영 중이다.

패트릭 미첼(Patrick Mitchel, PhD, London School of Theology)은 벨파스트성경대학의 총장이다. 그전에는 더블린에 있는 아일랜드성경연구원의 신학 부문 연구책임자 및 강사로 재직했다. 그는 *Evangelicalism and National Identity in Ulster 1921-1998*의 저자다.

조지프 모디카(Joseph B. Modica, PhD, Drew University)는 이스턴대학의 교목과 성경연구 부교수로 재직중이다. 그는 Scot McKnigh와 함께 *Jesus Is Lord, Caesar Is Not: Evaluating Empire in New Testament Studies*의 공동 편집을 맡았다.

톰 라이트(N. T. [Tom] Wright)는 2003년부터 2010년까지 영국 국교회 더럼의 주교였고, 지금은 세인트앤드루스대학의 신약 및 초기기독교학부의 연구 교수이다. 그는 70권이 넘는 책을 집필했는데, 대표적으로 대중적인 "에브리원" 주석 시리즈와 학문적인 Christian Origins and the Question of God 시리즈가 있다. 그는 BBC 방송이나 Fresh Air, The Colbert Report 같은 미국 프로그램에 특별 출연자로 나왔다. 그는 Maggie와 결혼해 네 명의 자녀와 네 명의 손주를 두었다. 그는 음악, 시, 산책, 골프를 취미로 즐긴다.

주제 색인

※ 역주: 주제 색인과 인명 색인, 성경 및 고대 문헌 색인의 각 사항에 표기된 쪽은 원서의 페이지로, 본 번역서 본문의 좌우여백에 적시되어 있음.

가난한 자들, 42-43, 44-45, 54, 191
가정교회, 바울의 가정교회, 140-43
갈라디아의 선동자들, 14-15, 64-65, 120-21
강한 자들, 25
개인 경건, 40-45
개인주의
    개인주의 비판, 74, 128-30
    교회와 개인주의, 113-15, 143-45
    성화와 개인주의, 164-65, 171-72
게바. '베드로' 항목을 보라.
경계표지로서 율법, xiii, 77-80, 131-33
고난, 96-97, 184, 186-87
고아 돌봄 신학, 33
공동체, 36-40, 68, 74, 99-101, 116-21
관계, 58-60, 99
교화, 성경과 교회, 175-77
교회
    개인주의와 교회, 74, 171-72
    공동체와 교회, 36-40, 112-21, 139-51
    새 관점과 교회, 133, 135-36
    성령과 교회, 90-94, 99-101, 111-12
    옛 관점과 교회, 128-29
구원
    교회와 구원, 113-15, 133
    그리스도와 구원, 27, 110, 117, 156-57
    대리자와 구원, 77-80
    성화와 구원, 164-65
    옛 관점과 구원, 128, 136
    유일신론과 구원, 84-86
    이스라엘과 구원, 108, 131

    입양과 구원, 34-35
    종말론과 구원, 38-40
    칭의와 구원, 75-77, 158-59
구원 서정(ordo salutis), 157
구원론(soteriology). '구원' 항목을 보라.
구제, 42-45, 54
권세, 54, 56-60, 123-24
권세, 우주적 권세, 56-60, 67
권위(authority), 2-4, 181
그리스도
    아브라함과 그리스도, 138-39, 188-89
    구원과 그리스도, 42-43
    교회와 그리스도, 39-40, 60, 121-24, 142, 143
    그리스도 안으로 세례, 110-12
    믿음과 그리스도, 7-10, 11-12, 30n23
    사랑과 그리스도, 53
    성경과 그리스도, 86-89, 108-10
    성령과 그리스도, 51, 83-84, 91
    십자가와 그리스도, 116-18
    유일신론과 그리스도, 84-86
    율법과 그리스도, 17n34, 49-50, 138-39
    칭의와 그리스도, 157-59
그리스도인의 단합, 27-31, 58-60, 119-21, 145-47, 183
기쁨, 성령과 기쁨, 169

내러티브, 74-75, 81-101, 104-8
논리, 바울과 논리, 191

다른 사람들(differents)로서 교회, 138-51
다양성, 68, 138-51, 169-72, 177-78, 183
다윗, 예수와 다윗, 188-89
대리자, 구원과 대리자, 77-80
대체주의(supersessionism), 128, 132n21, 133-34, 135
덕 윤리, 148n40
뛰가트로떼시아(thygatrothesia), 29n19

라오스(laos), 93
로마제국에서의 신분, 140-43
로저 윌리엄스(Williams, Roger), 129

마르틴 루터, 40, 41, 94, 127
마침내 드러난 하나님 나라(Surprised by Hope, 톰 라이트), 180-81
메시아 백성, 67n24
모세, 입양과 모세, 30
몸, 그리스도의 몸, 39-40, 111-15
몸, 물리적인 몸, 96
묵시, 35, 38-40. 또한 '종말론' 항목을 보라.
믿음
    그리스도와 믿음, 6-10, 11-12, 30n23
    단어 '믿음'의 등장, 2, 10n21
    성령과 믿음, 14-15
    율법과 믿음, 48-63, 73-74, 139
    자랑과 믿음, 19-20
    칭의와 믿음, 132-33, 158-59

바울과 팔레스타인 유대교(샌더스), xii, 72, 130
바울과 하나님의 신실하심(라이트), 182-84, 190-92
바울에 관한 새 관점(던), xii-xiii
배타주의, 132n21, 169-72
베드로(사도), 5-6, 11n23

변혁적 우정, 151
복음, 율법과 복음, 73
본성, 인간의 본성. '인류' 항목을 보라.
부활, 96
분열, 탐심과 분열, 58-60
빌레몬, 113-14
빚으로서 죄, 42, 44-45

사도 바울과 서구의 내성적 양심(스텐달), xii, 73
사도권, 바울의 사도권, 2-6
사라, 13-14
사랑
    믿음과 사랑, 9, 14
    사랑의 특성, 150-51
    성령과 사랑, 99-101, 169
    성화와 사랑, 163-66, 172-75
    윤리와 사랑, 52-54, 148-50
    율법과 사랑, 88-89
사탄, 탐심과 사탄, 58
사해 사본(Dead Sea Scrolls), 130-31
사회적 계층, 140-43
사회적 신분, 140-43
선교, 해석학과 선교, 179-92
선동자들, 14-15, 64-65, 120-21
선행 은총(prevenient grace), 156-57
선행, 성령과 선행, 169
성결(holiness)
    다양성과 성결, 169-72, 175-78
    사랑과 성결, 163-66, 172-75
    성령과 성결, 160-63, 166-69
    칭의와 성결, 154-59, 177
성경(Scripture), 86-89, 104-8, 127-28, 184-92
성경과 하나님의 권위(라이트), 181
성도, 93

성령
    그리스도와 성령, 109-12, 121-24
    믿음과 성령, 10-17
    성령의 열매, 53, 88, 168-69
    성령의 은사, 145-47, 176-77
    성화와 성령, 161-62, 166-68
    육체와 성령, 64-65, 169-72
    윤리와 성령, 51-52, 63-64, 147-50
    종말론과 성령, 89-101
성령과 약함, 96-97
성만찬, 122-23
성전으로서 교회, 122-23
성찬, 122-23
성화
    다양성과 성화, 169-72, 175-78
    은혜와 성화, 156-57
    유대교와 성화, 28-29
    칭의와 성화, 40-45, 73-74, 154-59, 177
    사랑과 성화, 163-66, 172-75
    성령과 성화, 160-63, 166-69
세례, 9-10, 110-12
순교자 유스티누스, 24
스토이케이아(stoicheia), 58-60
신비주의, 그리스도 신비주의, 51
신실함, 성령과 신실함, 169
신학적 성찰, 83
실천가, 영의 인도를 받는 성찰하는 실천가, 83-84
십자가, 85-86, 96-97, 109, 116-18
씨, 씨로서 그리스도, 12-13

아담, 105-7, 109, 154-55, 188
아들로서 그리스도인, 12-13, 29-30
아브라함
    교회와 아브라함, 120-21, 132-33
    그리스도와 아브라함, 9, 86-87, 109, 138-39, 188-89
    성령과 아브라함, 11-12, 15, 91-92
    아담과 아브라함, 188
    이스라엘과 아브라함, 30, 106
아빠(*Abba*)를 외침 13
안디옥 사건, 5-6, 11n23
야고보(사도), 5n16
약속, 138, 150
약한 자들, 25
어거스틴(Augustine), 127
어두움, 인간의 지혜와 어두움, 37-38
언약적 신율주의(covenantal nomism), xii, 131
언약적 신율주의, xii, 131
에뎃사의 바다이산(Bardaisan of Edessa), 23-24
에페콘테스(*epechontes*), 184-85
열매, 성령의 열매, 168-69
열방, '이방인' 항목을 보라.
영(단어의 등장), 2, 10n21
영광, 하나님의 영광. '하나님의 형상' 항목을 보라.
영의 인도를 받음, 83
예배, 67-68, 175-77
예언, 예언으로서 율법, 88
예정, 은총과 예정, 156-57
옛 관점, 75-81, 126-30, 136
온유, 성령과 온유, 169
옹호, 사랑과 옹호, 150
욕망, 성령과 욕망, 97-98
용서, 42-45, 131
우리 아버지, 42-43
우상숭배, 26-27, 44-45, 105-6
우정, 변혁적 우정, 151
우주적 세력, 56-60, 67
원죄. '죄: 원죄' 항목을 보라.

웨슬리안 성결 전통. '성결' 항목을 보라.
위계질서, 사회적 위계질서, 140-43
유대교
    바울과 유대교, 4-7, 80-81
    새 관점과 유대교, xii-xiii, 19-23, 72-73, 130-34
    옛 관점과 유대교, 126-30
    은혜와 유대교, 77
    이방인과 유대교, 24-36, 66-67, 119-21, 134-36
    칭의와 유대교, 75-76, 139
    현대 유대교, 69
유배, 107
유일신론, 84-86
육체
    성령과 육체, 13-17, 64-65, 94-98, 114-15, 169-72
    인간의 지혜와 육체, 38
윤리
    교회와 윤리, 114, 147-50
    믿음과 윤리, 48-63
    십자가와 윤리, 116-18, 191
    율법과 윤리, 63-69, 88-89
    성령과 윤리, 95-101
윤리와 폭력, 55-56
율법
    그리스도와 율법, 17n34, 86-89, 138-39
    민족과 율법, 26-27, 106n5, 131-33
    믿음과 율법, 7, 9, 14-16, 139
    복음과 율법, 73, 134-36
    약속과 율법, 138
    죄와 율법, 138
    행위와 율법, xiii, 63-69, 77-80, 120n16
율법과 신뢰, 79

은사, 성령의 은사, 145-47, 176-77
은혜, 40-42, 77, 156-57, 162-63
음식법, 7
음식법, 믿음과 음식법, 7
이기심, 58-60
이름표(badge)로서 율법, xiii
이방인
    유대교와 이방인, 24-36, 119-21, 131-33
    율법과 이방인, 63-69, 79, 134-36, 139
    이스라엘과 이방인, 106-8, 111
이스라엘, 93, 106-8, 109, 111, 112
이웃, 9
인간의 지혜, 37-38
인격, 윤리적 인격, 51-52
인과율, 성령과 인과율, 51-52
인내, 성령과 인내, 169
인류, 37-38, 94-101, 104-10, 112-21, 161n38.
    또한, '죄: 원죄' 항목을 보라.
인류학. '인류' 항목을 보라.
인사말의 형태, 2-4
인식론, 바울의 인식론, 191
임재, 하나님의 임재, 121-24, 150
입양, 29-34

자녀로서 그리스도인, 12-13
자랑, 19-20, 26
자선, 42-45, 54
자유, 성령과 자유, 13-14
전가, 칭의와 전가, 77
전통, 편지 기록 방식의 전통, 2-4
절제, 성령과 절제, 169
점성술, 정체성과 점성술, 23-24
정체성, 그리스 로마인의 정체성, 23-24

정체성, 그리스도인의 정체성
　구원과 그리스도인의 정체성, 28-29, 39
　믿음과 그리스도인의 정체성, 7-10
　바울에게 그리스도인의 정체성, 4-6, 132, 134
　새 인류로서 그리스도인의 정체성, 37-38, 112-21
　성령과 그리스도인의 정체성, 11, 12-13, 94-101
　윤리와 그리스도인의 정체성, 59-60, 65-69
정체성, 유대인의 정체성, 21-23, 66-67, 132, 134
정치와 종교, 129
조합(associations), 로마의 조합, 141
존 웨슬리(Wesley, John), 154-59
종말론
　구원과 종말론, 35, 38-40
　사랑과 종말론, 53-54, 151
　선교와 종말론, 180-81, 185
　성령과 종말론, 89-101, 111
　참여주의적 종말론, 51
　또한, '새 창조' 항목을 보라.
종살이, 13-14, 48
종의 노래, 186-87
죄
　구원과 죄, 42-45, 158-59
　교회와 죄, 55-60, 66-67, 119
　성화와 죄, 96, 160-63
　율법과 죄, 65n21, 138
　원죄, 105-6, 154-56, 160-61
죄책, 죄와 죄책, 155
주기도문, 42-43
주의 만찬, 122-23
죽음, 윤리와 죽음, 56-57, 60
중기 플라톤주의, 23

중심주의(centrism), 윤리적 중심주의, 66-70
증오, 윤리와 증오, 55-56
짐, 윤리와 짐, 54

참여, 112-24
참여주의 종말론, 51
창조
　교회와 창조, 105-8, 143
　새 창조, 90-91, 112-21, 133, 180-81, 190-92
철학, 바울과 철학, 190-91
출애굽, 185
친절, 성령과 친절, 169
칭의
　구원과 칭의, 75-77
　단합과 칭의, 119-20, 183
　믿음과 칭의, 73-74, 132-33
　성화와 칭의, 157-59, 177

크라제인(krazein), 13n29

타락, 105-6, 154-56
탐심, 윤리와 탐심, 54-60
탐욕, 44-45, 55-60
택하신 자들, 93, 131
테크노떼시아(teknothesia), 29n19
토라. '율법' 항목을 보라.
톰 재거, 171-72

평화, 성령과 평화, 169
포용주의. '다양성', '일치: 그리스도인의 일치' 항목을 보라.
프뉴마(pneuma), 2, 10n21, 94-95
피스티스 크리스투(pistis Christou), 7n19, 30n23, 41, 80n46
피스티스(pistis), 2, 8, 10n21

하갈, 13-14
하기오이(*hagioi*), 93
하와, 105-7, 109
할례, 7, 14-15, 64-65
해석학, 선교와 해석학, 179-92
행위
    믿음과 행위, 7, 48-63, 131-33
    율법과 행위, xiii, 15-16, 77-80, 86-89, 120n16
    칭의와 행위, 73-74, 76-77
    또한, '율법' 항목을 보라.
헌신, 결연한 헌신, 150
형상, 하나님의 형상, 105, 110
확장의 교회론, 133
회심, 바울의 회심, 4-6
후견인으로서 율법, 9
후기 새 관점(post-new perspective), 134-36
힘주심(empowerment), 교회와 힘주심, 123-24

인명 색인

※ 역주: 주제 색인과 인명 색인, 성경 및 고대 문헌 색인의 각 사항에 표기된 쪽은 원서의 페이지로, 본 번역서 본문의 좌우여백에 적시되어 있음.

Adams, Franklin Pierce, xi n1
Anderson, Gary, 42-43, 127n9
Ascough, Richard, 141

Barclay, John, 40-41, 59n15, 80n45, 171
Barrett, C. K., 53
Barry, John M., 129n13
Barth, Karl, 127, 191
Bauckham, Richard, 84-85, 86n70, 134-35
Beale, G. K., 105n2
Beck, David, 92-93
Beilby, James K., 72n1, 126n6
Bellah, Robert N., 130n14
Bertone, John, 92
Bird, Michael F., 72n1, 74n10, 78n33, 79, 80n46, 134n26
Bockmuehl, Markus, 134
Boer, Martinus C. de, 59n14
Boyarin, Daniel, 69
Bresee, Phineas F., 160
Bultmann, Rudolf, 73

Calvin, John, 41, 127, 156
Campbell, Douglas, xii n10, 51, 134n26
Carson, D. A., 78n34, 127n8
Chester, Stephen, 41n45
Chester, Tim, 76n25
Cohen, Shaye J. D., 22-24
Collins, Kenneth J., 154-55
Coolman, Holly Taylor, 34

Coulter, Paul, 83n54
Crofford, J. Gregory, 156n15

Das, Andrew, 78n34, 79, 126n5
Dayton, Donald, 153n1
Dunn, James D. G., xii-xiii, 21n3, 39, 72n1, 75n15, 77n32, 78n35, 79, 80n46, 85, 95n101, 98, 131, 132n22, 133, 137, 145, 146, 164n47

Eddy, Paul R., 72n1, 126n6
Eubank, Nathan, 43
Evans, Christopher H., 127n10, 147n39

Fee, Gordon, 84, 93, 96, 98, 100n119, 167, 169n52, 170, 172, 174
Fuchs-Kreimer, Nancy, 69
Furnish, Victor Paul, 101n121

Gathercole, Simon, 78n34, 80n45
Gaustad, Edwin S., 129
Gaventa, Beverly Roberts, 38n33
Geiger, Abraham, 134
Goering, Greg Schmidt, 22n8
Gombis, Timothy G., 35n31, 39
Goodman, Martin, 142
Gorman, Michael J., 85-86, 109n7, 116n13, 126n4, 167n50

Hall, Elvina, 20n2
Hauerwas, Stanley, 150

Hays, Richard B., 74-75, 88, 89, 90, 115n11
Heim, Erin, 30n22
Heitzenrater, Richard P., 155n10
Hellerman, Joseph H., 142n34
Hempton, David, 153n1
Henze, Matthias, 21n7, 22n9
Hodge, Caroline Johnson. See Johnson Hodge, Caroline
Hodge, Charles, 127
Hoehner, Harold W., 114n10
Holland, Tom, 177
Hooker, Morna, 75
Horton, Michael, 127n7
Hurtado, Larry, 84-85

Instone-Brewer, David, 78n36

Jacobs, Alan, 154n4
Johnson, Luke Timothy, 134n26
Johnson Hodge, Caroline, 24-26

Kasemann, Ernst, 20n1, 73, 190
Kinzer, Mark S., 128n11
Kirk, J. R. D., 85, 125, 132n23, 133, 136n29
Kostlevy, William C., 153n1
Kruse, Colin G., 119n15

Langmuir, Gavin I., 21n4
Levison, John R., 90n83, 92n89
Lodahl, Michael, 163
Longenecker, Bruce W., 47-70, 75n13
Longenecker, Richard N., 83nn56-57, 99n116

Maddox, Randy, 155n9, 155n11, 157n21, 159n32

Marcus, Joel, 44n56
Marshall, I. Howard, 80n44
Martyn, J. Louis, 148-49
Matlock, R. B., 82n51
Mattison, Mark, xi n3
McKnight, Scot, 164n47, 170
Moltmann, Jurgen, 91
Montefiore, Claude, 69
Moore, Russell, 33-34
Morris, Leon, 101n121

Nanos, Mark, 94n96, 134
Niebuhr, Reinhold, 127
Nirenberg, David, 21n4

Oakes, Peter, 140-42
O'Brien, Peter T., 78n34, 127n8
Oord, Thomas J., 163
Outler, Albert C., 155n10

Piper, John, 76n18, 80n43
Putnam, Robert D., 130n14

Rabens, Volker, 98-99
Rack, Henry D., 154n2
Raisanen, Heikki, 82n50
Rauschenbusch, Walter, 127
Richter, Sandra, 35n32
Riesman, David, 130n14
Rosner, Brian, 87-8, 89
Rubenstein, Richard, 69
Rudolph, David J., 110n8
Russell, Walter, 94

Sanders, E. P., xii, 51, 72-73, 75n15, 77, 77n30, 77n32, 81, 130, 137,

인명 색인 347

164n47
Schoeps, Hans Joachim, 69
Schreiner, Thomas, 76-77, 78n34, 79n38
Schweitzer, Albert, 51
Seifrid, Mark A., 78n34, 80n46, 127n8
Smolin, David M., 33nn27-28
Soulen, R. Kendall, 128n11
Sprinkle, Preston, 79, 92
Stendahl, Krister, xii-iii, 73, 130n15
Strong, Douglas, 153n1
Szypuła, Wojciech, 96n105

Thompson, James W., 81, 88n76, 89n78, 97n110, 100
Thompson, Michael B., xi n3
Thoreau, Henry David, 129
Thorsen, Don, 156n18, 156n20
Tillich, Paul, 127
Townsend, Philippa Lois, 23n11, 24n14
Trebilco, Paul, 141n33
Truesdale, Al, 160n34
Turner, Max, 92n88, 95, 97, 98

Vanhoozer, Kevin, 31, 41

Walton, John H., 105n2
Warrington, Keith, 96n107
Watson, Francis, xii n10, 20n1, 21n5, 72n1, 73nn3-4, 74, 75n16, 79, 82n49, 83
Weatherhead, Leslie, 151
Wenham, David, 77n27
Wesley, John, 154-59, 160-63
Westerholm, Stephen, 78n37, 80n45, 119n15, 126n5
Whyte, William, 130n14

Wiley, H. Orton, 155, 156, 158, 159, 160nn35-36, 161
Williams, J. Rodman, 154, 154n7, 155-56
Willitts, Joel, 110n8
Wilson, Todd A., 87n73
Wintermute, O. S., 66n22
Witherington, Ben, 75n15, 80n44, 82n52, 86n69
Wright, N. T., xiii, 67n24, 74, 75-77, 79, 80n43, 80n46, 82nn52-53, 104n1, 132n23, 133, 137, 143, 164n47, 165, 166

Yinger, Kent L., xi n3

Zetterholm, Magnus, xii, 126n3

성경 및 고대 문헌 색인

※ 역주: 주제 색인과 인명 색인, 성경 및 고대 문헌 색인의 각 사항에 표기된 쪽은 원서의 페이지로, 본 번역서 본문의 좌우여백에 적시되어 있음.

구약

창세기
1–2 105
1–3 108n6
1:26 105
1:28 105
3 105, 188
4:1–16 06
9:18–27 106
11 106
11:1–9 106
12:1–3 30, 106
15:1–3 30
15:16 13
21:2 13

출애굽기
6:1–9 106
11:9 106
18:20 166
19:3–8 22
19:5–6 93
19:6 106
20:23 44n56
34 92

레위기
19:18 88
26:12 150n45

신명기
5:33 167
7:6–8 22
24:19 78
25:5–10 30
30:6 163

사무엘하
7:12–16 30

시편
2:8 188
72 188
78:1–72 107

잠언
19:17 43

이사야
5:1–7 107
43:1–28 107
49 185–86
49:1–26 107
49:6 186
49:8 186
52:5 107
53:11 185

예레미야
7:23 150n45
11:4 150n45
31 92, 150

에스겔
14:11 150n45
16:1-52 107
16:3 33n29
36 92
36-37 92n89
36:20 107
36:25 160
37:1-28 107

다니엘
12:3 185

호세아
1:9 107
1:10-11 107

하박국
2:4 10n22

스가랴
8:8 150n45

말라기
1:2-3 126

신약

마태복음
1:23 150
5:17-48 135
5:48 160
6:9-13 42
19:16-30 42

마가복음
8:34-35 42
9:31-32 43
10:17-31 42
10:29-31 42
10:33-34 43
10:45 43
12:28-32 154
12:30-31 163
14:36 13n30

누가복음
1:67-79 131n17
7:41-44 44
11:2-4 42
18:18-30 42

요한복음
6:44 156
12:32 156

사도행전
9:23-26 5n14
10:34 28
10:44-48 11
11:25-26 1n2
11:26 1n2
13:2-3 1n2
15 135, 136
15:6-21 5n14
15:28-29 134
21:26 32
23:6 132
26:28 1n2

로마서
1:1 2n4
1:1-7 2n6
1:5 50
1:7 100

성경 및 고대문헌 색인 **351**

1:8-10 3n7
1:16-17 54
1:18-32 108n6
1:18-3:20 119
1:21 61n18, 68, 106
1:22 105n3
1:23 105
1:24 105n3
1:24-32 106
1:25 61n18, 68
2:4 156
2:15 146
2:24 107
2:25-29 183
3:3 107
3:9 56
3:21-31 119
3:22 119
3:23 158
3:23-24 177
3:27 119
3:28 87
3:29 68
3:29-30 67, 119
3:31 104
4 88n75, 189
4:13 189
4:23-25 91
5 57
5-8 134n26
5:2-4 97
5:5 52n6, 92, 100, 173
5:5-8 174
5:6-8 174
5:8 100, 157
5:10 87
5:12 96
5:12-19 77

5:14 57
5:17 57, 109
5:21 57, 157
6 57
6:2 49, 183
6:3 10n20, 49
6:4 50, 111
6:5 49
6:12 57
6:22-23 49
7 55, 56, 57, 65, 68, 94
7:4 111
7:6 51
7:7-25 57, 57n11, 65n21
7:8 55
7:14 57
7:14-8:25 98
7:25a 57n11
8 189, 192
8:1 158
8:1-2 95
8:2 65n21
8:3 68, 95, 109
8:3-4 95
8:3-17 94
8:4 68, 91
8:5-8 95
8:6 95
8:8 95
8:9 51, 95, 96
8:9-11 96
8:10 51, 96
8:11 51, 95, 96
8:12-13 98
8:13 95
8:15 13nn29-30
8:15-16 92n90
8:17 118

8:17-18 184
8:18 96, 97
8:18-25 96
8:23 15n33, 91n87
8:26 96n106
8:28-30 157
8:29 91, 96, 110
8:33 112
8:35 156
8:37 62
8:37-39 100
8:38-39 62
9-11 93n95, 110n8
9:1-5 24
9:4 33n29
9:13 125
9:17 106
10:3 67
10:9 50
10:9-10 85n67
11:13-25 32n25
11:13-32 70
11:20-24 133
12 60
12-15 61n18, 88n76
12:1-2 108n6, 120
12:2 41
12:3-8 146n38
12:5 99, 111
12:10 99, 173
12:16 99
13:8 99, 173
13:8-10 100
13:9 173
13:9-10 68
13:10 173
14-15 59, 64
14:1-15:6 60

14:1-15:9 25
14:2-6 32
14:3-4 25
14:10 25
14:13 25
14:15 100
14:17 111
14:19 99
14:22 25
15 182, 191
15:1 25
15:1-6 60
15:1-13 86
15:2 60
15:5-6 60, 61
15:5-9 120
15:7-13 61, 64, 68, 108n6
15:8 62
15:8-9 188
15:9-12 109
15:13 52, 64
15:19 52, 64
15:22-29 68n24
15:26 54
15:27 70
16:17 58
16:18 65
16:20 58
16:25 84n59
16:26 50

고린도전서

1:1 2nn4-5
1:2 68n24
1:4-7 3n7
1:10-11 122
1:13-17 10n20
2:1-5 118

2:3 96n106
2:4 64
2:7 84n59
3:1–4 122
3:16 110
3:16–17 93, 111, 122, 167n49
3:17 123
4:15 32
6:7–8 118
6:19 93
7:12–16 32
7:19 89
7:31 90
8:1 100, 173
8:15 118
9 53n7
9:1 4n11
9:19–22 25
9:19–23 134
9:24 102
10:10 185
10:11 111
10:16 111
10:24 118
10:32–11:1 118
11:17–34 122
11:19 122
11:20 122
11:23–26 122
11:26 121, 122
11:27 123
11:30 123
11:33–34 123
12 2
12–14 16
12:3 85n67
12:4–11 176
12:7 12

12:8–10 146
12:12 111
12:12–26 177–78
12:12–27 111
12:13 10n20, 12
12:27–28 146
13:1–3 100, 172–73
13:4 173
13:13 101
14 2, 12
14:12 176
14:22–25 25
14:26 175
15 192
15:3 89
15:8 4n11, 180
15:10 52
15:22 89
15:24 58
15:24–28 96
15:28 89, 89n82
15:43 96n106
15:44 96
15:45–49 158
15:49 96
15:49–53 28
15:58 102, 180
16:1–4 68n24
16:14 100, 149, 173
16:24 100

고린도후서
1:1 2nn4–5
1:21–22 91n87
1:22 15n33
2:4 100
3:3–18 91

3:6 51
3:14–15 92
3:17–18 51
3:18 50, 91, 110
4:10 118
4:10–12 97
4:17 97
5:5 15n33
5:17 90, 111, 112, 170
5:19 158
5:21 77
6:16 93
7:1 160
8–9 54, 68n24
8:1 54
8:4 54
8:6–7 54
8:9 54
8:19 54
9:1 54
9:8 54
9:9–10 54
9:12 54
9:13 50, 54
9:14 54
10–13 4n9
10:3–4 63
10:5 190
11–13 96n106
11:11 100
11:12–15 4n9, 4n13
11:22 22
12:10 86, 96
13:4 96
13:11 100
13:14 99, 100

갈라디아서

1–2 56
1–4 94
1:1 2, 2n6
1:1–4 84
1:2b 2
1:3 2
1:4 3, 53, 59, 90
1:6–9 11, 18
1:6–10 3
1:8–9 3n8
1:11–17 83
1:13 56
1:13–14 4
1:13–17 2, 4
1:15–16 4, 83
1:16–17 5
1:18 5n15, 6n17
1:18–19 5
1:18–2:10 83
1:19 5n16
1:20 5
1:21–24 5
2 7
2:1–10 5n14, 7
2:1–12 5
2:2 102
2:3 32
2:3–6 5
2:5–10 11n23
2:7–8 6n17
2:7–10 5
2:8 5n16
2:9 5n16, 6, 6n17
2:10 191
2:11 6n17
2:11–12 6
2:11–14 5, 7n18, 11n23, 70

성경 및 고대문헌 색인 355

2:13 6
2:14 6, 6n17, 120
2:15 4n10, 66, 120n16
2:15-16 6
2:15-21 11, 120, 138
2:16 7, 7n18, 8, 10n22, 14, 48, 73, 120n16
2:17 10n22
2:19-20 49
2:20 53, 85, 86, 111, 123
2:21 10n22, 121
3 63
3-4 104
3-5 2
3:1 11, 86
3:1-3 91
3:1-5 10, 11
3:1-14 13
3:2 8, 48
3:4 12, 86
3:5 8, 11, 48, 52, 63
3:6 8, 10n22
3:6-9 8
3:6-14 11
3:7 8, 12n25
3:8 8, 10n22, 86
3:8-9 11
3:9 8, 87
3:10 48, 87
3:11 8, 10n22, 87
3:12 8
3:14 8, 12, 12n27, 13, 92, 109
3:15-16 9, 138
3:15-18 13
3:15-29 137
3:15-4:7 12, 13
3:16 12, 12n25, 87
3:16-18 109

3:17-18 9, 138
3:19-24 138
3:21 10n22, 87, 88
3:22 8
3:23 8
3:23-25 9, 87
3:24 8, 10n22, 138
3:25 8
3:26 8, 12n26, 12n27, 60
3:26-29 59
3:27 7, 9, 10n20, 12n25, 50, 85
3:28 12n27, 60, 85, 89, 111, 133, 138, 141-42
3:28-29 9, 120
3:29 12, 12n25, 85, 109
4:3 58, 90
4:4 87
4:5 12
4:6 12n26, 13, 13n30, 91
4:6-7 12
4:7 12n26
4:8-5:1 13
4:9 58
4:10 7n18, 9
4:11 14
4:17 65
4:19 14, 50, 51, 55, 85, 91, 149
4:21-31 13
4:22 13n32
4:23 13, 13n32
4:24 13
4:25 13n31
4:26 13n32
4:27 13
4:28 12n25, 13n32
4:29 13, 13n32
4:30 13n32, 14, 121
4:31 12n25, 13n32

5 10, 65, 94, 115
5-6 94
5:1 48, 98
5:1-6 14
5:2-6 3
5:4 10n22, 87
5:5 10n22, 15, 53, 91
5:5-6 88
5:6 7, 9, 48, 50, 63, 100, 149, 173
5:11 65, 96
5:12 4, 4n13, 14, 121
5:13 48, 53, 55, 68, 98, 100
5:13-14 9, 60
5:13-15 121, 170
5:14 17n34, 68, 88, 91, 100, 115, 149, 166, 173
5:15 55
5:16 15, 94, 97, 98, 115, 166
5:16-19 15
5:16-21 114
5:16-26 114
5:17-18 169
5:18 88, 91, 98
5:19 156
5:19-21 15, 95, 98, 115, 170
5:20-21 55
5:22 17n34, 91, 100, 149
5:22-23 11, 16, 53, 114, 115, 148
5:22-24 15
5:22-26 168
5:23 88
5:24 95, 97, 98, 156
5:25 16, 52, 98
5:26 16, 56
6:1-2 16
6:1-3 170-71

6:2 53, 88, 99
6:8 17, 53, 95, 98
6:9 91
6:9-10 102
6:10 49, 60
6:12 65
6:12-13 64, 65
6:14 95
6:14-15 90
6:15 112
6:16 88, 138
6:17 65
6:18 17

에베소서
1:1 2nn4-5
1:3 111, 121
1:3-5 40
1:4 22n9, 93, 112
1:4-5 22, 34, 100
1:5 30, 32
1:5-11 29
1:9 84n59
1:10 37, 192
1:11 93
1:12-14 91n87
1:13 35
1:13-14 15n33, 34
1:19-23 115
1:21 35
2:2 34, 38
2:3 38
2:4 100
2:6 111, 121
2:8 159
2:8-10 48
2:10 41, 112
2:11-12 25

2:11-14 24
2:11-18 28
2:14 29-31, 58
2:14-15 37
2:14-22 144, 166
2:16 29, 60, 112
2:19 37
2:19-22 38
2:20-22 115
2:21 37
3 192
3:3 84n59
3:4 84n59
3:6 22, 28, 34-35, 38, 84n59
3:9 84n59, 192
3:9-10 39
3:10 35, 63, 121, 192
3:16 41, 52, 64
3:17-19 100
4 192
4:1 89n81
4:2 99, 100, 173
4:11 146n38
4:11-12 37
4:12-13 147
4:13 37
4:13-16 115
4:14 37
4:15 37
4:15-16 100, 110
4:16 146
4:17 37
4:18 37
4:23 41
4:24 41, 110, 111, 112, 167n49
4:25 99, 112
4:32 43, 99
5 192

5:1 42, 44
5:1-2 45, 100
5:2 39, 53n7, 100
5:5 44
5:8 27, 37, 41
5:14 41
5:16 38
5:18 41, 114, 115
5:18-19 176
5:18-21 114
5:19-6:9 115
5:21 99
5:25 53n7, 100
6 192
6:11 39
6:12 57
6:19 84n59

빌립보서
1:3-11 3n7
1:6 117
1:9 100
1:9-11 149n42
1:10 97
1:11 63
1:12-18 184
1:13 187
1:16 100
1:19 109, 110
1:21 49
1:27 89, 185
1:28 184
2 192
2:1-2 100
2:1-5 186
2:1-13 116
2:1-18 184-87
2:2 173

2:2-4 116
2:3 99
2:4-11 86
2:5-11 53n7, 118n14, 124
2:6-8 116, 117
2:6-11 52, 60, 186
2:8 109
2:9 117
2:9-11 61, 85n67, 117
2:12 117, 186
2:12-13 52, 124
2:13 117, 186
2:14 185
2:14-16 184
2:14-18 186
2:15 185
2:16 184, 185
3:1-13 118n14
3:3 47, 94
3:4-6 22, 132
3:4-11 83
3:5-6 4n12
3:9-10 97
3:10 86, 184
3:19 65
3:20 111
3:21 96
4:1 100
4:4 187
4:5 185

골로새서

1:1 2nn4-5
1:3-6 3n7
1:4 100
1:8 100n120
1:10 89n81
1:13 111
1:15-17 143
1:17 108
1:20 143
1:24 184
1:25 143
1:26-27 84n59
1:27 143
2:2 84n59, 100, 174
2:10 143
2:13-14 44
2:15 143
3:3 111, 121
3:5 44n55
3:9-11 141-42
3:11 89, 133
3:11-12 143
3:12 93, 100
3:12-14 144
3:13 99
3:14 100, 149, 174
3:16 176
3:18-4:1 144
3:19 100
4:3 84n59 4:5 144

데살로니가전서

1:2-3 3
1:4 93, 100
1:5 64
2:8 100
2:12 89n81
3:3-4 184
3:6 100
3:12 99, 100, 174
3:12-13 175
3:13 97
4:9 100
4:19 99

5:8 100
5:11 99
5:14 172
5:14-15 60
5:15 49, 99
5:16-18 163
5:23 167n49

데살로니가후서
1:3 99, 100
1:3-4 3n7
1:5 89n81
1:11 89n81
2:8-10 58n13
2:13 93, 100, 167n49
2:16 100
3:5 101

디모데전서
1:1 2n4
3:16 84n59
4:4 106
5:8 32
6:6-19 43

디모데후서
1:1 2n4
1:7 64
1:14 52

디도서
1:1 2n4
2:11 156
2:14 93

빌레몬서
1-3 113
4-7 3n7

5 100
7 100
9 101
16 114
23-24 113

히브리서
11:20 126
12:16 126

야고보서
1:27 33

베드로전서
1:16 160
4:10-11 146n38
4:16 1n2

요한일서
1:8 162
4:18 163

요한계시록
21:3 150
21:7 150

외경/제2경전

Sirach
24:1-12 22

위경

1 Enoch
93:10 22

2 Baruch

82:5 66

4 Ezra
6:56 66

Jubilees
22:16 66
23:24 66
47:5 30

Psalms of Solomon
1:1 66
2:1 66
17:5 66

Pseudo-Philo
　Liber antiquitatum biblicarum
7.3 66
12.4 66

Testament of Judah
19:1 44n56

Testaments of Moses
1:12 22

사해사본

1QS
11.11–15 21n3

4QMMT/Halakhic Letter
in toto: 21n3, 78, 131, 131n20

요세푸스와 필로

Josephus, *Jewish Antiquities*
2.232 30

Philo, *De providentia*
1.84 24n13

　On the Life of Moses
1.19 30
1.32 30

　On the Special Laws
1.23–25 44n56

랍비 문헌

Genesis Rabbah
14:6 188

Tosefta, *Peah*
3.8 78n36

초기 기독교 문헌

Ephrem, *Hymns on Faith*
5.17 42–43n50

Irenaeus, *Against Heresies*
4.18 43n53
5.17 44n54

Justin Martyr, *Dialogue with Trypho*
19 24
23 24

Origen, *Against Celsus*

5.25 23

옮긴이 소개

최현만 _ 전남 여수에서 태어났고 서울대학교 의과대학을 졸업하였다. 20대 중반에 톰 라이트를 접하고 하나님 나라에 관한 그의 이야기에 매료되어 그의 저서를 번역하는 일에 뛰어들었다. 현재 마음을 치료하는 정신건강의학과 전문의이다. 옮긴 책으로는 『톰 라이트, 예배를 말하다』, 『톰 라이트, 바울의 복음을 말하다』, 『톰 라이트, 칭의를 말하다』, 『바울에 관한 새 관점』, 『목회, 톰 라이트에게 배우다』, 『예수, 바울, 하나님의 백성』, 『하나님은 어떻게 왕이 되셨나』, 『이렇게 승리하라』, 『예수 그리스도의 믿음』 (이상 에클레시아북스 출간) 등이 있다.

사도 바울과 그리스도인의 삶
바울에 관한 새 관점의 윤리적, 선교적 함의

초판 발행 2018년 4월 17일
편집자 스캇 맥나이트, 조지프 모디카
옮긴이 최현만
펴낸이 강창섭
편집 강민호, 강산, 김기범, 박정호, 최현만
발행처 에클레시아북스
출판등록 2007년 4월 25일 제67호
주소 경기도 평택시 서정동 170, 105-103
전화 010-9268-7919
이메일 ecclesiabooks@gmail.com
페이스북 www.facebook.com/ecclesiabooks
웹사이트 www.ecclesia.kr

ISBN 979-11-85863-11-5
책값은 뒤표지에 있습니다.

「이 도서의 국립중앙도서관 출판예정도서목록(CIP)은 서지정보유통지원시스템 홈페이지(http://seoji.nl.go.kr)와 국가자료공동목록시스템(http://www.nl.go.kr/kolisnet)에서 이용하실 수 있습니다.(CIP 제어번호: CIP2018010655)」